法 学 求 是 前 沿 书 系

陈佳

邓春景◎著

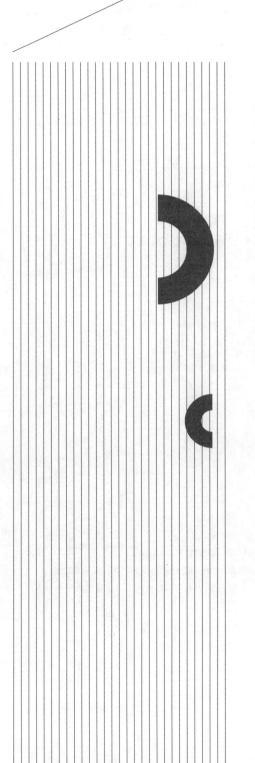

民法总论热点问题研究

知识产权出版社

全国百佳图书出版单位

——北京——

图书在版编目（CIP）数据

民法总论热点问题研究/陈佳，邓春景著. —北京：知识产权出版社，

2024.12. —（法学求是前沿书系/孟庆瑜主编）. —ISBN 978-7-5130-9442-9

Ⅰ.D923.04

中国国家版本馆 CIP 数据核字第 20241M9L31 号

责任编辑：韩婷婷　　　　　　　　　　责任校对：王　岩
封面设计：杨杨工作室·张　冀　　　　责任印制：刘译文

民法总论热点问题研究

陈　佳　邓春景　著

出版发行：	知识产权出版社 有限责任公司	网　　址：	http://www.ipph.cn
社　　址：	北京市海淀区气象路 50 号院	邮　　编：	100081
责编电话：	010-82000860 转 8359	责编邮箱：	176245578@qq.com
发行电话：	010-82000860 转 8101/8102	发行传真：	010-82000893/82005070/82000270
印　　刷：	天津嘉恒印务有限公司	经　　销：	新华书店、各大网上书店及相关专业书店
开　　本：	720mm×1000mm　1/16	印　　张：	27.5
版　　次：	2024 年 12 月第 1 版	印　　次：	2024 年 12 月第 1 次印刷
字　　数：	492 千字	定　　价：	159.00 元

ISBN 978-7-5130-9442-9

"法学求是前沿书系" 编委会

习近平总书记反复强调:"历史是最好的老师。经验和教训使我们党深刻认识到,法治是治国理政不可或缺的重要手段。法治兴则国家兴,法治衰则国家乱。什么时候重视法治、法治昌明,什么时候就国泰民安;什么时候忽视法治、法治松弛,什么时候就国乱民怨。"但是,在中国搞社会主义法治建设,是一件前无古人的伟大创举,没有现成的道路可走,没有现成的模式可以借鉴,没有现成的理论可以遵循,其困难之大,超出想象。因此,我们只能坚持从中国实际出发,围绕中国特色社会主义法治建设中的理论和实践问题,把法治建设的普遍规律与中国的国情相结合,不断探索并形成中国特色社会主义法治道路、制度和理论。这就要求我们在全面推进依法治国的进程中,必须践行实事求是的思想路线,认清中国法治之真国情,探究中国法治之真理论,探索中国法治之真道路,构建中国法治之真制度,解决中国法治之真问题。唯有如此,我们才能穷中国法治之理、探中国法治之道。这也正是将本套丛书命名为"法学求是前沿书系"的目的和意义所在。同时,本套丛书的名称也暗合了河北大学"实事求是"的校训传统,体现了河北大学"博学、求真、惟恒、创新"的校风精神。

本套丛书以法治中国为目标图景,坚持建设性立场,聚焦法治中国建设中的理论与实践问题,探寻法治建设的中国之道,主要着眼于以下几个方面问题。

第一,中国法治之真国情。实践证明,任何国家的法治建设都必须立足本国国情,坚持从本国实际出发,而不能从主观愿望和想当然出发,不能从本本和概念出发,更不能照搬照抄外国的东西。在中国进行法治建设,必须深刻揭示和正确认识中国的基本国情,并将之作为中国法治建设的出发点和落脚点。同时，中国的国情比较复杂，异于西方国家。因此，我们对中国国情的研究，必须从多维度入手，既要研究地理意义上的中国，也要研究政治意义上的中国，更要研究文化意义上的中国。

第二，中国法治之真理论。中国的法治建设需要法治理论的支撑与指导。如果我们不能够从理论上将中国法治建设的性质、方向、道路、总目标、指导思想、基本原则、主要任务等阐释清楚，中国的法治建设就无从开展，也必然无法成功。为此，我们必须清楚地认识到，与中国法治建设的要求相比，我国远未形成与之相对应的中国特色社会主义法治理论。现有的西方法治理论既不能真正满足中国法治建设对法治理论的需求，难以引领中国法治的科学发展，也不能真正与中国的优秀文化传统相融合，难以实现传统与现代、本土与外来、国内与国际的有机统一。这就需要我们在中国法治建设的实践中，在借鉴西方法治理论的基础上，不断推进中国法治理论的探索和创新，并努力形成立足中国基本国情、总结中国法治经验、适应中国法治需求、体现中国法治规律、解决中国法治问题、彰显中国法治特色的中国特色社会主义法治理论，以为中国法治建设提供理论指导和学理支撑。

第三，中国法治之真道路。道路关乎前途和命运。法治道路是法治建设成就和经验的集中体现，是建设法治国家的根本遵循。中国法治建设之所以要坚持走中国特色社会主义法治道路，而不能照搬照抄别的国家的法治道路，是由法治与法治模式的不同决定的，也是由我国的基本国情决定的。尽管法治如同民主、人权一样具有普遍共识，但不同国家的基本国情决定了各国的法治模式不同，也决定了各国的法治建设道路不同。因而，努力探索并找到一条既不同于欧美资本主义国家又不同于其他社会主义国家，既遵循法治建设普遍原理又具有鲜明中国特色的社会主义法治道路，自然就成为中国法治建设的重要选择和任务。

第四，中国法治之真制度。法治制度既是法治建设的制度基础，也是法治建设的制度保障，集中体现了一国法治建设的特点与优势。中国的法治建设之所以要以中国特色社会主义法治制度为依托，是因为照抄照搬他国的法治制度行不通，会水土不服，会出现"橘生淮南则为橘，生于淮北则为枳"的尴尬局面。各国国情不同，每个国家的法治制度都是独特的，都是由这个国家的内生性因素决定的。只有扎根本国土壤、汲取充沛养分的法治制度，才最可靠，也最管用。因而，在中国的法治建设实践中，构建中国特色社会主义法治制度，既要坚持从国情出发、从实际出发，也要注重借鉴国外法治建设的有益成果；既要把握中国长期形成的历史传承，也要把握当前中国特色社会主义事业建设的现实需求，以实现历史和现实、理论和实践、形式和内容的有机统一。

此外，这里还须说明的是，本套丛书的作者大多为中青年学者，囿于理论基础与实践能力，难以对中国特色社会主义法治建设中的重大理论与实践问题展开深入系统研究，故此，我们只能选取中国特色社会主义法治建设中的若干具体理论与实践问题展开研究，以求"积跬步，至千里"，"积小流，成江海"。同时，鉴于能力和水平有限，本套丛书中定然存在不足甚至错误之处，恳请学界同人批评指正！

"法学求是前沿书系" 编委会
2019 年 10 月

CONTENTS 目 录

一 民事习惯的法源地位

法 理

　　民事习惯在我国现行法律体系中一直处于模糊的状态。立法和司法的分歧使得这一问题在学术界长谈不衰。有学者认为，无论是从历史发展上，还是从对国外的比较法考察中；无论是从法学理论上，还是从对我国的实际情况考察中，习惯都应当作为法律的渊源。有学者认为，民事习惯有其自身的不足。因此，民事习惯是否作为法律的渊源一直存在争议。

一、民事习惯的定义

（一）民事习惯的概念

1. 广义说

　　民事习惯，谓在民事活动中经过长期事实而形成的为人们共同信守的行为规则，是实践中被反复适用和遵守的做法。①

2. 狭义说

　　民事习惯，谓在民事活动中经过长期实施而形成的有关民事权利义务发生、变更、消灭的为人们共同信守、反复适用的行为规则。②

（二）习惯与习惯法概念之争

　　《中华人民共和国民法典》（以下简称《民法典》，以下所及法律均为简称）第10条规定中的"习惯"应解释为"习惯"还是"习惯法"在学术界引起了争议。

---

　　① 陈伯礼，许秀姿. 论民事习惯在我国民法典中的角色定位 ［J］. 学术论坛，2005，28（4）：106-110.

　　② 姜大伟. 论民事习惯在民事立法中的合理定位 ［J］. 学术交流，2013，29（1）：84-87.

1. "习惯法说"

对于习惯的理解，通说认为，法律即制定法，习惯通说指习惯法。① 有学者指出，"习惯并非仅指事实上的惯行，因为此类惯行可能是陈规陋习，尚不足以成法源"。并以我国台湾地区"民法典"第 1 条的理解作为参考，通说认为其习惯是指"习惯法"，这与其继受的《瑞士民法典》第 1 条所明确使用的"习惯法"（Gewohnheitsrecht）相一致。《瑞士民法典》第 1 条、第 5 条分别使用"习惯法"和"地方惯例"（die übung oder den Ortsgebrauch）的表述。② 两者大相径庭，一般认为，"Gewohnheitsrecht"是指长期存在的、具有规范意义的和具有法的确信的习惯；③ 而"die übung oder den Ortsgebrauch"是指交易上的惯行，不具有习惯法的意义。以卡纳里斯为代表的德国的众多学者都认为，惯例不同于习惯法，并非法律规范，其效力源于当事人意思表示对相关内容的纳入。④ 我国《民法典》使用的"习惯"，可能是受到我国台湾地区"民法典"第 1 条字面表述的影响，但其具体含义仍应指"习惯法"。⑤

有学者从历史沿革的角度来论证了这一观点，"习惯法"是"习惯"优化的产物，"自法之发展而言，颇多由来于习惯者，亦即若干生活规范最初为习惯，其后始转化为法。然而何种生活习惯可转化为法，则未可一概而论，恒以社会生活需要及文化状况为转移。"⑥ 因此，尽管《民法典》采用了"可以适用习惯"的表述，但此处的习惯并不应理解为社会学意义上的习惯，即使是在法律没有规定且习惯符合公序良俗之前提下，法院和法官也不能对所有的习惯适用。⑦ 所适用的"习惯"仅包括由国家以直接形式或间接形式确认的部分，即"习惯法"的部分。

还有学者从"适用习惯"语义角度，认为习惯应为规范性的"习惯法"。

---

① 王利明. 中华人民共和国民法总则详解（上册）[M]. 北京：中国法制出版社，2017：53；杨立新. 中华人民共和国民法总则要义与案例解读 [M]. 北京：中国法制出版社，2017：68；龙卫球，刘保玉. 中华人民共和国民法总则释义与适用指导 [M]. 北京：中国法制出版社，2017：39；杜万华. 中华人民共和国民法总则实务指南 [M]. 北京：中国法制出版社，2017：55.

② 《瑞士民法典》第 1 条规定："法律问题，如依本法的文字或解释有相应的规定，一律适用本法。如本法没有相应的规定，法官应依习惯法进行裁判；如无习惯法，法官依自己如作为立法者应提出的规则进行裁判。"《瑞士民法典》第 5 条规定："各州有权在其立法权限范围内制定或废除本法的规定。民法典允许适用先前地方惯例的，可以适用各州的惯例，但如存在相反的惯例。不在此限。"

③ 公丕祥. 民俗习惯司法运用的理论与实践 [M]. 北京：法律出版社，2011：47.

④ 李建伟. 法源意义上的习惯与习惯法合一论：以商事习惯与商事习惯法为视角的研究 [J]. 政治与法律，2021，318（11）：63-76.

⑤ 彭诚信. 论《民法总则》中习惯的司法适用 [J]. 法学论坛，2017，32（4）：27-30.

⑥ 韩忠谟. 法学绪论 [M]. 北京：北京大学出版社，2009：95-96.

⑦ 谢晖. "可以适用习惯"的法教义学解释 [J]. 现代法学，2018，40（2）：3-24.

关于习惯的性质，向来有"事实"与规范两种观点之争。认为习惯是事实者，一般以分析实证主义法学理论为论证基础，将习惯视作一种具有规范意义的社会事实，从而与已被国家公权力认可的习惯法相区分。而认为习惯是规范者，则主要从自然法学说及其各种衍生理论出发，强调习惯本身具有法的实效性。《民法典》第 10 条中的"习惯"应属于已经过司法机关确认具有规范属性的习惯法。一方面，从文义解释的角度，该条款中"可以适用习惯"的表述，采用了"适用"的用语，其连接词一般应为"规范"，故该"习惯"应解释为"习惯法"。而后半段中的"但不得违背公序良俗"，则可以视为对"习惯（法）"进行的限制性解释，即习惯（法）是不违背公序良俗的习惯事实。另一方面，从比较法的角度，《民法典》第 10 条的规范结构模式与我国台湾地区"民法典"第 1 条、第 2 条关于习惯法源的体例设计相近，可以相互参考解释。①

2. "习惯说"

与上文学者观点相反，有学者主张《民法典》第 10 条的习惯是指民事习惯，即应解释为单纯事实上的习惯。

有学者认为，《民法典》第 10 条中的"习惯"应是单纯事实上的习惯，其含义涵盖交易习惯及交易习惯之外的民事习惯。《最高人民法院关于适用〈中华人民共和国民法典〉合同编通则若干问题的解释》第 2 条关于交易习惯的认定：下列情形，不违反法律、行政法规的强制性规定且不违背公序良俗的，人民法院可以认定为《民法典》所称的"交易习惯"：（1）当事人之间在交易活动中的惯常做法；（2）在交易行为当地或者某一领域、某一行业通常采用并为交易对方订立合同时所知道或者应当知道的做法。

也有学者认为，除少数民族地区外，原始意义上的习惯法几乎已失其重要性②，在法律实证主义大为张扬的今天，民间确信某些习惯具有法律效力，这种认识很难产生；相反，民间习惯经过法院的"公序良俗"之审查、认可、支持，可以引起当事人的法之确信，从而成为习惯法。因此，此处之习惯，应为事实上的习惯，理论上方为圆通。并且，在立法例上，习惯作为法源其内涵总是存在争议，而惯例或交易习惯作为法源的，并无争执。将习惯作文义解释，符合我国从《合同法》《物权法》，再到《民法典》的一贯用法，而以惯例、交易习惯作为法源的立法模式则为此提供比较法上的支持。

---

① 肖明明. 民法总则中"习惯"的体系性解释与适用 [N]. 人民法院报，2017-12-13（007）.
② 张志坡. 民法法源与法学方法：《民法总则》第 10 条的法教义学分析 [J]. 法治研究，2019，13（2）：36-37.

3. "混合说"

相较于以上两种观点，亦有学者认为，是否区分"习惯"与"习惯法"已没有意义，因为不经过法律确认的习惯，在法律上并无意义，甚至不会进入法律的视野，与一般人的生活习性无异。习惯之所以能够作为法源，乃是由于经过了法律的确认，因此不区分习惯与习惯法亦无妨。"习惯非经司法官依照立法者默示之意思予以采用，不能发生效力。由此而论，习惯法这一名词，似乎就不能存在，因为所有的法，无不为立法者的意思，习惯本身仅为一种事实，绝不能成为法。"所以法律上说的习惯，就是指经过法律确认、具有约束力的习惯。在当代社会，法律之外能够得到一般人普遍遵守并对之负有法的确信的习惯法，应当说是极为罕见的，能够具有如此重要地位的行为规则，一定会被立法或司法解释所吸收，不会放任其处于民间习惯的状态。"习惯法本来用来与'单纯的习惯'区别的主观要件'一般人法的确信'，已经呈现一个极度弱化的现象，甚至已经完全被法院的承认与宣示所取代。"因此，当代这种习惯与习惯法的概念之争，其实并无实质意义。① 另有学者从商事习惯的角度论证了"习惯"与"习惯法"合一的必要性：法源意义上的商事习惯的双重合一论，是"过强的制定法挤压"背景下的必要之举，不仅是理论层面的再解读，而且解决了商事习惯在司法实践中的难题，进而为私法中的习惯之整体适用提供了逻辑范式。② 因此，在合一论之下，习惯作为法律渊源的司法功效更加显著。

(三) 民事习惯的内涵

民事习惯的内涵包括以下几个方面：

民事习惯具有广泛性和普遍接受性。民事习惯普遍存在于社会生活的各个方面，获得了人们心理的普遍认同，人们乐于接受并实践它，因此民事习惯在日常生活中影响巨大。

民事习惯在人类社会交往过程中形成，规定不同主体间权利义务，表达特定主体的利益。民事习惯作为一种社会规范，调整人们民事交往中形成的利益关系。在人们长期的行为互动过程中，经过反复博弈而形成，对不同主体间的权利义务能公平合理地进行分配。

民事习惯具有一定程度上的强制性。民事习惯由获得人们认可的社会力

---

① 孟强. 民法总则中习惯法源的概念厘清与适用原则 [J]. 广东社会科学, 2018, 35 (1): 246.
② 李建伟. 法源意义上的习惯与习惯法合一论：以商事习惯与商事习惯法为视角的研究 [J]. 政治与法律, 2021, 318 (11): 63-76.

量支持，成为一种具有一定权威性和强行性的行为规则，有规范效力。①

二、民事习惯是否作为法律的渊源，民事习惯在民事立法、司法审判引用过程中的争议

（一）"肯定说"

民事习惯对民事立法而言，具有补充立法、促进本土法律资源有效利用及推动民事立法顺利实施等价值。民事习惯在民事立法中应有合理的定位，民事立法应充分吸收民法习惯的内容。

1. 现行民事法律体系中已经承认了习惯法的法源地位

其一，物权法定原则，又称物权法定主义，是指法律规定物权的种类和内容，不允许当事人以其意思设定与法律规定不同的物权或物权内容。物权法定原则的"法"包括制定法和习惯法。习惯法上的物权先占取得，符合我国民法典的物权法定原则。习惯法广泛存在于各类物权中，如不动产占有权、动产所有权、取水权、狩猎权等，主要表现在所有权方面，在准物权方面也有体现。

其二，《民法典》合同编部分亦规定了作为习惯法的"交易习惯"的效力，包括合同的成立（第480条）、承诺的生效时间（第484条）、合同履行的原则（第509条）、后合同义务（第558条）和买卖合同中出卖人的义务（第599条）等。其都采用了"按照交易习惯"的表述方式，肯定了习惯法在民事法律体系中的地位。

2. 习惯与民法典的互补性决定了民法典应该确定习惯作为民法的渊源

法源条款，就是要对这个根本矛盾作一个立法上的回答。法源条款的根本任务，不是回答有实证法时法官怎么办，这时不需要回答；而是要回答没有实证法时法官该怎么办。如果一个法源条款仅表述到法官依实证法裁判，那它实际上回避了主要问题，未能直面自己的使命。②《民法典》第10条确立了我国民法之"法律—习惯"二位阶法源体系，就是为了在制定法出现漏洞时，能够及时予以补位——没有任何一部制定法能够穷尽既有的和将来可能发生的案件情形，即民事立法的局限性决定了应将民事习惯作为《民法典》适用的渊源。

---

① 谢婳婧. 论民法渊源之民事习惯 [J]. 前沿, 2011, 33 (19): 93-97.
② 于飞. 民法总则法源条款的缺失与补充 [J]. 法学研究, 2018, 40 (1): 36-51.

民事立法在一定程度上是民事生活的总结和体现，虽然立法机关具有一定的预见性，但立法机关的理性和预见性毕竟是有限的，不可能涵盖现有的全部民事生活，也不可能非常准确地预见未来民事生活的发展趋势及具体内容。简言之，民事立法留有空白和漏洞是不可避免的。这时就需要民事习惯来加以补充调整。民事习惯为民法典所吸纳的过程，实际上也是民事习惯成为民法典渊源的过程。如，"物权法定原则"要求物权的内容、类型或种类应法定，当事人所约定的物权种类和内容得不到法律的认可和保护，但社会的发展特别是急剧变化的社会生活需要产生新的物权种类，这时如果严格局限于此原则，无疑会阻碍社会的发展。但是，民事习惯承认的物权种类是不以人的意志为转移而发展的，新的物权类型终将不断冲破原有的物权体系，物权内容也将随着社会的发展而不断创新。所以，法律必然对民事习惯调整的物权类型逐渐予以承认，物权法定缓和主义也应运而生。

诚如王泽鉴教授在评价中国台湾地区"民法典"第 1 条时所言："就法学方法论言，克服了 19 世纪的法实证主义，肯定制定法的漏洞。明定其未规定者，得以习惯或法理加以补充。法院不得以法无明文规定而拒绝裁判。"① 由此观之，在制定法出现法律漏洞时，为避免法官逃避裁判的责任，以习惯作为制定法的补充性法源，有利于法院及时作出公正的裁判，维护法律的权威。

3. 习惯是我国重要的本土资源

我国《民法典》的制定应重视民事习惯这种重要的本土立法资源，并应作出科学的处理。"我国民法典在追求技术上的完备周密的同时，应注意适度考虑传统文化中的习惯作用。基于我国民族结构的多元性、社会发展水平的层次性、城乡不同的差异性和成文法的固有局限性，确立社会习惯对民法的补充渊源地位。"

其一，保持和实现民法典的开放性要求将民事习惯规定为民法典的渊源之一。② 民法典的开放性要求民法典的渊源的多元性。民法典渊源的多元性是民法典调整对象的复杂性即民事社会生活的复杂性及民法调整方法的多样性所要求的。承认民法典渊源的多元性是对社会秩序需要多种调整方式的尊重，以及对民法典自身存在调整方式弊病应予以克服的深刻认识的结果。民事生活的极其复杂性决定了对其调整方法的多元性，不仅民法应对其进行调整，道德、民事习惯等也应对其进行调整，而且民法的调整应该与道德、民事习

---

① 王泽鉴. 民法总则 [M]. 北京：北京大学出版社，2009：35.
② 王利明. 论习惯作为民法渊源 [J]. 法学杂志，2016，37（11）：1.

惯等调整方法相互配合才能取得良好的调整效果。

其二，如前文所述，民事习惯所具有的民事性、民族性、稳定性、广泛性、地域性和规范性等特点，足以表明民法典与民事习惯之间的密切关系，也由此决定了民法典应给民事习惯的适用留下一定的空间，应在民事立法上承认民事习惯的渊源地位。

我国《民法典》应将民事习惯确认为民法的渊源之一，并在立法上作出科学设计。

首先，我国《民法典》应确立"凡法律未规定者，应遵循民事习惯"的原则，确立民事习惯的渊源地位，实现从遵守国家政策到遵守民事习惯的转变。确立民事习惯作为民法典渊源的地位，为民事习惯发挥补充调整作用提供根据。

其次，我国《民法典》应赋予法官适用民事习惯的必要的自由裁量权。民事习惯规范人们的生活不如民法规范那样以权利、义务明确规定的形式为法官所知，这也是由民事习惯调整的对象本身的复杂性和广泛性决定的。民事习惯往往因时因地而有所不同，且处于不断的变化之中，各民族的民事习惯也存在极大的差异。因此，为强化民事习惯的适用性，确保法官能够及时准确地作出裁判，有必要赋予法官一定的自由裁量权。但需注意，法官在引用民事习惯作为裁判依据时，需要具体明确习惯适用的前提条件和限制条件；强化社会主义核心价值观和传统美德等权威内容的说服作用，提升裁判文书说理的针对性和细致程度，并充分利用法律统一适用机制在类案中实现习惯的规范适用。[①]

4. 民事习惯在司法实践中的应用价值

(1) 民事习惯在司法适用中的价值

司法中适用民事习惯，有利于民事裁判认可和执行。民事习惯符合民众生产生活需要，是民众普遍认可的价值准则的反映，具有强大的生命力。与国家制定法不同，民事习惯无国家强制力保证实施，却得到民众的自觉遵守和援用。民事习惯已经成为人们民事行为的指引，当发生民事纠纷，民众自然愿意用民事习惯解决问题。如果不考虑民事习惯而强行适用制定法，虽然能快速解决纠纷，但可能导致当事人对法院裁判的公正性产生怀疑，引发上访，甚至更深的矛盾冲突。民事习惯凝结着社会大众普遍性的价值准则，若

---

① 刘成安. 民法典时代民事习惯的司法适用：以援引《民法典》第10条的裁判文书为分析对象[J]. 法学论坛，2022，37（3）：71-80.

在不违背现行法律强制性规定前提下，运用习惯对案件事实进行认定，依据民事习惯作出裁决，将更加符合当事人预期，更容易被社会大众认同和接受。

民事习惯可弥补民事法律的漏洞。因此，法律是在习惯的基础上发展而来的，从习惯到法律被认为是法律产生的最重要的途径。但不同地区之间社会经济、文化发展也存在不平衡性，难以完全通过国家法对社会生活的各个方面进行规范。且社会生活总是在不断发展变化，不断产生新的关系、新的问题，民事制定法则存在滞后性，无法调整日益凸显的新问题。因此，司法实践中需要司法人员合理运用民事习惯解决民事纠纷，弥补民事立法的不足，为民事纠纷的解决提供有效途径。

依据民事习惯作出的司法裁判具有适应性和亲和力。一方面，习惯产生于长时间的反复实践，源于主体的自发性创造，属于所谓的"自发性秩序"。因此，对于所涉及的具体问题而言，习惯所代表的法律秩序可能更具有针对性，更为合理和具体相关，可以直接适用。[①] 另一方面，习惯具有长期性和自发性。较之于成文法制定的即时性、人为性和自上而下的强制推行等特性来说，习惯对所涉及的特定群体而言，可能具有更大的合法性，更易于为该群体所接受。[②]

（2）民事习惯的司法监督

依法律适用的一般规则，法官无权对法律之合法性进行审查，法官的功能原则仅限于对法律的单纯适用，其角色地位具有相当的被动性。但在民事习惯的司法适用中，情形就有所不同。法官对民事习惯就可以经过选择和甄别的适用，具有主动性。法院对民事习惯的监督体现在以下方面。其一，当事人没有明确排除习惯的适用。民事习惯作为调整私人事项而形成司法秩序的规范，当然要遵从意思自治原则。依该原则，若法律关系当事人明确约定排除某一习惯的适用，则该约定有效，任何人不得反言主张该习惯的适用，法院更不得以职权强行认定。其二，针对同一事项制定法无明文规定。从法律与习惯的适用顺序而言，只有在民事法律没有规定时，才能依习惯。法律已设规定者，即无适用习惯的余地，习惯仅有补充法律的效力。因此，习惯的成立时间无论是在法制定之前还是之后，凡与成文法相抵触者，均不能认为有法的效力。其三，习惯不应悖于公共秩序与善良风俗。我国现行民事立

① 刘成安. 民法典时代民事习惯的司法适用：以援引《民法典》第 10 条的裁判文书为分析对象 [J]. 法学论坛，2022，37（3）：71-80.

② 石佳友. 民法典的法律渊源体系：以《民法总则》第 10 条为例 [J]. 中国人民大学学报，2017，31（4）：12-21.

法对此也有类似规定，《民法典》第 10 条规定："处理民事纠纷，应当依照法律；法律没有规定的，可以适用习惯，但是不得违背公序良俗。"依此规定，如果某一民事习惯与社会公德、社会公共利益或经济秩序相违背，则不能当作民事活动的行为依据。①

（3）民事习惯的适用条件

首先，《民法典》应为民事习惯的适用留出适当的空间。一种制度不可能孤立地实施，还需其他制度的支撑与配合，否则难以稳定运行并被普遍认可。基于中国民族结构的多元性、社会发展水平的多层次性、城乡的差异性和成文法固有的局限性，最合适的做法应当是确立民间习惯的补充性法源地位。在法治建设尚不完善的现状下，只有允许当事人在民事活动中对习惯进行选择，才能保障其意思自治；而允许法官在审判中适用习惯，也是适当自由裁量权的体现。

其次，开展对既有民事习惯的分析、归类和筛选工作。对于民间长期沿用、行之有效的习惯，可直接吸收进法律规范之中，实现习惯的规范化、法律化。这不仅是习惯的运行规律，也是成文法的社会性使然。民事习惯有先进和落后之分，因此，将习惯作为法的渊源，并不意味着将一切习惯都作为法的渊源，而是要有所甄别、扬弃。民事习惯应具备以下三个要件才可以作为民法的渊源：其一，被民众自觉接受。从社会的认知心理来看，人们对于习惯的遵守来源于心理上的认可。在人们长期的社会生活中，习惯已经成为人们的一种知识传统，这种习惯就是"理"。习惯具有利益的协调和分配功能，能够平衡人们之间的权利义务关系，能够在一定程度上发挥法的功能。其二，不违背公序良俗。公序良俗在民法中属于基本原则，而习惯作为基本原则的具体化当然也要符合公序良俗的原则和要求。因此，能够作为法律渊源的习惯必须符合社会公序良俗的要求。其三，具有法律上的积极效果。所谓法律上的积极效果是指依照习惯所进行的行为是能够引起民事权利义务关系变动的合法行为。②

有学者认为，民事采用之习惯法，必须具备以下要件：其一，须有习惯之存在；其二，须为人人确认其有效之效力；其三，须系法规所未规定之事项；其四，须不悖于公共秩序与善良风俗；其五，须经国家（法院）明示或

---

① 王洪平，房绍坤. 民事习惯的动态法典化：民事习惯之司法导入机制研究［J］. 法制与社会发展，2007，13（1）：82-94.

② 尹凤桐. 论民事习惯法与民法典的关系［J］. 山东社会科学，2009，23（9）：110-112.

默示承认。①

也有学者认为，一项习惯被法院作为习惯法而承认，应当具备下列条件：第一，待决事项确无制定法规定；第二，要确认的习惯是确实存在的；第三，该习惯长期以来被当作具有约束力的规则来遵守；第四，当事人均属于该习惯的约束范围之内，即当事人双方或多方都知道这一习惯并受习惯约束，如果只有一方当事人知道该习惯而另一方不知，或者虽然知道却没有被习惯的约束力约束过，都不能确认为习惯法；第五，习惯不得与法律的基本原则相抵触。

5. 民事习惯在我国民法中始终具有重要地位

我国古代成文的民事法律不发达，制定法中的民事规定极少。正是由于私法的长期落后，我国古代社会的民事生活一直由民事习惯进行调整，并且已基本形成了一套自我充足的实体规范。

民事习惯对现代市民生活的巨大影响。虽然近几十年来大量移植西方的法律给中国社会带来了非同寻常的变化，但中国绝不可能单纯依靠移植西方的法律就能解决在中国现代社会中产生的所有问题。我们移植西方民事法律，换个角度看甚至是在移植西方的民事习惯。法律不仅仅是一套规则体系，它潜藏着社会在漫长岁月中形成的特殊传统。民事立法与市民生活最为休戚相关，只有满足民众预期的法律规定才能被接受，才能更好地得到遵守，裁决才会顺利执行。时至今日，蕴含着中华民族独特智慧的民事习惯仍然在中国现代社会中根深蒂固地影响着人们的思想观念、价值取向和行为范式，对我国法治建设仍然具有相当大的借鉴意义。

民事习惯是最适当的民法补充渊源。制定法有内容明确、利于维护法的统一安定的特点，但任何法律都不可能面面俱到，立法者不可能仅依靠理性就能制定出功能齐全完备的法律。既然制定法的固有缺陷无法规避，法律空白与法律漏洞的存在是必然的，市民社会中的新情况新问题没有办法全部"有法可依"。实际上，市民生活也并不需要处处有法可依，除法律外，伦理、道德、习惯、行业纪律等众多社会规范也在保障社会正常运行，法律绝不可完全禁锢民事活动。法官判案必须严格遵循法律规定，加之民事法律领域法官的"禁止拒绝裁判"原则，这就决定了必须建立我国民法渊源的多元体制，而民事习惯是最适当的民法补充渊源。②

---

① 梁慧星. 民法总论 [M]. 北京：法律出版社，2001：25.
② 谢娴婧. 论民法渊源之民事习惯 [J]. 前沿，2011，33 (19)：93-97.

6. 民事习惯的司法功能与法律一致

（1）民事习惯的补充功能

由于人类理性的有限，民事制定法尤其是《民法典》不能囊括所有的民事关系。但"禁止拒绝裁判"原则的存在，在一定程度上成为法官对法律漏洞进行填补的授权依据。

（2）民事习惯的软化功能

民事习惯作为长期以来集体意识的自发流露，与社会的发展密切联系，其通过内部的自我扬弃总为人们之间纠纷的解决提供着可行的路径。它的灵活性能更好地使法律适应地方或专业的特殊条件。如《民法典》第 388 条所规定的"其他具有担保功能的合同"，就是以民事习惯为依据所确立的非典型担保进入了制定法视野的体现，这些习惯缓和了物权法定主义的僵硬性，有利于活跃市场经济，实现物尽其用。

（二）"否定说"

1. 司法审判中援用民事习惯的限制

"法律已设规定即无适用习惯的余地。"即对于民事案件，只有制定法无规定，法官在寻法活动中遇到"断桥"时，习惯才可能进入法官的视野成为裁判的依据。这种适用规则表示习惯仅有补充法律适用的效力。我国民法草案并未在总则中明示习惯的这种适用规则。

习惯的适用不得违背公序良俗，司法审判追求的是裁判公平和正义。因此，习惯作为司法裁判的依据绝不能违背社会公共利益、公共秩序，民国判例就有明确规定："违背公序良俗之习惯当然无法之效力。"因此，习惯并非能够当然成为民法渊源，其需要经过法官的甄别与选择，才能够进入审判过程中。于此，恶习恶俗也被排除在民法渊源的范围之外。由此观之，民事习惯与制定法之间永远隔着一条不可逾越的鸿沟，二者不可能产生相同的影响力。

2. 习惯法作为法律渊源的方式

习惯法作为法律渊源有两种方式，一种是通过进入制定法或判例法成为法律渊源，另一种是直接作为法律（制定法）被司法适用。目前，在我国的民事立法和司法中，上述两种方式都较少体现。例如，《民法通则》（已废止）没有把习惯作为渊源，却把政策规定为渊源。

（1）法典化思想的影响

近代以来，欧洲出现了法典化运动。我们在引进西方法律制度的同时，也在仿效欧洲大陆国家法典化倾向，做到"有法可依"，然而却忽略了既有习惯的作用。

（2）立法中心主义的影响

一般认为，要实现依法治国，必须有完备的法律体系作为前提。因而1978年后，大批的法律被制定，争取社会生活的各个方面都有国家法的参与。而法官所要做的就是将法律适用到具体案件中。我们不承认法官造法，遇到法律空白，往往借助原则，而非习惯。

（3）现代化语境对传统习惯的排斥

长久以来，我们潜意识地认为，以往的传统习惯都是封建的、落后的，与构建现代化的法治国家和市场经济制度是相悖的，我们要实现现代化，必须抛弃传统和习惯。正是在这种历史追求背景下，习惯在制定法中的位置变得相当尴尬。所以，对待习惯法，从立法到司法大多持排斥的态度。

（4）习惯法本身的缺陷

我国幅员辽阔，民族众多，风俗习惯在不同的区域内也会有很大的差异，难以形成普遍认可的习惯法系统。此外，我国自古以来所注重的"大一统观念"，也使习惯法难以得到国家的正式认可。

3. 习惯法与制定法的冲突

我国的法制建设道路走的是一条"政府推进型"的法律变革之路，不是随着社会的发展而"自然演进"到法制现代化。许多学者也主张政府运用国家强制力尽快建立一个现代的法律体系，以保证市场经济的顺利发展；同时主张加快移植经济发达国家和地区的法律制度。然而，由于文化背景的不同，这些移植来的法律制度并不总能在中国的土壤上开花结果，甚至出现水土不服的情况，尤其是中国固有传统与这些引进的法律制度的冲撞尤为明显。

制定法和习惯法分属不同的知识传统。习惯法属于大众文化，制定法则属于精英文化。在当代中国，制定法不仅是精英文化，而且还烙上了浓厚的西方文化色彩。制定法是一种理性设计，它提供的是一个概念和逻辑的世界。而习惯法所描述的则是更接近人们的日常生活世界。制定法与习惯法的不同特征决定了两者之间存在着冲突和矛盾。①

4. 我国民事立法与司法实践中民事习惯的地位不足

就我国民事立法与司法领域对民事习惯的态度而言，民事习惯在我国尚未受到足够的重视，出现立法与司法对待民事习惯态度不一致的情况。具体

① 尹凤桐. 论民事习惯法与民法典的关系 [J]. 山东社会科学，2009，23（9）：110-112.

而言，在民事立法领域，法律未能明确习惯的补充法源地位，同时在制定具体的法律规则时，对我国的民事习惯未能充分吸收和容纳。在司法领域，虽然部分法院在办理民事案件时能够自觉运用民事习惯解决纠纷，但就民事习惯的认定问题，法官的自由裁量权过大，随意性较高。这亟须立法对民事习惯的认定和证明责任的分配作出明确的规定，解决司法认定标准不一致的情况。①

5. 《民法典》中对民事习惯的规定

2002 年，全国人大常委会法工委公布《中华人民共和国民法（草案）》。一方面，该草案未将"民事习惯"规定为民法的渊源；另一方面，该草案中吸收和体现民事习惯的内容过少。有学者认为，经过几十年的民事立法实践，民事习惯已经几乎被民事立法所吸收，所以，在《民法典》中规定民事习惯的渊源地位没有必要。②

6. 民事习惯在司法适用中存在的问题

（1）民事习惯的固有特性阻碍了其司法适用

民事习惯具有地域性、民族差异性、行业性、自发性和隐蔽性等特性，导致其在司法适用上出现不少问题。首先，民事习惯良莠不齐，难以统一定性适用。现实生活中民事习惯既有良风善俗，也存在着邪风恶俗，有些风俗善恶交织在一起，难以定性。其次，民事习惯具有隐蔽性和庞杂性，对司法适用构成一定障碍。民事习惯没有系统的成文表现形式，多数情况下存在于人们的内心，有鲜明的地方民族特色，内容极其庞杂。最后，民事习惯缺乏明确的甄别机制。对于哪些习惯能够成为民法的渊源，没有统一的判定标准，在司法活动中法官仅凭个人感觉确定，这也造成民事习惯在司法活动中难以充分发挥其作用。

（2）民事习惯在司法适用中缺乏程序法上的机制

在我国，民事习惯如何运用到司法实践中，程序法上缺乏可操作的具体规范。民事习惯在司法适用中存在的一些根本问题，我国程序法都没有作出相应规定。这些问题包括：当事人希望援用的习惯是否为民事习惯，在民事调解过程和执行程序中如何适用民事习惯，等等。目前我国司法活动中，这些问题都属于法官自由裁量范围。在自由裁量范围较宽泛的条件下，对民事

---

① 姜大伟. 论民事习惯在民事立法中的合理定位 [J]. 学术交流，2013，29（1）：84-87.

② 李建华，许中缘. 论民事习惯与我国民法典 [J]. 河南省政法管理干部学院学报，2004，18（2）：22-29.

案件和民事纠纷进行裁判，裁判结果将产生较大差异。这不但违背了司法裁判的相对统一原则，也有损司法权威。缺乏程序法上的导入机制，也是民事习惯进入司法领域的一大障碍。

（3）民事习惯与制定法可能存在的冲突妨碍了民事习惯的司法适用

民事习惯作为民事案件或民事纠纷的裁判依据，存在与国家制定法相一致或相冲突的情形。在两者相一致情形下，处理这类民事案件时，一般来说以国家制定法为根据，灵活适用民事习惯。倘若出现制定法无规定，民事习惯有规定的情形，或二者都有规定，但规定的内容相互冲突的情形，民事习惯的司法适用就需要依靠案件承办法官的自由裁量。而这种自由裁量权的行使，往往会因为法官的不同而产生差异较大的裁判结果。鉴于此，法官基于对"依法审判"原则的遵循，往往对民事习惯的适用采取慎重态度，客观上妨碍了民事习惯的司法适用。

（4）司法实践引入民事习惯在平衡法律效果与社会效果上存在难度

法律具有普遍适用性，然而某些特殊的风俗习惯在个案中具有合理性，但可能被法律规范所禁止；有些民事习惯存在着某些不科学的内容，却得到人们的广泛遵守。虽然这些习惯能够在事实上起到调整民事法律关系的作用，但其本质上只是获得社会公众高度心理认同的一种实施规范，并不能够为法律所认可。此时就需要在司法的社会效果与法律效果之间进行衡量，因此，民事习惯的适用存在一定的阻碍。

7. 民事习惯在民法审判中的主要障碍

我国长期以来对民俗习惯作用的轻视，导致适用民俗习惯的相关规则缺失。确立习惯的法源地位，用以弥补立法上可能出现的疏漏与缺陷，这是成文法国家对待习惯的通常做法。而我国制定法长久以来对习惯的法源地位的否定，在很大程度上表明了我国制定法对民俗习惯的轻视态度。

（1）司法证明的模糊

民族民俗习惯具有典型的民族性、地域性，只对特定地域内的特定人群有着约束力，一旦超出这个特定地域、特定人群就不存在，也没有约束力。因此，民俗习惯必须在司法实践过程中加以证明才能适用。但在审判实践中特定民俗习惯的存在是否由当事人举证、由谁举证证明、地方审判机关在什么情形下行使调查取证权，以及如何进行认证等问题，都缺乏针对性的明确的证明规则的指导，给审判机关适用民俗习惯处理民事纠纷带来很大的困难。

（2）适用民俗习惯所带来的裁判差异与司法统一的困境

司法统一是社会主义法治建设的根本要求，是司法公正的基本内涵，同案不同判，司法不统一是对法律面前人人平等这一法治原则的违背，有损裁判的公信力和司法的权威。而将民俗习惯运用在司法实践中，难免出现裁判之间的不统一现象，一方面是出现实体处理上的不统一，另一方面也可能造成诉讼程序的不统一。再加上有些民俗习惯从价值上难以评判，难以作出良俗恶俗之分，故相同的纠纷也可能会出现不同的裁判结果，这是审判机关适用民俗习惯解决纠纷的一个重要障碍。

（3）审判人员自身的素质限制了运用民俗习惯裁判案件

审判机关运用民俗习惯裁判民商事案件并不是一个简单的尊重乡风民俗的问题，而是法官严谨思维，融会贯通相关法律，追求法律条文背后体现的法律原则和精神，实现法律与民俗习惯本源价值观念一致性的问题。而当前审判机关法官的素质普遍不高，这就极大地限制了他们在具体案件中对民俗习惯的合理运用。

相关法律法规及司法解释

《民法典》

第 10 条　处理民事纠纷，应当依照法律；法律没有规定的，可以适用习惯，但是不得违背公序良俗。

第 142 条　有相对人的意思表示的解释，应当按照所使用的词句，结合相关条款、行为的性质和目的、习惯以及诚信原则，确定意思表示的含义。

无相对人的意思表示的解释，不能完全拘泥于所使用的词句，而应当结合相关条款、行为的性质和目的、习惯以及诚信原则，确定行为人的真实意思。

第 289 条　法律、法规对处理相邻关系有规定的，依照其规定；法律、法规没有规定的，可以按照当地习惯。

第 321 条第 2 款　法定孳息，当事人有约定的，按照约定取得；没有约定或者约定不明确的，按照交易习惯取得。

第 480 条　承诺应当以通知的方式作出；但是，根据交易习惯或者要约表明可以通过行为作出承诺的除外。

第 484 条第 2 款　承诺不需要通知的，根据交易习惯或者要约的要求作出承诺的行为时生效。

第 509 条第 2 款　当事人应当遵循诚信原则，根据合同的性质、目的和交易习惯履行通知、协助、保密等义务。

第 558 条 债权债务终止后，当事人应当遵循诚信等原则，根据交易习惯履行通知、协助、保密、旧物回收等义务。

第 599 条 出卖人应当按照约定或者交易习惯向买受人交付提取标的物单证以外的有关单证和资料。

 《最高人民法院关于适用<中华人民共和国民法典>合同编通则若干问题的解释》

第 2 条 下列情形，不违反法律、行政法规的强制性规定且不违背公序良俗的，人民法院可以认定为民法典所称的"交易习惯"：

（一）当事人之间在交易活动中的惯常做法；

（二）在交易行为当地或者某一领域、某一行业通常采用并为交易对方订立合同时所知道或者应当知道的做法。

对于交易习惯，由提出主张的当事人一方承担举证责任。

案 例

案例一

案情介绍

原告于甲和被告于乙、于丙、于丁、于戊系同父异母兄妹关系，原告和被告生父于某与原告生母胡某在 1933 年结婚。1954 年胡某去世。于某 1955 年与冯某结婚，并先后生育上述四被告人。2003 年 1 月 31 日于某去世，同年 9 月冯某去世。原告和被告生父于某与原告生母胡某遗物、被告生母冯某骨灰合葬于新乡市某公墓。但墓碑上未刻原告生母胡某姓名。原告认为被告侵犯了对尊亲的祭奠权，遂诉诸法院，请求：（1）共有位于某市福泰公墓的父母墓地使用证，更换墓碑及相关碑文；（2）被告赔礼道歉并支付精神抚慰金 5000 元。

四被告辩称，被告为自己的父母购买墓地，安葬父母，并为父母立碑，没有任何过错，也没给原告造成任何损害后果。被告的行为对原告不构成侵权，依法不应承担侵权民事责任。被告父母所安葬的新乡市某公墓墓地，使用人就是父母二人，原告未对该墓地尽任何义务，要求共有墓地使用证，没有任何事实和法律依据，请求法院依法驳回原告于甲的诉讼请求。

审理及判决

法院经审理认为，公民的合法权益受法律保护。祭奠是民事主体对死者表示悼念、敬意的一种情感活动。丧葬风俗只要不违背法律、法规和有关政策，并符合公序良俗，应当受法律保护。本案原告生母胡某早年去世，其生父于某与冯某再婚，胡某、冯某与于某均系合法夫妻，死后三人合葬，子女为父母购买公墓，树碑立传亦属民间善良道德风俗，没有违反法律法规和有关政策的规定。所立墓碑上刻有原告于甲亲系人员，未刻原告生母胡某姓名。原告要求墓碑上应刻其生母胡某姓名，符合我国的道德伦理、传统风俗，亦在情理之中。原告和被告为同父异母兄妹，本应和睦相处，共同妥善安排父母后事，以求亲情长续。现原告和被告因长期矛盾而对簿公堂，实为不该。祭奠方式虽有多种，但根据本案情况，原告主张的换碑增刻生母姓名的请求应予支持，但应按照善良民俗进行，有关墓碑其他变动内容双方可协商处理。关于原告请求的赔礼道歉、支付精神抚慰金及共有墓地使用证等诉请，因未有相关证据，本院不予支持。依据《民法通则》第5条、第7条之规定，判决如下：

一、现据死者胡某、于某、冯某的合葬情况，其墓碑应按民间墓葬风俗刻有胡某姓名。被告于乙、于丙、于丁、于戊不得干涉原告于甲履行上述行为。

二、驳回原告于甲的其他诉讼请求。

判决送达后，双方当事人均未提出上诉。

分析

本案是同父异母兄妹之间因对父母祭奠方式的要求不一而产生的纠纷。祭奠，是民事主体对死亡者表示追怀、悼念、敬意、爱意而举行仪式的情感意识表现活动。本案涉及两个问题值得探讨：一是什么是祭奠权，祭奠权属于民法中的什么权利；二是保护祭奠权的法律依据是什么。

祭奠权是民事主体基于亲属关系，以及其他非亲属的社会关系而产生的一种祭奠的权利。祭奠权应当属于身份权的内容，包括配偶关系、父母子女关系及基于其他亲属之间的身份利益而产生的权利。目前，我国在法律上对祭奠权没有明确规定。但在理论研究上，学者从民法学理方面将祭奠权概括在公序良俗原则中，笔者对此观点赞同。在本案的处理上，审案法官运用《民法通则》第7条规定的公序良俗原则，作出了正确的判决。祭奠权属于公序良俗原则的一种延伸，其意义是民事主体的行为应当遵守公共秩序，符合善良风俗，不得违反国家的公共秩序和社会的一般道德要求。

目前，在我国立法上，确实对这种权利没有具体规定，但不能认为公民的祭奠权利不受民法调整。在本案中，还存在一种观点，认为人民法院不应受理该纠纷。主要原因就是认为在实体处理上没有明确的法律依据。当今随着社会的不断发展，法治的不断健全，法官应当更新审判观念，增加现代司法理念。"法官不能拒绝裁判"已由理论上升到实践。民事案件中应当尽可能囊括各种各样的民间纠纷。处理民事纠纷应按照民事法律适用的原则，有法律依法律，无法律依民事习惯。那种认为没有法律规定，就不能对发生的民事纠纷进行裁判的观念已经过时。法官应当由原来那种纯被动司法，转变为在法律原则和框架内的主动司法。民事法官应当熟知法律，同时也应当熟知民事习惯，法律本来就是由民事习惯和规则发展来的。如罗马法系中习惯法的产生就是如此。当民事法律缺少具体规定的时候，就应当用民事习惯来审理裁决案件。可见，对民事争议，仅仅以没有法律明文规定为由简单地驳回起诉或者诉讼请求，显然是与当今的司法理念不符。

 案例二

案情介绍

原告李某华是珠宝公司的法定代表人，被告立融典当公司是经许可经营典当业务的有限责任公司。

2003 年 12 月 31 日，原告李某华决定将一批 k 金饰品当给被告立融典当公司，立融典当公司为此出具了编号为 31275134 的当票一张，载明当金 405000 元，当期由 2003 年 12 月 31 日起至 2004 年 1 月 31 日止。该当票当户联背面印有"典当须知"，其中第 6 条规定："典当期内及典当期限届满后 5 日内，经双方同意可以续当。续当时当户应当结清前期利息和当期费用。"第 9 条规定："绝当后，当户与典当行协议赎当的，逾期费用由双方协商确定。"按照约定，李某华将 k 金饰品交立融典当公司保管，立融典当公司给李某华出具了收条，并向李某华支付了约定数额的当金。

当期届满后，原告李某华没有按期赎当，也没有在当期届满后的 5 日内办理续当手续。2004 年 2 月 11 日，李某华写下承诺书，承诺在 2 月 20 日前付清当期综合费用。2 月 29 日，被告立融典当公司收到珠宝公司开具的号码为 bn977953、bn977955 的现金支票两张，金额均为 37450 元，支票注明用途为"还款"。3 月 2 日，上海银行以"存款不足"为由，将这两张支票退回立融典当公司。3 月 12 日，李某华书面承诺"同意先将以上 k 金饰品绝当，委

托万融拍卖公司进行拍卖，用拍卖成交款支付首饰借款本金、利息费、违约金，本次拍卖佣金、公告费、鉴定费、场地租赁费等相关费用按有关规定从拍卖所得中扣除"。3月30日，李某华提起诉讼，要求赎回当物。

审理及判决

法院认为，本案争议焦点是：绝当后，当户是否有权要求赎回当物。

《典当行管理办法》对这一问题没有明确规定。从字面理解，"绝"有断绝、消灭之意，"绝当"即指典当关系断绝。典当关系一旦断绝，附随于典当合同关系的回赎权也将消灭。《典当行管理办法》第36条规定了"绝当"，第40条又规定典当行对绝当物品的处理办法，据此应当认为，绝当后当户对当物基于典当合同的回赎权消灭，不能再单方面要求赎当，是《典当行管理办法》所指"绝当"的题中应有之义。这样理解"绝当"一词的含义，也符合典当行业惯例和社会公众的一般理解。

据此，法院判决：原告李某华要求判令被告立融典当公司允许其赎回估价为405000元当物的诉讼请求不予支持。

分析

当，是我国历史上特有的一种通过转移动产占有进行民间融资的制度。新中国成立后，典当行业一度被取缔，改革开放后虽有恢复，但长期没有专门的法律规范，原则上只能适用有关担保的一般法律规定调整典当关系。2001年8月8日，原国家经济贸易委员会制定了《典当行管理办法》，用于调整典当关系。《典当行管理办法》是我国政府有关部门针对典当行业专门制定的行政规章，在目前处理典当纠纷中应当参照适用。[①]另外，典当行业也有自己的一些行业习惯，这些行业习惯在不违反现有法律、法规禁止性规定的前提下，也应当作为处理典当纠纷时的参照。

根据《典当行管理办法》的有关规定及本案当票的约定，当期届满5日内，当户可以续当或赎当。续当，则意味着当期的延长，在新的当期内，当户仍然享有回赎权。如果不续当，那么当期届满后第5日即是双方典当合同约定的最后赎当期限。

---

① 2005年2月9日商务部、公安部发布了《典当管理办法》，《典当行管理办法》已经失效。

二 公序良俗原则的适用 >>>

公序良俗，即指公共秩序与善良风俗，是法国、日本、意大利等大陆法系国家，以及我国澳门和台湾地区《民法典》中使用的概念。在德国民法中，与公序良俗相当的概念是善良风俗。在英美法中，与此类似的概念则是公共政策。而作为我国民法上的一项重要原则，所谓公序，即社会一般利益，在我国现行法上包括国家利益、社会经济秩序和社会公共利益。所谓良俗，即一般道德观念或良好道德风尚，包括我国现行法上所称的社会公德、商业道德和社会良好风尚。

公序良俗原则是民法的基本原则，早在 1986 年《民法通则》就已经确认了这项基本原则，《民法典》又在第 8 条明确规定了公序良俗原则。[①] 这项基本原则是对民事主体行为的基本要求，从价值理念上看，公序良俗原则体现了对社会公共道德的维护，反映社会主流的价值观和道德观，而且在一定程度上具有弥补法律规定不足、限制私法自治的功能。[②]

一、公序良俗原则概况上的争议

（一）公序良俗原则内涵的学理分歧

1. 法国法中公共秩序与善良风俗的含义

在法国，善良风俗的含义是指占支配地位的社会道德规范，应参照社会习惯与舆论，但不拘泥于此。多数法国学者认为应由法官根据社会生活中居

---

① 王利明. 论公序良俗原则与诚实信用原则的界分 [J]. 江汉论坛，2019，62（3）：129.
② 石宏. 中华人民共和国民法总则条文说明、立法理由及相关规定 [M]. 北京：北京大学出版社，2017：18-21.

于主导地位的道德准则去判断，而非仅受习惯和社会舆论的支配，有时作出违反习惯和社会舆论的判断是必要的。同时，法国学者亦认识到，占支配地位的道德规范也不是一成不变的。

在法国，公共秩序是统治集团强加于个人的一种压制，在现行法律体系之内及现行法律体系之外均有适用。"法国民法上的公共秩序，是指某种属于统治地位的集团强加于个人的一种压制"，"公共秩序是一种强制性规范，是当事人自由意志的对立物，公共秩序不同于'公法'，虽然公法（宪法、行政法等）是公共秩序的重要渊源，但公共秩序的许多规则也来源于私法，公共秩序的本质在于反映、保护国家的根本利益"。①

2. 德国法中善良风俗的含义

德国民法中善良风俗是指正当且公平的一切人的道义感，其援引对象包括法律体系内的原则精神与法律体系外的占统治地位的道德两个方面。在实践运用方面，梅迪库斯主张，对善良风俗含义的最终把握方法，也是最具操作性的方法，是在判例基础上的类型化。②

3. 日本公共秩序与善良风俗的含义

将公序理解为国家社会的一般利益，良俗理解为社会的一般道德，是日本学术界的通说。"公共秩序与善良风俗略称为'公序良俗'，'公共秩序'是指国家社会的一般利益，'善良风俗'指社会一般的道德观念。前者使社会生活或国家生活的重要秩序容纳了'正当性社会'，后者则是包含了重要道德上的价值观的秩序。"③

4. 我国台湾地区公共秩序与善良风俗的含义

在含义上，我国台湾地区通说与日本通说大致相同。台湾地区通说认为，"公共秩序，谓为社会之存在及其发展所必要之一般的秩序。而个人之议论、出版、信仰、营业之自由，乃至私有财产，继承制度，皆属于公共秩序"，"善良风俗，谓为社会之存在及其发展所必须的一般道德，非指谓现在风俗中之善良者而言，而系谓道德律，即道德的人民意识。……须为现社会所行的一般道德，非仅为单纯理想的道德规范，人人而不得以各个主观的伦理观，一派之伦理观或一阶段所行之伦理观为标准。而应以社会所产生的文化之道

---

① 尹田. 法国现代合同法 [M]. 北京：法律出版社，1995：170.

② 迪特尔·梅迪库斯. 德国民法总论 [M]. 邵建东，译. 北京：法律出版社，2000：511-512.

③ 于飞. 公序良俗原则研究：以基本原则的具体化为中心 [M]. 北京：北京大学出版社，2006：20-21.

德观为依据"。"所谓公共秩序（简称公序）乃指国家社会的一般利益而言，所谓善良风俗（简称良俗）乃指社会的一般道德观而言。"①

5. 我国大陆地区关于公序良俗的内涵

公序良俗原则也是我国民法中广泛适用的一项基本原则。严格地说，公序良俗是由公共秩序和善良风俗所组成的。

"公共秩序"一词本身并没有十分确定的含义。"有时候它所包含的内容，完全就是法律演变过程中，立法或司法功能上，最根本的伦理、政治和社会等诸原则和概念；而某些时候，它本身就只是一个法律名词，意味着'公共利益的好处'，意即任何合法行为，若有侵害大众或违反公共利益之虞时，即应加禁止。在缺乏可供援引的规则的情况下，法官根据公共政策的考虑而作出裁判，已成为适用法律的一种方式。"对于公共秩序的内涵，学术界存在不同的观点：其一，"一般秩序"说。史尚宽先生认为公共秩序系指社会存在与发展所必要的一般秩序，个人的言论、信仰、出版、营业自由以及继承制度与私有财产等均属于公共秩序的范畴。强行法中，不仅公共秩序本身，而且各种维持增进公共秩序的随附制度均为公共秩序所涵盖。② 而梁慧星先生认为公共秩序系指国家社会存在与发展的一般秩序，其内涵不仅包括一国现行法律秩序，而且包括作为法律秩序基础的根本原则及根本理念等。③ 其二，"一般利益"说。王泽鉴先生认为公共秩序是指社会一般利益，存在于法律本身的价值体系。同时，公序良俗原则作为"民法"的概括性条款具有实现"宪法"中规定的基本权利的功能。因此，公共秩序还应囊括整个法秩序的价值体系与规范原则，特别是宪法中基本人权的规定。④ 于飞先生则指出，公共秩序是指国家社会的一般利益，并认为这种一般利益体现在法的价值体系与一般精神之中，但不包括现行法秩序。宪法规范，特别是宪法规范中的公民基本权利义务规范，亦属公共秩序的范畴。⑤ 相较之下，王泽鉴先生将公共秩序置于整个法秩序之中，且强调其实现宪法中基本人权的功能，而于飞先生学说的不同之处在于他认为公共秩序主要体现于现行法秩序之外。⑥ 其三，"社会公共利益"说。我国《民法通则》时代，《民法通则》与《合同法》等主

① 郑玉波. 民法总则 [M]. 北京：中国政法大学出版社，2003：310.
② 史尚宽. 民法总论 [M]. 北京：中国政法大学出版社，2000：334.
③ 梁慧星. 市场经济与公序良俗原则 [J]. 中国社会科学院研究生院学报，1993（6）：21-31.
④ 王泽鉴. 民法总则 [M]. 北京：北京大学出版社，2011：232.
⑤ 于飞. 公序良俗原则研究：以基本原则的具体化为中心 [M]. 北京：北京大学出版社，2006：20.
⑥ 杨德群，欧福永. "公序良俗"概念解析 [J]. 求索，2013，254（11）：171-174，204.

要民事法律均着重于对社会公德以及公共利益的维护。也基于此，学术界常将社会公共利益与公共秩序当作同等概念，社会公共利益在较长时期被我国民法学界确立为民法的基本原则。

所谓善良风俗，简称良俗，也称社会公共道德，它是指由社会全体成员所普遍认许、遵循的道德准则。① 史尚宽认为，良俗即善良风俗，是指"社会之存在及其发展所必须的一般道德"，且"须为现社会所行的一般道德"。② 而也有学者认为，善良风俗必须强调"善良"。公序良俗中的风俗不是一般的习惯或者风俗，是善良的风俗。裁判者需要对运用的风俗习惯进行仔细的甄别，确定其为善的风俗才能运用。凡行为能助长或维持此种"善"者，我们认可，反之不予认可。③ 因此，从本质上说，善良风俗当属于道德的范畴，但是能够成为民法基本原则的善良风俗，其道德界限当如何界定，成了学术界争议的焦点。首先，善良风俗的适用范围是否当有所限制。梁慧星先生主张将善良风俗限定于家庭道德及性道德范围之内④，但大部分学者并不主张对善良风俗的适用范围进行限制性规定。其次，善良风俗是否仅限于法律道德之内。对此，学者们观点不一，王泽鉴先生对此主张"一般道德"系指存在于法律之外的伦理秩序，其目的并非在于为伦理秩序服务，使道德性义务成为法律义务，而在于不使法律行为成为违反伦理性的工具。⑤ 崔文星先生则认为其内涵不同于一般道德，而是具有法律意义的道德，对善良风俗的一般违背不应认为违法，只有严重违背善良风俗，才构成对公序良俗原则的违反，才具有违法性。⑥ 最后，善良风俗的道德标准为何，亦是众说纷纭。王泽鉴先生主张善良风俗系指法律之外的伦理秩序，即伦理道德。⑦ 史尚宽先生认为善良风俗系指社会存在与发展所必要的一般道德，应当以社会产生的文化道德观为依据。⑧ 而胡长清先生认为善良风俗系指国民的一般道德观念。所谓国民的一般道德观念，并非道德理想，也非个人道德价值观或者阶级道德价值观，而是人们日常生活实践的道德律。⑨

① 王利明. 论公序良俗原则与诚实信用原则的界分 [J]. 江汉论坛，2019，62 (3)：130.
② 史尚宽. 民法总论 [M]. 北京：中国政法大学出版社，2000：334；扬凡. 正确合理运用公序良俗原则 [N]. 人民法院报，2019-6-18 (2).
③ 蔡唱. 公序良俗在我国的司法适用研究 [J]. 中国法学，2016，33 (6)：250.
④ 梁慧星. 市场经济与公序良俗原则 [J]. 中国社会科学院研究生院学报，1993 (6)：21-31.
⑤ 王泽鉴. 民法总则 [M]. 北京：北京大学出版社，2011：231.
⑥ 王泽鉴. 民法总则 [M]. 北京：北京大学出版社，2014：277.
⑦ 崔文星. 民法总则专论 [M]. 北京：法律出版社，2012：112-113.
⑧ 史尚宽. 民法总论 [M]. 北京：中国政法大学出版社，2000：335.
⑨ 胡长清. 中国民法总论 [M]. 北京：中国政法大学出版社，1997：201.

(二) 公序良俗原则的功能

公序良俗原则不是民法的规范,而属于非规范性的规定,其存在是为了帮助人们正确理解与适用民法。关于公序良俗的功能,在我国大陆地区鲜有人论及,偶有涉猎也是在民法基本原则中的零星提及。主要包括以下基本功能。

1. 立法准则

公序良俗原则作为民法的重要基本原则,它贯穿于整个民事立法,对各项民事法律制度和全部法律规范起指导作用,是制定、解释、研究民法的出发点和依据。其在民事立法上的指导作用,各学者认识基本一致。我国实行的中国特色社会主义法律体系,在本质上是广大人民群众的意志和利益的体现。因此,立法必须保障最大多数的最大利益,维护社会秩序和善良风俗。在现行民事法律法规中都能找到体现公序良俗原则的条款。《民法典》第 8 条之规定是公序良俗原则最直接的法律表现形式;另外,《民法典》第 143 条第(3)项规定,民事法律行为必须是不违反法律或社会公共利益,否则该行为无效。这些条款的内容仍然比较概括抽象,在其他法律法规中,我们可以直接体会到公序良俗原则对立法的指导和影响。《民法典》第 288 条规定:"不动产的相邻权利人应当按照有利生产、方便生活、团结互助、公平合理的原则,正确处理相邻关系。"在《民法典》继承编中规定:"对生活有特殊困难又缺乏劳动能力的继承人,分配遗产时,应当予以照顾。对被继承人尽了主要扶养义务或者与被继承人共同生活的继承人,分配遗产时,可以多分。有扶养能力和有扶养条件的继承人,不尽扶养义务的,分配遗产时,应当不分或者少分。"这些条款无不体现了公序良俗原则的应用和影响。

2. 弥补强行法规定之不足

由于民事关系的复杂性、广泛性、灵活性和法律本身的滞后性,民法中不可能对各种民事关系都一一作出规定。法律的空白地带为人们行使权利留下了更为广阔自由的空间,但并不意味着权利不受任何限制。在法律规定不明或无规定情况下,遵守社会公共秩序、尊重社会公德成为社会的必然要求。公序良俗原则作为强行法的补充,具有配合各种具体的强行法规则对民事活动起到调控的作用。[1] 国家通过公序良俗原则的要求制定相应的民事法律法规,将其上升为强行法规后对社会成员产生具有普遍性的强制约束力,要求

---

① 王利明. 论公序良俗原则与诚实信用原则的界分 [J]. 江汉论坛, 2019, 62 (3): 131–132.

行为人必须遵守。

3. 限制私法自治

公序良俗原则作为从事民事活动所必须遵循的基本原则,法院必然要以此来判别行为人所实施行为的合法性。若只是行为人活动的准则,而非裁判准则,会导致裁判结果与行为人预期目的不一致,公序良俗原则最终将失去其法律约束力。民法的特点也决定其不同于刑法,刑法中奉行"法无规定不为罪",即"罪刑法定原则"。而民法做不到"法无规定不处理",民事活动中奉行的是"法无禁止即可为"。这就是说,客观的社会经济生活条件要求民法对法律没有明文规定的民事关系进行调整,在这些场合就要靠基本原则。基本原则的法律条文完全可以作为裁判的法律依据。公序良俗是一个不确定的开放概念,其内涵不确定、外延不周延的特点,是其成为民法基本原则的条件之一。人类在规范的设计上力不从心,为了防止挂一漏万而不得不求助于这种开放的概念。这就意味着在司法实践中,必然要授予法官一定程度的自由裁量权,它并不是在争议解决程序发生前作为一套具体、可直接操作的权利义务配置模式而存在,而是在具体的审理条件中才由法官依公序良俗原则负载的价值来确定某一权利义务关系,以达到个案的正义。这种个案的具体化也是将道德转化为法律规范的一个过程,即将基本的社会伦理道德秩序赋予法律上的规范意义,具有法律上的强制性。从法律的稳定性角度来看,是对法官进行自由裁量权时的一种限制,目的是防止法官滥用这种自由裁量权。而从法官的自由裁量权角度来看,公序良俗原则主要是一种指导作用,是对法官运用自由裁量权的一种价值指导。公序良俗原则的适用主要是对当事人行为的否定性评价,因此可以说它是一个否定性正义。从立法本意上讲,公序良俗最主要的功能是限制,即对私法自治的适当限制,以达到和谐完美的秩序,这也是该原则的价值目标和基本理念。[①]

二、我国不同地区对公序良俗原则的法律规定的争议

(一) 台湾地区

我国台湾地区现行法律中对公序良俗的规定主要包括两个层面:一是"宪法"层面,主要侧重于对不违反公序良俗行为或权利的宪法保护。其"宪法"第22条规定,凡人民之其他自由及权利,不妨害社会秩序公共利益者均

---

① 周文俊. 初探公序良俗原则的适用 [EB/OL]. (2013-07-16) [2020-07-25]. http://cdzy. hunancourt. gov. cn/article/detail/2013/07/id/2128500. shtml.

受宪法保护；第 28 条规定，以上各条列举之自由权利，除为防止妨碍他人自由避免紧急危难、维护社会秩序或增进公共利益所必要者外，不得以法律限制之。二是"民法典"层面，又具体包括几个方面的规定：第一，将是否符合公序良俗作为民事习惯适用的依据和判断民事行为有效与否的标准，对此中国台湾地区"民法典"第 1 条规定：民事法律所未规定者，依习惯；无习惯者，依法理；第二，规定违反公序良俗的行为无效，对此"民法典"第 72 条规定，法律行为，有悖于公共秩序或善良风俗者，无效。第三，对因违反公序良俗而无效的民事行为具体设定了相应的法律后果。对此，"民法典"第 36 条规定，法人之目的或其行为，有违反法律，公共秩序或善良风俗者，法院得因主管机关、检察官或利害关系人之请求，宣告解散；第 184 条第 1 款规定，因故意或过失，不法侵害他人之权利者负损害赔偿责任。故意以背于善良风俗之方法，加损害于他人者亦同。

（二）大陆地区

公序良俗原则是民法的基本原则，早在 1986 年《民法通则》就已经确认了这项基本原则，第 7 条规定："民事活动应当尊重社会公德，不得损害社会公共利益，破坏国家经济计划，扰乱社会经济秩序。"第 55 条规定："民事法律行为应当具备下列条件：……（三）不违反法律或者社会公共利益。"第 58 条规定："下列民事行为无效：……（五）违反法律或者社会公共利益的。"《民法总则》与《民法典》在第 8 条均又明确规定了公序良俗原则。① 这项基本原则是对民事主体行为的基本要求，从价值理念上看，公序良俗原则体现了对社会公共道德的维护，反映社会主流的价值观和道德观，而且在一定程度上具有弥补法律规定不足、限制私法自治的功能。

三、我国民法上确立公序良俗原则的必要性

（一）弥补法律漏洞，完善立法的需要

确立公序良俗原则，具有填补法律漏洞的作用，从而使僵硬的法律规则更能适合瞬息万变的市场经济体制的各种社会秩序。法律原则是规则和价值观念的结合，反映了社会公众的基本价值观，是民法具体规范所包含的一般道德要求。而在成文法系国家，制定法一般被看作民法的主要渊源，习惯、法理、公共道德等则处于非正式渊源的地位。由于社会的不断前进，立法者

---

① 石宏. 中华人民共和国民法总则条文说明、立法理由及相关规定 [M]. 北京：北京大学出版社，2017：18-21.

的立法权受到历史时间的限制。而法律规则是静止的,不可能完全适应未来社会的发展。

(二) 司法实践的需要

在司法实践中,我们常常会遇到一些这样的案件:不能以具体的法律条文予以适用进行规制,但它又是明显违反道德的,是不符合社会的正常秩序的,却得不到应有的惩罚,比如泸州遗产继承案。那么,公序良俗原则作为民法上的规范民事法律行为的最低要求,也可以说是民法上的兜底条款,就为这类案件找到了一个解决办法,虽然在操作上还存在些许困难,存在一定的风险,但至少有法可循,这一原则必不可少,是司法实践的需要,可以提高司法操作的效率,因而在当代司法中得到了广泛的应用。

(三) 保护公民合法权益的需要

公序良俗原则的确立对于保护民事活动参与人的合法权益具有一定的意义。在这一问题的理解上,有些人可能会陷入一个误区,只看到公序良俗原则对于公民私法自治原则一定程度的限制。其实,这种限制是应该的,自由本身就不是绝对的,就应该是有限度的,换一个角度看,它是对双方权益的更好保护。实际上,当法律对于某种情况没有明确规定时,适用这一原则对于公民合法权益的保护则是明显的,同样可以救济受害者。如果有人能从自己的错误行为中获得利益,则有违法治建设追求的目标。公序良俗原则创立的目的就是维护公共利益,保护弱者利益。

四、公序良俗原则适用上的理论争议

(一) 适用对象与适用效果上的争议

一种观点认为公序良俗观念起源于罗马法,后为法、德、意等民法及其他近代民法所采用。这一观念在德国民法制定之时,仅仅是对于契约自由原则的例外的限制,但现在这一概念成为支配整个私法领域的大原则。持该观点的学者指出:"不独契约之自由,而权利之行使、义务之履行、自力救助之界限、法律行为之解释亦俱在此原则支配之范围。"我国台湾地区"民法典"第 72 条规定,法律行为有悖于公共秩序或善良风俗者无效。可见,在我国台湾地区违反公共秩序或善良风俗的法律行为均为无效。违反公序良俗原则的行为无须直接违反法律之规定,明文上虽未直接禁止,只要有害于社会之公益或道德观念,即有此原则之适用。

另一种观点认为公序良俗原则有法律行为领域与非法律行为领域两方面的适用。在法律行为领域方面的适用范围非常广泛,主要集中在暴利行为、

消费合同和身份行为与遗赠中。根据《意大利民法典》第 647 条第 3 款和第 794 条的规定，遗嘱处分或赠与合同中违反公序良俗的负担视为不曾附加；如果该负担是促使行为人订立遗嘱或进行赠与的唯一动机，则遗嘱处分或赠与无效。有学者认为，在附负担法律行为中，负担条款一般是由赠与人主动提出并由受赠人被动接受的，在遗嘱中则是由遗嘱人单方面确立的。如果负担违反公序良俗，往往说明处分人具有意欲通过设立负担条款以实现某种有违公序良俗的意图。在这种情况下，如果仅令负担本身无效，除此之外的慷慨行为继续有效，则既有利于维护受益人的利益，也能对处分人形成相应的惩戒和威慑，由此有效减少这类负担条款的使用。反之，如因负担违反公序良俗而让整个慷慨行为无效，一方面会使受益人失去相应的利益，另一方面处分人除所追求的不良意图未能实现外，几乎不会遭受不利。这样的结果不但无助于遏制人们实施违反公序良俗的行为，反而会鼓励处分人在慷慨行为中附加违反公序良俗的负担。① 非法律行为领域同样是公序良俗原则适用的场所。侵权行为法、不当得利、确定民法法源均为该原则的重要适用领域。②

还有一种观点是梁慧星先生主持的《中国民法典草案建议稿附理由》第 7 条规定："民事活动不得违背公共秩序与善良风俗。"该条并未把公序良俗原则限定于法律行为领域，而是以更宽泛的"民事活动"一词表述其适用范围，使这里的公序良俗概念的适用范围及于表意行为与非表意行为、合法行为与违法行为，甚至行为动机。《最高人民法院关于依法妥善审理民间借贷纠纷案件促进经济发展维护社会稳定的通知》指出，法院要"依法妥善审理民间借贷纠纷案件……对于因赌博、吸毒等违法犯罪活动而形成的借贷关系或者出借人明知借款人是为了进行上述违法犯罪活动的借贷关系，依法不予保护"。其所谓"依法不予保护"，就有否认借款合同的效力、认定借款合同无效之意。于此情形，法院认定借款合同无效的依据，在于双方当事人订立合同的动机违反了公序良俗，如贷款人是为了鼓励借款人从事赌博、吸毒等违法活动而签订借款合同。根据《最高人民法院关于审理民间借贷案件适用法律若干问题的规定》第 13 条第 6 项的规定，"违背社会公序良俗的"民间借贷合同无效。由于民间借贷合同的内容通常仅涉及金钱给付，一般不存在合同内容违反公序良俗的问题，故该规定主要适用于双方当事人共同的动机违反公序良俗的情形。从解释论的角度说，既然《民法典》第 153 条第 2 款未

---

① 戴孟勇. 法律行为与公序良俗 [J]. 法学家，2020，35（1）：26.
② 于飞. 公序良俗原则研究：以基本原则的具体化为中心 [M]. 北京：北京大学出版社，2006：173.

将适用范围严格限定于法律行为的内容违反公序良俗的情形，司法解释自不妨碍把动机违反公序良俗的情况纳入其中。[1]

（二）关于违反公序良俗原则判断时间的争议

一种观点是以法律行为成立时为标准，其代表人物是王泽鉴教授，他认为判断是否违反法律行为应于法律行为形成时，如果在行为作出之后违反了该原则，那么无论以后发生了什么情况则也不能改变这一现状。

另一种观点是以德国学者梅迪库斯为代表的，他认为，在通常情况下，一项法律行为的有效性是根据其实施的时间来判断的。司法判例大多也是根据实施有关行为时存在的实际关系和价值判断，来判断行为是否违反善良风俗。

（三）违反公序良俗原则行为分类的争议

1. "五观点说"

违反公序良俗原则行为的判断标准有以下五类：

（1）有反于人伦者

违反亲子夫妻间之人情道义的法律行为，例如，约定母子不同居之契约，将妻离婚而与他人婚姻之预约，夫妻离婚后订约使其所生子女与父或母断绝关系，这种法律行为于法当然无效。但将来酿成不和而离婚时，应交一定金额之约定或为与妻断绝关系之分手金，是以正当关系之维持或以不伦关系之断绝为目的，所以是有效的。

（2）违反正义之观念者

劝诱犯罪或其他不正当行为或参加其行为之契约，应为无效。例如，与以报酬使不为恶事之契约，其与以报酬之事，有反于正义时为无效。以不为名誉毁损之犯行为条件，而约与金钱之契约为无效。难为正当行为，因与金钱的对价结合而有反正义者，亦为无效。以金钱的对价而与寺院的住持的地位之契约，为无效。

（3）剥夺或极端限制个人之自由者

自由不得抛弃，自由之限制，以不被与公共秩序或善良风俗者为限，以人身为抵押标的之契约，根本不生效力。

（4）侥幸行为

不以他人之损失而受偶然利益之行为，为有效，然以他人之损失而受偶

---

[1]　戴孟勇. 法律行为与公序良俗［J］. 法学家，2020，35（1）：30.

然利益之行为，则以有害于一般秩序而为无效。

（5）违反现代社会制度或妨碍公共团体之政治作用

此时一方为违反强行法，他方为违反公共秩序而无效。

2. "十观点说"

结合法、德、日及我国台湾地区有关著作中所介绍的判例，将现今可能被判断为违反公序良俗原则的行为归纳如下。

（1）危害国家公序行为类型

国家公序，指国家政治、经济、财政、税收、金融、治安等秩序，关系国家根本利益，其违反行为无论在过去还是当代均为公序良俗违反行为之重要类型。例如，以从事犯罪或帮助犯罪行为作为内容之合意。

（2）危害家庭关系行为类型

家庭关系属于政治公序，这一类型在公序良俗违反行为中从来占有重要位置。①

（3）违反性道德行为类型

性道德为善良风俗之基本内容。依公序良俗原则确认这类违反行为无效，对于维系社会起码的道德秩序，至关重要。

（4）射幸行为类型

指以他人之损失而受偶然利益的行为，因有害于一般秩序而应无效。

（5）违反人权和人格尊重的行为类型

人权和人格之尊重，为现代民主法治社会之前提条件。我国宪法明文规定保障人身自由和人格尊严不受侵犯，因此依公序良俗原则规范违反人权和人格尊重的行为，具有重大意义。

（6）限制经济自由的行为类型

经济自由为市场经济之基本条件，其违反行为当然无效。

（7）违反公正竞争行为类型

公正竞争为市场秩序的核心，当然应受公序良俗原则之保护。属于这一类型的行为有拍卖或招标中的围标行为，以诱使对方违反其对于第三人的契约义务为目的之契约等。

（8）违反消费者保护的行为类型

（9）违反劳动者保护的行为类型

（10）暴利行为类型

破坏他人祖坟、遮盖祖坟行为，违背当地风俗立碑行为侵害他人权益；

---

① 蔡唱. 公序良俗在我国的司法适用研究 [J]. 中国法学，2016, 33（6）：255-256.

其他运用公序良俗判断的侵权行为还有向他人财产泼粪泄愤、殴打等，因违反公序良俗原则而认定侵权行为的违法性。① 梁慧星认为，传统暴利行为依《民法通则》应属于乘人之危行为，而德、日判例学说所谓准暴利行为或新型暴利行为，应属显失公平行为。《民法通则》将显失公平行为规定为可撤销行为，亦与法、德、日判例实务中的相对无效相合。②

3. "七观点说"

随着社会的变迁及经济的快速发展，以前的类型化行为已经不能解决现实中出现的新问题。法院对于违反"公序良俗原则"行为的判断标准，需要随着时代的发展有所改变，法院运用"公序良俗原则"进行裁判时的认定标准也需及时更新，针对"公序良俗原则"的适用标准进行考察后发现可以将违反"公序良俗原则"的行为总结为以下七种。③

（1）违反公序良俗原则的合同行为

大都出现在确认合同效力、民间借贷合同纠纷、房屋租赁合同、委托合同中。

（2）违反公序良俗原则的侵权行为

以侵犯一般人格权、生命权、健康权、身体权为多见。

（3）违反公序良俗原则的物权行为

主要集中于侵犯相邻权与请求法院恢复原状、排除妨害的案件。

（4）违反公序良俗原则的身份权行为

该行为类型主要涉及的范围包括祖父母、外祖父母的隔代探望权，对死者的祭奠权、解除收养关系、登记姓名时违反公序良俗不予登记等行为。

（5）违反公序良俗原则的继承权与离婚纠纷

该行为多表现为遗赠扶养协议的受遗赠人不按协议的约定，没有尽到赡养、扶养的义务，被法院认定为违背了公序良俗原则；其次是夫妻起诉到法院要求诉讼离婚，置患病未成年人的生死于不顾、逃避抚养义务的行为违背了公序良俗，法院驳回离婚的诉讼请求。

（6）违反公序良俗原则解除劳动合同的行为

该类行为在实践中表现为用人单位解除劳动合同的理由有违善良风俗，

---

① 孙梦娇. 公序良俗司法应用之法理分析：功能、理据与实证机制 [J]. 法制与社会发展，2020，26（2）：112.

② 梁慧星. 市场经济与公序良俗原则 [M]. 中国社会科学院研究生院学报，1993（16）：21-31.

③ 李涛，郑远民. "公序良俗原则" 在司法适用中的问题及建议 [J]. 长春理工大学学报（社会科学版），2019，32（2）：32-33.

比如在公众场所小便被解聘、没向高管敬礼被解聘、非严重违纪的打架斗殴行为被解聘等，法院认为用人单位以上述理由解除劳动合同违反公序良俗原则。

（7）违反公序良俗原则的其他行为

该类行为涉及的范围比较广泛，比如因不法原因给付请求返还、对交通责任分担不服、合葬习俗是否合理、保险赔偿等。在这些案件中，法官适用公序良俗原则进行责任划分、判决驳回无效请求。

五、公序良俗原则在司法实践层面适用的学说分歧

私法中关于公序良俗原则的规定体现了道德对法律的渗透，体现了私法公法化的趋势。正如有学者所指出的，"法与人类社会道德、伦理同属人类行为规范，而伦理对法律的渗透是永无止境的，法对伦理道德的倾斜也越来越强，法的价值化、道德化越来越融汇成一股无法阻挡的文明进步潮流。"

（一）公序良俗原则司法适用的可能情形

公序良俗作为民法基本原则，属于非规范性规定，对于其能否与其他法条一样由法官直接适用，理论界有不同的看法。有学者认为，法律原则不能直接适用于裁判个案，必须具体化后才能适用。也有学者认为，公序良俗原则是授予法官的"空白委任状"，要求法官以"社会妥当性利益"为审判目标，在此过程中，法官是具有极大的自由裁量权的社会正义的维护者。以下是公序良俗原则得以适用的几种可能情形：

第一，法律出现漏洞，即案件的事实没有具体的法律规范可资适用。法律体系是日益发展的，在不完备的法律体系中，很可能存在适用个案规则暂时缺位的情形；即使再完备的法律体系，也往往存有漏洞。当个案遭遇法律漏洞时，法官应适当、充分地运用自由裁量权，决定判决结果应遵从的具体原则，在原则的指导下作出合理的判决。

第二，法律出现冲突，即有两种以上的法律规范可以适用，但规范之间互相矛盾。这种情况的产生主要是因为立法技术不够发达导致法律体系不够完善、过于庞杂。与第一种情形相似，这时法官的自由裁量权仍然起主要作用。

第三，法律出现谬误，即虽有明确的法律规定，但是按照法律规定得到的结果显然违背常理。在公序良俗原则与法律规则产生正面冲突的情况下，如果案件的事实可能性和法律可能性允许，法官可以直接援引公序良俗原则，创制规则的例外甚至否定过时的法律规则的效力。

第四，法官借用公序良俗来查明、判断案件事实的真伪。[①] 在被法官用来查明案件事实时，公序良俗的存在意义不在于"规范性"而在于"事实性"，即法官依据当地普遍通行的风俗，认定双方当事人所争议的事项，判断双方当事人所提出的案件事实之真伪。如在一起婚约财产纠纷案中，法官依据当地普遍通行的风俗，即"三金作为婚前男方给付女方的物品，实际上应该是由女方自行保管"以及"彩礼款一般在女方'出嫁日'前业已给付"，对女方主张的"女方保管三金""彩礼业已给付"等关键性案件事实进行了查明和确认，并最终确定了需要返还的彩礼款项。

第五，法律需要解释。法律的基本原则是法律的解释基准点，如法条在文义范围内有多种含义，法官在对法条进行解释时应采用符合民法基本原则的解释。无论采用何种解释方法，其解释结果均不能违反民法基本原则。[②]

（二）关于如何确保人民法院在审判实践中正确适用公序良俗的学说

关于如何确保人民法院在审判实践中正确适用公序良俗的学说主要涉及以下几点。

1. 确立公序良俗的衡量基准

公序良俗虽然在法律中得到承认并被赋予法律原则的地位，然而其本身又是一个需要由法官加以具体充实的条款。目前在立法上无法对违反公序良俗情形作出明确的界定，只能由法官依据自由裁量权根据相关个案作出具体的衡量基准，成为今后类似案件的判断标准。应当明确违反公序良俗原则的行为判读标准，确定适用公序良俗原则的大前提与适用对象。[③] 而判断公序良俗的标准，应当是社会、民众广泛认同的标准而非执法者的个人标准。司法人员要全面权衡各种社会因素，因时、因事、因势对案件进行裁量，唯有如此，才能准确适用。尽管在我国先决判例尚不能成为判案的标准，但典型判例在审判实践中有很重要的导向作用。随着两大法系走向融合，相信判例制度将在我国逐步建立。也有学者认为，公序良俗是一种地方性知识，在裁判案件的过程中对是否适用该原则保持一种谦抑的价值立场。[④] 只有充分意识到公序良俗原则的地方性和谦抑性，法官才能在司法裁判过程中正确地适用该

① 孙梦娇. 公序良俗司法应用之法理分析：功能、理据与实证机制 [J]. 法制与社会发展，2020，26（2）：113.
② 梁慧星. 民法解释学 [M]. 5版. 北京：法律出版社，2022：254.
③ 李涛，郑远民. "公序良俗原则"在司法适用中的问题及建议 [J]. 长春理工大学学报（社会科学版），2019，32（2）：33-35.
④ 刘练军. 公序良俗的地方性与谦抑性及其司法适用 [J]. 求索，2019，39（3）：127.

原则，否则，就是以公序良俗的名义固守早已被社会抛弃的僵化道德或以法律的名义推销法官个人的道德偏好。而不管是前者还是后者，其判决都可能会有失公平，社会可接受度也会随之降低。

2. 贯彻司法论证制度

在我国的司法实践中，通过在判决书中对援用公序良俗原则的理由和推理过程作出融贯性的论证，充分说明公序良俗原则在具体案件中适用的优先条件，能够促使法官在判决时对法律进行甄别和筛选，提高业务素质，实现实质正义。因此，目前应大力推进裁判文书改革，增强裁判的说服力。法官适用公序良俗进行裁判时，必须在裁判文书中对其予以充分论证，进行"阳光裁判"，也正如党的十七大报告中所指出的"确保权力在阳光下运行"，以经得起社会公众的监督。

3. 确立司法听证制度

为避免法官随意运用公序良俗原则作为判案依据，可考虑在司法实践中，对于社会影响特别重大的可能违反公序良俗的案件，应当事人的请求或根据法官的裁决，采取邀请社会各界人士进行听证的方式，对涉及公序良俗的案件进行审理和判决，从而保障该原则的正确适用，避免滥用和适用不当引发社会问题。同时，通过听证制度既可以监督法官自由裁量权的行使，又能稳步提高法官业务素质，进一步确保公序良俗原则在司法实践中的正确适用。

（三）关于实践中法律原则的直接适用满足的条件

《民法典》第 10 条规定："处理民事纠纷，应当依照法律；法律没有规定的，可以适用习惯，但是不得违背公序良俗。"由此可见，首先，对于民事纠纷如果有具体民事法律条款加以规范的，应优先适用具体条款，不能"向一般条款逃逸"。其次，公序良俗作为一项重要的民事法律原则，其作用不仅仅局限于在评价民事行为效力、具体案件中定分止争方面，新时代它还承担着弘扬社会主义先进文化和社会主义核心价值观的重要使命。公序良俗，其不仅为民事主体从事民事活动划定了法律红线，同时也圈定了道德情理底线，应当作为每个人的行为标尺。[①] 显然，适用法律规则处理个案是法律适用的常态，法律原则只有在极其特殊的情况下才直接适用于个案。相对法律规则而言，法律原则的确有其优势，那就是可以克服法律规则的僵硬性缺陷，弥补法律漏洞，保证个案正义，在一定程度上缓解规范与事实之间的矛盾，从而

---

① 楚仑. 从毛泽东评理中看公序良俗 [N]. 人民法院报，2022-05-13（1）.

能够使法律更好地与社会协调一致。但法律原则也有其明显的缺陷：由于内涵高度抽象，外延宽泛，不像法律规则那样对假定条件、行为模式和法律后果有具体明确的规定，所以当法律原则直接作为裁判案件的标准发挥作用时，会赋予法官较大的自由裁量权，从而不能完全保证法律的确定性和可预测性。通说认为，法律原则的适用应满足以下几项严格的条件：

第一，穷尽法律规则，方得适用法律原则。① 这个条件要求，在有具体的法律规则可供适用时，不得直接适用法律原则。即使出现法律规则的例外情况，如果没有非常强的理由，法官也不能以一定的原则否定既存的法律规则。只有出现无法律规则可以适用的情形，法律原则才可以作为弥补"规则漏洞"的手段发挥作用。这是因为法律规则是法律中最具硬度的部分，可最大限度地实现法律的确定性和可预测性，有助于保持法律的安定性和权威性，避免司法者滥用自由裁量权，保证法治的最起码的要求得到实现。

第二，在具体运用中，必须通过对概念进行类型化，从而使法官在适用中寻找到更为确定的标准。② 因为公序良俗是不确定的概念，无法通过定义的方式来确定概念。在对概念进行类型化时，首先应当遵循社会主流价值观念。由于道德观念本身是在不断发展变化的，所以，应当以当下的价值观念作为标准。善良风俗的内涵会随着社会变迁而变化，而且这种变化会独立于实证法本身的变化。这种变化不仅体现在交往范围的观念变化上，还可能体现在整个法律共同体的基本价值上。所以，法官在解释时不能以过去的价值观念为依据。尽管道德相对化已是我们时代的重要特征，然而各个学科均致力于重建道德共同体，尽可能达成共识。在法律领域，共识价值可经由宪法规范达成。宪法的基本权具有主观权利和客观价值的双重属性。基本权作为客观价值，对一国整体的法秩序都具有约束作用，它既约束民事立法者，也约束司法者。③ 宪法规范可通过转化为民法基本原则，间接适用于民事审判，司法者在运用公序良俗原则时，需依循宪法基本权规范的价值指引。④

第三，在各具体控制领域，公序良俗作为兜底条款适用。这个条件要求，如果某个法律规则适用于某个具体案件，没有产生极端的人们不可容忍的不正义的裁判结果，法官就不得轻易舍弃法律规则而直接适用法律原则。这是因为任何特定国家的法律人首先理当崇尚的是法律的确定性。在法的安定性

① 王利明. 论公序良俗原则与诚实信用原则的界分 [J]. 江汉论坛, 2019, 62 (3)：133.
② 王利明. 论公序良俗原则与诚实信用原则的界分 [J]. 江汉论坛, 2019, 62 (3)：134.
③ 赵宏. 作为客观价值的基本权利及其问题 [J]. 政法论坛, 2011, 29 (2)：57-70；张翔. 基本权利的体系思维 [J]. 清华法学, 2012, 6 (4)：12-36.
④ 谢鸿飞. 公序良俗原则的功能及其展开 [J]. 探索与争鸣, 2020, 35 (5)：31.

和合目的性之间，法律首先要保证的是法的安定性。在各具体控制领域，公序良俗作为兜底条款适用。

第四，在判断何种规则在何时及何种情况下极端违背正义，其实难度很大，法律原则必须为适用第二个条件规则提出比适用原法律规则更强的理由，否则上面第二个条件规则就难以成立。而且，主张适用法律原则的一方（主张例外规则的一方）负有举证（论证）的责任。显然，在已存有相应规则的前提下，若通过法律原则改变既存之法律规则或否定规则的有效性，却提出与适用该规则分量相当甚至更弱的理由，那么适用法律原则就没有逻辑证明力和说服力。

第五，从实践中总结价值秩序排列，确定公序良俗违背与否。① 对违背公序良俗问题的解决，应进行不同价值秩序总结与研究，让原则在更为精准的条件下得到运用。这一点德国法院的经验值得借鉴。该国对遗嘱自由的限制中，只有例外情形下，被继承人才能剥夺和限制这些权利。法院会区分不同的价值秩序，对其顺序进行排列。如依照德国民法的价值秩序，除特留份领域外，通常情况下，婚姻和亲属关系相对于被继承人的遗嘱自由而言，应当属于次要位置。通过遗嘱给予通奸对方财产，作为保持关系的酬谢行为，只有在被继承人的配偶和有特留份的直系卑亲属因此受到损害情况下，才是道德上应予谴责的行为。

相关法律法规及司法解释

 《民法典》

第8条 民事主体从事民事活动，不得违反法律，不得违背公序良俗。

第143条第3项 具备下列条件的民事法律行为有效：

（三）不违反法律、行政法规的强制性规定，不违背公序良俗。

第153条 违反法律、行政法规的强制性规定的民事法律行为无效。但是，该强制性规定不导致该民事法律行为无效的除外。

违背公序良俗的民事法律行为无效。

第288条 不动产的相邻权利人应当按照有利生产、方便生活、团结互助、公平合理的原则，正确处理相邻关系。

---

① 蔡唱. 公序良俗在我国的司法适用研究 [J]. 中国法学，2016，33（6）：254.

第 1130 条 同一顺序继承人继承遗产的份额，一般应当均等。

对生活有特殊困难又缺乏劳动能力的继承人，分配遗产时，应当予以照顾。

对被继承人尽了主要扶养义务或者与被继承人共同生活的继承人，分配遗产时，可以多分。

有扶养能力和有扶养条件的继承人，不尽扶养义务的，分配遗产时，应当不分或者少分。

继承人协商同意的，也可以不均等。

— 《民法总则》

第 8 条 民事主体从事民事活动，不得违反法律，不得违背公序良俗。

— 《民法通则》

第 7 条 民事活动应当尊重社会公德，不得损害社会公共利益，扰乱社会经济秩序。

— 《合同法》

第 7 条 当事人订立、履行合同，应当遵守法律、行政法规，尊重社会公德，不得扰乱社会经济秩序，损害社会公共利益。

— 《最高人民法院关于审理民间借贷案件适用法律若干问题的规定》

第 13 条第 6 项 具有下列情形之一的，人民法院应当认定民间借贷合同无效：

（六）违背公序良俗的。

— 《最高人民法院关于依法妥善审理民间借贷纠纷案件促进经济发展维护社会稳定的通知》

四、依法妥善审理民间借贷纠纷案件。人民法院在审理民间借贷纠纷案件时，要严格适用民法通则、合同法等有关法律法规和司法解释的规定，同时注意把握国家经济政策精神，努力做到依法公正与妥善合理的有机统一。要依法认定民间借贷的合同效力，保护合法借贷关系，切实维护当事人的合法权益，确保案件处理取得良好的法律效果和社会效果。对于因赌博、吸毒等违法犯罪活动而形成的借贷关系或者出借人明知借款人是为了进行上述违法犯罪活动的借贷关系，依法不予保护。

案例一

案情简介

某公司职工黄某与蒋某1963年结婚，但妻子蒋某一直没有生育，后来只得抱养了一个儿子。由此给家庭笼罩上了一层阴影。1994年，黄某认识了一个叫张某的女子，并且在与张某认识后的第二年同居。黄某的妻子蒋某发现这一事实以后，进行劝告但无效。1996年底，黄某和张某租房公开同居，以"夫妻"名义生活，依靠黄某的工资（退休金）及奖金生活，并曾经共同经营生意。2001年2月，黄某到医院检查，确认自己已经是肝癌晚期。在黄某即将离开人世的这段日子里，张某面对旁人的嘲讽，以妻子的身份守候在黄某的病床边。黄某在2001年4月18日立下遗嘱："我决定，将依法所得的住房补贴金、公积金、抚恤金和卖本市A区一套住房售价的一半（即4万元），以及手机一部遗留给我的朋友张某一人所有。我去世后骨灰盒由张某负责安葬。"4月20日，黄某的这份遗嘱在本市B区公证处得到公证。4月22日，黄某去世，张某根据遗嘱向蒋某索要财产和骨灰盒，但遭到蒋某的拒绝。张某遂向B区人民法院起诉，请求依据《继承法》的有关规定，判令被告蒋某按遗嘱履行，同时对遗产申请诉前保全。

审理及判决

某市B区法院经审理认为，遗赠人黄某患肝癌晚期立下书面遗嘱，将其财产赠与原告张某，并经本市B区公证处公证，该遗嘱形式上是遗赠人黄某的真实意思表示，但在实质赠与财产的内容上存在违法之处。且遗赠人黄某的遗赠行为违反了法律的原则和精神，损害了社会公德，破坏了公共秩序，应属无效行为，故原告要求被告给付受遗赠财产的主张本院不予支持。被告要求确认该遗嘱无效的理由成立，本院予以支持。

据此，B区法院依照《民法通则》第7条的规定，于2001年10月11日一审判决驳回原告张某的诉讼请求。

原告不服一审判决，在上诉期内提起上诉。

张某一审败诉后提起上诉。某市中院开庭审理了此案，并当庭驳回上诉人张某的上诉。中院认为，按有关政策规定，抚恤金是死者单位对死者直系亲属的抚慰，黄某死后的抚恤金不是他的个人财产，不属遗赠财产的范围；黄某的住房补助金、公积金属夫妻共同财产，而黄某未经被上诉人蒋某的同意，单独对夫妻共同财产进行处理，侵犯了蒋某的合法权益。故法院依法驳回上诉认张某的上诉请示，维持原判。

分析

本案的关键在于法律原则的适用和解释问题。本案是一起遗嘱遗赠纠纷，应该适用《继承法》。公证已经证明了遗嘱是立遗嘱人的真实意思表示，形式合法；而从原《继承法》的条文中，确实看不到禁止"第三者"即"有配偶者与他人同居"行为的人接受遗赠的内容和规则。《继承法》第 16 条第 3 款"公民可以立遗嘱将个人财产赠给国家、集体或者法定继承人以外的人"，确认了遗赠的合法性。第 19 条"遗嘱应当对缺乏劳动能力又没有生活来源的继承人保留必要的遗产份额"，明确规定了遗嘱遗赠限制的范围；也就是说，只有在剥夺了缺乏劳动能力又没有生活来源的继承人遗产份额的情况下，遗赠才可以受到限制（无效或部分无效）。由此，很多法学家解释，立法者的原意是最大限度地尊重当事人（立遗嘱人）的意思自治，在符合其他形式要件的前提下，遗嘱的内容即使是违反道德乃至违法，只要不涉及上述必须排除的情况，就应认其为合法有效。这种严格依据法条文义的解释对法官来说也是一种风险最小的选择，在一般情况下，法官都会以"特别法优于普通法"的原则作出选择，这样即使判决原告胜诉，任何人都不会说这是一起错案。然而，当本案处在众目睽睽的关注之下时，问题就变得不那么简单了。人们提出的直接问题是：如果按照《继承法》的规定，支持了原告张某的诉讼主张，也就是肯定了"包二奶"的行为，以及他们对合法婚姻家庭的侵害，并承认了他们可以从这种违法行为中获益。这种结果不仅违背《婚姻法》的原则和规定，而且与公序良俗背道而驰。所以，笔者觉得本案的解决方式，只要根据《婚姻法》《继承法》等相关规定，就可以很好加以解决。但涉及"第三者"的问题引起社会舆论的高度关注，使司法活动承受了巨大的压力。最终法官引用了民法的公序良俗原则。这一做法虽得到民众的好评，但在法学界引起争论，即公序良俗原则和遗嘱自由与其他特别法的规定在发生冲突时应如何作出选择。这些困境在实际生活中是普遍存在的，需要找到道德与法律的权衡点。所以笔者觉得，我们更应该保护公民权利和意思自治，尊重当事人的合理的意愿和合法权益。至于道德层面上的因素，我们应该用道德来评判。

 案例二

案情介绍

2018 年 4 月 5 日，原告吴某澜与被告聚仁公司法定代表人王某川通过微信进行沟通，双方约定吴某澜向聚仁公司购买 30 份"人胎盘来源的间质干细胞"，即吴某澜委托聚仁公司培养"干细胞"。之后聚仁公司提供相关场所进行"干细胞"回输，约定每份"干细胞"价格为 3.50 万元，但双方并未签订书面合同。吴某澜于同日通过银行转账的方式向聚仁公司账户转了上述预订"干细胞"货款的半数预付款 52.50 万元，双方并口头约定之后每购买使用 1 份"干细胞"由该预付款中扣除 1.75 万元外，吴某澜仍需另行支付 1.75 万元。自 2018 年 4 月 20 日起至 2018 年 7 月 6 日聚仁公司向吴某澜共计交付了 8 份"干细胞"，剩余"干细胞"均未交付。之后吴某澜多次要求聚仁公司履行合同项下剩余"干细胞"的交货义务，聚仁公司均未履行。故吴某澜提起诉讼。

审理及判决

一审法院认为，本案的争议焦点之一即"干细胞"买卖合同的解除问题。吴某澜、聚仁公司之间的"干细胞"买卖合同已事实终止，故吴某澜要求解除双方之间的"干细胞"口头买卖合同，依法应予准许。依据相关法律规定，一审判处解除原告吴某澜与被告聚仁公司间的"干细胞"买卖合同。

二审法院认为，本案的主要争议焦点为：一、本案双方存在何种形式的合同；二、涉案合同的效力应当如何认定；三、如果涉案合同解除或被认定无效，法律后果如何。由此可见，二审法院认为一审法院归纳争议焦点错误，并依据新归纳的争议焦点判处吴某澜与聚仁公司之间的"干细胞"买卖合同无效，并由聚仁公司于本判决生效之日起十日内返还吴某澜剩余预付款 397500 元。

分析

本案的争议焦点之一是关于"干细胞"买卖合同的效力问题。根据本案的裁判摘要："通过不违反公序良俗的方法提取的人体组织干细胞，属于民法上的物，但由于干细胞来源于人体，基于独特的生物属性，在法律上不得直接作为交易标的物。干细胞技术作为一种新型的生物治疗技术，相关的临床研究和转化应用应面向医疗卫生需求，因此，与干细胞相关的管理规范具有公共利益属性。干细胞买卖合同因损害社会公共利益而无效。"

社会公共利益是个人权利行使的范围边界，更是判断民事法律行为合法性的重要标准。《干细胞临床研究管理办法（试行）》在效力位阶上当归属于部门规章，但其上位法依据是《中华人民共和国药品管理法》《医疗机构管理条例》等法律法规，其立法目的在于规范干细胞临床研究的健康有序发展，促进医疗卫生事业，保障医疗安全和公众生命健康。聚仁公司销售"干细胞"给他人直接用于人体回输，违反了《干细胞临床研究管理办法（试行）》第52条关于禁止干细胞直接进入临床应用的规定同时严重违背了伦理规范，破坏国家医疗监管制度，危及不特定个体生命健康安全，进而损害社会公共利益。因此，"干细胞"买卖合同因损害社会公共利益而无效。

根据法律的相关规定，人民法院在审理合同纠纷案件过程中，应当依职权审查合同是否存在无效的情形。本案双方当事人之间成立的"干细胞"买卖合同不符合原国家卫生计生委会同原国家食品药品监管总局联合制定的《干细胞临床研究管理办法（试行）》之规定，损害了社会公共利益，违背了社会公序良俗，依据《民法总则》第8条及《合同法》第7条、第52条之规定，该合同应当认定为无效。一审对涉案合同的效力认定有误，二审依法予以纠正。

三　宣告死亡的效力

　　自然人宣告死亡制度是民法上的一项重要制度，对于被宣告死亡者和利害关系人合法权益的保护具有十分重要的意义。现结合我国现行的宣告死亡制度，对宣告死亡申请人的范围、顺序及宣告死亡的效力进行探讨。

一、宣告死亡简述

（一）宣告死亡的概念

　　宣告死亡是指自然人下落不明达到法定期限，经利害关系人申请，人民法院经过法定程序在法律上推定失踪人死亡的一项法律制度。我国 1986 年《民法通则》仿效苏俄民法典关于宣告死亡制度的立法模式，于第 23 条至第 25 条规定了宣告死亡制度。之后，最高人民法院基于审判实践的需要，对宣告死亡制度的具体法律适用问题进行了明确，在《最高人民法院关于贯彻执行〈中华人民共和国民法通则〉若干问题的意见（试行）》（以下简称《民通意见》）与《最高人民法院关于适用〈中华人民共和国民事诉讼法〉若干问题的意见》（以下简称《民事诉讼法意见》）中进行了补充。《民法典》总体上继受了《民法通则》《民通意见》之规定，并根据司法实践的经验积累和学术研究成果进行了完善。① 宣告死亡制度目的是保护利害关系人的合法权益，消除相关民事法律关系中不稳定状态及维护正常的社会秩序。但是，其在理论上和实践上存在着很大的争议。

---

　　① 张燕，仲伟珩. 论民法总则宣告死亡制度的规则冲突与解释适用 [J]. 中国应用法学，2018，2（4）：174.

（二）宣告死亡的构成要件

1. 实质要件：自然人下落不明达到法律期间

（1）根据引起下落不明的原因不同分为普通期间和特殊期间

普通期间：我国法律规定一般情况下落不明满 4 年，利害关系人可申请宣告其死亡。关于普通期间是否延长有不同的观点。

肯定说。我国法律规定一般情况下落不明满 4 年，利害关系人可申请宣告其死亡。德国法律将普通期间规定为 10 年，《法国民法典》规定普通期间为推定失踪判决作出后经 10 年，《意大利民法典》规定为 10 年，《苏俄民法典》规定为 5 年，日本法律和我国台湾地区均规定为 7 年。相比之下我国大陆地区的期间规定较短，亦有学者认为应借鉴国外的立法对期间加以延长。

否定说。现今社会人们活动领域扩大，通信手段日新月异，信息的沟通交流日益迅捷；况且社会经济流转速度加快，以个体为中心的权利义务变动频率亦日趋加速，所以规定较长期间已不符合现实生活的需要，不仅起不到保护利害关系人利益的作用，反而会使以自然人为中心的法律关系长期僵化。我国大陆地区的期间长短规定较为合理，无变动必要。

对于宣告死亡的下落不明期间是否因失踪人的年龄而予以区别对待？

有学者认为，应予以区别对待。德国法律规定已满 80 岁者下落不明 5 年即可宣告死亡而不拘泥于 10 年界限。我国台湾地区法律规定，一般原因失踪下落不明期间为 7 年，而 80 岁以上年迈者失踪则为 3 年。此种区别对待看似符合客观规律，人终有生命极限。而年长者相对接近，在同样失踪情况下年长者较年轻者生存希望更为渺茫，在长期下落不明的情况下，为年长者规定较短的期间，有利于及时结束权利义务关系的不稳定状态。

有学者认为不应区别对待。宣告死亡制度并非事实判断，而是法律拟制。在保护利害关系人的同时，也要考虑失踪人的利益，期间长短则关系失踪人的利益保护，赋予年长者较短期间、年轻者较长期间，将两者置于不平等地位，似乎后者应着重保护，前者次要保护。申言之，如果以失踪人的自然状态不同来区分期间长短，那么患有严重疾病、视觉和听觉存在严重障碍的失踪人是否也规定较短的期间呢？我国法律不因失踪人的自然状态不同而区别对待，实行同等保护，较为合理，值得推崇。①

特殊期间：我国《民法典》中对于如何处理极为可能死亡之人存在争议。

---

① 龚兵. 论宣告死亡的构成要件 [J]. 法学杂志，2010，31（2）：110-112.

有观点认为，如果自然人在危险事故中下落不明，依当时情形完全可以确定其已经死亡的（如飞机高空爆炸），或经特别寻找而由官方确定其不可能生存的，虽生不见人、死不见尸，由于死亡事实可以判断，亦应根据有关机关的证明确认其已经死亡（自然死亡），而不必另设宣告死亡所需失踪期限的例外规定。否则，有可能徒增纠纷，不利于空难、海难、矿井爆炸等危险事故遇难者善后问题的处理。相反观点则认为，只要不见尸体，就存在各种可能性，不能认为是自然死亡，还得适用宣告死亡。我国《民法典》最后采取这种观点：对因意外事件而下落不明的，因其生还的可能性要比一般失踪生还的可能小，规定较短的期间。我国大陆地区法律规定意外事故下落不明的期间为两年。

（2）下落不明期间起算点的确定

梁慧星教授主持的中国民法典立法研究课题组编订的《中国民法典草案建议稿附理由：总则编》第 43 条规定："自然人下落不明的时间，从其最后离开住所或者居所而下落不明的次日开始计算。"有学者认为，此观点表述模糊不清。"下落不明的时间从下落不明的次日起算"表述不清楚，下落不明是事实状态而不是确定的日期，与《民法通则》的规定犯了相同的表述错误，实践中无法掌握。另外，下落不明关键是被宣告人音信的有无，下落是否确定，而与是否"最后离开住所或者居所"无关。实践中甚至可能会出现被宣告人未离住所地而符合宣告失踪条件的，因此时间的起算点不应与住所或者居所相联系。综上所述，应直接规定自然人下落不明的期间从最后音信的次日起算，这样清晰、明确，易于操作。

在战争中下落不明的，我国法律规定战争期间下落不明的，从战争结束之日起算，"然在战争失踪，如战争延长，则于战争继续中不得为死亡宣告，事实颇为不便。"和平与发展是当今世界的主题，但战争、地区冲突有时在所难免，战争的长短通常难以确定，若自然人在战争中某一刻下落不明，直到战争结束时才能计算，则权利义务的不确定状态在失踪人最后消息到战争结束和战争结束后四年内长期持续，甚至可能由于战争的长期进行而宣告死亡制度无法启动，对失踪人的利害关系人利益保护不利。因此，参战军人在战争期间下落不明的，期间的起算点应为战争结束日。除此以外的自然人在战争期间下落不明的，期间的起算点以最后音信的次日为妥。[1]

---

① 龚兵. 论宣告死亡的构成要件 [J]. 法学杂志，2010，31（2）：110-112.

2. 形式要件

（1）利害关系人的申请

我国法律规定利害关系人的范围和顺序是：①配偶；②父母、子女；③兄弟姐妹、祖父母、外祖父母、孙子女、外孙子女；④其他有民事权利义务关系的人。

（2）有人民法院判决宣告

人民法院宣告死亡判决的，是否以判决宣告之日为其死亡的日期，学者们对此的观点不一。

肯定说。有学者认为，判决宣告日最具优势。认为"死亡宣告称'宣告'，当然应以判决宣告日最具优势，司法解释之规定可资赞同。①

否定说。有学者认为，被宣告人死亡的时间由利害关系人来决定极不严肃。它将被宣告人死亡时间统一规定为某一时间，忽视了被宣告人死亡下落不明的不同情况，以及有关该人在生理死亡时间方面所可能存在的差异。建议被宣告死亡人其下落不明满4年之日为其死亡日期，战争期间下落不明，战争结束之日为死亡日期；意外事故下落不明，意外事故消失之日为其死亡日期。②

也有学者认为，应将死亡时间的认定与特定期限的届满联系起来，但如果在该期限届满之前存在可以推定死亡的情形，则允许利害关系人通过举证来说服法院确定另外一个更加合理的死亡日期。③ 这样的规范模式，一方面照顾到法律规范适用上的稳定性，避免给予法院过于宽泛的自由裁量权；另一方面也为相关的利害关系人提供了救济路径：利害关系人可以基于具体情形，请求法院确定另外的日期作为被宣告死亡人的死亡日期。这种做法可谓稳定性与灵活性的妥当结合。进言之，宣告死亡的判决中关于死亡日期的确定问题，其实不是一个纯粹的程序性的问题。在这一类型案件中，法院需要听取相关当事人在这一问题上的观点，当事人可以收集相关证据来证明自己的诉求，而且法院在作出认定时，事实上也必须体现出一定程度的价值判断和利益衡量。

还有学者认为，死亡日期的确定直接影响利害关系人的利益，如被继承

---

① 张俊浩. 民法学原理 [M]. 北京：中国政法大学出版社，2000：105.

② 张淳，吴强军.《关于贯彻执行〈中华人民共和国民法通则〉若干问题的意见（试行）》中的若干瑕疵及其补救 [J]. 南京大学法律评论，1998，5（2）：3-5.

③ 薛军. 论被宣告死亡者死亡日期的确定：以中国民法典编纂为背景的论述 [J]. 政治与法律，2016，35（6）：7.

人的范围大小、遗产的多少等。对死亡日期的确定要慎重衡量，应确定这一客观事实发生时间为死亡时间，尽量减少人为因素对日期确定的影响。因此确定期间届满之日为死亡日期，既符合人们的心理习惯，也顾及对被宣告人利益保护，客观上又避免人为因素左右，较为合理。① 综观域外的相关规定，虽然有诸多差别，但都将宣告死亡的判决作出之日与死亡时间的确定日期，看作两个性质不同的问题。前者主要解决某个自然人处于下落不明的失踪状态达到一定期限后，法律上可以通过宣告死亡的方法，推定其死亡，从而终结其在法律上的主体资格。而确定死亡时间主要是事实查明和推定的问题，二者不能混同。《民法典》将意外事件独立出来，其第48条规定："被宣告死亡的人，人民法院宣告死亡的判决作出之日视为其死亡的日期；因意外事件下落不明宣告死亡的，意外事件发生之日视为其死亡的日期。"《民法典》将宣告死亡日期区分为一般情况和意外事件两种模式，消除了《民通意见》的缺陷，更符合实际情况。②

二、宣告死亡申请人的争议

（一）宣告死亡申请人范围的争议

关于宣告死亡申请人的范围，我国《最高人民法院关于适用〈中华人民共和国民法典〉总则编若干问题的解释》第16条第1款规定："人民法院审理宣告死亡案件时，被申请人的配偶、父母、子女，以及依据民法典第一千一百二十九条规定对被申请人有继承权的亲属应当认定为民法典第四十六条规定的利害关系人。"但学术界对于宣告死亡的申请人的范围，一直存在争议。

1. 配偶应否成为宣告死亡的申请人

否定说认为，婚姻关系中的配偶不宜成为宣告死亡的申请人。该说认为，因被宣告人长期生死不明而引起的不稳定民事关系有两类：一类是唯有通过宣告死亡才能解决的不稳定民事关系；另一类是并非唯有通过宣告死亡才能解决的不稳定民事关系。在这两类民事关系中，只有前者的当事人才应被赋予宣告死亡申请权，后者的当事人没有必要赋予宣告死亡申请权。因为宣告死亡事关被宣告人的生死且属事实推定，应尽量减少其发生；另外，对当事人来说，并非只有通过宣告死亡才能解决不稳定民事关系，在申请人不申请死亡宣告的情况下，其完全可以通过其他措施对不稳定民事关系加以处理，

---

① 龚兵. 论宣告死亡的构成要件 [J]. 法学杂志, 2010, 31 (2)：110-112.
② 刘黎. 民法总则对宣告死亡制度的发展与完善 [J]. 人民司法 (应用), 2018 (34)：80.

并不会对其利益造成损害。至于婚姻，由于各国婚姻法的基本原则是自由、自主，其发生变动并不以配偶死亡为要件，被宣告人生死不明时，其配偶如想消除婚姻的不稳定状况，完全可以依法进行。因此，由被宣告人长期生死不明而引起的不稳定婚姻关系不属于唯有通过宣告死亡才能解决的不稳定民事关系。由此可知，虽然由被宣告人长期生死不明而引起的不稳定婚姻关系不属于唯有通过宣告死亡才能得以解决的不稳定民事关系，但这并不意味着配偶就绝对不能成为宣告死亡申请人，在其是继承人或（和）人身保险受益人时，仍享有申请权。只不过此时他或她的身份是继承人或受益人，而非婚姻关系的当事人。[①]

肯定说认为，在婚姻关系中的配偶是宣告死亡的申请人。失踪人配偶的申请权仅限于作为继承人、人身保险受益人时才享有的做法并不妥当。配偶如果想要在失踪人下落不明的情况下结束婚姻关系，会因为自然人失踪而使得协议离婚无法顺利进行，在其他利害关系人不申请宣告死亡的情况下，则其配偶打算法定离婚也会因为失踪人未被宣告死亡而缺乏法律依据。因此，认为申请宣告死亡利害关系人的范围是：配偶、除配偶外的继承人、受遗赠人、人身保险受益人、以死亡为条件的附条件契约的当事人。[②]

2. 检察院能否成为宣告死亡的申请人

检察院是否合法申请主体资格有两种说法。有学者认为，国家利益的损害为国家介入的唯一理由，如果失踪人的利害关系人不提出申请就会损害国家或集体的利益时，检察院可以成为合法的申请主体。[③] 如某人消失且音信全无满两年，任何利害关系人或检察院都可向法院宣告其失踪。也有学者认为，对于检察院的申请权显然赋予过宽，会导致对利害关系人意思自治的严重干涉，致使非国家利益以外私人权利义务违背当事人的意愿而发生变化，与民法的私法属性不符合，因此不能成为申请主体。

（二）宣告死亡申请人的顺序的争议

《民法典》第47条规定："对同一自然人，有的利害关系人申请宣告死亡，有的利害关系人申请宣告失踪，符合本法规定的宣告死亡条件的，人民

---

① 杨来运. 关于宣告死亡的几个问题 [J]. 重庆邮电学院学报（社会科学版），2006，21（3）：387-388.

② 邓瑞平，邓凡. 死亡宣告的申请人范围、顺位及效力研究 [J]. 长春师范大学学报，2018，37（3）：68，90.

③ 史金旺. 宣告死亡制度反思 [J]. 江苏警官学院学报，2011，26（3）：59-64；马原. 中国民法教程 [M]. 北京：人民法院出版社，1989：64.

法院应当宣告死亡。"

1. "有序说"

有序说认为宣告死亡之利害关系人必须严格按照法定顺序提起宣告死亡申请，即保证配偶的第一顺位。这一观点是考虑到宣告死亡制度所触及的社会伦理纲常的问题。一般情况下，夫妻一方失踪或者死亡并不会必然导致家庭财产的分割，财产法律关系相对稳定。但若是在无顺位继承的情况下，被申请人的父母、子女等都可以基于分割财产的目的向法院提起申请，宣告死亡制度的适用就会适得其反——其立法目的在于追求法律关系的稳定状态，如此一来反而加剧了法律关系的不确定性，有违制度制定初衷。此外，考虑到配偶与其他利害关系人的受保护利益的最大区别是人身权与财产权的区别，司法解释维护了配偶的身份权，即维护婚姻关系的稳定。倘若申请人无顺序，那么后位申请人的申请将会直接影响被宣告死亡人与配偶的婚姻存续，因财产权的行使而消灭他人人身权，这是法律坚决不允许的。按照人身权受保护程度大于财产权受保护程度的法理依据，有序说便为绝大多数人接受。①

2. "无序说"

利害关系人，不分其是配偶、子女、父母抑或其债权人、债务人，在地位上一律平等，不应有先后之分。不可否认，在与失踪人存在利害关系的所有人中，配偶的地位最为特殊，而且依照我国的传统伦理，"有序说"似乎更有利于家庭关系的稳定。但应当注意的是，现代社会，财产法律关系的变动性要远远高于人身法律关系，法律应当与时俱进而不是止步不前，且死亡宣告制度的立法目的在于保护利害关系人而不是失踪人的利益，无论利害关系人是配偶、父母、子女抑或普通债权人、债务人，他们在法律上的地位是平等的，不应当有先后之分。更何况有的配偶基于感情或有其他不正当目的，不提出申请以致不能宣告失踪人为死亡人，使其他利害关系人的合法利益遭受损害，这显然违背民法设立宣告死亡制度之立法目的。②

3. "配偶有优先顺序说"

该观点认为，并不是所有利害关系人在法律上的地位都是平等的，利害关系应有直接和间接之分、较远和较近之别，主要衡量标准在于亲属关系，

---

① 杨泽皖. 论宣告死亡申请人的顺序 [J]. 淮南师范学院学报，2011，13（4）：53-54.

② 杨泽皖. 论宣告死亡申请人的顺序 [J]. 淮南师范学院学报，2011，13（4）：53-54；梁慧星. 民法总论 [M]. 北京：法律出版社，2011：110；余能斌，马俊俱. 现代民法学 [M]. 武汉：武汉大学出版社，1997：94；张燕，仲伟珩. 论民法总则宣告死亡制度的规则冲突与解释适用 [J]. 中国应用法学，2018，2（4）：177.

债权关系则应次于亲属关系排列。而在亲属关系中，婚姻关系至为重要，它不仅较财产利益优先，也较其他身份利益优先，配偶理当列为第一顺序申请人。在身份利益上次于婚姻关系的父母、子女则列为第二顺序，余下的近亲属列为第三顺序，包括债权人在内的其他利害关系人则列为第四顺序。[①]

"无序说"虽值得肯定，但一概没有顺序限制也难谓妥当。根据最高人民法院的司法解释，被宣告死亡的人与配偶的婚姻关系，自死亡宣告之日起消灭。死亡宣告被人民法院撤销，如果其配偶尚未再婚的，夫妻关系从撤销死亡宣告之日起自行恢复；如果其配偶再婚后又离婚或者再婚后配偶又死亡的，则不得认定夫妻关系自行恢复。以这些规定为前提，如果不赋予被申请人的配偶以优先顺位，就意味着可以由其他人决定被申请人与其配偶之间的夫妻关系的存续，这明显是不妥当的。因此，配偶应有优先顺位。至于配偶出于不正当目的不申请宣告死亡的，构成优先顺位的滥用，可由其他利害关系人在举证证明这一情形的前提下，请求人民法院剥夺其优先顺位。而配偶之外的其他人，可以不规定先后顺序。因此，应该以配偶为首位申请人原则，例外承认后位顺序人的第一申请资格。[②]

三、宣告死亡结果对婚姻关系的影响

宣告死亡之结果对于婚姻关系的影响主要体现在我国《民法典》第51条："被宣告死亡的人的婚姻关系，自死亡宣告之日起消除。死亡宣告被撤销的，婚姻关系自撤销死亡宣告之日起自行恢复。但是，其配偶再婚或者向婚姻登记机关书面声明不愿意恢复的除外。"

（一）婚姻关系何时终止的争议

1. 宣告死亡便导致婚姻关系消灭

持该观点的学者认为，宣告死亡便导致婚姻关系消灭。易言之，从宣告死亡之日起被宣告死亡人与其配偶的婚姻关系便归于终止。[③] 如法国、意大利等国民法典中都有此规定。原婚姻关系自死亡宣告判决宣告被失踪人死亡之日消灭为通说，在于它符合宣告死亡制度的立法目的，即可以及时、迅速地结束宣告死亡人与利害关系人人身和财产关系的不稳定状态。从法院宣告失踪人死亡之日起结束失踪人与生存配偶的婚姻关系，生存配偶可以选择是否

① 张俊浩. 民法学原理 [M]. 北京：中国政法大学出版社，2000：104.
② 雷群安. 宣告死亡制度中的若干争议问题探析 [J]. 韶关学院学报，2010，31（4）：20-24.
③ 金龙鑫. 论撤销死亡宣告后婚姻关系存续时间的界定标准 [J]. 西安电子科技大学学报（社会科学版），2016，26（3）：52.

再婚，这能充分地保护生存配偶的婚姻利益，因此该观点被多数国家所采用。我国《民法典》亦采用了相同的观点。①

2. 婚姻关系的解除从配偶再婚时才告终止

根据这种观点，宣告死亡制度便并不必然导致婚姻关系的终止，被宣告死亡人与其生存配偶的婚姻关系，要到该配偶与他人再婚之时才视作婚姻关系的终止。德国、瑞士等国的民法典对上述制度进行了细致的规定。《德国民法典》第 1319 条规定："（1）配偶一方在另一方被宣告死亡后缔结新婚姻的，如被宣告死亡的配偶仍生存，则仅在配偶双方在结婚时知道被宣告死亡的配偶在死亡宣告时仍生存的情形下，新婚姻才能因违反第 1306 条而被废止。（2）在新婚姻缔结时，前婚姻被解除，但新婚姻的配偶双方在结婚时知道被宣告死亡的配偶在死亡宣告时仍生存的除外。即使死亡宣告被废止，前婚姻仍为已解除。"我国《民法典》尚未出台前有学者在征求意见稿中建议采纳这样的做法，主张"自然人的近亲属申请宣告死亡没有顺序限制，但其配偶反对申请宣告该自然人死亡的，婚姻关系继续存续"。我们无法排除夫妻一方在配偶长期失踪后出于旧情不愿申请宣告死亡的情况，若是强行规定婚姻关系的终止既粗暴干涉了配偶的婚姻自主，也二次伤害了配偶的情感。遗憾的是《民法总则》最终并未采纳这样的建议。② 但当下也有学者主张，依规范意旨，应当认为婚姻关系自生存配偶有效再婚时才开始消灭。③

（二）被宣告死亡人再婚对其配偶权益的影响

我国法律仅单方面对被宣告死亡人配偶的再婚行为效力作出界定，而对于被宣告死亡人本身的再婚行为效力及对原婚姻关系的影响缺乏明确的规定，法律缺位为被宣告死亡人配偶的权益受损埋下隐患。被宣告死亡人在其生存配偶缔结新的婚姻关系之前再婚的，是否构成重婚罪应区别对待。

1. "肯定说"

"肯定说"认为被宣告死亡人恶意再婚，构成重婚罪。主要是指被宣告死亡人在明知自己被宣告死亡的情况下故意隐瞒其生存信息，或被宣告死亡人通过故意隐瞒自己的生存信息而促使其配偶申请宣告死亡的前提下，蓄意通过使用伪造证件等方式，与第三人缔结新婚姻关系的情形。此种情形下，依据宣告死亡制度中《民法典》第 51 条的规定，可产生两方面的负面效应，有

---

① 张燕，仲伟珩. 论民法总则宣告死亡制度的规则冲突与解释适用 [J]. 中国应用法学，2018，2（4）：184.

② 王利明. 中国民法典学者建议稿及立法理由 [M]. 北京：法律出版社，2005：96.

③ 翟远见. 论宣告死亡及其撤销在婚姻上的效力 [J]. 中国法学，2021，220（2）：42-60.

损民法所追求的法益。其一，被宣告死亡人可以利用宣告死亡终止原婚姻关系的法律后果，顺理成章为自己的重婚行为寻找到合法理由，规避相应的法律责任；其二，被宣告死亡人的未婚配偶在撤销死亡宣告后，将面临原有婚姻关系存废与否的尴尬境地。对此，可以借鉴学者提出的"以违反公良俗等兜底性原则为依据，弥补宣告死亡制度漏洞"的意见，明确宣告死亡的效力仅适用于民事领域，而不涉及刑事公法领域。被宣告死亡人不能因为宣告死亡而当然认为前一婚姻关系终止，在原有婚姻关系现实存在的情形下，其再婚行为应构成重婚，被宣告死亡人仍需承担重婚罪的法律责任。①

2. "否定说"

被宣告死亡人善意再婚不构成重婚罪。主要是指被宣告死亡人因为失去记忆等非主观故意情形下，而与第三人缔结婚姻的情况。此种情形下，被宣告死亡人并不具有侵害一夫一妻制婚姻关系，规避法律责任的恶意动机。首先，因为被宣告死亡人善意再婚，其行为应不构成重婚。而被宣告死亡人的未婚配偶依据《民法典》第51条的规定也享有恢复原婚姻关系的权利，如此一来，两个婚姻关系、三个当事人的合法利益，究竟应该如何取舍呢？退一步而言，即使失踪人再婚行为早于其被宣告死亡的时间，依据规定该再婚行为应该因重婚而成为无效婚姻。但我国的无效婚姻制度不是当然的无效制，而是宣告的无效制，即要求当事人依程序提出请求，经有权机构审查后，以一定的裁判形式来宣告婚姻无效。另外，《最高人民法院关于适用〈中华人民共和国民法典〉婚姻家庭编的解释（一）》第10条规定，"当事人依据民法典第一千零五十一条规定向人民法院请求确认婚姻无效，法定的无效婚姻情形在提起诉讼时已经消失的，人民法院不予支持。"这样一来我们可以发现，结合《民法典》第51条的规定，被宣告死亡人的重婚行为仍存在"死而复生"的机会，宣告死亡结果将导致被宣告死亡人与配偶的婚姻关系终止，被宣告死亡人的重婚情形消失，无效婚姻转变为有效婚姻。②

3. "善意恶意无关说"

不管生存配偶与第三人再婚时是否有恶意，第三人新缔结的婚姻都应该有效，应予保护。原因在于，无论被宣告死亡人配偶与第三人恶意与否，被宣告死亡这一法律事实是通过正规法律程序确定的，并已被人民法院"宣

---

① 尚铮铮. 论宣告死亡制度对被宣告死亡人配偶权益的影响 [J]. 辽宁公安司法管理干部学院学报，2011，13（1）：35-36.

② 尚铮铮. 论宣告死亡制度对被宣告死亡人配偶权益的影响 [J]. 辽宁公安司法管理干部学院学报，2011，13（1）：35-36.

告"，这就产生了社会公信力，社会必须尊重。第三人基于对该死亡宣告的信赖，而与被宣告死亡人的配偶缔结了婚姻关系，并不违反《民法典》，所以对该婚姻关系应予保护。①

（三）关于死亡宣告撤销后婚姻关系的处理问题

当死亡宣告被撤销而生存配偶未予再婚时，其婚姻关系是否自动恢复有待商榷。

1. "否定说"

既然宣告死亡造成婚姻关系消灭，说明法律赋予了生存配偶缔结新的婚姻关系的自由选择权。如果生存配偶已经心有他属，欲缔结新的婚姻关系，当然应该受法律的保护。但根据最高人民法院的司法解释，在被宣告死亡人重新出现且宣告死亡撤销时生存配偶尚未办理结婚登记的，该生存配偶与重新出现的失踪人的婚姻关系自行恢复。显然，这样的规定会使生存配偶的权利受到损害，司法解释并未仔细地考虑到失踪人与其配偶在撤销宣告死亡后所面临的实际情况。这些情况大致可以分三种，一是撤销死亡宣告后，失踪人与其配偶都希望恢复原来的生活；二是撤销死亡宣告后，双方都不愿意恢复原来的生活；三是撤销死亡宣告后，失踪人与其配偶中有一方不希望恢复原来的生活。既然法律明文规定了婚姻自由原则，那就应全面考虑每一个当事人的意愿，切实充分地保护其婚姻自主权利。所以，在撤销死亡宣告后，不管其配偶是否再婚，夫妻关系都不能从撤销死亡宣告之日起自行恢复。若双方有共同生活在一起的意愿，必须重新登记结婚。若生存方已结婚，而又愿重归于好的，那么生存方就应先办理离婚手续，然后再与其以前配偶重新登记结婚。②

2. "肯定说"

我国法律规定当死亡宣告被撤销而生存配偶未予再婚时，其婚姻关系自动恢复。

四、宣告死亡的效力

关于宣告死亡的效力，目前有"否定说""肯定说"和"折中说"三种观点。

---

① 雷群安. 宣告死亡制度中的若干争议问题探析［J］. 韶关学院学报，2010，31（4）：20-24.
② 雷群安. 宣告死亡制度中的若干争议问题探析［J］. 韶关学院学报，2010，31（4）：20-24.

（一）"否定说"

"否定说"即"权利能力消灭说"。权利能力消灭是继承开始和婚姻解除的前提，宣告死亡要消灭与被宣告人有关的法律关系的不稳定状态，就必须首先使被宣告人丧失民事主体资格。该说可以分成以下三个部分：

1. "完全终止说"

"完全终止说"是指自然人宣告死亡应发生与自然死亡相同的法律效力，被宣告死亡人的民事权利能力和民事行为能力终止。[①] 我国台湾地区学者认为，宣告死亡虽然非自然死亡，但应视同自然死亡，即具有使自然人消灭权利能力的效果。[②] 该说认为，宣告死亡制度本身目的就在于解决"下落不明"的自然人所遗留的重要法律关系悬而未决的不稳定状态，使相关利害关系人的利益和社会生活秩序得到保障。因此，自然人被宣告死亡，基于其被拟制已经死亡的事实，发生与自然死亡相同或几近相同的法律效果。[③]

2. "绝对终止说"

"绝对终止说"是指在宣告某公民死亡时，该公民就已经死亡，即自然死亡在前，宣告死亡在后。在这种情况下，被宣告死亡的公民的民事权利能力绝对终止。

3. 相对终止说

"相对终止说"是指被宣告死亡公民原住所地（宣告死亡地）为中心的区域的权利能力终止，而在他生存的区域（生存地）仍然有权利能力。[④]

（二）"肯定说"

根据"权利能力存在说"，宣告死亡是事实推定，而非自然死亡本身，因此，宣告死亡的效力不应等同自然死亡的效力；另外，宣告死亡与自然死亡不一致的情况时有发生，如果认为宣告死亡消灭了被宣告人的权利能力，那么宣告死亡后仍生存的被宣告人的行为如何处理：如果认为这些行为有效，则显然与逻辑不符；如果认为无效，又与现实不符。所以，宣告死亡的效力只能是消灭被宣告人以住所为中心的法律关系。

① 杨立新. 民法总则 [M]. 北京：法律出版社，2013：104.
② 龙卫球. 民法总论 [M]. 2版. 北京：中国法律出版社，2002：2.
③ 何丽新. 论《海商法》第248条"船舶失踪"与《民法总则》第46条"宣告死亡" [J]. 政法论丛，2018，25（6）：117.
④ 王泽鉴. 民法总则 [M]. 北京：北京大学出版社，2009：91；陈素娟. 论与宣告死亡制度的相关法律问题 [J]. 大观周刊，2010（37）：35；邓瑞平，邓凡. 死亡宣告的申请人范围、顺位及效力研究 [J]. 长春师范大学学报，2018，37（3）：68，90.

（三）"折中说"

有学者提出了宣告死亡后无权利能力与有权利能力是并存的，这初听起来似乎是矛盾的，实则不然。原因在于被宣告死亡人的无权利能力和有权利能力各有自己的适用范围。被宣告死亡人的权利能力消灭是对因其长期生死不明而引起的不稳定民事关系而言；权利能力有效是就死亡宣告后尚存的稳定的法律关系而言的。有人也许会说，这么一来就是分割权利能力了，而权利能力作为一种资格从性质上说是不能分割的。实际上，权利能力并没有被分割，只是在不同情况下被区别对待。在消除因被宣告死亡人长期生死不明而引起的民事关系不稳定状态时，法律将被宣告死亡人的权利能力视为消灭；在处理被宣告人在宣告死亡后所进行的民事行为时，法律又承认被宣告人有权利能力。由此可以看出，"折中说"对被宣告人权利能力的处理与"权利能力消灭说"的区别所在就是限制了权利能力消灭的适用范围，与"法律关系消灭说"的联系在于借鉴了其对法律关系消灭的限制。这也说明权利能力消灭说和法律关系消灭说都具有一定的合理性，简单地肯定这个或否定那个都是不足取的。①

五、宣告死亡后赔偿争议

（一）存在死亡赔偿

有学者认为宣告死亡是推定死亡、拟制死亡，存在死亡赔偿的问题。在失踪者已被依法宣告死亡时，失踪者近亲属应有权依据《民法典》第 1165 条或第 1166 条、第 1179 条、第 1181 条和第 1183 条以及《最高人民法院关于确定民事侵权精神损害赔偿责任若干问题的解释》等条文的规定，向相关责任主体提起死亡赔偿之诉。亦即，《民法典》第 1179 条和第 1181 条中的"死亡"一词不仅包括自然死亡，而且包括宣告死亡，因而失踪者近亲属可依据上述规定提起基于失踪而生的死亡赔偿之诉。②

（二）存在损害赔偿但不存在死亡赔偿

有学者认为作为继承人和近亲属可以提起合同之诉。关于违约造成的人身损害赔偿，司法实践中直接适用的是人身损害赔偿司法解释。对于造成个人死亡或人身侵害时，应当给予赔偿。对于死亡赔偿能否主张，张家勇教授

---

① 杨来运. 关于宣告死亡的几个问题 [J]. 重庆邮电学院学报（社会科学版），2006, 21 (3)：387-388.

② 汪志刚. 论失踪损害赔偿之诉的法律适用：以马航客机失踪事件切入 [J]. 法律科学（西北政法大学学报），2014, 32 (5)：160-171.

认为宣告死亡是推定死亡、拟制死亡，不能确定其受害人已经死亡，不能证明损害事实的发生。

（三）对于宣告死亡后提起的赔偿

有学者认为，按照法律规定，法院生效的判决书无须当事人举证可以直接作为判决的依据。为了规避风险，很多法官都是直接引用前案例的判决进行裁决。但是，宣告死亡的拟制制度审查要件和损害赔偿审查的要件完全不同，宣告死亡的事实不能作为损害赔偿的证据直接适用。①

相关法律法规及司法解释

—— 《民法典》————————————————————————————

第 46 条 自然人有下列情形之一的，利害关系人可以向人民法院申请宣告该自然人死亡：

（一）下落不明满四年；

（二）因意外事件，下落不明满二年。

因意外事件下落不明，经有关机关证明该自然人不可能生存的，申请宣告死亡不受二年时间的限制。

第 47 条 对同一自然人，有的利害关系人申请宣告死亡，有的利害关系人申请宣告失踪，符合本法规定的宣告死亡条件的，人民法院应当宣告死亡。

第 48 条 被宣告死亡的人，人民法院宣告死亡的判决作出之日视为其死亡的日期；因意外事件下落不明宣告死亡的，意外事件发生之日视为其死亡的日期。

第 49 条 自然人被宣告死亡但是并未死亡的，不影响该自然人在被宣告死亡期间实施的民事法律行为的效力。

第 50 条 被宣告死亡的人重新出现，经本人或者利害关系人申请，人民法院应当撤销死亡宣告。

第 51 条 被宣告死亡的人的婚姻关系，自死亡宣告之日起消除。死亡宣告被撤销的，婚姻关系自撤销死亡宣告之日起自行恢复。但是，其配偶再婚或者向婚姻登记机关书面声明不愿意恢复的除外。

---

① 中国民法学研究会简报（第四期）［EB/OL］. （2019-10-09）［2020-07-25］. https://civil-law. com. cn/gg/t/?id=36095.

第 52 条 被宣告死亡的人在被宣告死亡期间，其子女被他人依法收养的，在死亡宣告被撤销后，不得以未经本人同意为由主张收养关系无效。

第 53 条 被撤销死亡宣告的人有权请求依照本法第六编取得其财产的民事主体返还财产；无法返还的，应当给予适当补偿。

利害关系人隐瞒真实情况，致使他人被宣告死亡取得其财产的，除应当返还财产外，还应当对由此造成的损失承担赔偿责任。

第 1179 条 侵害他人造成人身损害的，应当赔偿医疗费、护理费、交通费、营养费、住院伙食补助费等为治疗和康复支出的合理费用，以及因误工减少的收入。造成残疾的，还应当赔偿辅助器具费和残疾赔偿金；造成死亡的，还应当赔偿丧葬费和死亡赔偿金。

第 1181 条 被侵权人死亡的，其近亲属有权请求侵权人承担侵权责任。被侵权人为组织，该组织分立、合并的，承继权利的组织有权请求侵权人承担侵权责任。

被侵权人死亡的，支付被侵权人医疗费、丧葬费等合理费用的人有权请求侵权人赔偿费用，但是侵权人已经支付该费用的除外。

 《民法通则》

第 23 条 公民有下列情形之一的，利害关系人可以向人民法院申请宣告他死亡：

（一）下落不明满四年的；

（二）因意外事故下落不明，从事故发生之日起满二年的。

战争期间下落不明的，下落不明的时间从战争结束之日起计算。

第 24 条 被宣告死亡的人重新出现或者确知他没有死亡，经本人或者利害关系人申请，人民法院应当撤销对他的死亡宣告。

有民事行为能力人在被宣告死亡期间实施的民事法律行为有效。

第 25 条 被撤销死亡宣告的人有权请求返还财产。依照继承法取得他的财产的公民或者组织，应当返还原物；原物不存在的，给予适当补偿。

 《民事诉讼法》

第 190 条 公民下落不明满二年，利害关系人申请宣告其失踪的，向下落不明人住所地基层人民法院提出。

申请书应当写明失踪的事实、时间和请求，并附有公安机关或者其他有关机关关于该公民下落不明的书面证明。

第 191 条　公民下落不明满四年，或者因意外事件下落不明满二年，或者因意外事件下落不明，经有关机关证明该公民不可能生存，利害关系人申请宣告其死亡的，向下落不明人住所地基层人民法院提出。

申请书应当写明下落不明的事实、时间和请求，并附有公安机关或者其他有关机关关于该公民下落不明的书面证明。

第 192 条　人民法院受理宣告失踪、宣告死亡案件后，应当发出寻找下落不明人的公告。宣告失踪的公告期间为三个月，宣告死亡的公告期间为一年。因意外事件下落不明，经有关机关证明该公民不可能生存的，宣告死亡的公告期间为三个月。

公告期间届满，人民法院应当根据被宣告失踪、宣告死亡的事实是否得到确认，作出宣告失踪、宣告死亡的判决或者驳回申请的判决。

第 193 条　被宣告失踪、宣告死亡的公民重新出现，经本人或者利害关系人申请，人民法院应当作出新判决，撤销原判决。

《最高人民法院关于适用〈中华人民共和国民法典〉总则编若干问题的解释》

第 16 条　人民法院审理宣告死亡案件时，被申请人的配偶、父母、子女，以及依据民法典第一千一百二十九条规定对被申请人有继承权的亲属应当认定为民法典第四十六条规定的利害关系人。

符合下列情形之一的，被申请人的其他近亲属，以及依据民法典第一千一百二十八条规定对被申请人有继承权的亲属应当认定为民法典第四十六条规定的利害关系人：

（一）被申请人的配偶、父母、子女均已死亡或者下落不明的；

（二）不申请宣告死亡不能保护其相应合法权益的。

被申请人的债权人、债务人、合伙人等民事主体不能认定为民法典第四十六条规定的利害关系人，但是不申请宣告死亡不能保护其相应合法权益的除外。

《最高人民法院关于适用〈中华人民共和国民法典〉婚姻家庭编的解释（一）》

第 10 条　当事人依据民法典第一千零五十一条规定向人民法院请求确认婚姻无效，法定的无效婚姻情形在提起诉讼时已经消失的，人民法院不予支持。

案 例

案 情 简 介

杨某1、杨某1之母王某在被告郑州市动物园工作。1989年6月10日夜，王某与其女杨某2在被告孵化房内失踪。经过多方寻找未果，其儿子杨某1向某院申请宣告王某死亡。2004年9月14日，该院作出民事判决，宣告王某死亡。在对王某作出宣告死亡判决后，原告以劳动争议纠纷起诉被告，但一审、二审、再审均以败诉告终。后原告又以生命权、健康权、身体权纠纷为由起诉被告，要求被告支付王某死亡赔偿金3l4640元。一审败诉后，二审法院以认定事实不清为由裁定撤销了该院作出的一审民事判决，并发回原审法院重新审理。原告将诉讼请求变更为387520元。

审 理 及 判 决

原审法院认为，原告之母王某是被告单位职工，在被告处失踪后，原告向法院申请宣告死亡。王某的死亡是一种法定的拟制死亡。原告没有证据证明被告对王某的死亡具有过错，故原告要求被告支付死亡赔偿金387520元的诉求，该院不予支持。故驳回原告杨某诉讼请求。

二审归纳本案争议焦点为：王某在被上诉人处失踪，被上诉人是否应当予以赔偿。

二审法院认为，王某作为郑州市动物园职工，同时也是孵化房的工作人员，在郑州市动物园孵化房失踪，并被宣告死亡。郑州市动物园作为用人单位，从公平角度出发，应参照给付职工抚恤金的政策，给予作为王某家属的上诉人适当补偿，本院酌定补偿金为50000元。同时撤销了一审判决。

分 析

本案审理的焦点在于王某在被上诉人处失踪被宣告死亡，被上诉人是否应当予以赔偿。

宣告死亡是指自然人下落不明达到法定期限，经利害关系人申请，人民法院经过法定程序在法律上推定失踪人死亡的一项法律制度。宣告死亡是推定死亡、拟制死亡，不能确定其受害人已经死亡，不能证明损害事实的发生。与自然死亡不同，存在生还的可能性，故不能主张死亡赔偿。本案中，王某在郑州市动物园工作，经事实查证，其不是在工作时间内失踪。因此不能证明王某的失踪与郑州市动物园有关。

宣告死亡的审查要件是：（一）下落不明满四年的。（二）因意外事故下落不明，从事故发生之日起满二年的。战争期间下落不明的，下落不明的时间从战争结束之日起计算。损害赔偿的审查要件是：（一）须有损害事实的发生。（二）须有违法行为。（三）损害事实的发生与违法行为之间须有因果联系。宣告死亡的审查要件与损害赔偿的审查要件不同，宣告死亡的事实不能作为损害赔偿的证据直接适用。而在本案中是将宣告死亡作为损害赔偿的直接证据，显然不能成立。在本案中，王某是在郑州市动物园失踪但不能证明动物园就存在着过失，二者没有必然的联系。

四　个体工商户的存与废

《《
^

法　理　✦

个体工商户作为中国社会的一个特殊经济群体，长期以来为中国经济发展作出了贡献。个体经济是我国最为常见的一种经济形态，在各个不同的时期发挥着不同的历史作用。从中央到地方，各级政府都重视个体经济的发展，出台了许多政策。在我国确立依法治国方针、实行社会主义市场经济并加入世界贸易组织（WTO）的新的历史时期，有必要分析探讨个体工商户的法治环境，取消对个体工商户的法律规制，最大限度地发挥其积极作用，促进经济社会和谐、健康发展。

一、个体工商户的概述

（一）个体工商户的概念

《促进个体工商户发展条例》第2条规定："有经营能力的公民在中华人民共和国境内从事工商业经营，依法登记为个体工商户的，适用本条例。"

（二）个体工商户的特征

个体工商户是个体工商业经济在法律上的表现，其具有以下特征：

1. 个体工商户是从事工商业经营的自然人或家庭

自然人或以个人为单位，或以家庭为单位从事工商业经营，均为个体工商户。根据法律有关政策，可以申请个体工商户经营的主要是城镇待业青年、社会闲散人员和农村村民。国家机关干部、企事业单位职工，不能申请从事个体工商业经营。

2. 自然人从事个体工商业经营必须依法核准登记

《民法典》第54条规定，自然人从事工商业经营，经依法登记，为个体工商户。个体工商户可以起字号。《民法通则》第29条规定，个体工商户的债务，个人经营的，以个人财产承担；家庭经营的，以家庭财产承担。即以个人名义申请登记的个体工商户，个人经营、收益也归个人，但必须按章纳税，对债务负个人责任。以家庭共同财产投资，或者收益的主要部分供家庭成员消费的，其债务由家庭共有财产清偿。在夫妻关系存续期间，一方从事个体工商户经营，其收入作为夫妻共有财产者，其债务由夫妻共有财产清偿。家庭全体成员共同出资、共同经营的，其债务由家庭共有财产清偿。

3. 法律地位在依法核准登记的范围内，个体工商户享有从事个体工商业经营的民事权利能力和民事行为能力

个体工商户的正当经营活动受法律保护，对其经营的资产和合法收益，个体工商户享有所有权。个体工商户从事生产经营活动必须遵守国家的法律，应照章纳税，服从市场监督管理。个体工商户从事违法经营的，必须承担民事责任和其他法律责任。

二、重要的比较：个体工商户与个人独资企业的比较

(一) 相同点

第一，两者的主体基本相同。两者的投资主体只能是自然人（公民），而不能是法人或其他组织。

第二，个人独资企业与个体工商户对投入的资产都实行申报制，不需要经过法定的验资机构验资。由于两者都承担无限责任，因此也不强调对作为出资的实物、工业产权、非专利技术和土地使用权的实际缴付。

第三，两者承担法律责任的形式相同，都必须以个人或家庭财产承担无限责任。根据出资方式，个体工商户可分为个人经营和家庭经营两种形式；而个人独资企业也可以分为以个人财产出资的个人独资企业和以家庭财产出资的个人独资企业。在责任承担上，以个人财产出资的个人独资企业或个体工商户都以个人财产承担无限责任。以家庭财产出资的个人独资企业或个体工商户都以家庭财产承担无限责任。

第四，作为一种经济组织，个人独资企业与个体工商户均须有必要的资金、场所、从业人员及生产经营条件。这也是个体工商户与个人独资企业作为市场主体进入市场的必要条件。

此外，个人独资企业与个体工商户在商标使用主体及广告宣传策略等方面也具有很多的相同点。

(二) 区别点

第一，个人独资企业必须有固定的生产经营场所和合法的企业名称，而

个体工商户可以不起字号名称，也可以没有固定的生产经营场所而流动经营。换句话说，合法的企业名称和固定的生产经营场所是个人独资企业的成立要件，但不是个体工商户的成立要件。

第二，个体工商户的投资者与经营者是同一人，必须是投资设立个体工商户的自然人。而个人独资企业的投资者与经营者可以是不同人，投资人可以委托或聘用他人管理个人独资企业事务。也就是说，个人独资企业的所有权与经营权是可以分离的，这就决定了个人独资企业更符合现代企业制度的特征。而个体工商户的所有权与经营权是集于投资者一身的，已不能适应现代企业制度发展的要求，所以它只能适用于小规模的经营主体。

第三，个人独资企业可以设立分支机构，也可以委派他人作为个人独资企业分支机构负责人。这一规定，说明了个人独资企业不但可以在登记管理机关辖区内设立分支机构，也可以在异地设立分支机构，由设立该分支机构的个人独资企业承担责任。而个体工商户根据规定不能设立分支机构。个体工商户虽然可以异地经营，但随着各地近几年相继简化了外来人员的登记手续，从而使个体工商户的异地经营这一规定逐渐淡化。由此可以看出，个人独资企业的总体规模一般大于个体工商户。

第四，个人独资企业与个体工商户的法律地位不尽相同。① 在民事、行政、经济法律制度中，个人独资企业是其他组织或其他经济组织的一种形式，能以企业自身的名义进行法律活动。而个体工商户是否能够作为其他组织或其他经济组织的一种形式，一直是国内民法学家争论的话题。在日常法律活动中，个体工商户的法律行为能力往往受到一定的限制，更多的时候，个体工商户是以公民个人名义进行法律活动的。事实上，国内就有许多法律专家提出个体工商户不是法律意义上的企业。另外，个人独资企业与个体工商户作为市场主体参与市场经济其他活动的能力不同，如个人独资企业可以成为公司的股东，从而以企业名义享有公司股东的权利并履行相应的义务，而个体工商户一般不能以企业名义作为公司股东，只能以个人投资者（自然人）身份成为公司股东。

第五，个人独资企业与个体工商户在财务制度和税收政策上的要求也不尽相同。事实上，这也是投资者较关心的问题。根据《个人独资企业法》的规定，个人独资企业必须建立财务制度，以进行会计核算。值得一提的是，个人独资企业的财务制度是个人独资企业的必备条件，不以任何部门的要求

---

① 胡晓静. 个体工商户的法律地位辨析 [J]. 中国商法年刊，2015，14（1）：389-394.

而改变。而个体工商户由于情况复杂，是否需要建立会计制度争论较多，在修改后的《会计法》中也只作了原则规定。另外，在税收政策方面，由于我国的税收法律制度是一个相对独立的体系，它与市场主体法律制度之间没有统一的联系。一般来说，个体工商户较难认定为一般纳税人，而个人独资企业如符合条件则可以认定为一般纳税人。如何把市场主体立法与税收立法有机地结合起来，是今后完善社会主义市场经济法律制度值得探讨的问题。

三、个体工商户制度的理论争议

（一）个体工商户的法律地位

对比《民法总则》第 54 条、《民法典》第 54 条与《民法通则》第 26 条关于个体工商户制度的规定，虽然在表述方面有所变化，即《民法总则》与《民法典》不再像《民法通则》那样要求自然人从事工商业经营须经依法核准登记，而只用"经依法登记"即可，但均表述为自然人从事工商业经营，经依法核准登记或者登记，为个体工商户，且两部民事基本法均将个体工商户规定在"自然人"章节中。但是围绕个体工商户之主体性质，学术界存在不同观点和争论。

1. "自然人说"

我国立法对个体工商户之本质的态度是单纯"自然人说"，即个体工商户就是自然人。持这种观点的人在《民法通则》起草过程中不主张在《民法通则》中专列"个体工商户和农村承包经营户"一章。《民法通则》公布后，持这种观点的人认为既然《民法通则》明确将个体工商户纳入自然人的范畴，故也只能认为个体工商户的法律地位与自然人等同。有学者虽持"自然人说"，但仍然认为个体工商户不能视为一般意义上的自然人，"个体工商户制度虽规定在自然人章节中，但是其与传统的自然人还有所不同，其仍应为商事主体"[①]。

2. "商自然人说"

也有学者提出了"商自然人说"，认为个体工商户并非严格意义上的法律概念。个体工商户既可能是单个个人，也可能是家庭成员共同参与。若为一人经营，个体工商户应为从事经营活动的自然人，此即为商法学上的商自然人；如为家庭成员共同经营，则其性质为合伙。"因此，个体工商户作为一种不同于自然人的特别主体规定，均不妥当。其参加经营活动所涉及的有关规

---

① 王利明，等. 民法学 [M]. 5 版. 北京：法律出版社，2017：73-74.

定，应当或者适用民法有关合伙的一般规定，或者适用有关非法人团队的规定，或者适用有关私营企业的规定，或者适用其他单行法的规定。"① 从司法判例对个体工商户的主体性态度看，绝大多数案例没有将个体工商户列为原告或被告，而是将实际经营者的自然人列为原告或被告。在以自然人列为原告或被告的案例中，一多半是仅列个体工商户中的自然人的个人信息，但案例大多数在列自然人为原告（被告）的基础上列明了自然人的经济属性（个体工商户）。在有些案例中，是以个体工商户作为原告和被告的。由此可见，我国的司法实践也已经将个体工商户纳入民事诉讼主体及权利义务主体的范畴中。②

3. "非法人组织说"

该说认为在为数众多的个体工商户行列中隐含了大量的家族企业，《民法总则（草案）》将个体工商户规定在自然人中不能适当反映我国现实。梁慧星学者认为："《民法通则》制定时，坚持民事主体二元论，未承认作为民事主体之非法人组织，故将农村承包经营户、城镇个体工商户，规定在《民法通则》第二章自然人的一节。《民法总则》制定时，立法思想已然突破民事主体二元论，《民法总则》在自然人、法人之外，规定非法人组织作为民事主体，按理应将农村承包经营户、个体工商户作为非法人组织之一类型，规定在第四章非法人组织中。"③ 在本质上，起字号的个体工商户与我国《个人独资企业法》规定的个人独资企业性质更为相似。个人独资企业与个体工商户（尤其是起字号的个体工商户）的内外法律关系及公法（税法）地位，均无实质差异。④ 二者原本不必强作区分。现行立法在两条线路下齐头并进，似乎只是意识形态历史惯性的结果。而未起字号的，其主体性质应当介于自然人与个人独资企业之间，但可以明确的是，其不是自然人。"个体工商户与个人独资企业的区别仅在于规模不同而已，其法律地位不应不同"，"个体工商户、家庭承包经营户也应为不同于自然人和法人的第三类主体"，在承认非法人组织为独立的一类主体的情形下，将个体工商户在非法人组织中规定更为符合其性质要求。⑤

① 梁慧星. 中国民法典草案建议稿附理由：总则编 [M]. 北京：法律出版社，2004：21.
② 李永军. 我国未来民法典中主体制度的设计思考 [J]. 法学论坛，2016，31（2）：85；杨震. 民法总则"自然人"立法研究 [J]. 法学家，2016，31（5）：29-31.
③ 梁慧星. 民法总论 [M]. 北京：法律出版社，2017：116-117；王刚. 个体工商户之主体性质与责任承担问题研究：以民事诉讼法司法解释第 59 条为中心展开 [J]. 河北法学，2020，38（4）：170-171.
④ 朱庆育. 民法总论 [M]. 北京：北京大学出版社，2016：485，77.
⑤ 郭明瑞. 民法总则中非法人组织的制度设计 [J]. 法学家，2016，31（5）：55.

4. "法人说或准法人说"

持此观点的学者强调个体工商户法律地位的特殊性，主张赋予其法人的主体资格；也有部分学者认为个体工商户既不同于自然人，也不完全等同于法人，应赋予其准法人的地位。但到底准法人是什么样的法律主体，则很少有人说得清楚。

5. "特殊主体说"

此说认为个体工商户是我国的一个特殊的民事权利主体。但又分为两个部分，一部分比较强调其自然人属性，与自然人说较接近；另一部分则比较强调与法人相似的某些属性，因而与法人说或准法人说比较接近。应当指出的是，在新近出版的一些民法教材中，有人回避在这一问题上的正面探讨，而是通过列举个体工商户的特殊意义和设立程序、主要权利义务等项内容来间接说明其法律地位问题。

（二）从行政法、刑法的角度看，个体工商户是否为独立于业主的责任主体

考察我国现行法律规定与有关的有权解释，这一问题的答案并不清晰，甚至一定程度上是相当混乱的。简言之，有两种不同的解说。

1. 个体工商户构成单位，独立于业主自然人

全国人大常委会1991年《关于严禁卖淫嫖娼的决定》（部分失效）第7条规定："旅馆业、饮食服务业、文化娱乐业、出租汽车业等单位，对发生在本单位的卖淫、嫖娼活动，放任不管、不采取措施制止的，由公安机关处一万元以上十万元以下罚款，并可以责令其限期整顿、停业整顿，经整顿仍不改正的，由工商行政主管部门吊销营业执照；对直接负责的主管人员和其他直接责任人员，由本单位或者上级主管部门予以行政处分，由公安机关处一千元以下罚款。"对该条规定中所提及的"单位"，公安部法制司在公法〔1992〕12号答复中指出："系指所有经营这些行业的单位，包括国家经营的、中外合资的、集体经营的和个体经营的。"

将个体工商户理解为单位的，还散见于其他领域与其他法律的解释中。例如《行政处罚法》第51条分别对公民和组织规定了当场处罚的不同要求（该条规定是："违法事实确凿并有法律依据，对公民处以二百元以下，对法人或其他组织处以三千元以下罚款或者警告的行政处罚的，可以当场作出行政处罚决定。"）。

又如，《最高人民法院关于审理劳动争议案件适用法律若干问题的解释（二）》（已失效）第9条明确规定："劳动者与起字号的个体工商户产生的劳动争议诉讼，人民法院应当以营业执照上登记的字号为当事人，但应同时注明该字号业主的自然情况。"显然，最高人民法院在这里是将个体工商户作为当事人的，从而承认其作为单位的主体地位与当事人资格。

2. 个体工商户没有独立的法律地位，只是自然人的一种特殊经营形式

《民法通则》第 26 条规定："公民在法律允许的范围内，依法经核准登记，从事工商业经营的，为个体工商户。个体工商户可以起字号。"其文义自然就应当理解为"公民为个体工商户"，从而表明了个体工商户的法律性质就是从事经营活动的自然人。相应地，1992 年发布的《最高人民法院关于适用〈中华人民共和国民事诉讼法〉若干问题的意见》（已失效）第 46 条第 1 款规定："在诉讼中，个体工商户以营业执照上登记的业主为当事人。有字号的，应在法律文书中注明登记的字号。"由此，个体工商户至少在民事诉讼中不是作为单位或组织对待的。民事司法实践中，更多的是按照这一司法解释处理个体工商户的诉讼主体问题；对于直接以个体工商户字号作为诉讼主体的，则否定其为合格的诉讼主体。

在行政诉讼中，《行政诉讼法》仅规定了"公民、法人或者其他组织"为原告，《最高人民法院关于执行〈中华人民共和国行政诉讼法〉若干问题的解释》第 14 条第 2 款规定："不具备法人资格的其他组织向人民法院提起诉讼的，由该组织的主要负责人作诉讼代表人；没有主要负责人的，可以由推选的负责人作诉讼代表人。"而该组织是否包括个体工商户呢？一般的论述中均未提及，如"指非法人的组织，包括成形的非法人组织、形成中的法人组织以及消亡的法人组织，例如合伙企业、不具备法人资格的其他组织等"[1]。因此，根据《最高人民法院关于执行〈中华人民共和国行政诉讼法〉若干问题的解释》第 97 条的规定，人民法院审理行政案件，除依照行政诉讼法和本解释外，可以参照民事诉讼法的有关规定。则对于个体工商户的诉讼地位，应当适用民事诉讼法的相关规定与解释，从而以业主自然人为当事人。[2]

四、个体工商户制度存与废

（一）"肯定说"：主张个体工商户制度存在

个体工商户的存在有相当的社会必要性：

首先，家庭是重要的客观存在，民事法中应有家户一席之地。"家户组织

① 张越. 行政诉讼主体论 [D]. 北京：中国政法大学，2000.
② 李友根. 论个体工商户制度的存与废：兼及中国特色制度的理论解读 [J]. 法律科学（西北政法大学学报），2010，28（4）：107-118.

在中国有久远和牢固的基础。自由的个体家户农民更是一种久远的理想形态。"①　"家一直以来都是中国人看重的生活意义，法哲学的任务不是描述家的各种经验形态，而是要将其概念化，澄清现代以来因为缺失家的尺度而引发的自由与法之间的各种错位。"②

其次，个人主义的盛行并不能当然否认个体工商户的存在。坚持个人主义并不能否定合作主义或团体主义。家庭不是简单的人数叠加体，其以成员间亲情和情感为基础。如果说，在具有个人主义传统的欧美等国家（地区），家庭的地位被个人及合伙取代并不会产生多少不便的话，在具有家国传统的东亚地区，法律对于有强大影响的家户视而不见并非合适态度。这也正是东亚国家和地区民法典普遍承认家庭民事地位之原因。③

但当下对于个体工商户的态度，应该在总结实践成果和尊重社会现实之上继续保留，并结合实践中出现的民事主体确认、债务清偿等问题进行适当调整，"实现规范重点由外而内及由财产到身份的转变"，而非简单将其废弃而归于自然人、个人独资企业等民事主体之列，以免落入法律版的"削足适履"窠臼之中。④

最后，个体工商户存在亦有社会重要性和价值⑤：

第一，推动了第三产业的繁荣。个体工商户由于其规模的限制，通常是由几人组成的小作坊，很多都是从事第三产业，也就是俗称的服务产业。个体工商户的存在不仅推动了第三产业在基层的发展和壮大，而且也能够为群众服务，促进产业结构合理化。

第二，增加了国家的税收。个体工商户在为自己创造经济价值的同时，也为国家创造了税收。因为个体工商户是一个巨大的基数，作为纳税主体，它们收入的增加自然能增加国家的税收。

①　徐勇. 中国家户制传统与农村发展道路：以俄国、印度的村社传统为参照 [J]. 中国社会科学, 2013 (8)：102-123, 206-207.
②　张龑. 何为我们看重的生活意义：家作为法学的一个基本范畴 [J]. 清华法学, 2016, 10 (1)：5-19.
③　鲁晓明. 从家户并立到家庭统摄：我国民事法上家户制度的问题与出路 [J]. 法商研究, 2018, 35 (5)：139-149.
④　李伟. 当代"两户"民事主体地位的历史解释与未来因应 [J]. 政法论丛, 2022 (5)：150-160.
⑤　中国法学会民法典编纂项目领导小组和中国民法学研究会于 2016 年 6 月发布的《中华人民共和国民法典·民法总则专家建议稿（提交稿）》以及中国社会科学院民法典立法研究课题组于 2016 年 3 月发布的《民法总则建议稿》的立场一致，均继续规定个体工商户；杨震. 民法总则"自然人"立法研究 [J]. 法学家, 2016, 31 (5)：28.

第三，创造了许多新的工作机会和工作岗位。个体私营经济已成为当前社会就业的主要渠道。

第四，促进了竞争，加快了市场经济的发展。根据经济学的原理，个体工商户是一个独立的理性经纪人，会为了自己利益最大化而想方设法去降低自己的生产成本，提高自己的经济效益。这样就在全社会的范围内形成一个积极竞争的环境，促进各商业主体经营组织的发展。

第五，个体工商户对自然人或者家庭来说更方便，更适合人们的需要。在我国社会生活中具有十分重要的意义，《民法典》必须保留这一主体。① 从我国个体工商户的制度运行和实践效果看，各级市场监管部门已经摸索出一套对个体工商户行之有效的管理模式，成立和申请比较方便，税收政策也比较灵活，有利于工商户开展生产经营。所以，其不仅应加以保留，而且其法律地位应保持不变。

（二）"否定说"：主张取消个体工商户制度

我国由计划经济向市场经济转变过程中，法律专门对个体工商户加以规定，在一定程度上推动了个体经济的繁荣发展，促进了生产力的提高。但我国已加入 WTO、建立并正在逐步完善社会主义市场经济，现有的法律规定对个体工商户规制有余而保护不足，制约了个体经济的进一步发展，已不能适应实际的需要和改革的深入。因而部分学者建议取消个体工商户，对现在的个体工商户实行分类管理，不再使用个体工商户这一法律概念。② 这在我国已经初步建立市场经济的情况下是具有可操作性的。对此学术界对其进行了深刻的探讨，概言之，主要包括以下几点：

1. 公民从事普通经营无须登记

公民从事的经营无须在人体健康、公共安全、安全生产、环境保护、自然资源开发利用方面特别许可审批，而是一般许可审批或者无须许可审批。不需要申请开业登记，无须办理营业执照，以其个人名义对外经营，债务由其个人承担。市场监管部门可以对从事经营的公民进行备案，经营者有义务提供其身份证件及其他相关材料。

《民法典》以个体为中心构建的概念网、规则群和制度链，规范对象是个

---

① 李永军. 我国未来民法典中主体制度的设计思考 [J]. 法学论坛, 2016, 31（2）：87-89.
② 梁慧星教授主持起草的《中国民法典建议稿附理由：总则编》没有规定个体工商户及农村承包经营户；在2016年举行的第十一届中国法学家论坛上，广东法学会会长梁伟发认为，《民法总则》不宜保留个体工商户，应积极引导其转化为公司或企业，其经营行为由《公司法》或《企业法》调整；曹兴权. 民法典如何对待个体工商户 [J]. 环球法律评论, 2016, 38（6）：156.

体及基于个体自治形成的法人和非法人组织。① 户作为民事主体没有必要，户在进行生产经营时，如为一人，应为从事经营活动的自然人；如为两人以上，应为家庭合伙，没有必要作为单独主体类型。② 且若承认家享有法律人格，则家庭成员必因此划分为有等差的"家长"和"家属"，有违现代民法精神。③

2. 部分个体工商户转化为企业

公民从事经营涉及法律、行政法规规定需要特别许可审批的人体健康、公共安全、安全生产、环境保护、自然资源开发利用，必须先取得许可审批证件，并向市场监管部门申请设立登记，领取营业执照，根据实际情况设立个人独资企业、合伙企业或公司。个人或家庭经营的，归入个人独资企业进行登记管理；个人合伙经营的则归入合伙企业进行登记管理，需要取得法人资格的可以依法设立公司。

3. 个体工商户之留存已不符合时代要求

有观点提出，应分别看待"两户"，个体工商户之存在已无必要。但农村承包经营户应予保留，理由是：党的十八大报告明确提出加快构建新型农业经营体系，而创新农业经营主体的前提条件，即"必须切实保障农户承包土地的合法权利"④。

4. 个体工商户与个人独资企业并无本质区别

个人独资企业与个体工商户的划分本身没有经济上与法律上的科学性与合理性：两者的投资人均为个人（或以家庭财产投资）、两者对于所产生的债务均由投资人个人财产承担（家庭经营的则以家庭财产承担），在组织形式上都较为简单。作为历史产物和改革初期成果的"个体工商户"的名称不应继续保留，其大部分功能为个人独资企业所涵盖。规模较大的个体工商户，以商事组织或者企业称之并无不可，可以登记为个人独资企业。规模较小的个体工商户与自然人密切关联，如其不愿意登记为个人独资企业的，应将其作为小商人，允许其不经登记而从事商业活动，并给予税收、商号、商事账簿

---

① 申惠文. 农村村民一户一宅的法律困境 [J]. 理论月刊，2015（8）：101-106.

② 李友根. 论个体工商户制度的存与废：兼及中国特色制度的理论解读 [J]. 法律科学（西北政法大学学报），2010，28（4）：107-118.

③ 戴炎辉，戴东雄. 中国亲属法 [M]. 台北：三民书局，1988：456-457.

④ 鲁晓明. 从家户并立到家庭统摄：我国民事法上家户制度的问题与出路 [J]. 法商研究，2018，35（5）：139-149.

等方面的灵活对待。① 取消个体工商户的积极意义如下：

（1）有利于完善社会主义市场经济法律制度

民事主体包括公民、法人和其他组织，以所有制区分市场主体是计划经济的产物，将市场主体分为个体、私营、外资、集体、国有不能适应市场经济的发展要求，以出资者形态和责任、组成形式区分市场经营主体是市场经济的必然要求。个人独资企业、合伙企业、公司是我国的几种企业组成形态，符合现代企业发展潮流。公民个人作为市场主体从事经营应当受到法律保护，而不应有较多的规制。

（2）有利于调动公民创业积极性

宪法规定公民享有劳动的权利和义务，从事工商业、服务业经营也是劳动，是公民的重要权利。公民以自己个人名义从事一般性经营，无须政府部门的登记许可，其性质仍然属于个体经济，受法律保护。改革开放初期对个体工商户的专门规定是对我国个人发展经济的一次促进，取消个体工商户的登记也必然再次促进我国公民的创业热潮，有力地促进经济发展，这对解决我国空前的就业难题具有现实意义。个体经营大多是普通民众生存所依赖，取消登记是一项涉及面广的民生工程。

（3）有利于完善市场主体退出制度

国家对企业的管理制度相对规范，例如，公司有清算制度；个人独资企业和合伙企业解散后进行清算，投资人对企业存续期间的债务承担偿还责任。这对于保护债权人利益，规范市场秩序具有重要作用。同时，公民经营不需要办理营业执照的，其对外依法享有民事权利，履行民事义务。

（4）有利于深化行政管理体制的改革

凡是公民、法人、其他组织能够自主解决的，市场竞争机制能够调节的，政府都不必通过行政管理去解决。政府的职能是经济调节、市场监管、社会管理、公共服务，政府掌握的资源是相对有限的，其能力也是相对有限的。取消个体工商户，现有的大多数个体工商户不必办理营业执照，不影响国家对其的监督管理。相反地，政府可以强化市场监管，这必将大力促进转变政府职能，降低管理成本，提高管理效率，创新管理方式，增强政府的市场监管职能，深化行政管理体制改革。②

---

① 岳兵，姚狄英. 两户民事主体地位的再思考［C］//中国民法学研究会 2015 年年会论文集（上册）. 2015：538-539.

② 黄波，魏伟. 个体工商户制度的存与变：国际经验启示与政策选择［J］. 改革，2014（4）：100-111.

五、个体工商户的现实处境

（一）优胜劣汰市场竞争法则对个体工商户的影响

自由竞争依靠市场法则来维持，而正义的竞争必须靠有意识的制度安排来保障。斯宾塞和达尔文的"自然选择"理论只保证了竞争的自由，没有对竞争正义作任何制度上的安排。而经济学家所发现和揭示的制度在经济增长过程中的作用为我们研究如何保证个体工商户在残酷的市场竞争中生生不息提供了解决方案，同时也向我们展示：弱者的存在与发展才是衡量社会文明与进步的标志，"优生劣存"比"优胜劣汰"更富有人文主义精神和时代进步色彩。所以，个体工商户数量减少或者逐步消失并不是经济发展的必然结果，而是社会及社会制度人文关怀不够的体现。当然，我们并不是说有大量个体工商户存在的社会就是一个好的社会，但至少我们可以肯定，没有足够数量中小企业、小商人活跃于其中的社会不是一个理想的社会。因为社会需要多元化，经济具有层次性。

（二）法律制度的缺失与冷漠对个体工商户的伤害[①]

由上述分析可见，个体工商户数量锐减不是经济发展的必然结果，也不能简单地归结为市场的沉浮，它有着深层次的体制性原因，更确切地说，个体工商户数量锐减某种程度上是制度缺失和制度冷漠带来的结果。个体工商户赖以生存和发展的外部环境主要存在以下几个方面的问题：第一，存在不同程度上的观念歧视现象，政策落实难以到位。如，在市场准入方面，行政审批过多过滥，而且存在人为的、模糊的障碍等。第二，政府管理体制尚未完全理顺。政府部门对个体经济还在不同程度上存在多头管理问题，部门之间交叉执法，重复收费。第三，融资渠道狭窄、贷款困难。由于个体工商户规模较小，缺乏不动产抵押，又难以找到担保单位，再加上贷款额度较小，银行发放贷款的交易成本较高，因而，较难获得银行信贷支持。第四，社会服务体系尚未健全和完善。个体工商户由于规模小、技术落后，抗风险能力弱，需要政府和社会给予一定的扶助，但目前中国的商会和行业协会等中介组织的作用还没有得到充分的发挥。第五，保护私人财产的法律制度不够完善。虽然宪法已就保护私人合法财产作出法律规定，但配套的法规尚未制定或修改，审视个体工商户的生存现状及其数量锐减的事实，反思个体工商户

---

① 王妍. 个体工商户：中国市民社会的重要力量及价值［J］. 河南省政法管理干部学院学报，2010，25（1）：57-66.

的经济政策、法律制度，我们会发现在个体工商户问题上存在严重的制度冷漠、制度缺失或制度供给不足问题。

六、制度重生：个体工商户的归宿

对于此类真正意义上的个体工商户，理论界有着不同的主张，提出了多种形式的归宿安排。

（一）"个体商人说"

持该观点的学者主张借鉴国外的法律制度与实践，基于经营能力不受限制的理论，提出了个体商人制度的解决方案。[①] 在西方国家，自然人均可从事商业经营，其经营商业的行为能力是不受限制的，其商法上虽然一直有个体商人的概念，但并不是建立一个特殊主体资格的阶层，而只是可能在行为规范上适用特别法：自然人从事个体商业，并不强求登记，而是依其自愿，未登记者则适用民法，自然人注册商业经营便被称为个体商人，他的活动将适用商行为法。虽然并未具体区分不同情况的个体工商户，其观点也并不完全能够成立，但对于前文所述的真正意义上的个体工商户，在理论上却是能够成立的。当然，是否能够作为我国对于个体工商户的制度改造依据，尚需研究。

（二）"商自然人说"

持该观点的学者提出了系统地改造个体工商户制度的观点。

从严格意义上讲，个体工商户和农村承包经营户均非准确的法律概念。所谓个体工商户，为从事工商业经营活动的自然人在工商登记时所使用的单位名称，其有可能是单个个人，也可能是二人以上的家庭成员。个体工商户如为一人经营，应为从事经营活动的自然人个人（在商法学上叫商自然人）；如为三人以上共同经营，则其性质应为合伙。因此，将个体工商户作为一种不同于自然人的特别主体规定，均不妥当。其参加经营活动所涉及的有关规定，应当适用民法有关合伙的一般规定，或者适用有关非法人团体的规定，抑或适用有关私营企业的规定，甚或适用其他单行法的规定。

当然，在我国现行的制度背景下，梁慧星教授的上述观点应当加以适当的调整，但其商自然人说或者自然人个人说，对于真正意义上的个体工商户，应当是能够成立的。[②]

---

① 曹兴权. 民法典如何对待个体工商户 [J]. 环球法律评论, 2016, 38 (6)：149, 155.
② 史际春，温烨，邓峰. 企业和公司法 [M]. 2 版. 北京：中国人民大学出版社, 2008：437.

(三)"经营行为说"

持该观点的学者基于其对企业概念的研究,提出了一种新的观点:依国际惯例,凡经合法登记注册、拥有固定地址而相对稳定经营的组织或个人,都属于企业。法律上对其雇用多少人员并无硬性要求,个体经营也是企业,即个人独资企业。这样,企业就是一个与流动摊贩、业余的制作贩卖、一次性交易等非固定、非稳定的经营行为相对的概念。

依此观点,则真正意义上的个体工商户,即没有固定经营场所者,为流动摊贩,只是一种经营行为,并不涉及主体地位问题。换言之,只是民法意义上的自然人的具体活动而已。据此推理,则个体工商户制度无须存在,只需适用民法关于自然人的相关规定即可。①

(四)"非法人组织说"

持该观点的学者认为,在实际运作中,个体工商户通常区分为登记起字号和无字号两种形态,存在个人经营和家庭经营两种形式,具有一定的组织化外观。由于"民法典"中已经确立"非法人组织"这一主体,可以考虑在未来将其纳入非法人组织部分,适用非法人组织的规则。在确定成员范围上,可以通过登记形式确认个体工商户实际参与人员的范围。② 而在财产范围上,家庭经营的个体工商户以"家庭共同共有的财产作为唯一的经营基础……产生的债务由家庭共有财产清偿"。③ 若是如此,则个体工商户应当归为一种非法人组织,而不是自然人。因为家庭财产是独立财产,而且个人似乎不用以家庭共有财产以外的个人主财产清偿个体工商户的债务(即完全的主财产防御)。④

(五)其他观点

在《个人独资企业法(草案)》的审议过程中,有一种见解是通过注册资本区分个人独资企业与个体工商户,从而使真正的个体工商户不再有注册资本的要求。⑤

---

① 梁慧星. 中国民法典草案建议稿附理由:总则编 [M]. 北京:法律出版社,2004:21.

② 李伟. 当代"两户"民事主体地位的历史解释与未来因应 [J]. 政法论丛,2022(5):150-160.

③ 张新宝.《中华人民共和国民法典·总则》释义 [M]. 北京:中国人民大学出版社,2020:105.

④ 张永健. 资产分割理论下的法人与非法人组织《民法总则》欠缺的视角 [J]. 中外法学,2018,30(1):59-83.

⑤ 李友根. 论个体工商户制度的存与废:兼及中国特色制度的理论解读 [J]. 法律科学(西北政法大学学报),2010,28(4):107-118.

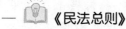

相关法律法规及司法解释

《民法总则》

第 54 条 自然人从事工商业经营，经依法登记，为个体工商户。个体工商户可以起字号。

《民法典》

第 54 条 自然人从事工商业经营，经依法登记，为个体工商户。个体工商户可以起字号。

第 55 条 农村集体经济组织的成员，依法取得农村土地承包经营权，从事家庭承包经营的，为农村承包经营户。

第 56 条 个体工商户的债务，个人经营的，以个人财产承担；家庭经营的，以家庭财产承担；无法区分的，以家庭财产承担。

农村承包经营户的债务，以从事农村土地承包经营的农户财产承担；事实上由农户部分成员经营的，以该部分成员的财产承担。

《民法通则》

第 26 条 公民在法律允许的范围内，依法经核准登记，从事工商业经营的，为个体工商户。个体工商户可以起字号。

第 29 条 个体工商户，农村承包经营户的债务，个人经营的，以个人财产承担；家庭经营的，以家庭财产承担。

《行政处罚法》

第 51 条 违法事实确凿并有法定依据，对公民处以二百元以下、对法人或者其他组织处以三千元以下罚款或者警告的行政处罚的，可以当场作出行政处罚决定。法律另有规定的，从其规定。

《行政诉讼法》

第 2 条 公民、法人或者其他组织认为行政机关和行政机关工作人员的行政行为侵犯其合法权益，有权依照本法向人民法院提起诉讼。

前款所称行政行为，包括法律、法规、规章授权的组织作出的行政行为。

— 📖 《促进个体工商户发展条例》 ———————————————

第 2 条　有经营能力的公民，依照本条例规定经工商行政管理部门登记，从事工商业经营的，为个体工商户。

个体工商户可以个人经营，也可以家庭经营。

个体工商户的合法权益受法律保护，任何单位和个人不得侵害。

— 📖 《最高人民法院关于适用〈中华人民共和国民事诉讼法〉若干问题的意见》 ———————————————

46. 在诉讼中，个体工商户以营业执照上登记的业主为当事人。有字号的，应在法律文书中注明登记的字号。

营业执照上登记的业主与实际经营者不一致的，以业主和实际经营者为共同诉讼人。

— 📖 《最高人民法院关于审理劳动争议案件适用法律若干问题的解释（二）》 ———————————————

第 9 条　劳动者与起有字号的个体工商户产生的劳动争议诉讼，人民法院应当以营业执照上登记的字号为当事人，但应同时注明该字号业主的自然情况。

— 📖 《最高人民法院关于适用〈中华人民共和国民事诉讼法〉的解释》 ———————————————

第 59 条　在诉讼中，个体工商户以营业执照上登记的经营者为当事人。有字号的，以营业执照上登记的字号为当事人，但应同时注明该字号经营者的基本信息。

营业执照上登记的经营者与实际经营者不一致的，以登记的经营者和实际经营者为共同诉讼人。

— 📖 《最高人民法院关于适用〈中华人民共和国行政诉讼法〉的解释》 ———————————————

第 15 条第 2 款　个体工商户向人民法院提起诉讼的，以营业执照上登记的经营者为原告。有字号的，以营业执照上登记的字号为原告，并应当注明该字号经营者的基本信息。

案 例

── 案例一 ─────────────────────────────

案 情 简 介

原告某电子科技有限公司（以下简称某公司）与被告吴某（某电子经营部经营者）均长期从事电脑销售工作，双方之间也常有业务往来。2011 年 1月 10 日，原告与被告通过 QQ 在线即时通信的方式订立买卖合同，约定由被告在当月 13 日向原告出售 200 台三星牌笔记本电脑，原告先期于同月 11 日前向被告支付货款 597280 元，待实际交付后，如结算差价悬殊，可多退少补。后原告准时向被告支付了货款，但被告却迟迟未能交付该批电脑。经协商未果，原告诉至 A 市 B 区人民法院，请求判令：一、解除原告和被告之间的买卖合同关系；二、被告返还原告货款本金 597280 元并支付相应的逾期利息。

被告在答辩期内向法院提出管辖权异议，认为本案 A 区人民法院并无管辖权，而应移送至有管辖权的人民法院即 C 市 D 县人民法院进行审理。并提出如下两点理由：一是被告的户籍所在地和经常居住地均不在 A 市 B 区，而是在 C 市 D 县；二是原告和被告之间成立的是"口头买卖合同关系"，双方对合同的履行地并无约定，亦无法确定合同的实际履行地，故应当由被告住所地的人民法院即 C 市 D 县人民法院行使本案的管辖权。

审 理 及 判 决

经查，某电子经营部系个体工商户，被告吴某系该电子经营部的实际经营者，该经营部的工商注册地在 A 市 B 区，实际的经营场所也在 A 市 B 区。吴某的户籍所在地为 C 市 D 县，经常居住地暂时无法核实。后 A 市 B 区人民法院以被告多年来长期在位于本辖区的经营场所从事实际的经营活动为由，裁定驳回了被告的管辖权异议申请。被告不服提起上诉。后原告向法院提出撤诉的申请，法院裁定予以准许。

分 析

该案争议点就是被告作为"个体工商户"，其被诉时"经营场所"能否作为人民法院行使管辖权的依据。笔者认为，吴某作为个体工商户，其工商登记地及日常的经营活动发生地均在 A 市 B 区，由该地的法院行使管辖权既便于了解和查明案件事实，也符合管辖权制度设置的初衷。而且，现在吴某仅以户籍地不在本辖区为由，且拒不如实陈述经常居住之地，有恶意提起管辖异议、规避法院的有效管辖之嫌。因此，综合上述诸原因，应当驳回被告吴某的管辖异议申请，采纳以"经营场所"为行使管辖权依据的灵活意见。在个体工商户被诉的案件中，我们认为，个体工商户的"经营场所"——"工商注册地"尤其是"实际经营地"完全符合管辖权设置的初衷及目的。它不仅是个体户从事生产经营活动的主要发生地，往往也是相关案件事实的保留地、涉诉标的的所在地、一方财产的保存地等，从这些方面来讲，它比个体工商户的住所地（户籍所在地和经常居住地）更具管辖的优势。所以说，以个体工商户的"经营场所"来确立法院的管辖权有非常充足的依据。

 案例二

案 情 简 介

2008 年 8 月，某省某市香水湾休闲中心（系个体工商户）业主余某因涉嫌容留卖淫被该市公安局取保候审。2008 年 10 月 14 日，该市公安局以该休闲中心对发生在本单位的卖淫嫖娼活动放任不管、不采取制止措施为由，对其作出行政处罚，决定给予休闲中心罚款 5 万元并责令停业整顿 15 日的行政处罚。10 月 22 日，该市公安局将余某涉嫌容留卖淫案移送市检察院。12 月 28 日，该市人民法院作出判处余某有期徒刑 3 年并处罚金 5 万元的判决。

2009 年 1 月 16 日，余某不服公安局的行政处罚，认为休闲中心系个体工商户，原告已由公安局移送审查起诉，追究刑事责任，公安局就不应当对其进行行政处罚。故向该市人民法院提起行政诉讼，请求撤销行政处罚。

审 理 及 判 决

某市人民法院审理认为，原告余某作为被处罚主体休闲中心的业主，与被诉公安行政处罚具有法律上的利害关系，可以自己的名义提起行政诉讼，其诉讼主体资格合格；依照《全国人民代表大会常务委员会关于严禁卖淫嫖娼的决定》及公安部法制司的答复，"休闲中心"可以视为"单位"，被告对休闲中心的行政处罚属于对单位的处罚。被告是在原告涉嫌容留卖淫案移送检察机关前对休闲中心进行的处罚，原告个人承担刑事责任与休闲中心承担行政责任，是两个不同的被罚主体，分别由法院和公安机关适用不同的法律规范作出。再者，在个体工商户业主已涉嫌犯罪的情况下，将个体工商户作为被处罚的对象，法律没有禁止性规定。因此，对原告的诉讼请求，法院不予支持，维持了市公安局对被告的处罚决定。

分析

该案的争议点是关于余某作为个体工商户业主与休闲中心的关系问题。笔者认为，业主个人的刑事责任或应承担的其他责任与其所经营的"单位"是可分的，对其追究的责任与对单位的责任是可以并处的。所以，个体工商户构成单位，独立于业主自然人，可以对业主和"单位"分别判处应有的处罚。

五　集体经济组织的性质

集体经济组织是生产资料归一部分劳动者共同所有的一种公有制经济组织，可以分为城市集体经济组织和农村集体经济组织两大类型。城市集体经济组织又可分为两类：一类是由原先的手工业合作社发展而来，其特点是社员为城市户口，社员资产一般为非土地形式，通常实行股份（合作）制。另一类是某些特殊性的行业，例如铁道、石油、地矿、国防工业等，为了安排家属就业，由主管单位提供设备、启动资金等条件，从业范围也多是为本行业服务，自收自支，自负盈亏，按劳分配。本部分要讨论的是农村集体经济组织相关问题。

一、农村集体经济组织的概述和类型

（一）农村集体经济组织的概念

"集体经济组织"一词初见于 1955 年的《农业生产合作社示范章程》之中。随着"一化三改"目标的基本实现，在集体土地公有制的基础之上，这一概念又得到了更新并出现在 1956 年的《高级农业生产合作社示范章程》之中。

农村集体经济组织第一次作为法律概念出现于 1982 年《宪法》。1982 年《宪法》第 8 条规定："……参加农村集体经济组织的劳动者，有权在法律规定的范围内经营自留地、自留山、家庭副业和饲养自留畜。"自此，我国《宪法》等近三千部法律法规多处涉及农村集体经济组织这一概念。然而，农村集体经济组织的内涵至今尚未有统一、明确的法律界定。经分析相关法律法规中的规定，学术界对农村集体经济组织存在广义和狭义两种理解。

狭义上的农村集体经济组织是特指经由人民公社体制改革形成的以土地

集体所有为基础的农村集体经济组织，学术界亦较多使用农村社区（集体）经济组织这一概念。包括乡（镇）集体经济组织、村集体经济组织、村民小组集体经济组织等。其特征是以土地集体所有制为基础，以乡、村区域为范围，以村落或居住小区为单位，以农业生产为基础，一、二、三产业综合经营，实行集体统一经营和家庭分散经营相结合的双层经营体制，具有集体性、地域性和双层经营性的经济组织。① 狭义上的农村集体经济组织重合于村民自治组织，除具有经济管理职能之外，它还承担着一些社会管理和服务方面的职能，它超越了单纯经济组织本身，带有综合性组织的特点。由于当前我国大部分的农村集体经济组织并不健全，由村委会、村民小组代行集体经济组织权力的现象非常普遍。因此，很多村委会、村民小组与村组集体经济组织属于两块牌子一套班子，村委会、村民小组既是村、组的自治组织机构，又是村、组集体经济组织。

从广义上说，农村集体经济组织是指除前种组织外，还包括其他各种形式的农村合作经济组织，如农民专业合作社。② 根据《宪法》第 8 条第 1 款"农村集体经济组织实行家庭承包经营为基础、统分结合的双层经营体制。农村中的生产、供销、信用、消费等各种形式的合作经济，是社会主义劳动群众集体所有制经济"的规定，这里所说的农村集体经济组织包括了以土地为依托、以土地的集体所有为纽带、以农民为成员的"村组织"，也包括了农村中的生产、供销、信用、消费等各种形式的经济合作组织，对本组织内农民集体所有的资产享有管理权和经营权。

广义上的农村集体经济组织产生于 20 世纪 50 年代初的农业合作化运动。从演化过程来看，经历了合作化时期（从初级社到高级社）—人民公社时期（生产队、生产大队、公社三级所有，队为基础）—经济合作社时期（撤社建乡后的村民小组、村和乡）的演化过程。在党的十一届三中全会以后，农村实行家庭联产承包责任制，改变了我国农村原来的集体经济组织形式，也改变了农村的生产经营方式。一方面，使原来人民公社集体统一经营的单层经营改革为有统有分、统分结合，具有广泛适应性的农村集体经济组织；另一方面，使农户家庭成为相对独立的商品生产者，丰富了我国农村集体经济的内容和形式。撤社建乡后，由于村的外延与村集体经济组织的外延重叠，生

① 罗猛. 村民委员会与集体经济组织的性质定位与职能重构 [J]. 学术交流, 2005, 21（5）: 51-55.
② 谭贵华. 农村集体经济组织的研究回顾与前瞻 [J]. 重庆大学学报（社会科学版）, 2013, 19（1）: 123-129.

产经营、管理职能由原来的生产大队转向村委会，使得村集体经济组织的概念模糊起来。以人民公社为组织形式的大集体经济组织不复存在，具有村组织特征的农村集体经济组织，在乡（镇）一级行政区域内一直处于缺位状态，代之以乡（镇）管辖下的一个个村集体经济组织。村民小组一级的集体经济组织因行政村的设立，失去了对集体财产的经营权、管理权，其功能日渐萎缩；村集体经济组织却在改革中集中了村土地的发包权、村集体财产的直接支配权以及对农户的协调管理权。

另外，某些省市出台了地方规定，对农村集体经济组织的概念进行了界定。如《广东省农村集体经济组织管理规定》第3条规定，本规定所称农村集体经济组织，是指原人民公社、生产大队、生产队建制经过改革、改造、改组形成的合作经济组织，包括经济联合总社、经济联合社、经济合作社和股份合作经济联合总社、股份合作经济联合社、股份合作经济社等。该界定包含了三个方面内容：其一，明晰了农村集体经济组织的历史继承性；其二，规范了乡、村、组三级农村集体经济组织的名称；其三，对实行股份合作制的农村集体经济组织的名称进行了规范。该定义不仅清晰地界定了农村集体经济组织的含义，而且使之与农村信用合作社、供销合作社和农民专业合作社等主体严格区分开来。①

（二）农村集体经济组织的类型

根据是否实行股份制，农村集体经济组织可分为两种类型：

一是未实行股份合作制的农村集体经济组织，其名称一般为××省××县（市、区）××镇（街、乡）经济联合总社、××省××县（市、区）××镇（街、乡）经济联合社、××省××县（市、区）××镇（街、乡）××村经济合作社。这种类型的农村集体经济组织所具有的根本特点，就是其往往跟土地紧密联系。无论集体还是个人，土地都是重要的生产资料和生活来源。土地是以村（乡、组）为单位的集体所有，这决定了在该村（乡、组）范围内的所有村民都是该集体经济组织的成员。村民身份就是集体经济组织成员身份。丧失村民身份自然也丧失了集体经济组织成员资格。这类农村集体经济组织基本是政社合一的。

二是实行股份合作制的农村集体经济组织。2016年，中共中央、国务院印发《关于稳步推进农村集体产权制度改革的意见》，全面推进农村集体产权制度改革。改革后的集体经济组织是集体资产管理的主体，是特殊的经济组

---

① 杜国明.农村集体经济组织的法律地位辨析[J].生态经济，2011，27（3）：107-111.

织。根据各地政策性文件，村集体经济组织改制形成的农村社区股份合作组织适用不同的规范名称，称为某某村（社区）经济合作社，或称为某某村（社区）股份经济合作社。① 2018 年 9 月 30 日，农业农村部办公厅下发的《关于启用农村集体经济组织登记证有关事项的通知》第 6 条规定，村级集体经济组织名称统一为"××县（市、区）××乡（镇、街道）××村（社区）股份经济合作联合社（经济联合社）"。这种类型的农村集体经济组织是通过整合村庄全部集体经济资源而形成的新的集体经济组织形式，大多存在于"城中村"或城乡接合部的农村。针对村集体某种资产而设立的各类股份合作制组织，可以在一个村里同时设立一个或几个不同类型的股份合作制组织，由负责村级经济事务的组织统一管理。这些集体经济组织形成的基础在于某种或某几种集体经济资源，不适合农户分户经营，由村集体统一按股份合作制的形式来管理经营，其经济效益、对集体资产的保值增值效果都远高于个体农户。其主要特点是土地已被征用或只剩不多的土地，或按城市发展规划行将失去土地。组织成员以从事二、三产业为主。这种情况下，如果集体财产没有被分光，土地补偿费没有全部分给各家，还保留有集体经济，集体经济组织将不多的土地和土地征用补偿费统一使用，充分利用城市区位优势，经营二、三产业，为组织成员安排就业，并取得经营和房、地产回报。实行产权制度改革后，产权明晰，股分量化到个人，管理民主化，基本保证了原先的农民逐步适应城市生活，有的还相当富裕。

根据区域范围，农村集体经济组织还可分为乡镇集体经济组织、村集体经济组织、街道办事处行政区域内的农村集体经济组织。

二、农村集体经济组织的性质

《民法总则》颁布前，关于集体经济组织主体的争论集中于主体地位问题，主要存在"不宜法人化说""不能法人化说""取消说"和"执行机关说"几种观点。其主流观点是否认集体经济组织的法人主体性。②

与其他法人组织不同，农村集体经济组织作为团体类型的民事主体，在《民法总则》草案的一审稿和二审稿中并没有受到应有的关注，法人制度部分没有为其配置专门的法人类型和具体的规则。关于集体经济组织特别法人地

---

① 孔祥智. 产权制度改革与农村集体经济发展：基于"产权清晰+制度激励"理论框架的研究[J]. 经济纵横，2020（7）：32.

② 郭洁. 论农村集体经济组织的营利法人地位及立法路径[J]. 当代法学，2019，33（5）：79-88.

位的观点，最早见于《民法总则》草案第三次审议意见。有意见提出，实践中存在既不同于营利法人又不同于非营利法人的法人类型，建议《民法总则》增设该类法人为特别法人。[①] 也有观点认为，农村集体经济组织当属于其他组织的范畴，在《中华人民共和国民法典·民法总则专家建议稿（征求意见稿）》第四章第 91 条中规定："本法所称其他组织，包括合伙、集体经济组织等不具备法人资格的组织。"但也有学者主张取消农村集体经济组织这一民事主体。[②]

最终《民法典》采纳了"特别法人说"的观点，其在第 96 条规定："本节规定的机关法人、农村集体经济组织法人、城镇农村的合作经济组织法人、基层群众性自治组织法人为特别法人。"尽管《民法典》已经作出规定，但并不意味着农村集体经济组织法人化道路已被各界所认可，关于农村集体经济组织的主体属性还是处于争论中。其主要观点有以下两种。

（一）"法人主体说"

该说认为应当赋予农村集体经济组织法人化的地位。[③] 其主要理由有：

第一，我国部分地方法规已有规定。从我国现行立法看，农村集体经济组织的组织形态、责任形式和法律人格，国家法律始终没有具体规定。只见于少数地方性法规中。根据 2003 年《北京市乡村集体经济组织登记办法》的规定，农村集体经济组织分为乡镇集体经济组织、村集体经济组织、农民专业合作经济组织和乡村集体经济组织下属的独立核算的事业单位。其中乡镇集体经济组织、村集体经济组织、农民专业合作经济组织在设立登记时，应提交组织章程、集体经济组织成员代表大会关于选举或者任命本组织主要领导干部的决议、集体资产产权证书复印件和法定代表人身份证复印件。经登记的上述集体经济组织，具备条件的还应当向工商行政管理机关进行企业法人登记。《浙江省村经济合作社组织条例》第 15 条也规定，村经济合作社可以向市场监督管理部门申请登记注册，取得法人营业执照。

---

① 全国人大法律委员会发言人表示，具有特殊性的法人组织主要有机关法人、基层群众性自治组织和农村集体经济组织、合作经济组织。对上述法人，单独设立一种法人类别，有利于其更好地参与民事生活，也有利于保护其成员和与其进行民事活动的相对人的合法权益。张璁. 全国人大常委会审议民法总则草案 法人一章增加特别法人类别 [N]. 人民日报，2016-12-20（4）.

② 谭启平，应建均. "特别法人"问题追问：以《民法总则（草案）》（三次审议稿）为研究对象 [J]. 社会科学，2017（3）：82-91.

③ 张荣顺. 具有鲜明中国特色的民法总则 [J]. 中国人大，2017，24（19）：11-13；谢鸿飞. 《民法总则》法人制度的革新和影响 [N]. 经济参考报，2017-04-11（8）；郭锋. 《民法总则》的时代精神和特色 [J]. 财经法学，2017，3（3）：14-15.

所有这些表明，尽管国家对农村集体经济组织没有统一的、明确的和具体的规定，但其存在是现实的、客观的。该说认为，农村集体经济组织的性质属于以一定范围内的农民为成员、以土地等集体所有的财产为基础、以农业生产经营为目的的经济实体，部分集体经济组织已经具备法人的特征。①

第二，从其所从事的业务和承担的历史性任务看，农村集体经济组织是一种具有合作制企业特征的企业法人。在"统分结合"的双层经营体制中，农村集体经济组织一直承担着"统"的重要作用，党的十七届三中全会通过的《中共中央关于推进农村改革发展若干重大问题的决定》提出："统一经营要向发展农户联合与合作，形成多元化、多层次、多形式经营服务体系的方向转变，发展集体经济、增强集体组织服务功能，培育农民新型合作组织，发展各种农业社会化服务组织，鼓励龙头企业与农民建立紧密型利益联结机制，着力提高组织化程度。"这要求集体经济组织要充分发挥为分散的家庭经营主体服务的作用，不能在统一经营中缺位。② 农村集体经济组织是农村集体资产的实际产权人，代表本集体全体成员行使所有权，其性质是一类合作经济组织，其职能是经营管理土地等农村集体资产，其目的是为全体组织成员谋求经济利益；同时有些集体经济组织还有行业管理的职能，类似于行业管理协会，如养兔协会、梨业协会等，为社员提供与农业生产和产品销售相关的各类服务。通过改组改造其组织治理结构，使其成为符合合作制企业特征的企业法人，才能适应市场经济活动的需要。可资借鉴的成功例证，就是2006年10月31日公布并于2007年7月1日实施、2017年12月27日修订于2018年7月1日实施的《中华人民共和国农民专业合作社法》（以下简称《农民专业合作社法》），已将作为农村集体经济组织的农民专业合作社定位为法人。采用"经济合作社"或"股份经济合作社"的集体经济组织用"合作社"的印章就可以跟其他经济主体签订经济合同，办理所属资产的产权证明，在银行开立法人账户，获得银行贷款支持，而无须再以村（居）委会的名义和印章参与经济活动。

第三，农村集体经济组织具备了法人的成立条件。依据《民法典》的规定，法人的成立应当具备以下几个条件：依法成立，有必要的财产和经费，有自己的名称、组织机构和场所，能独立承担民事责任。对于农村集体经济

---

① 罗猛. 村民委员会与集体经济组织的性质定位与职能重构 [J]. 学术交流，2005，21（5）：51-55.

② 孔祥智. 产权制度改革与农村集体经济发展：基于"产权清晰+制度激励"理论框架的研究 [J]. 经济纵横，2020，36（7）：33.

组织来说，它是依据国家法律和政策的规定而建立，有自己的名称、组织机构和场所，拥有独立的财产和自主进行生产经营的能力，并能在一定的财产范围内（土地所有权除外）独立承担民事责任，符合民事主体的资格条件，具有民事权利能力和民事行为能力，完全符合法人的条件。故有必要在立法上赋予农村集体经济组织以法人地位，使农村集体经济组织实名化、实体化和法人化，使其真正成为从事农业生产经营活动的自主经营、独立核算、自负盈亏的企业法人。当然，农村集体经济组织也不同于一般的企业法人，有其独特之处。它是以土地为基础的一种特殊的组织形态，在本社区内，人一生下来就是该组织的天然成员，既不存在入社的自由，也不存在退社的自由（除非转为城镇户口或者迁移户口）。它必须以为社员提供服务为宗旨，是经营性与服务性的统一体。其中，以建制村、自然村为依托的农村集体经济组织，其组织机构的组成人员可以与村民委员会的组成人员合一，实现社企合一。①

从经济功能的角度看，农村集体经济组织是农村独立的经济组织。但从整个村庄发展来看，它与村党支部和村委会有着内在的必然联系，这种内在必然联系具有不可分割性。如果断然切割这种内在联系，农村集体经济发展、社会主义新农村建设就失去了存在的基础，也正是这种内在联系使其有别于任何一般意义上的经济组织。农村改革发展的实践证明，凡是农村集体经济搞得好的地方，农村集体经济组织与村党支部、村委会的内在联系越强。这种联系不是由村党支部、村委会直接对经济组织中人、财、物进行管理，而是通过民主、合法的程序，把村民信得过的村"两委"成员选进村集体经济组织内，进行更好的管理。因此从管理模式上，农村集体经济组织与村党支部、村委会可以借鉴以下两种模式：一是股东大会+董事会+监事会+集体资产管理委员会的组织模式。按照有关法律法规和现代企业制度的要求，股份合作组织、股份制组织要建立股东大会、董事会、监事会。但由于村集体经济资产属于村民共同所有，它不同于完全由个人私有的资产组成的股份制企业，在由资产代理人运营资产的同时，必须存在一个集体资产所有者共同认可的组织，由它来与股东大会、董事会、监事会共同监管集体资产。这就是由董事会、监事会成员和村民代表共同组成的集体资产管理委员会。二是村党支部、村委会嵌入社区股份合作组织的模式。这种组织模式的优点是把村党支部、村委会与新型股份合作经济组织自然地联系在一起，它们原有的职能与

---

① 董红，王有强. 村民委员会与农村集体经济组织关系的思考［J］. 调研世界，2009，22（1）：38-40.

社区股份合作组织能较好地统一起来。①

第四，法人型农村集体经济组织具有较大的优越性。法人型农村集体经济组织一旦成立，必将通过法人制改造发挥规模经营优势，进一步解放农村生产力，并在保障农民合法权益的基础上提升农地经营效率。采用法人人格塑造"农民集体"，能够使其摆脱从集体所有成为个人单独所有的困境，这与我国坚持的生产资料社会主义公有制相适应，也能为宪法制度所接受。②

但农村集体经济组织属于何种类型的法人，学术界亦有争议。

1. "特殊法人说"

《民法总则》第96条将农村集体经济组织法人规定为特别法人，与包含村民委员会法人的基层群众自治法人相分离，确立了集体经济组织的法人地位，迈出了"政经分离"的关键一步。《民法典》第96条承袭了该项规定。"村集体经济组织应当参照农业合作社的立法经验，由国家制定相关法律直接构造为独立的特殊法人，并领取专门的法人执照，以独立的法律主体身份参加外部法律关系。"③

有学者从特别法人与营利法人、非营利法人相区别的角度证成了农村集体经济组织的属性：《中共中央 国务院关于稳步推进农村集体产权制度改革的意见》指出"农村集体经济运行新机制"需要"体现集体优越性"，"让广大农民分享改革发展成果"，实现农民共同富裕，农村集体经济组织法人化承载集体经济实现之功能期待，集体经济运行新机制以集体经济效能最大发挥为衡量标准，体现"趋利性"，此乃与"非营利法人"之区分所在。而农村集体经济组织作为集体经济主体，其法人化塑造必须重视集体经济之制度价值的实现。集体土地及其构造物作为大部分村庄农村集体经济组织运营管理的主要资产，集体土地制度的独特性及其承载的功能寄托决定农村集体经济组织法人难以成为单纯的营利法人。④

2. "营利法人说"

有学者从团体目的的营利性和成员的利益归属两方面考察，农村集体经济组织符合营利法人的特征。

---

① 李俊英. 农村集体经济组织的主要形式与发展趋势 [J]. 农村经营管理, 2010, 26 (2): 18-19.

② 丁丽丽. 论法人型农村集体经济组织的决策机制 [J]. 才智, 2012, 12 (31): 16.

③ 温世扬. 农村集体经济组织法人特殊构造论 [J]. 政治与法律, 2022 (10): 15-32.

④ 许中缘, 崔雪炜. "三权分置"视域下的农村集体经济组织法人 [J]. 当代法学, 2018, 32 (1): 83-92.

首先，基于营利性之考量，所谓营利是指基于交易行为谋取成本以上的利益，团体的营利活动具有交易、分配和权力（支配权）三元结构。① 农村集体经济组织的营利性与之完全吻合：其一，以法定程序向集体以外的主体通过招拍挂的方式发包"四荒"资源承包经营权，获取承包收益；其二，依法将集体所有财产对外投资和开办企业，获取股权收益；其三，为兴办公益事业或者维持自身发展，与其他市场主体进行交易。其四，根据国家政策，将集体经营性建设用地入股、出租、建设公租房，获取合法收益。②

其次，农村集体经济组织成员的收益权，符合营利法人利益分配的特征。农村集体产权制度改革的重要目标是将集体成员权从传统的对集体财产的共同性权利具体化为成员的个体性权利，这一点在中央的文件中也已经明确——《中共中央 国务院关于切实加强农业基础建设进一步促进农业发展农民增收的若干意见》明确指出："进一步明确农民家庭财产的法律地位，保障农民对集体财产的收益权，创造条件让更多农民获得财产性收入。"③

最后，基于农村集体经济组织与营利法人之比较，尽管集体经济组织成员身份取得的被动性、财产用途的特别性以及对"资本泛化"倾向的排斥，使该类法人在组织结构、事项表决及破产能力等方面，均呈现不同于营利法人的制度构造，但这并不影响农村集体经济组织的营利法人性质。④ 且将农村集体经济组织作为营利法人的一种，有利于其参与市场竞争，高度组织化完成其经济职能，组织农民从事现代化规模经营，符合市场经济的需求。

3. "合作社法人说"

农村社区股份合作组织起源于传统型的农村合作组织，以实现成员间的互助合作目的而存续，采取"一人一票"的民主决策机制，虽然不符合传统合作社的全部要件，也与《农民专业合作社法》的具体规范不完全适应，但其本质上仍属于合作社范畴，不失为具有中国特色的合作企业的一种。从农村社区集体经济组织坚持的价值取向及组织结构和运行机制分析，农村社区集体经济组织更接近合作社法人。因而，可以界定为特殊类型的合作社法人。⑤

---

① 郑景元. 合作社商人化的共生结构 [J]. 政法论坛, 2016, 34（2）：29-41.

② 郭洁. 论农村集体经济组织的营利法人地位及立法路径 [J]. 当代法学, 2019, 33（5）：79-88.

③ 参见《中共中央 国务院关于切实加强农业基础建设进一步促进农业发展农民增收的若干意见》（中发〔2008〕1号）2007年12月31日发布.

④ 温世扬. 农村集体经济组织法人特殊构造论 [J]. 政治与法律, 2022（10）：15-32.

⑤ 孔祥智. 农村社区股份合作社的股权设置及权能研究 [J]. 理论探索, 2017, 34（3）：5-10；郑有贵. 农村社区集体经济组织法人地位研究 [J]. 农业经济问题, 2012, 33（5）：22-28.

4. "中间法人说"

所谓中间法人，是指既不以营利为目的也不以公益为目的，而以营利方式维护相互关联的特定成员利益为目的的法人。① 大陆法系的法人理论称其为"中间法人"，英美法系称其为"互益法人"。②

从学理而言，中间法人具有服务成员的封闭性、组织规则的民主性和人合性、经营活动的营利手段性。从农村集体资产股份化改革的政策背景和农村社区股份合作组织的运作实践来看，农村社区股份合作组织因成员身份的特定化而呈现出社区封闭性，因经营集体资产的股权化而呈现出治理规则的民主性和人合性，因承担集体资产保值增值职能而使经营活动趋于营利性。因此，农村社区股份合作组织具有中间法人属性。③ 但农村社区股份合作组织的经营活动体现营利的手段性，是为了实现集体互益性职能，比如村民委员会的办公经费和其他为集体事务支付杂费都依赖于集体资产的经营收益。④ 因此，农村集体经济组织的这种特性是：非营利性完整度较低，外部职能为共益性。⑤

即言之，集体经济组织在具有营利性的同时，其本身也包含着强烈的非营利属性（为集体成员提供公共服务），这就意味着集体经济组织既非纯粹的营利法人，亦非纯粹的非营利法人，其兼具和混合了营利法人与非营利法人的双重属性，具有"中间法人"的性质。⑥

（二）"非法人主体说"

1. "取消集体经济组织法人地位说"

2015 年 4 月 19 日，中国法学会民法典编纂项目领导小组公布的《中华人民共和国民法典·民法总则专家建议稿（征求意见稿）》第四章第 91 条中规定："本法所称其他组织，包括合伙、集体经济组织等不具备法人资格的组

---

① 郑景元. 论我国农村信用社的法律属性：功能异化及其限度 [J]. 中国政法大学学报，2013，7（2）：125-138.

② 张俊浩. 民法学原理 [M]. 北京：中国政法大学出版社，1998：169-170.

③ 彭惠梅，张运书. 农村社区股份合作组织法人属性探析 [J]. 北京化工大学学报（社会科学版），2019，26（4）：45.

④ 彭惠梅，张运书. 农村社区股份合作组织本质属性：现实迷失与理论评析 [J]. 苏州科技大学学报（社会科学版），2020，37（1）：40.

⑤ 张力. 法人功能性分类与结构性分类的兼容解释 [J]. 中国法学，2019，36（2）：160-161.

⑥ 王洪平. 农民集体与集体经济组织的法律地位和主体性关系 [J]. 法学论坛，2021，36（5）：18-28.

织。"①农村集体经济组织在实践中具有多样性，并非唯"法人"独尊。那么，统一赋予农村集体经济组织法人地位就与当前的现实不相吻合。其理由是：

首先，学术界将"农村集体经济组织"与"农民集体""成员集体"等而视之的主张是值得商榷的。我国《宪法》第 10 条第 2 款、《土地管理法》第 9 条第 2 款和第 10 条、《农村土地承包法》第 2 条以及《民法典》第二编第五章对农村集体所有的财产及其经营和管理有明确规定：农村和城市郊区的土地（法律规定属于国家所有的除外）、宅基地、自留地、自留山等属于集体所有，分别归乡镇农民集体、村农民集体以及村内农民集体所有，由各级农村集体经济组织或村民委员会经营和管理。虽然理论上对集体所有权的性质存在争议，但其所有权的主体却是明确的，那就是农民集体，而非农村集体经济组织。

其次，农村集体经济组织没有自己独立的财产。农民集体是农村集体财产的所有权主体，农村集体经济组织仅为经营管理主体。现在农村集体经济组织法人化后，集体财产的所有权性质是否改变？或者说是否由集体所有转为法人所有？如果让集体财产在农村集体经济组织法人化时转归法人所有，这明显不符合宪法等上位法的规定。但如果法人化的农村集体经济组织不能直接取得集体财产，那么它的财产又从何而来？唯一可能的路径就是农村集体经济组织成员出资，而这又可能使得农村集体经济组织法人化举步维艰，因为这需要取决于各个成员的个人意志和决定。如此一来，农村集体经济组织法人化的效果未必优于之前的法律架构。

2. "群众性自治组织说"②

该说认为，农村集体经济组织（经济合作社）大多与村民小组或村民委员会是同一机构，特别是对农村基层社会的管理与服务，二者无法截然分开，具有"政社合一性"。农村集体经济组织既不同于企业法人，又不同于社会团体，也不同于行政机关，应当属于基层群众性自治组织。其依据在于：

首先，农村集体经济组织与群众性自治组织具有继承性，大多政社合一。从农村集体经济组织的历史继承性看，其前身是农村"政社合一"体制下的公社、大队、生产队，其所有权的客体包括土地及其他财产。公社解体后，公社经济组织基本也随之消亡了，其中的大队、生产队经济组织仍按原规模延续下来，经营方式由原来的集体经营转变为现在的家庭承包经营。大队、生产队等经济组织名存实亡。全国农村普遍出现了集体财产分光、卖光的现

①　谭启平，应建均．"特别法人"问题追问：以《民法总则（草案）》（三次审议稿）为研究对象［J］．社会科学，2017，39（3）：85-87.
②　杜国明．农村集体经济组织的法律地位辨析［J］．生态经济，2011，27（3）：107-111.

象，集体经济日渐衰落，公益事业和公共事务无人管理，公共设施也因无人管理而趋于荒废，社区管理呈现混乱与真空状态。随着农村经济的发展，农民对于诸如交通、水利、教育、卫生、治安乃至文化娱乐设施等公共物品的需要开始上升。在此背景下，村民自治应运而生。1982 年《宪法》第 111 条明确了村民委员会和居民委员会的基层群众性自治组织的地位，村民委员会应当属于基层社会的社区自治，这种自治体本身不是作为政权组织存在，而是在基层政权组织之下，由基层社区的居民所组成的群众性自治组织。同时，自从人民公社的"政社合一"体制解体以来，有关农村集体经济组织设置及其地位的相关规定较为含糊。中共中央在《关于 1984 年农村工作的通知》中，主张政社分开后的农村合作经济组织应在群众自愿的基础上设置，形式和规模可以多种多样，其名称可以叫农业合作社、经济联合社或群众选定的其他名称，同时规定，这种经济组织可以以村（大队或联队）为范围设置，也可以以生产队为单位设置；可以同村民委员会分立，也可以一套班子两块牌子。基于此，1987 年 11 月，全国人大通过的《村民委员会组织法（试行）》规定，村民委员会是基层群众性自治组织，村民小组则是村民委员会按照村民居住状况而分设，村民委员会依照法律规定，管理本村属于村农民集体所有的土地和其他财产。故原生产大队、生产队的公共管理职能分别被村民委员会、村民小组代替，所管理的事务为公共事务和公益事业。因现实生活中部分农村地区集体经济组织的缺乏，故村民委员会和村民小组于实务中充当着原农村集体经济组织的角色，此种角色的承担也实际上得到了法律认可。现在一些经济发达地区建立了村集体经济组织，由村集体经济组织代表村农民行使所有权。更多的地区则是由村委会代表村农民行使所有权。

由此可见，基于农村集体经济组织设立目的、成立过程、财产来源、成员构成、收益分配等方面的特殊性[1]，我国《民法典》赋予其特殊法人的主体资格，但该资格并没有否定其群众自治组织的定性。

其次，在集体经济组织发展成熟地区并没有确定其法人资格，而是群众性自治组织。据学者的调查，在我国南方，虽然集体经济组织的运作比较规范，比如《广东省农村社区合作经济组织的暂行规定》对原生产队或联队（自然村）一级设置的经济合作社、在原大队（管理区）一级设置的经济联社、在原公社（乡镇）一级设置的经济联合总社分别作了规定，确认其分别是由原来人民公社"三级所有、队为基础"的体制经过改革而形成的农村社

---

① 屈茂辉. 农村集体经济组织法人制度研究 [J]. 政法论坛, 2018, 36（2）: 39.

区经济合作组织。但在民事活动中，经济合作社仍不具有法人资格。当然，为了便于其经营活动，法律赋予其相对独立的民事主体地位，当地政府对经济合作社进行了系统的登记管理并发给登记证，经济合作社拥有了自己的公章。在诉讼中集体经济组织有独立的主体资格，享有民事权利，能独立承担民事责任。①

由此可见，农村集体经济组织被赋予特殊法人资格，但仍可以定性为群众性自治组织。首先，农村集体经济组织是社会主义的经济组织。因为它以社会主义的公有制为基础，土地等主要生产资料为组织内的农民集体所有，并被宪法和法律直接予以确认。农村集体经济组织是农村社会经济发展的"共同体"②，它是具有中国特色的社会主义在中国广大农村的经济基础和组织保证。它是中国农村在社会主义初级阶段发展的必然产物，能够适应农村生产力的发展和维护最广大农民群众的根本利益。其次，农村集体经济组织是民事法律主体的非法人组织。农村集体经济组织依法律和政策规定而建立，有自己的名称、组织机构和场所，拥有独立的财产和自主进行生产经营的能力，并能在一定的财产范围内独立承担民事责任，符合民事主体的资格条件，因此具有民事权利能力和民事行为能力。它与法人相似，但在设立程序和条件、终止条件、生产经营方式和目的、财产（主要是土地）处分、管理职能等方面却又不同于营利法人和非营利法人。故其作为民事主体，有别于自然人和法人，只能把它作为特殊法人对待。最后，农村集体经济组织可以重合于农村基层社会的自治组织。根据《民法典》第101条第2款，在未设立村集体经济组织的地方，村委会、村民小组可代行集体经济组织的职能。农村集体经济组织不仅承载着集体资产的保值、增值功能，而且承载着集体所有制的组织功能、对其成员的社会保障功能和提供公共服务的功能，虽然向其成员分配盈余或利润，但其经营不以营利为目的，并且分配方式异于商事企业的按资分配。因此农村集体经济组织是否采用法人形式以及采用何种法人形式应有多种选择。③ 根据《村民委员会组织法》，农村基层社会的自治组织虽然是村民委员会和其下设的村民小组，但在当前的农村基层组织中，大多

---

① 张潜伟. 发展集体经济的民法学思考［J］. 新乡学院学报（社会科学版），2010，24（6）：32-34.

② 陈美球，廖彩荣. 农村集体经济组织："共同体"还是"共有体"？［J］. 中国土地科学，2017，31（6）：31-32.

③ 管洪彦. 农村集体经济组织法人立法的现实基础与未来进路［J］. 甘肃政法学院学报，2018，33（1）：44；戴威. 农村集体经济组织成员资格制度研究［J］. 法商研究，2016，33（6）：94；屈茂辉. 农村集体经济组织法人制度研究［J］. 政法论坛，2018，36（2）：39.

是农村集体经济组织（经济合作社）与村民小组或村民委员会是同一机构，即两枚印章一套机构。二者决策机制相似，实践中职能相互重叠，特别是对农村基层社会的管理与服务，二者无法截然分开，具有"政社合一性"。所以，农村集体经济组织既不同于企业法人，又不同于社会团体法人，也不同于行政机关，自有其独特的政治性质和法律性质。正是这种特殊性，决定着农村集体经济组织的职能作用及其成员的资格权利等重要内容。

相关法律法规及司法解释

 《宪法》

第 8 条第 1 款 农村集体经济组织实行家庭承包经营为基础、统分结合的双层经营体制。农村中的生产、供销、信用、消费等各种形式的合作经济，是社会主义劳动群众集体所有制经济。参加农村集体经济组织的劳动者，有权在法律规定的范围内经营自留地、自留山、家庭副业和饲养自留畜。

 《民法典》

第 96 条 本节规定的机关法人、农村集体经济组织法人、城镇农村的合作经济组织法人、基层群众性自治组织法人，为特别法人。

第 99 条 农村集体经济组织依法取得法人资格。

法律、行政法规对农村集体经济组织有规定的，依照其规定。

第 101 条 居民委员会、村民委员会具有基层群众性自治组织法人资格，可以从事为履行职能所需要的民事活动。

未设立村集体经济组织的，村民委员会可以依法代行村集体经济组织的职能。

第 261 条 农民集体所有的不动产和动产，属于本集体成员集体所有。

下列事项应当依照法定程序经本集体成员决定：

（一）土地承包方案以及将土地发包给本集体以外的组织或者个人承包；

（二）个别土地承包经营权人之间承包地的调整；

（三）土地补偿费等费用的使用、分配办法；

（四）集体出资的企业的所有权变动等事项；

（五）法律规定的其他事项。

第 330 条 农村集体经济组织实行家庭承包经营为基础、统分结合的双层经营体制。

　　农民集体所有和国家所有由农民集体使用的耕地、林地、草地以及其他用于农业的土地，依法实行土地承包经营制度。

 《农村集体经济组织法（草案）》

第6条

　　农村集体经济组织以农民集体土地所有权为基础设立，集体土地所有权依法不得转让，农村集体经济组织不得破产。

　　集体财产依法由农村集体经济组织成员集体所有，由农村集体经济组织经营管理，不可分割到成员个人。

　　农村集体经济组织依照本法登记，取得特别法人资格，依法从事与其履行职责相适应的民事活动。

　　农村集体经济组织可以依法出资设立或者参与设立公司、农民专业合作社等市场主体。设立的市场主体依法从事经营活动，享有相应市场主体的权利、履行相应义务，以其财产对债务承担责任。农村集体经济组织以其出资为限对其设立或参与设立的市场主体的债务承担责任。

 《土地管理法》

　　第47条第2款　县级以上地方人民政府拟申请征收土地的，应当开展拟征收土地现状调查和社会稳定风险评估，并将征收范围、土地现状、征收目的、补偿标准、安置方式和社会保障等在拟征收土地所在的乡（镇）和村、村民小组范围内公告至少三十日，听取被征地的农村集体经济组织及其成员、村民委员会和其他利害关系人的意见。

　　第49条第1款　被征地的农村集体经济组织应当将征收土地的补偿费用的收支状况向本集体经济组织的成员公布，接受监督。

《农村土地承包法》

　　第20条　土地承包应当按照以下程序进行：

　　（一）本集体经济组织成员的村民会议选举产生承包工作小组；

　　（二）承包工作小组依照法律、法规的规定拟订并公布承包方案；

　　（三）依法召开本集体经济组织成员的村民会议，讨论通过承包方案；

　　（四）公开组织实施承包方案；

　　（五）签订承包合同。

《农业法》

第 10 条第 3 款　农村集体经济组织应当在家庭承包经营的基础上，依法管理集体资产，为其成员提供生产、技术、信息等服务，组织合理开发、利用集体资源，壮大经济实力。

《农民专业合作社法》

第 2 条　本法所称农民专业合作社，是指在农村家庭承包经营基础上，农产品的生产经营者或者农业生产经营服务的提供者、利用者，自愿联合、民主管理的互助性经济组织。

第 4 条　农民专业合作社应当遵循下列原则：

（一）成员以农民为主体；

（二）以服务成员为宗旨，谋求全体成员的共同利益；

（三）入社自愿、退社自由；

（四）成员地位平等，实行民主管理；

（五）盈余主要按照成员与农民专业合作社的交易量（额）比例返还。

第 5 条　农民专业合作社依照本法登记，取得法人资格。

农民专业合作社对由成员出资、公积金、国家财政直接补助、他人捐赠以及合法取得的其他资产所形成的财产，享有占有、使用和处分的权利，并以上述财产对债务承担责任。

《村民委员会组织法》

第 2 条　村民委员会是村民自我管理、自我教育、自我服务的基层群众性自治组织，实行民主选举、民主决策、民主管理、民主监督。

村民委员会办理本村的公共事务和公益事业，调解民间纠纷，协助维护社会治安，向人民政府反映村民的意见、要求和提出建议。

村民委员会向村民会议、村民代表会议负责并报告工作。

《广东省农村集体经济组织管理规定》

第 3 条　本规定所称农村集体经济组织，是指原人民公社、生产大队、生产队建制经过改革、改造、改组形成的合作经济组织，包括经济联合总社、经济联合社、经济合作社和股份合作经济联合总社、股份合作经济联合社、股份合作经济社等。

第 7 条 农村集体经济组织以原人民公社、生产大队、生产队为基础，按照集体土地所有权归属和集体资产产权归属设置。

农村集体经济组织名称统一为：广东省县（市、区）镇（街、乡）经济联合总社；广东省县（市、区）镇（街、乡）经济联合社；广东省县（市、区）镇（街、乡）村经济合作社。

实行股份合作制的农村集体经济组织，其名称统一为：广东省县（市、区）镇（街、乡）股份合作经济联合总社、广东省县（市、区）镇（街、乡）股份合作经济联合社、广东省县（市、区）镇（街、乡）股份合作经济社。

《北京市乡村集体经济组织登记办法》

第 2 条 本办法适用于本市行政区域内乡镇集体经济组织、村集体经济组织、农民专业合作经济组织、乡村集体经济组织下属的独立核算的事业单位。

《浙江省村经济合作社组织条例》

第 2 条 本条例所称的村经济合作社，是指在农村双层经营体制下，集体所有、合作经营、民主管理、服务社员的社区性农村集体经济组织。

第 15 条 村经济合作社可以向市场监督管理部门申请登记注册，取得法人营业执照。具体登记注册办法，由省人民政府市场监督管理部门商同省人民政府农业农村主管部门参照农民专业合作社登记办法制定。

案例

案情简介

2006 年 8 月 28 日，何某向某经联社购买一股股份，某经联社于当日向其出具了《某股份合作（联）社资产股份证》（股份证编号为 000878），依此何某享有某经联社一股股份的各项权利，具体包括股份分红、退休金、饭餐补助等。某经联社曾依约向何某支付上述款项，但自 2000 年起停止支付。截至 2018 年 1 月 1 日，某经联社共欠何某 22100 元。虽经何某多次催收，某经联社拒不履行给付义务，对何某的晚年生活造成严重的影响。何某无奈之下诉至法院，请求被告某经联社支付股份分红、退休金、饭餐补助共计人民币 22100 元及利息。

在法院审理中，某经联社辩称：何某所诉之事项属于某经联社内部的股东利益分配问题。某经联社是属于农村的集体经济组织，完全由村民自治。村民亦即股东不但受某经联社章程的约束，而且还要受《村规民约》的制约。因何某之夫梁某拖欠股份经济联合社的款项，按照某经联社依照章程及《村规民约》中"凡有亲属拖欠股份经济联合社款项的均暂停分红"之规定，决定暂停其名下的股份分红，某经联社是依章行事，所作行为既非行政行为，亦非平等主体之间的民事行为。因此，法院对何某的起诉不应也不能受理，请求人民法院驳回其起诉。

审理及判决

一审法院经审理认定，何某因符合某经联社所设置的股东条件而被某经联社确认为股东，同时确认股权份额，故何某依法取得股东资格，享有股东参与分红的权益。其股东资格及相应的股东权益非经法定程序、法定事由不得随意剥夺。故判决某经联社所停发的何某分红应予支付。某经联社不服提起上诉。二审法院在审理此案时，作出了与一审法院截然不同的判决。二审法院认为，农村集体所有财产的分配是集体经济组织拥有决策权的内部事项，由此引起的纠纷，法院不予受理。何某可按照有关行政法规和政策的规定，通过相关行政机关解决双方存在的纠纷。因此判决：驳回被上诉人何某的诉讼请求。

分析

这起纠纷实际上涉及农村集体经济组织的性质如何认定问题。

从一审法院的判决结果看，法院对于某经联社这一农村集体经济组织的性质采纳了"法人说"。根据该说，原告作为股东与某经联社之间是平等主体之间的法律关系，双方因财产关系和人身关系而产生的纠纷属于平等主体之间的民事纠纷，人民法院依法可以受理。股东与某经联社之间的纠纷，应当适用公司法的有关规定。何某作为股东享有股东权，当其权益受到损害，应当依法受到保护。

二审法院对于某经联社这一农村集体经济组织的性质采纳了"群众性自治组织说"。根据该说，农村集体经济组织既不同于企业法人，又不同于社会团体，也不同于行政机关，自有其独特的政治性质和法律性质。正是这种特殊性，决定着农村集体经济组织及其成员之间的权利义务等重要内容。何某与某经联社的纠纷，系发生在农村集体经济组织与其成员之间就分红问题产生的股东权纠纷。某经联社分配的分红款项是农村集体经济组织对集体所有的财产进行经营的收益，属农村集体经济组织所有、管理和使用。某经联社与何某诉争的焦点属于农村集体经济组织与其成员之间的内部利益分配问题，而不属于公司法意义上的股东权纠纷，不是平等主体之间的民事法律关系。某经联社作出的决定既非行政行为，亦非平等主体之间的民事行为，不属于人民法院民事诉讼的范畴，法院不应亦无权审查。

正是我国现行立法没有对农村集体经济组织（经联社）进行定性，才导致同一个法律事实出现了截然不同的两个判决。由此看来，在我国立法中，明确农村集体经济组织的性质是极其必要的。在确定农村集体经济组织的性质时，应当注意：第一，明确目标。应当建立"归属清晰、权责明确、利益共享、流转规范、监管有力"的农村集体经济组织产权制度，明确农村集体经济组织的管理决策机制、收益分配机制，健全保护农村集体经济组织和成员利益的长效机制，构建完善的农村集体经济组织现代产权运行体制。第二，重视农村实践，参酌浙江、湖北等地的规定，对于农村集体经济组织进行定性，总体上将股份合作制公司法人作为农村集体经济组织未来改革的方向为宜。同时，可以根据不同类型的集体经济组织确定其与成员之间的关系，以减少成员之间、成员与集体经济组织之间的矛盾和纠纷。

六　法人分类模式的现状及其重构

　　所谓法人，是对应于自然人而存在的民事主体。现代法人制度和法人观念萌芽于罗马法。罗马法上没有法人的概念，法人这个概念是中世纪注释法学派在总结概括罗马法的基础上提出来的。[①] 而"法人"这一概念正式出现于 1896 年颁布的《德国民法典》，该法典将法人作为与自然人并列的民事主体而加以规定。自此，便有两类主体存在于现代民商法领域中，这是民事主体制度的一个巨大进步，即民事主体制度从以个人为中心的一元论，转变为自然人与法人并立的二元论。

　　在我国，《民法通则》对法人的含义作出规定。其第 36 条第 1 款规定："法人是具有民事权利能力和民事行为能力，依法独立享有民事权利和承担民事义务的组织。"根据《民法通则》的规定，我国法人分为企业法人、机关法人、事业单位法人和社会团体法人四类。我国法人的此种分类是多方面因素的产物，带有浓厚的历史痕迹。然而，随着社会经济的迅猛发展以及市场经济的不断完善，此种分类所存在的缺陷越来越明显，分类的模糊以及涵盖范围的不足导致原有的四分法无力调整随着经济的发展而出现的新一类法人。2017 年《民法总则》、2020 年《民法典》关于法人的一般规定没有实质变化，但在分类上，改按"营利"标准将法人分为营利法人和非营利法人，再将机关法人、农村集体经济组织法人、城镇农村的合作经济组织法人和基层群众性自治组织法人等列为特别法人。[②]

　　法人分类模式作为法人制度的基本框架，对法人制度的完善有着至关重

---

①　张俊浩. 民法学原理 [M]. 北京：中国政法大学出版社，2000：288.

②　史际春，胡丽文. 论法人 [J]. 法学家，2018，33（3）：63.

要的作用，构成了法人制度的"骨骼"。在《民法总则》与《民法典》的制定过程中，民法学界围绕总则法条的制定展开了热烈的学术讨论，针对相关问题提出了不同的意见。在众多争论当中，法人的分类问题无疑是其中的焦点之一。学术界对此意见不一，而且各自难以说服对方。学者们的意见分歧如此巨大，以致在《民法典》颁布之后，仍有学者对其采用的"营利法人与非营利法人"的分类模式质疑和批评。

一、两种法人分类模式

(一) 职能主义法人分类模式

以法人在国家构想之整体社会结构中所承担的国家为其分配的职能作为分类标准的法人分类模式，可以称为"职能主义的法人分类模式"。这种分类模式的核心是：以实现国家对法人的管制为制度宗旨，以国家与法人间关系为背景，从外在于民事主体互动的纵向鸟瞰视角界定立法面对的问题及问题的解决思路。① 即使是民法上的法人制度，其首先要满足的也是国家对不同类型法人的职能定位得以实现。法人被想象为一个融洽无间、各亚利益群体各得其所、没有内部利益冲突的桃花源式的集体。作为制度利用者的民事主体如何利用法人制度以及因利用法人制度引发的民事主体间利益冲突的裁断则被这种分类模式所遮蔽，而无法纳入法人制度的视野。我国《民法通则》第三章关于法人的规定也采用了这种分类模式，该章共分为四节，即一般规定，企业法人，机关、事业单位和社会团体法人，② 联营。可见，《民法通则》规定的法人包括两类，一类是企业法人，另一类是机关（包括部队）、事业单位和社会团体法人。③ 民事立法将企业法人与机关、事业单位和社会团体法人作为相互对举的存在，企业是营利性的经济组织，就其职能而言④，在于通过提

---

① 未来《民法典》应坚持"职能主义法人分类模式"的学理主张，也是从目的、设立依据、设立原则等国家与法人之关系的纵向鸟瞰视角，归纳此种分类的意义和正当性。参见王利明. 中国民法典学者建议稿及立法理由（总则编）[M]. 北京：法律出版社，2005：121.

② 根据方流芳教授的考证，《民法通则》的法人分类与1963年7月发布的《国务院关于编制管理的暂行规定》核定的机构分类是一致的，更准确地说，《民法通则》把1963年创设的单位分类改写为法人分类。方流芳. 从法律视角看中国事业单位改革：事业单位"法人化"批判 [J]. 比较法研究，2007，21（3）：1-28.

③ 顾昂然.《民法通则》的制定和立法精神 [C] //顾昂然，王家福，江平. 中华人民共和国民法通则讲座，北京：中国法制出版社，2000：1-47.

④ 职能与功能不同，职能更多地表征对于主体作用的主观期待，功能则主要是对主体作用的客观描述。

供商品和服务等经营性活动，追求盈利。① 与企业法人对应，根据相关立法，机关、事业单位、社会团体均为非营利性的经济组织，其职能不在于从事经营性活动，追求盈利。同时，立法也未涉及法人的成员和组织机构等组织法的问题。可见，就法人类型而言，首先映入立法者眼帘并为立法者看重的是在国家构想的社会整体结构中法人是否具备从事营利性活动的职能，我国民事立法以是否主要从事营利性活动作为法人的分类标准，并以此为逻辑线索安排法人制度立法的结构。观察法人是否可以从事营利性活动，是基于国家的视角，着眼于社会结构的整体，把法人假想为一个融洽无间的个体，立足于法人外部界定其职能的作业，这一观察视角也折射了立法者对于民法上之法人制度寄予的功能期待。由此可以解读出，我国民事立法为了直接实现国家对社会结构的总体治理，以管控法人的行为为制度宗旨，根据国家对不同法人类型的职能预期，以法人是否具备从事经营性活动、追求盈利的职能②，即是否通过提供商品和服务获取经济利益作为法人分类的标准，将法人分为企业法人和非企业法人。

（二）结构主义法人分类模式

与"职能主义的法人分类模式"形成对照的是"结构主义法人分类模式"，此种分类模式着眼于法人制度提供的、可供民事主体利用的制度结构，即法人内部各利益群体的互动结构。这种分类模式的要义是以满足私人互动需要、为私人互动提供制度支撑为制度宗旨，以当事人间的互动关系为背景，从内在于民事主体互动的平面化视角界定问题的所在和解决问题的思路。基

---

① 佟柔教授主编的权威教科书也认为《民法通则》采取了"职能主义法人分类模式"，指出企业法人与非企业法人的分类标准为是否主要从事营利性活动。参见佟柔主编. 中国民法学·民法总则（修订版）［M］. 北京：人民法院出版社，2008：117。但值得注意的是，我国民法中企业法人的营利性与传统民法的营利性是不同的概念，营利性意指法人将所得利益分配于其成员。而在我国，从事经营性活动追求盈利的企业法人，其目的可能是营利，即向成员分配其所得利益，也可能是非营利，如解决特定人员的就业问题。在我国存在追求盈利但不以营利为目的的企业法人。因此，权威教科书的观点是民法学发展初期，学说未臻精致的表现。

② 这种分类模式还体现在规范非企业法人的四个行政法规，即《社会团体登记管理条例》《民办非企业单位登记管理暂行条例》《事业单位登记管理暂行条例》《基金会管理办法》。根据《社会团体登记管理条例》第2条，社会团体是中国公民自愿组成，为实现会员共同意愿，按照其章程开展活动的非营利性社会组织；根据《民办非企业单位登记管理暂行条例》第2条，民办非企业单位是指企业事业单位、社会团体和其他社会力量以及公民个人利用非国有资产举办的，从事非营利性社会服务活动的社会组织；根据《事业单位登记管理暂行条例》第2条第1款，事业单位是指国家为了社会公益目的，由国家机关举办或者其他组织利用国有资产举办的，从事教育、科技、文化、卫生等活动的社会服务组织；根据《基金会管理办法》第2条，基金会是指利用自然人、法人或者其他组织捐赠的财产、以从事公益事业为目的，按照本条例的规定成立的非营利法人。

于此，作为私法之组成部分的法人制度要解决的问题是：民事主体如何利用法人制度以及如何裁断因利用法人制度而引发的利益冲突，而非国家对于法人之职能定位的实现。法人制度作为法技术工具，应提供可供民事主体利用的法人类型，明确民事主体在其利用法人结构中之法律地位，法人的意思如何形成、如何对外表达，以及如何解决因利用法人制度所面对的利益冲突。①

《德国民法典》是结构主义法人分类模式的传统代表，这种传统大陆法系法人制度首先在性质上将法人区分为公法人与私法人，并以私法人作为民法规范的对象。在私法人内部根据法人的成立基础及由此带来的法人意思形成和表达机制的不同，将私法人分为社团和财团，并以此为逻辑线索，设计民法典中的法人制度安排。而《俄罗斯联邦民法典》则独辟蹊径，其第 48 条以法人发起人（参加人）对法人独立财产的权利性质为分类标准，将法人分为三类：商合伙和商业公司、生产合作社和消费合作社，属于其参加人对其财产享有债权的法人；国有或自治地方所有的单一制企业，属于其参加人对其财产享有所有权和其他物权的法人；社会团体和宗教团体（联合组织）、慈善基金会和其他基金会、法人的联合组织（协会和联合会），属于其发起人（参加人）对之不享有财产权利的法人。②

由此可见，两种分类模式类型的分野集中体现为在法人分类标准上的分道扬镳，这源于观察法人制度的不同视角。由此决定了法律的制度宗旨及所界定的问题和选取的解决问题的思路等方面的泾渭分明，基于此形成的法人制度的功能负荷则大相径庭，法人制度的制度容量也迥然有别。

二、我国大陆地区的法人分类制度

（一）《民法通则》中的法人分类制度

1.《民法通则》中的法人分类制度

我国大陆地区的法人分类采取了不同于大陆法系和英美法系的分类模式，主要体现在《民法通则》中，即将法人分为企业法人、机关法人、事业单位法人和社会团体法人四类。其中，企业法人是以营利为目的，独立从事经营活动的法人；机关法人是享有国家赋予的公权力，并因行使职权的需要而享有相应的民事权利能力和民事行为能力的国家机关；③ 事业单位法人是指从事

---

① 蔡立东. 法人分类模式的立法选择 [J]. 法律科学（西北政法大学学报），2012，30（1）：108-116.

② 俄罗斯联邦民法典 [M]. 黄道秀，译. 北京：北京大学出版社，2007：60-78.

③ 王利明. 中华人民共和国民法总则详解：上 [M]. 北京：中国法制出版社，2017：396.

各项社会事业，拥有独立的财产或经费的社会组织；社会团体法人是指由自然人或者法人自愿组成，为实现会员共同意愿，按照其章程开展活动的非营利性社会组织。① 机关法人、事业单位法人和社会团体法人即为非企业法人。

2.《民法通则》中法人分类制度的不足

针对法人功能性分类的社会功能，来自法人结构性分类论者的关键性批判是，这些社会功能因缺乏私法中法人制度可能提供的规范功能的支持而难以实现。② 蔡立东教授指出，"'职能主义法人分类模式'追求的目的非民法之所务"，国家可以管制与引导法人行为模式，"但自国家与法人的关系角度管制法人的行为不在民法的调整旨趣之内，而属于国家与法人之间的行政管理关系范畴"。"职能主义法人分类模式"追求的目的为民法无力担当：民法的私法属性决定其天然缺乏主动"执法主体"，法人制度实施只能依靠作为民事主体的法人治理结构中的利害关系人群落自发启动，司法被动保障，这令其即便被委以管制重任也无力实现。③ 这些短板集中表现在：

第一，没有对公法人和私法人进行区分，减弱了调整平等主体之间财产关系和人身关系的重要社会功能，导致公法人不受明确的限制随意进入私法领域，使市场经济平等公平进行竞争的基础发生动摇；第二，受之前长期计划经济体制的影响，《民法通则》立法时着重突出了不同所有制企业法人的特殊性，即以所有制形式作为划分法人的标准，但此种立法考量已与当前的经济生活脱节，使得不同企业受到不同待遇，违背市场经济的基本原则，无法适应目前社会与经济发展；第三，事业单位法人包含的类型过于宽泛，既有国家拨款成立的兼有部分行政管理职能的公法人，又有依国家行政命令组建的公益法人，还有由自然人或法人组建并办理登记成立的私法人，这些法人没有按其本质特征抽象出归属于同一类别的因素；第四，我国法人划分的类型不周延，以致没有包含所有法人类型，使得现实生活中的某些法人类型处于尴尬地位，没有科学的涵盖性和包容性，尤其是没有确认财团法人，不能包容我国现有的法人类型，如基金会、寺庙、由捐赠财产构成的各类组织等；第五，不同法人类型之间存在交叉现象；第六，技术上存在缺陷，不利于吸收外国先进理论，即存在明显的逻辑缺陷，各种具体类型之间不具有共同的成立基础，致使法律无法完成对亚分类层面具体类型共同特征的二次抽象，

---

① 参见《社会团体登记管理条例》第2条。
② 张力. 法人功能性分类与结构性分类的兼容解释 [J]. 中国法学，2019（2）：148-166.
③ 蔡立东. 法人分类模式的立法选择 [J]. 法律科学（西北政法大学学报），2012，30（1）：108-116.

而不得不通过特别立法作出非常烦琐的规定，这反过来又使分类本身失去了意义。①

3.《民法通则》中法人分类制度不足的原因

（1）社会制度方面的原因

新中国成立以后，我国实行的是社会主义制度，经济领域以公有制为基础，以计划为手段，实行高度的集权。在法律领域，受到列宁早期思想的影响，不承认私法领域的存在。列宁曾经指出："我们不承认任何'私法'，在我们看来，经济领域中的一切都属于公法范畴，而不属于私法范畴。"② 所以，我国法人分类中没有明确地对私法人进行规定。

（2）中西法文化传统的不同

通说认为，西方法文化以个人为基础，以权利为本位。而我国家国一体，以家为基础，以义务为本位。进而演化为西方重个体，我国重群体，西方重自由，我国重秩序的思维模式。在我国古代，道德与法律没有截然分开，只有义利之辩，而无现代法上的权利义务意识。用梁治平先生的话说，我国古代的法称为礼法。③

（3）主观意志方面的原因

新中国成立以后，加速了世界上两大阵营的形成，苏联、东欧国家、中国等形成社会主义阵营，西欧国家、美国等形成资本主义阵营。两大阵营之间在各个领域展开竞赛，互相实行封锁，在阵营内部结成命运共同体。当时受斯大林两个世界平行发展理论的影响，有意识地排斥欧美的东西，只要是资本主义的东西，哪怕在客观上是合理的，都不予接受。④ 所以，我国没有吸纳大陆法系的法人分类模式。

（4）民事立法对中国特色的追求

立法要有中国特色是制定《民法通则》的首要指导思想，而中国特色则被解读为摆脱罗马法的体系，"推陈出新"。⑤

---

① 马俊驹. 对我国民法典制定中几个焦点问题的粗浅看法（原文）（根据马俊驹教授2003年2月17日、20日、27日在清华大学法学院所作民法专题讲座整理）[EB/OL]. （2020-06-19）[2020-07-25]. https://wenku. baidu. com/view/fc74c7a52ec58bd63186bceb19e8b8f67c1cef2f. html.
② 列宁全集（第36卷）[M]. 北京：人民出版社，1959：587.
③ 梁治平. 寻求自然秩序中的和谐 [M]. 北京：中国政法大学出版社，1998：199.
④ 王玫黎. 法人分类比较研究 [J]. 西南师范大学学报（人文社会科学版），2003，47（2）：60-64.
⑤ 就民事立法的中国特色，佟柔先生指出："要建立具有中国特色的民法体系，应该更多地摆脱罗马法的体系，在体系上来一个'推陈出新'。"参见佟柔. 我国民法科学在新时期的历史任务 [C]//陶希晋. 民法文集. 太原：山西人民出版社，1985：12.

（5）民事立法中的直观反映论倾向

"民事立法要通俗易懂，能够为广大群众直接掌握"，即"有些能够避免的用语，在条文中要避免使用，有些不可避免的法律术语，也要尽量使用容易理解的文字"。①

（6）路径依赖的原因

20世纪50年代的立法选择为以后的立法设定了一条路径，决定了后续立法可能的选择。②

（7）法学工作者追求创新的结果

在当时，我们完全有理由有机会借鉴西方法人的分类制度。然而，我们没有这样选择，原因之一是法学工作者认为我们的经济发展状态与西欧国家的大相径庭，应该有所创新。于是四分法就被催生出来，并引领了中国法人分类制度20年有余。③

（二）《民法典》中的法人分类制度

1.《民法典》中关于法人分类制度的规定

张新宝教授指出："功能主义的法人分类与结构主义的法人分类也存在内核上的相通性，不宜将二者对立起来。"④ 尽管我国"民法典中法人的基本类型模式"选择围绕"私法人所作的第一层次的分类"展开⑤，但这并不阻碍多元化的分类模式的应用。由此，对不同法人分类模式的效果比较，就从局限于单一层次的排中性争执，变为基于结构性分类而兼容功能性分类的组合模式与功能性分类主导下兼容结构性分类的组合模式之间的跨层次的综合比较。⑥

由此，我国立法机关在《关于〈中华人民共和国民法总则（草案）〉的说明》中指出，《民法总则》传承了《民法通则》的基本思路，遵循我国立法习惯，适应我国改革社会组织管理制度、促进社会组织健康有序发展的要

---

① 中国政法大学民法教研室. 中华人民共和国民法通则讲话 [M]. 北京：中国政法大学出版社，1986：10.

② 邵薇薇. 论法人的分类模式：兼评民法典草案的有关规定 [J]. 厦门大学法律评论，2004，4（2）：235-250.

③ 周玉超，蔡文灏. 我国法人分类制度的重新思考 [J]. 东华大学学报（社会科学版），2010，10（3）：229-232.

④ 张新宝. 从《民法通则》到《民法总则》：基于功能主义的法人分类 [J]. 比较法研究，2017，31（4）：20.

⑤ 罗昆. 我国民法典法人基本类型模式选择 [J]. 法学研究，2016，38（4）：119-136.

⑥ 张力. 法人功能性分类与结构性分类的兼容解释 [J]. 中国法学，2019（2）：148-166.

求，根据法人的设立目的与功能将法人分为营利法人与非营利法人。① 据此，以法人功能主义分类作为民法典顶层分类模式、以特别法人兜底，已为立法及政策所确定。②

《民法总则》贯彻了这一立法政策，采用了营利法人、非营利法人和特别法人的三分结构，并在营利法人和非营利法人内部结合运用了结构性分类的方法，进行了进一步细致的划分。《民法典》延续了《民法总则》的规定。

2.《民法典》中关于法人分类制度的争议

（1）"肯定说"

第一，从列举式到类型化法人分类所体现出的逻辑自洽性是此次民法修改过程中的巨大进步。③《民法总则》不仅实现了对《民法通则》的精准继承，而且实现了对《民法通则》的创新突破。具体而言，这种继承性首先体现在从"企业法人"和"非企业法人"的分类顺利过渡到"营利法人"和"非营利法人"的分类，即两部法律不仅在民商合流的总体趋势上前后是一致的，而且平稳实现了对诸多实体组织在法律意义上的分类安排。这种创新性鲜明体现为从职能主义划分方式变更为结构主义与职能主义相结合的划分方式，即从列举式到类型化法人分类所体现出的逻辑自洽性是此次民法修订过程中的巨大进步。

第二，在社会主义国家，社会组织分化发展进程的国家主导性，决定了《民法典》中的法人制度设计必优先为国家引导，次之为结社自由方案选择安排制度抓手，故以功能性分类作为法人分类体系的顶层设计，在我国已属必然。④《德国民法典》所代表的法人分类方案，实现了最低限度的基于法人结构性分类的对功能性分类的兼容，最大限度地阻止了公法组织与管制力量对私法人体系的制度渗透与借用。然时过境迁，现代社会为民法典法人制度所附加的目的已难单纯，管制与自治价值亦在法人制度中寻求新的动态平衡。社会组织类型多样化导致的具体类型定位困难，更要求建立融贯结构与功能双标准、跨越民商法全领域的组织类型渐变序列。对民法典中法人分类方案提出的更高兼容性的要求，超出了德国分类方案的功能范围。

第三，这一分类概念和体系体现了法典化立法应有的理性，直接反映了

---

① 本书编写组. 民法总则立法背景与观点全集 [M]. 北京：法律出版社，2016：16-47.

② 张力. 法人功能性分类与结构性分类的兼容解释 [J]. 中国法学，2019（2）：148-166.

③ 解德渤. 从《民法通则》到《民法总则》：我国公立大学法人分类的可能及其证成 [J]. 现代教育管理，2019，38（6）：37.

④ 张力. 法人功能性分类与结构性分类的兼容解释 [J]. 中国法学，2019，36（2）：165-166.

我国现实的国情，表现出鲜明的中国特色，既实现了对《民法通则》法人类型概念的突破和创新，又保持了我国法人制度立法的连续性和稳定性。[①] 法人的分类应以法人之间最具有法律意义的根本差异作为分类的根据。在我国的法人组织中，是否具有营利性无疑是最具有法律意义的根本差异。营利性与否决定了法人完全不同的权利能力和行为能力，由此也决定了法人在各种法律关系中的地位和基本的权利、义务与责任，特别是在税法上的不同地位和义务。而社团法人与财团法人的分类只反映其组成方式和内部关系的不同，并不具有在各个法律领域的特殊法律意义。营利法人与非营利法人的分类与我国《民法通则》的法人分类基本吻合，也保持了我国法人制度应有的连续性和稳定性。《民法通则》将法人分为企业法人和非企业法人（含机关法人、事业单位法人和社会团体法人），其中企业法人即为营利法人，非企业法人即为非营利法人。因此，这样的分类实质上是延续了《民法通则》的基本分类。不同的是，它是以营利的概念取代了原来的企业概念，而这种替代不仅更加符合法律概念的组合逻辑，而且能够更为直接、清晰地揭示法人的基本性质。

第四，社团法人与财团法人二者之间的区别日趋模糊，概念有些脱离我国现实。[②] 虽然在法律定义上，社团由社员组成，财团由财产组成，但现实中，以公司为主要形式的社团法人却往往拥有巨额的财产，因而在经济生活中常被称为大财团。而财团法人同样有人的参与，同样是由相应的人员组成机构进行管理的。因此，社团与财团的区分常常令人费解。而随着一人公司在各国的承认和发展，社团法人的联合性也在衰减，由人组成的法人和由财产组成的法人的界限日益模糊。另外，新中国成立以来，我国虽然在学理上有介绍财团法人的原理，但在各种立法和法律实践中都无财团法人的概念和规定。我国立法和实践中所称的基金会法人，实质上与财团法人的含义基本等同。基于约定俗成和便于社会公众对法人制度的理解和适用，不用财团法人概念而继续使用基金会概念，既符合中国国情，也是更为可取和现实的选择。

第五，传达"保障个体结社的平等权利和自由"的价值理念，便于民事主体合理选择法人形式。[③] 在"功能主义分类模式"下，一方面，法人制度可以为民事主体"提供尽可能多的规则以备遵循"，不同个体可以根据自身的

---

① 赵旭东. 民法总则草案中法人分类体系的突破与创新 [J]. 中国人大, 2016, 23 (14)：18.
② 赵旭东. 民法总则草案中法人分类体系的突破与创新 [J]. 中国人大, 2016, 23 (14)：18.
③ 张新宝. 从《民法通则》到《民法总则》：基于功能主义的法人分类 [J]. 比较法研究, 2017, 31 (4)：30-31.

利益取向选择不同的法人类型：为获取经济利润的，可以选择营利法人形态；为实现共同意愿表达或精神文化交流的，可以选择非营利法人下的社会团体类型；提供公益性社会服务的，可以采用事业单位法人类型或社会组织机构法人类型，基于信仰上的精神需求为便于开展宗教活动的，可以采用宗教法人类型。另一方面，由于营利性与否直接关涉法人的权利能力、行为能力以及相关的行政管理制度，个人主体在选择法人形态时能够更加直观地了解其所选法人形态在各种法律关系中的地位和基本的权利、义务与责任，基于此作出更加理性和合理的选择。相对而言，由于"结构主义分类说"只反映其成立基础和内部关系的不同，"并不具有在各个法律领域的特殊法律意义"在实现法人分类制度这一社会功能上具有明显的不足。

第六，"功能主义分类说"从法人的目的和功能之差异出发，揭示了不同法人在产权结构这一深层次的根本区别，通过"非此即彼"的语言表达方式，可以建构起一个逻辑清晰且涵盖周全的法人分类体系。营利法人与非营利法人的区别不仅表现在法人设立目的和功能的不同，以及由此带来的设立原则、设立依据、活动范围等表面性的区别，其更深层次的根本区别在于，由法人目的不同所决定的法人产权结构的差异。在营利法人中，其产权结构是双向的，具体表现为：营利法人对外享有完全独立的财产权利；而在法人内部，作为自然人或法人的股东享有股权。在这种内外双向的产权结构下，股东出于股权维护的需要而具有对法人运营情况进行监督的内在动机，因而能从客观上督促法人的经营管理者进行合理经营。而对于非营利法人而言，其产权结构表现出单向的特征：非营利法人对外享有独立的财产权利，但在法人内部，实际上没有类似股东的权利主体存在。即便是在社会团体法人中类似营利法人的权力机构（如会员大会），其也因为对法人不享有财产权利而与营利法人的股东大会有着根本性的区别。由于缺乏利益关系导致的缺乏监督动力，在确立规则时，对非营利法人更需要加强来自社会及政府等各方面的外部监督。与"结构主义分类说"相比，"功能主义分类说"除了能明确表明法人目的、功能及产权结构的区别，还能借助"非此即彼"的表达方式，避免出现其他分类方式无法规范中间地带法人的不足。

（2）"否定说"

第一，这一分类模式偏离了民法的立法重点。一方面，有学者认为，这一分类模式着重于法人社会职能的发挥，是国家对法人社会职能定位安排的体现，它体现了"基于国家对法人管制"的制度宗旨，是"从外在于民事主体互动的纵向鸟瞰视角界定立法面对的问题"，因而无法满足民事主体利用团体结构的需要。而作为民法组成部分的法人制度首先应当着眼于民事主体间的利益冲突及其解决，由此，法人制度应当首先确定法人成员的标准、法人意思的形成和表达、法人及成员之间的关系等问题。另一方面，也有学者提出，这一分类使得民法法人制度中包含了对法人公益性质的判断，而非营利目的涉及的社会公共利益往往产生的是公法上的效果，在民法中加以规定是越俎代庖，极有可能破坏《民法典》的稳定性。[①]

第二，这一分类不能反映我国"民商合一"的基本原则或精神。李永军教授认为，以"营利法人与非营利法人"作为基本分类实际体现了"民商分立"的基本思路，因为按照大陆法系传统民法理论，民法上的法人一般都是非营利性的，而商法上的法人一般都是营利性的。而依营利性与否来区分法人实际上是将商法内容"机械地"照搬进《民法典》，容易造成"形合而神不合"。[②]

第三，无法反映不同法人类型的根本差异，导致法人制度无法"提取公因式"，有损《民法典》的体系性。以目的为分类标准无法体现法人作为组织体的最根本特征，使得立法无法按照不同类型的法人特征差异进行针对性立法。而且社会团体、事业单位及基金会法人等之间没有共同之处，在立法技术上很难达到以"提取公因式"方式构建一般规则，因而有损《民法典》的体系性。[③]

第四，营利与否的判断标准具有模糊性，在实践中难以界定。持"结构主义分类模式"观点的学者几乎都将此作为批评指向的内容之一，即便是一些专门讨论非营利法人的学者也有此疑惑。他们认为，"非营利"一词作为以否定判断表述的概念，本身在语义上就有不确定性，要界定其具体内涵十分困难。也正因为如此，迄今在理论界定中也没有统一的观点。而且，非营利性的判断是一种价值判断，在不同社会不同时期，有关非营利或者公益的判断尺度会发生变化，因此具有很大的不确定性。

第五，并不能穷尽法人的各种形态，尤其是对农民专业合作社等特殊类型的中间法人。由于"营利"与否的判定不确定性特征突出，将造成实践中

---

① 蔡立东. 法人分类模式的立法选择 [J]. 法律科学（西北政法大学学报），2012，30（1）：111-112；谢鸿飞.《民法总则》法人分类的层次与标准 [J]. 交大法学，2016，7（4）：43-44.

② 李永军. 以"社团法人与财团法人"的基本分类构建法人制度 [J]. 华东政法大学学报，2016，19（5）：31.

③ 谢鸿飞.《民法总则》法人分类的层次与标准 [J]. 交大法学，2016，7（4）：43；李永军. 我国未来民法典中主体制度的设计思考 [J]. 法学论坛，2016，31（2）：75-76；李永军. 以"社团法人与财团法人"的基本分类构建法人制度 [J]. 华东政法大学学报，2016，19（5）：35.

区分"营利"与"非营利"的难题。而"营利"与"非营利"的"非此即彼"的绝对化表达，使得实践中许多同时具有"公益"与"营利"两种特性的法人，如农民专业合作社、民办学校、民办医院等法人难以归属。更令人为堪忧的是，这一分类的采用将使得许多民办教育机构只能择一从之，将对民办学校造成巨大冲击。① 还有学者认为民法从营利与否的角度对法人进行分类，以此为基准对法人进行民事法律调整，是不能准确理解和把握经营与商事、营利与非营利、营利性经营、商事或商业性经营、政策性经营、公益性经营等相互关系之故，是一种"失焦"。法人是否营利或者具有营利性，主要是税法所关注和规制的。②

第六，在营利法人与非营利法人之外再增加一种特别法人既无必要，也不可行，问题明显。③ 首先，这种立法设计缺乏体系科学性，营利法人与非营利法人遵循"非此即彼"的语法表达，在逻辑上已经构成一个周延的类别划分体系，营利法人、非营利法人以及特别法人三者无法在一个逻辑层面共存。其次，合作经济组织不宜被统一定性为法人。合作社的类型多样、规模不一，立法上应当尊重和鼓励这种多样性和灵活性，不宜将其全部统一定性为法人或其他组织。再次，农村集体经济组织的法律地位也尤为值得探讨。根据《民法典》的规定，农村集体经济组织取得法人资格应当是一般性规定，而不能取得法人资格反而需要另有其他法律规定，但一般性地赋予其法人资格没有合理依据。

第七，从国有企业分类改革的视角进行分析，认为《民法总则》对法人的分类不利于国企分类改革的现实需求。④ 对营利法人制度来说，它基本上是我国《公司法》所确立的企业法人治理结构的重述，并没有设置任何新的组织和运行规范；而对非营利法人制度来说，主要是针对近年来发展渐趋发达的各类社会组织的一种立法回应，旨在解决实践中非营利法人屡次折射出的公信力不足的问题，但由于相关规定过于笼统，因而不能应对实践中的主要问题；至于在上述二者之外所设立的特别法人制度，其本质上并不是一类独

---

① 梁慧星. 中国民法典草案建议稿附理由：总则编 [M]. 北京：法律出版社，2013：129；谢鸿飞.《民法总则》法人分类的层次与标准 [J]. 交大法学，2016，7（4）：44；房绍坤，王洪平. 民事立法理念与制度构建 [M]. 北京：法律出版社：2016：200-205.

② 史际春，胡丽文. 论法人 [J]. 法学家，2018，33（3）：74.

③ 谭启平. 中国民法典法人分类和非法人组织的立法构建 [J]. 现代法学，2017，39（1）：83-85.

④ 黎桦.《民法总则》法人类型体系的反思与改进：以国有企业分类改革为视角 [J]. 社会科学，2019，41（4）：92.

立的法人类型，概念并不清晰明确，立法设计也不具有体系科学性。从法律条文来看，《民法典》第三章第四节下设的七条内容，其实仅完成了对国家机关、农村集体经济组织、城镇农村的合作经济组织和基层群众性自治组织四类主体法人资格的"赋权"，没有进一步规定其法人治理结构和行为规则等问题。换言之，目前的特别法人制度，实际上是以立法"兜底"的形式，将难以纳入营利法人或非营利法人制度的几类特殊的法人类型予以单列。从现实状况来看，机关法人、农村集体经济组织法人、城镇农村的合作经济组织法人和基层群众性自治组织法人这四类法人在设立目的、组织形态、功能定位等方面均存在很大的差异性，其共同特征不能统合为一个独立法人类型。

三、我国台湾地区和其他国家的法人分类制度

为了使我国大陆地区的法人分类制度能适应社会经济发展需要，并对法人制度的制度取向和制度容量提供最大限度的支撑，须借鉴比较法上已经比较成熟的法人分类制度。现将比较法上的各种法人分类归纳如下：

（一）大陆法系的法人分类

1. 公法人和私法人

这是大陆法系民法对法人最重要的一种分类，其他类型的法人分类都是基于这样一种分类，都是对这种分类的细化。公法人是指以公共利益为目的而设立的法人。私法人是指以私人利益为目的而设立的法人。这里是以法人设立的目的作为设立标准。但是，有关这种法人分类的标准，学者有不同的主张，主要有以下几种观点。

（1）以法人的设立者为标准

凡由国家或公共团体设立的法人为公法人；反之，则为私法人。

（2）以设立法人的目的为标准

凡以促进和改善公共福利为目的而设立的法人为公法人；反之，则为私法人。

（3）以法人与国家间的法律关系为标准

凡对国家有特别利害关系并受其特别保护的为公法人；反之，则为私法人。

（4）以法人是否行使或分担国家权力为标准

凡行使或分担国家权力或政府职能的为公法人；反之，则为私法人。

（5）以一般社会观念为标准

凡依当时的社会观念认为是公法人者即为公法人；反之，则为私法人。

（6）以设立法人的规则为标准

凡依公法设立的法人即为公法人；反之，则为私法人。我国台湾地区学者胡长清、王泽鉴都持该种观点。这类划分的意义在于：首先，把私法人划分为社团法人和财团法人之后，实施不同的法律调整规范。关于社团法人的成立和活动主要由特别法予以调整，如公司法；财团法人一般只在民事法律中予以简要规定，具体活动和管理则由财团法人的组织结构按其设立的意思自由决定。其次，在具体法律规定上，法律对社团法人和财团法人的设立、管理、变更和解散都有不同的规定。在设立方面，社团法人的设立一般符合法定条件即可，无须行政机关批准；而财团法人的设立行为则一般要经过主管机关的许可。同时，社团法人的设立行为是多数人共同协议行为，包括在此基础上的共同出资行为；而财团法人的设立则是无偿地提供给他人的捐助行为。在管理方面，社团法人的一切重要事务都由其社员共同决定，并由选任的业务机构负责执行；而财团法人的管理机构及管理方法则由捐助人的章程或遗嘱确定，如有违反，法院可经利害关系人的申请而宣告其行为无效。在变更与解散方面，社团法人除法定变更和解散原因外，都由其成员决定；而财团法人的变更或解散则更多地受主管机关或法院的干预，为维护财团法人的财产或保证其目的的实现，法院可经利害关系人申请变更财团法人的管理机构。如因客观情况变化，使原定目的无法实现时主管机关可根据捐助人的意思，变更财团法人的目的。如若不成，也可将该法人解散。①

2. 社团法人与财团法人

社团法人与财团法人划分是对私法人的再划分，划分的标准乃是法人的成立基础。社团法人是以人的集合为基础成立的法人，是人的集合体，如公司、合作社、各种协会和学会等。财团法人是以财产的集合为基础的法人，是财产的集合体，如各种基金会、慈善组织等。社团法人和财团法人有许多相似之处，如社团法人有财产，而财团法人有管理人代表其活动。

大陆法系国家和地区多在立法中对这一划分有所体现，原联邦德国《民法典》第1编第2节第1目和第2目便是有关社团和财团的规定，其中对社团的规定用了59个条款的规范加以规制，对财团用了9个条款，而且在第21

---

① 王玫黎. 法人分类比较研究 [J]. 西南师范大学学报（人文社会科学版），2003, 47（2）: 60-64.

条和第 22 条对社团进行了划分。① 我国台湾地区"民法典"在第 2 章第 2 节第 2 款和第 3 款中对社团和财团作了规定，效仿联邦德国的做法，也在第 45 条、第 46 条对社团作了划分。② 同样，意大利《民法典》也在第 2 章第 1 节和第 2 节中对社团法人和财团法人作了界定。社团法人和财团法人的区别有如下几点：第一，成立的基础不同。社团法人以人为基础，它总有自己的成员或社员，如公司有自己的股东；财团法人以财产为基础，因而没有社员，代表财团法人进行活动的不是它的社员，而是管理人员，管理人员的变更不影响财团法人的存在。第二，设立人的地位不同。社团法人的设立在法人成立后即取得社员资格，享有参与或决定法人事务的权利及其他权利义务；财团法人的设立人在法人成立后即与法人脱离关系，既不作为法人成员，也不直接参与或决定法人事务，也享受法人提供的财产利益，甚至有的设立人在法人成立后即死亡或在法人成立前已经死亡。第三，目的不同。社团法人的设立可以为了营利，也可以为了公益。而财团法人的设立则只能为了公益，所以财团法人只能是公益法人。这类划分的意义在于：第一，把私法人划分为社团法人和财团法人之后，实施不同的法律调整规范。关于社团法人的成立和活动主要由特别法予以调整，如公司法；财团法人一般只在民事法律中予以简要规定，具体活动和管理则由财团法人的组织结构按其设立的意思自由决定。第二，在具体法律规定上，法律对社团法人和财团法人的设立、管理、变更和解散都有不同的规定。在设立方面，社团法人的设立一般符合法定条件即可，无须行政机关批准；而财团法人的设立行为则一般要经过主管机关的许可。同时，社团法人的设立行为是多数人共同协议行为，包括在此基础上的共同出资行为；而财团法人的设立则是无偿地提供给他人的捐助行为。在管理方面，社团法人的一切重要事务都由其社员共同决定，并由选任的业务机构负责执行；而财团法人的管理机构及管理方法都由捐助人的章程或遗嘱确定，如有违反，法院可经利害关系人的申请而宣告其行为无效。在变更与解散方面，社团法人除法定变更和解散原因外，都由其成员决定；而财团法人的变更或解散则更多地受主管机关或法院的干预，为维护财团法人的财产或保证其目的的实现，法院可经利害关系人申请变更财团法人的管理

---

① 第 21 条：[非营利社团] 不以营利为目的的社团，因登记于主管初级法院的和社团登记簿而取得权利能力。第 22 条：[营利社团] 1. 以营利为目的的社团，如帝国（联邦）法律无特别规定时，得因邦（州）的许可而取得权利能力。2. 许可权属于社团住所所在地的邦（州）。

② 第 45 条：以营利为目的之社团，其取得法人资格，依特别法之规定。第 46 条：以公益目的之社团，于登记前，应得主管机关的许可。

机构。如因客观情况变化，使原定目的无法实现时主管机关可根据捐助人的意思，变更财团法人的目的。如若不成，也可将该法人解散。

3. 营利法人与公益法人

按照法人成立或活动的目的，可将私法人划分为营利法人和公益法人。营利法人是指以取得经济利益并分配给其成员为目的而成立的法人，如公司等。而公益法人是指以社会公共利益为目的而成立的法人，如学校、医院、慈善组织等。所谓社会公共利益，是指不特定多数人的利益，并且一般是指非经济的利益，但这并不意味着公益法人不进行任何营利性的经济活动。相反，营利活动有时也是某些公益法人的重要内容，但与营利法人不同的是，这种营利不是该法人的最终目的，所获利益亦非分配给其成员，而是完成其目的的一种手段或必要途径。

公益法人和营利法人的划分与财团法人和社团法人的划分有密切联系。在大陆法系国家和地区，对公益法人和营利法人的划分多是对社团法人的再划分。如《德国民法典》第21条和第22条之规定，我国台湾地区"民法典"第45条、第46条之规定。《日本民法典》第34条、第35条之规定。① 这种划分实际上并未包容一切社团法人，除这两种法人以外，实际生活中尚有既非为了公益又非为了成员的经济利益而设立和存在的社团法人。例如社交俱乐部，它们的目的是其成员的非经济利益，这种法人虽然未在立法上予以规定，但理论上称其为中间法人。

这种划分的意义在于：第一，对二者实行不同的设立原则。营利法人的设立依照特别法之规定，而公益法人的设立除有特别法之外，依民法之规定。第二，二者设立的程序不同。营利法人的设立除有特别规定外，一般不需要得到主管机关的许可，而公益法人必须在取得许可后才能成立。第三，二者采用的法律形式不同。营利法人一般采取社团法人的形式，而公益法人既可以采用社团法人的形式，也可采用财团法人的形式。第四，二者的权利能力不同。营利法人可以从事各种营利性事业，而公益法人不可从事营利性事业。

4. 本国法人与外国法人

本国法人与外国法人这是依法人的国籍所作的划分。具有本国国籍的法人为本国法人，而不具有本国国籍或具有外国国籍的法人即为外国法人。这

---

① 第34条：［公益法人的设立］有关祭祀、宗教、慈善、学术、技艺及其他公益的社团和财团不以营利为目的者，经主管机关许可，可以成为法人。第35条：［营利法人］（一）以营利为目的的社团，可以依商事公司设立的条件，成为法人。（二）前条的社团法人，均适用有关商事公司的规定。

里的难题是如何认定法人的国籍，在现实中有下列几种说法：①"设立法人国籍说"，即以法人设立人的国籍为法人的国籍；②"资本控制说"，或称为"成员国籍说"，即以法人的资本控制在哪一国成员的手中确定法人的国籍；③"准据法说"，即以设立所依据的法律确定其国籍，英美等国多采此说；④"住所地说"，即以法人住所地作为确定法人国籍的标准。对于法人的住所地，有的依法人的常设机构所在地为住所，如苏联；有的依法人的主要营业所在地为住所，如日本。

目前绝大多数国家采用"准据法说"和"住所地说"。在中国，凡依中国法律成立的法人即为中国法人，包括外资独资企业，虽然它的投资者是外国商业组织，但仍为中国法人。反之，我国企业如果在某一外国按该国法律设立一家公司法人，则为外国法人。

在立法上，原联邦德国《民法典》第23条对外国社团作了规定。① 日本《民法典》第36条对外国法人作了规定。② 将法人划分为本国法人与外国法人的法律意义在于确定外国人的法律地位，这包括三个方面的内容：

其一，确定对外国法人的法律适用问题。外国法人能否适用本国法律，不能一概而论，这主要取决于该国法律规定和参加的双边或多边条约的规定。

其二，确定外国法人认许和登记。外国法人虽然是依照其本国法依法成立的，具有法人资格，但在其他国家并不必然具有同样的法律效力，如要在他国取得合法地位、享有法律人格，必须由该国有关机关依照有关法律予以认许。关于认许一般有如下几种：①一般认许制，即外国法人只要办理必要的登记和注册手续，就可在他国活动；②特别认许制，即外国法人活动必须由本国政府特别认许；③分别认许制，即根据外国法人的性质采取不同的认许办法；④相互许可制，即通过条约互相认许。

其三，确定外国法人的权利能力或业务范围。经认许的外国法人一般享有本国法人基本相同的权利能力，但对于某些特殊权利能力，可依据法律或国际公约、条约予以限制，如军事工业等国计民生关系重大的特殊行业，一般禁止或限制外国法人经营。

5. 民法法人与商法法人

在民商分立的国家，尚有民法法人与商法法人的划分。民法法人是指民

---

① 第23条：[外国社团] 在联邦的任何一个邦（州）内都没有住所的社团，如帝国（联邦）法律无特别规定时，得因联邦参议院的决议而授予权利能力。

② 第36条：[外国法人]（一）外国法人，除国、国的行政区及商事公司外，不认许其成立。但依法律或条约被认许者，不在此限。（二）依前项规定被认许的外国法人，与在日本成立的同类法人有同一私权。但是，外国人不得享有的权利及法律或条约中有特别规定者，不在此限。

法上规定的、由民法调整的法人，它不进行持续性的交易活动，如大学等；而商法法人是指商法规定的、由商法调整的法人，是商法的主体，如各种公司等。由于目前民法的发展趋势是民商合一，所以采纳这种划分的国家和地区越来越少，其影响力也越来越小。

（二）英美法系的法人分类

集体法人与独任法人是英美法系国家对法人所作的一种基本分类。其划分的依据是法人资格的享有者是由若干成员组成的集体还是担任某一特定职务的个人。① 集体法人（CorporationsAggregate），也译为合体法人，是指由若干成员共同组成的法人，其性质与大陆法系中的社团法人的概念基本相同。② 通常所称法人绝大多数是指这种集体法人。商业公司、合作社是最为典型的集体法人，国家或地方政府开办的公有企业和其他地方公共机构亦属于集体法人。独任法人（CorporationsSole），也译为独体法人或单独法人，是指由担任特定职务的一人组成的法人。这种职务本身具有恒久的存续性，并通过任职者之间的继任实现。③ 某一任职者死亡后，法人的财产即转移给其继任者。独任法人的特点在于处于某一特定职务的自然人具有一般自然人所不能享有的永久的法人人格，而这种人格又是法律所特别赋予的。

英美法系和大陆法系对独任法人所采取的不同态度表明了它们对法人人格本质的不同理解。大陆法系对独任法人的否定，表明了其对法人人格团体性的强调。而英美法系肯定独任法人，则反映了其对法人人格拟制的认识。从人格的团体性来说，法人人格确是一种不同于自然人人格的新的人格，一般情况下它当然是由某个社会组织享有，这种人格的团体性正是它区别于原始的个人人格的根本所在。但从人格的拟制性来说，法人人格既然为法律拟制，那么法律就既可以赋予团体以法人人格，也可以赋予个人以法人人格，只要这种人格赋予具有相应的法律意义并能实现既定的目的。这种对法人人格载体所持的不同态度，孰是孰非，或者哪个更符合法人的本质，恐怕难以达成一致的结论。

需要特别注意的是，独任法人尽管由一人组成，但与仅由一个股东单独出资组成的"一人公司"是两个完全不同的概念，绝不能将"一人公司"视为一种独任法人。"一人公司"虽由一人组成，但其法人人格却由公司享有，而非由该股东享有，其财产亦属公司，而非属该股东，它所体现的仍是一种

---

① 江平. 法人制度论 [M]. 北京：中国政法大学出版社，1998：55.
② 江平. 法人制度论 [M]. 北京：中国政法大学出版社，1998：56.
③ 江平. 法人制度论 [M]. 北京：中国政法大学出版社，1998：56.

团体性质的人格，这与个人享有法人人格的独任法人显然不同。

四、关于法人分类制度的重构学说

我国民法对于法人制度作出重大变革。2017 年 3 月出台的《民法总则》在 30 年企业法人与非企业法人分类实践的基础上，向前确立了营利法人、非营利法人和特别法人的基本分类，破除了传统民法的社团法人、财团法人与公法人的分类范式，且 2020 年 5 月出台的《民法典》对此作出同样规定。这一做法旨在将中国法人本土化实践与法人再现代化趋势进行融合发展。由此，也引发了学术界极大的关注和研究兴趣。特别是对于在这种分类模式下，如何统筹三大基本类型法人的整体规范架构，如何设计具体类型法人，以及如何合理规范其运行和治理等，值得展开深入的法政策和制度适用研究。①

在制定《民法典》的过程中，我国学者在学习、借鉴比较法中的法人分类制度的同时，也积极思考并提出了相关的重构学说。徐国栋教授主持起草的《绿色民法典草案》采取了将私法人分为社团法人与财团法人的分类模式。② 梁慧星教授课题组的"民法典草案建议稿"则推出了营利法人与非营利法人的分类模式。③ 王利明教授主持起草的"民法典学者建议稿"沿用了企业法人与非企业法人的分类模式。④ 主要的重构学说有：

（一）经济性法人与非经济性法人

根据法人是否从事经济性活动，将法人分为经济性法人与非经济性法人。经济性活动不取决于是否以营利为目的，而是指法人在市场上有计划长期地和有偿地提供产品或者劳务。这种分类方法的关键是不以成立目的而以活动类型为分类依据，将是否从事经济性的活动作为划分标准。其中最需要关注

---

① 龙卫球. 民法典法人制度专题 [J]. 北京航空航天大学学报（社会科学版），2020，33（1）：8.

② 该草案第 8 条规定："私法人可以分为社团法人和财团法人、企业法人和事业单位法人。"此条虽将社团法人和财团法人的分类与企业法人和事业单位法人的分类并列，但第 10 条则将企业法人和事业单位法人的分类确定为社团法人和财团法人的分类的下位分类，因此，企业法人和事业单位法人的分类即使在该草案也不具有分类模式的意义。参见徐国栋主编. 绿色民法典草案 [M]. 北京：社会科学文献出版社，2004：113-114.

③ 但梁慧星课题组并未以此分类模式作为设计法人制度的逻辑线索，只是将公司等企业法人比附为营利法人，而将机关法人、事业单位法人、捐助法人划归非营利法人，法人类型的区分仅体现为设立原则的不同，如分属于营利法人和非营利法人的公司与社团分享着相同的意思形成和表达机制。因此，该分类模式对于立法的意义在法人具体制度安排上并未得到体现（梁慧星. 中国民法典草案建议稿附理由：总则编 [M]. 北京：法律出版社，2004：99-104.）。实践中，营利法人与非营利法人的分类也未有成功的立法例，该分类的立法意义主要也在于设立原则、税收优惠等公法领域，而非私法领域对法人的区别对待上。

④ 王利明. 中国民法典学者建议稿及立法理由（总则编）[M]. 北京：法律出版社，2005：121.

的是，要将从事一定的经济活动而并不以经济活动为主的法人归于非经济性
法人。其原因在于，在当今社会，几乎没有任何一种法人是与经济活动完全
隔绝的，而无论是学校、医院还是福利院、寺庙，都不应该也不可能不从事
任何经济性活动。但是，从本质上说，这些机构并非长期和有偿地提供产品
或者劳务，其提供产品和劳务的性质与经济性法人是不同的。① 这种分类的主
要依据是：第一，它简单且实用，经济性和非经济性可以使公众清晰地看到
身边的法人是何种类型，较容易为大众接受，符合我国法律文化的传统和实
际。第二，这种方式的立法成本较低。这里所谓的立法成本较低是指这种分
类不会大规模地改变原有的分类模式，而只是将原有的分类进行合理有效的
整合。同时适用这种分类，对行政管理部门在监管法人上的改变也不会十分
突兀。第三，这种分类方式能够将各种法人包容进去，具有较强的周延性。
这种分类方法可以包容我国《民法通则》中所规定的四种法人类型，其中机
关法人和兼有行政管理职能的事业单位法人为公法人，其余法人类型均属私
法人。事业单位法人、社会团体法人、合作社组织以及宗教组织、一人公司
等都可包含于经济性或非经济性法人之中。

（二）区分公法人与私法人，通过财团法人和社团法人对法人进行类型
化，无须区分营利法人与非营利法人

此种重构学说即以大陆法系法人分类模式为基础而形成的学说。首先，
区分公法人和私法人，且需要确定区分二者的标准，并论证了区分二者的必
要性及意义。《民法总则》没必要也不可能详细规范公法人，只需阐明公法人
参与民事活动时，应适用民法规范即可。为此，可在"一般规定"的平等原
则或"法人"部分规定一个条款。其次，通过社团法人和财团法人对法人进
行类型化。社团和财团是从法人构成的技术特征所作的法人分类，适用于任
何形态的法人。从构成特征入手区分法人，裨益立法者针对两类法人的不同
组织特征，制定一般性法人规范，并为法人特别法提供基本法的制度支援。
虽然这种分类也有灰色地带，实践中可能出现既有社团特征也有财团特征的
法人（如某些宗教法人），但是，其包容性较"营利—非营利性"稍强。若
采用"社团—财团"的法人类型，我国《民法总则》有必要作重大变革：无
须将财团法人限于只能从事公益的法人——这不仅是因为《民法典》不适宜
判断法人的目的，更是因为民商实践对成立营利性财团法人的强旺需求，如

---

① 周玉超，蔡文灏. 我国法人分类制度的重新思考［J］. 东华大学学报（社会科学版），2010，
10（3）：229-232.

为某个家族设定的基金、为设立资产证券化过程中的特殊目的公司、信托集合投资计划、证券投资基金等。最后，《民法总则》没有必要将社团法人和财团法人进一步区分为营利法人和非营利法人，《民法典》应避免对法人成立的目的进行监管，而只应从技术角度对法人予以规定。①

（三）区分公法人与私法人，公法人中包含一般公法人与特别公法人；私法人中包含营利法人、非营利法人与特别私法人

首先将法人分为公法人与私法人，公法人包含一般公法人（机关法人）和特别公法人，特别公法人下设基层群众性自治组织法人和公益性企业法人两类，后者即对应于公益类国企；私法人则包含营利法人、非营利法人和特别私法人三类，前两类的内涵与当前《民法典》的规定相同，而特别私法人则包含城镇农村的合作经济组织法人、农村集体经济组织法人和小区业主大会法人三类。② 这一法人类型体系重构方案的优点在于：其一，提高了法人类型的层次性，将原来的双层法人类型体系进化为三层类型体系，且令分类标准更科学。在该种分类方式下，每一法人类型均对应同一性质的组织和运行规则，不再存在"兜底"式的特别法人制度设计。其二，该分类方案健全了在《民法典》中规范内容极少的公法人制度。通过单独建立公法人类型体系的形式，《民法典》中的法人制度将有一个完整的章节对公法人的基本组织和运行规范进行规定；而在特别公法人制度中，亦将设计公益类企业法人的若干特殊规范，使其与私法人制度中的营利法人呈现出差异化设计。

（四）明确公法人和私法人的界限，作为法人分类的基础；在私法人内部划分为社团法人和财团法人③

首先，明确公法人和私法人的界限，作为法人分类的基础。基于上文对大陆法系法人分类的分析，我国应该采用大陆法系传统的公法人和私法人的划分方式。法人制度只有通过清晰的公法人、私法人分类，严格设定民事生活领域的准入规则，才能完成对公法人进入私法领域的限制，实现对私法人实施自主行为的保障。这也为法人分类的进一步划分奠定了理论价值基础。其次，在私法人内部划分为社团法人和财团法人。在私法人中，其成立基础要么是人的集合，要么是财产的集合，以二者的差异进行"类别化"的规定，

① 谢鸿飞.《民法总则》法人分类的层次与标准 [J]. 交大法学，2016，7（4）：45.
② 黎桦.《民法总则》法人类型体系的反思与改进：以国有企业分类改革为视角 [J]. 社会科学，2019，41（4）：97.
③ 姜淞源. 个体主义方法论与法人制度的骨骼：我国法人分类模式的重构 [J]. 中国商界（下半月），2010（4）.

既简化了立法，又囊括了所有的私法人，使每一种私法人在法律上都能找到其归属，这符合立法上分类的宗旨和民法典追求逻辑严谨的要求。从立法思维来看，也符合个体主义方法论——尊重个人意志与作用的价值取向。有的学者认为无须再区分营利法人与非营利法人，传统大陆法系以"团体与成员之间的关系变化形态"为线索，采纳以"人"或"财产"为基础的社团与财团法人分类的成熟模式，远比"企业法人分类说"或"营利法人与非营利法人分类说"更能清晰地揭示自然人结社自由的目的所在和团体与成员之间的各自角色、意思表达、动态变化，以及监管强弱的立法态度。[①] 有的学者认为应当在社团法人内部划分为营利法人和非营利法人。传统民法将法人分为营利法人与非营利法人，其目的在于揭示法人设立的不同目的，并实现法人设立条件和设立原则上的重大区别，是法人的一种最为重要的基本分类。我国对法人分类进行重构，必须基于现实的可行性和兼容性，将社团法人区分为营利法人和非营利法人。此种分类着眼于从个人在团体中的作用出发，立足于个人在私法中的价值，突出了个体主义方法论的立法思维。

 相关法律法规及司法解释

《民法典》

第 57 条　法人是具有民事权利能力和民事行为能力，依法独立享有民事权利和承担民事义务的组织。

第 76 条　以取得利润并分配给股东等出资人为目的成立的法人，为营利法人。

营利法人包括有限责任公司、股份有限公司和其他企业法人等。

第 87 条　为公益目的或者其他非营利目的成立，不向出资人、设立人或者会员分配所取得利润的法人，为非营利法人。

非营利法人包括事业单位、社会团体、基金会、社会服务机构等。

第 96 条　本节规定的机关法人、农村集体经济组织法人、城镇农村的合作经济组织法人、基层群众性自治组织法人，为特别法人。

《事业单位登记管理暂行条例》

第 2 条　本条例所称事业单位，是指国家为了社会公益目的，由国家机

---

① 傅穹. 法人概念的固守与法人分类的传承［J］. 交大法学, 2016, 7（4）: 49.

关举办或者其他组织利用国有资产举办的，从事教育、科技、文化、卫生等活动的社会服务组织。

事业单位依法举办的营利性经营组织，必须实行独立核算，依照国家有关公司、企业等经营组织的法律、法规登记管理。

《社会团体登记管理条例》

第2条　本条例所称社会团体，是指中国公民自愿组成，为实现会员共同意愿，按照其章程开展活动的非营利性社会组织。

国家机关以外的组织可以作为单位会员加入社会团体。

《民办非企业单位登记管理暂行条例》

第2条　本条例所称民办非企业单位，是指企业事业单位、社会团体和其他社会力量以及公民个人利用非国有资产举办的，从事非营利性社会服务活动的社会组织。

《基金会管理条例》

第2条　本条例所称基金会，是指利用自然人、法人或者其他组织捐赠的财产，以从事公益事业为目的，按照本条例的规定成立的非营利性法人。

七　非法人组织与其他组织的关系

» » »

法 理 ✦

　　《民法典》采用了自然人、法人和非法人组织的主体三分法的立法模式，将非法人组织作为民事领域的第三类主体。但需要注意的是，此前在《合同法》《担保法》，以及其他众多法律中所规定的"其他组织"，是否和非法人组织系同一概念，换言之，非法人组织与其他组织的关系为何，这一点亟待厘清。学术界对此存在区分论和同一论两种观点。

　　就内涵而言，采用各种法律解释的方法，可以发现非法人组织与其他组织在构成上的区别；就外延范围来看，以分支性或者代表性机构为例，不难看出二者外延范围的差异决定了二者并非同一系属；就民事立法的沿革来看，在《民法典》起草过程中立法者势必也注意到了非法人组织和其他组织实质上的不同，故最终在《民法典》总则编采用了非法人组织的表述。

　　《民法总则》对《民法通则》所规定的调整对象进行了大刀阔斧的改革，其中最重要的一点就是改变了《民法通则》所践行的二元化民事主体结构，新增了第三类民事主体，名曰"非法人组织"。《民法典》延续了《民法总则》的规定，继续采用了自然人、法人和非法人组织的三分法。

　　值得注意的是，《民法总则》以及《民法典》并未采取此前《合同法》或《最高人民法院关于适用〈中华人民共和国民事诉讼法〉的解释》以及其他法律法规中"其他组织"的表述。那么，《民法典》中的"非法人组织"与其他法律中的"其他组织"是何关系，亟待厘清——这不仅是两个法律概念的辨析与比较，更是直接与未来的立法工作相关：倘若二者系属同一概念，那么为了法律体系的统一性和规范性表达，应当考虑在未来的立法工作中取消"其他组织"的表述，并对现有立法进行整理和修改；但若二者的内涵与外延不相一致，则应当允许二者在法律体系中并存，并明晰二者在法律上的区别，以便更好地衔接民法与民事诉讼法，维护法律体系与司法秩序之统一。

一、非法人组织的历史沿革

在《民法总则》颁布之前，我国尚未出现非法人组织的概念，存在于民事领域的第三类主体乃是由 1991 年的《民事诉讼法》、1992 年的《最高人民法院关于适用〈中华人民共和国民事诉讼〉的解释》以及 1999 年的《合同法》中所确定的"其他组织"。具言之，在 1999 年民法领域尚未出现"其他组织"的概念时，民事诉讼法领域已经将其他组织作为诉讼主体予以吸纳，并对其定义和类型进行了界定："其他组织是指合法成立、有一定的组织机构和财产，但又不具备法人资格的组织。"直至 1999 年《合同法》的问世才将"其他组织"局部性地纳入民事实体法的视野中。此后于 2000 年颁布的《最高人民法院关于适用〈中华人民共和国担保法〉若干问题的解释》第 15 条从民事实体法意义上划分了"其他组织"的外延范围。但也由此引发了一个新的问题——《民法通则》并未将"其他组织"作为民事法律关系的主体，而《合同法》《担保法》及其司法解释却径行将其作为法律关系的主体，是不是对上位法的突破？或言之，其他组织在民事实体法中的地位如何界定？

于是，在制定《民法总则》之时，民法学界就希冀能够通过《民法总则》来一锤定音，解决这一问题。然而，《民法总则》却独辟蹊径，将非法人组织作为第三类民事主体——在《民法总则》的起草过程中，存在采用"非法人组织"与"其他组织"的表述之争，但最终立法者基于几个方面的考虑，最终采用了"非法人组织"的表述：①"其他组织"这一词语不符合法律语言学的要求，因为"其他组织"作为概念使用必须与相关语境密切联系。脱离了相关语境，"其他组织"讲不明所以。或者说，不知"他"所指为何，"其他"则无从确指。②虽然我国现行法律、行政法规中普遍使用"其他组织"一词，但这些"其他组织"并不是同一概念，其内涵与外延因特定法律、行政法规的适用范围而定，既有公法上的其他组织也有私法上的其他组织。或者说，"其他组织"一词在我国法律知识体系中的应用是十分混乱的。③虽然在我国社会的法律生活中"其他组织"一词已经耳熟能详，但必然是一个很不准确的概念。通过《民法总则》正确地使用"非法人组织"一词，是非常难得的梳理法律概念体系的机会。① 然而，《民法总则》的这一做法仅仅是回避了既有的问题，并没有直接明晰"其他组织"在民事实体法中的地位，

---

① 李适时. 中华人民共和国民法总则释义 [M]. 北京：法律出版社，2017：327.

却将问题转变为非法人组织与"其他组织"的关系为何。

（一）非法人组织的体系定位

《民法总则》第四章对非法人组织进行了专章规定，《民法典》在总则编延续了这一做法，于第102条规定"非法人组织是不具有法人资格，但是能够依法以自己的名义从事民事活动的组织"，并列举了非法人组织的外延范围"非法人组织包括个人独资企业、合伙企业、不具有法人资格的专业服务机构等"。

足见，《民法典》已经赋予了非法人组织一个法律定义，但《民法典》第102条所规定的非法人组织的法律概念是一个概括性概念而并非一个规范性概念，这一法律定义并不能囊括非法人组织的全部特征。结合这一定义以及民事主体制度的相关理论，可以归纳出非法人组织的几个特性：

其一，非法人组织的社会组织性。非法人组织是一个团体法意义上的概念，故《民法典》将其界定为"组织"，这也就意味着非法人组织是一个具有稳定性的社会组织，有自己的代表人或者管理人甚至组织机构，它并非一个临时的松散的机构。从《民法典》第105条的规定可以看出，非法人组织亦可以通过设置代表人或者管理人的方式进行内部组织管理和外部法律行为，这一点也可以从侧面证明非法人组织的社会组织性。

其二，非法人组织能够以自己独立的名义参与民事活动。成为民事主体的条件之一即是能够以自己的名义从事民事法律行为，这就意味着：一方面，非法人组织虽然不是法人，但其也是一个组织体，其与单纯的不具有法人资格的财产集合体相区别，例如个人合伙；另一方面，非法人组织是为了自身的特定目的而存在，或是为经营活动，抑或为经营目的之外的教育、慈善事业等，在其活动目的范围内具有独立的民事权利能力和民事行为能力。

其三，非法人组织可能拥有自己独立的财产，但并不具备独立的责任能力。成立非法人组织的目的就在于其"财产区隔作用"，能够明确划分自然人个人的财产与非法人组织的财产。因此往往非法人组织都有自己独立的财产，但不以此为必需：据《合伙企业法》第39条以及《个人独资企业法》第31条之规定，非法人组织的债权人可以越过非法人组织本身而向其成员追索债权，于此，基于保护交易安全的视角，非法人组织的独立财产并非必需的成立条件。且不同于法人的是，非法人组织并不具有独立的民事责任能力，当非法人组织的财产不足以清偿其自身债务而发生清偿不能时，其出资人或设立人需承担无限连带责任。而法人只有在个别情况下出现"法人人格否认"的情况，才需要"刺破法人面纱"来追索其背后的出资人或设立人。

综上所述不难看出，非法人组织是具有独立的意志能力和独立的财产能力的民事主体，其外延范围即是《民法典》所列举的个人独资企业、合伙企业、不具有法人资格的专业服务机构，而这一"等"字的指向，应当理解为符合《民法典》第102条所规定的条件的其他非法人组织，例如，依法登记领取我国营业执照的中外合作经营企业、外资企业，以及经依法登记领取营业执照的乡镇企业、街道企业。

但非法人组织是否必须以领取营业执照作为成立条件，笔者对此持否定态度：在民事主体与商事主体相区别的立法体例之下，民事主体不一定能够当然成为商事主体，但商事主体必须满足民事主体的构成要件，依法领取营业执照，即是建立在对民事主体与商事主体二分的基础之上，对商事主体提出的更高的注意义务要求。具言之，依法领取营业执照是判断非法人组织能否成为商事主体，从事相关经营性活动的要件并不影响其民事主体的资格。若强行将之附加于非法人组织的成立要件之上，实则是变相提高了成为民事主体的门槛，于法无据。

(二) 其他组织的体系定位

上述已经提到，我国法律、行政法规中普遍使用"其他组织"一词，然其内涵与指向不可一概而论。"其他组织"一词在我国法律体系中的内涵并不固定，诚如上述所言，"其他组织并不是同一概念，其内涵与外延因特定法律、行政法规的适用范围而定"。但通过归纳总结可以发现，"其他组织"的使用场景无外乎两种：一是非主体意义上的"其他组织"，二是主体意义上的"其他组织"。

1. 非主体意义上的"其他组织"

如《科学技术进步法》中的"企业、科学技术研究开发机构、高等学校和其他组织"、《军人地位和权益保障法》中的"社会组织和其他组织"、《食品安全法》中的"社会团体或者其他组织"，该类意义上的"其他组织"是指不与公民、法人所并列存在、使用的"其他组织"，其并不具有统一的使用规范，具体的外延和指向需要依据其所处的语境而决定，并不具有法律主体上的意义，可以说非主体意义上的其他组织仅仅是为了法律规范表达的周延性而存在。

既然非主体意义上的"其他组织"并不具备法律上的意义，那么可以转而从语言学的角度对它进行剖析：所谓"其他"意指"其余的他者"，用于在不穷尽式列举时指代具有相同含义或目的的对象；而"组织"是指人们为实现一定的目标，互相协作结合而成的集体或团体。以《科学技术进步法》为例，该法第31条中的"其他组织"即是指与企业、科学技术研究开发机构、高等学校具有同质性，能够实现"建立优势互补、分工明确、成果共享、风险共担的合作机制"以及"协同推进研究开发与科技成果转化，提高科技成果转移转化成效"目标的组织体。

2. 主体意义上的"其他组织"

主体意义上的"其他组织"大多是与"公民、法人"相并列使用，此种主体意义上的"其他组织"，即是特指存在于民事领域的，与自然人、法人并列的存在的第三类主体，为了使其表述更为规范化，《民事诉讼法解释》特意赋予了其相应的法律内涵与外延：

据《民事诉讼法解释》第52条之表述，所谓主体意义上的其他组织，需要齐备以下几个要件：第一，依法成立，即必须是根据法律规定的程序和条件成立，法律予以认可的组织；第二，具有一定的组织机构，即有能够保证该组织正常活动的机构设置，如，有自己的名称、经营场所，有自己的负责人、职能部门等；第三，有一定的财产，即必须具有能够单独支配，与其经营规模和业务活动范围相适应的财产；第四，不具有法人资格，不具有独立的责任能力。① 而就其外延，该条文也列明了八项符合条件的其他组织的具体类型，并以"其他符合本条规定条件的组织"予以兜底性规定。故在本部分中，所要探讨的"其他组织"仅是指主体意义上的"其他组织"。

（三）非法人组织与其他组织的衔接与断联

《民法通则》在借鉴《德国民法典》的基础之上，结合我国当时的经济环境，确立了二元化的民事主体结构。可以说，我国法人制度的构建是国有企业改革的产物。在计划经济时代，国有企业的"政企不分""政资不分"的问题突出，企业听命于政府而失去了其应有的灵活性和主动性，同时也给政府带来了巨大的财政负担，政府往往会成为国企的无限连带责任人。1984年，党的十四届三中全会通过的《中共中央关于经济体制改革的决定》明确提出，国有企业改革的目标是"要使企业真正成为相对独立的经济实体，成为自主经营、自负盈亏的社会主义商品生产者和经营者，具有自我改造和自我发展的能力，成为具有一定权利和义务的法人"②。由此可见，法人制度理论成了解决当时国有企业管理体制改革的灵丹妙药。遂此，1986年的《民法通则》在法律意义上确立了法人的制度架构，以适应经济环境之需。

① 杜万华. 最高人民法院民事诉讼法司法解释实务指南 [M]. 北京：中国法制出版社，2015：83.
② 柳经纬，亓琳. 比较法视野下的非法人组织主体地位问题 [J]. 暨南学报（哲学社会科学版），2017，39（4）：31-40.

然而随着经济社会的发展，1992 年 6 月 9 日江泽民同志在中央党校所作的讲话中，首次肯定了"社会主义市场经济体制"的提法。之后，10 月 12 日在党的十四大报告中正式提出"我国经济体制改革的目标是建立社会主义市场经济体制"。各类社会经济的主体如雨后春笋般开始欣欣向荣，在《民法通则》所确立的民事主体类型之外，出现了不似法人一般具有独立的民事责任能力的社会组织，这类出资人负有无限责任的社会组织，其大都也是依法成立，然囿囿于《民法通则》的规定，无法确定此类社会组织的团体人格。换言之，第二类团体人格的缺失使得这些组织被排除在了法律的规制范围之外，但社会的现实需要又迫使法律不得不做出回应，遂在后继出台的《合同法》《担保法》中，出现了主体意义上的"其他组织"的用法。之后的立法工作中，其他组织作为民事主体被使用更是屡见不鲜。足见，其他组织在法律意义上的出现，本质上是一个国有企业管理体制改革的"副产品"。继而直至《民法总则》出台，才在民事一般法意义上确立了非法人组织的团体人格。

二、非法人组织与其他组织"同一论"之阐释

关于非法人组织与其他组织之关系，学术界之争论不一，其争论主要是同一论与区分论之两种观点。

同一论者认为，"非法人组织"与"其他组织"具有相同的法定含义，其实质不过是对已经确立了民事主体地位的其他组织进行的一次立法修改，并从内涵和外延的角度来论证了非法人组织和其他组织的同质关系。①

（一）非法人组织与其他组织的内涵同一

首先，同一论者认为，尽管在法律解释当中应当尊重文义解释的优先性，但"某些情形下过度强调文义解释的方法，就会拘泥于法律文本的字面含义，而不注重探求法条本身的立法目的和规范意图，从而使文义解释走向反面，最终有损于法律的妥当性"。② 因此，对某一法学概念内涵的剖析需要综合运用各种解释方法，在相互印证、相互结合的过程中实现法律解释的目的。

"法规范并非彼此无关地平行并存，与此相应，即是规范时亦须考量该规范之意义脉络及上下关系。"③ 在法律解释的方法中，体系解释的优先性仅次于文义解释。基于体系解释的角度来看，《民法典》强调"非法人组织能够以

---

① 同一论者以谭启平教授为代表，谭教授在《论民事主体意义上"非法人组织"与"其他组织"的同质关系》《非法人组织与其他组织的关系困局及其破解》等文章中明确提出了这一观点。

② 王利明. 法律解释学导论：以民法为视角 [M]. 北京：法律出版社，2017：244.

③ 卡尔·拉伦茨. 法学方法论 [M]. 陈爱娥，译. 北京：商务印书馆，2003：316

自己的名义从事民事活动"，而"其他组织"则强调"有一定的机构和财产"，但二者本质上是并行不悖的，事实上其他组织同样可以以自己的名义参与民事活动，并且非法人组织也一定会有相应的组织机构和财产，因此二者在法律定义上并无二致。① 且考虑实体法与程序法衔接之必要，在大陆法系民事诉讼法理论体系下，诉讼法中的诉讼主体与民法中的民事主体当保持一致②。因此，《民事诉讼法》中的其他组织亦不应当与《民法典》中的非法人组织有所区别。

《民法典》之所以采纳非法人组织的表述方式，是因为在立法过程中意识到了"其他组织"一词的模糊性和不明确性等缺陷，最终才会采用"非法人组织"的表述。因此，"非法人组织"并不是立法者在"其他组织"之外重新创设的一个与其并列的法律概念，而是通过新法优于旧法的法律适用原理而完成的法律术语的默示修改。③

其次，"只有同时考虑历史上的立法者的规定意向及其具体的规范想法，而不是完全忽视它，如此才能确定法律在法秩序上的标准意义。"④ 那么从历史解释的角度出发，诚如上述所言，尽管《民法通则》仅确立了二元制的民事主体结构，但这是当时国有企业经济体制改革的必需。后为满足社会经济发展的现实需要，以《合同法》《担保法》为代表的民法体系开始局部确认除自然人、法人之外的第三类民事主体的法律地位，即主体意义上的其他组织。然在《民法总则》的制定过程中，考虑法律语言学、立法语言精准性的要求，最终决定采用"非法人组织"这一表述以提高法律语言的规范性和严谨性。由此，立法上从"其他组织"转变为"非法人组织"仅是立法者基于立法语言的规范性考量而作出的表达方式的修改，与已经确定的第三类民事主体的内涵与外延的改变无涉——"'非法人组织'系从'其他组织'承继而来、而'其他组织'在此前立法中均指自然人、法人之外的第三类民事主体的情况下，对非法人组织与其他组织也应采取同一性解释，以使新法与旧法之间保持一定的连续性"⑤。

最后，"任何法条本身都有一定的目的，在解释法律时就应当充分贯彻立

---

① 谭启平. 论民事主体意义上"非法人组织"与"其他组织"的同质关系 [J]. 四川大学学报（哲学社会科学版），2017（4）：75-85.

② 张卫平. 我国民事诉讼法理论的体系建构 [J]. 法商研究，2018，35（5）：105-116.

③ 谭启平. 中国民法典法人分类和非法人组织的立法构建 [J]. 现代法学，2017，39（1）：76-93.

④ 卡尔·拉伦茨. 法学方法论 [M]. 陈爱娥，译. 北京：商务印书馆，2003：199.

⑤ 谭启平. 非法人组织与其他组织的关系困局及其破解 [J]. 法学研究，2020，42（6）：3-21.

法者的目的。"① 从立法目的的角度来看，《民法总则》确立三元制民事主体结构的目的在于将已然存在的第三类民事主体纳入民法的规制范围，既保护此类主体的合法权益也便于法律对其进行管制和规范。因此，对非法人组织与其他组织的关系的解释也应当遵循这一"双重目的"，而"同一论"恰恰是符合这一目的解释的路径，坚持非法人组织与其他组织的"同一论"，有利于实现第三类民事主体实体法与程序法地位的相互衔接，便于该类主体权益的行使与保护。同时，也有助于将所有的第三类民事主体均纳入"民法典"中，进行一体化规制。反之，如果持"区分论"，允许非法人组织之外的其他组织存在，将再次陷入此前诉讼主体范围大于民事主体、部分第三类民事主体权益难以获得有效保护的窘境。②

由此，无论基于体系解释还是历史解释、目的解释的角度，非法人组织与其他组织在内涵上均为同一概念，不应当有所差异。

（二）非法人组织与其他组织外延相等

在指向上，非法人组织所指向的对象与《民事诉讼法》等法律中的其他组织是一致的。就《民事诉讼法解释》的规定来看，其他组织的外延可以分为两类，一是具有独立性的组织体，包括个人独资企业、合伙企业等；二是分支性或代表性机构。而就《民法总则》的制定过程来看，非法人组织的外延则是经历了多次变动：2016 年 7 月 5 日出台的《民法总则（草案）（一次审议稿）》第 91 条第 2 款言之："非法人组织包括个人独资企业、合伙企业、营利法人或者非营利性法人依法设立的分支机构等。"此后，2016 年 11 月 18 日《民法总则（草案）（二次审议稿）》第 100 条第 2 款则缩减了这一外延："非法人组织包括个人独资企业、合伙企业等"，删去了营利法人或者非营利性法人依法设立的分支机构这一对象。到 2017 年 3 月 15 日出台的《民法总则（草案）（三次审议稿）》，又补充了"不具有法人资格的专业服务机构和其他组织"，表述为"非法人组织包括个人独资企业、合伙企业、不具有法人资格的专业服务机构和其他组织"。在正式施行的《民法总则》中，第 102 条第 2 款则是规定"非法人组织包括个人独资企业、合伙企业、不具有法人资格的专业服务机构等"，在三次审议稿的基础上加一"等"字，《民法典》沿用了这一规定。

对比《民事诉讼法解释》中的"其他组织"和《民法典》中的"非法人

---

① 梁慧星. 裁判的方法 [M]. 北京：法律出版社，2003：118.
② 谭启平. 非法人组织与其他组织的关系困局及其破解 [J]. 法学研究，2020，42（6）：3-21.

组织"，二者在外延上的一致性很大程度上取决于分支性或者代表性机构的法律地位。若坚持同一论，则一方面，基于非法人组织与其他组织的承继关系，在立法没有特别规定的情况下，二者不应有外延上的差异。以法人的分支机构为例，从文义上看，法人分支机构符合"非法人组织"的定义条件。根据《民法典》第74条之规定，法人分支机构以自己的名义从事民事活动，法律、行政法规规定应当登记的还应依法登记。此外，法人分支机构在财务上也往往进行独立核算。① 因此可以将法人的分支机构纳入非法人组织的范畴中。另一方面，基于法律体系统一性与秩序性之考量，亦不应当将非法人组织与其他组织的外延区别开来，实体法和程序法必须保持统一，实体法上的民事主体和程序法上的诉讼主体仅是同一主体在不同法律制度中的不同身份。② 仍以法人的分支机构为例，倘若承认其在民事诉讼法领域的当事人能力而否认其在民事实体法领域的民事主体地位，则会致使实体法与程序法在主体制度上的失衡——以分支机构在给付之诉中的境况为例，分支机构无论是作为原告提起给付之诉还是作为被告应诉，都需要以民事实体法上的实体权利和民事诉讼法上的当事人能力为先决条件。在《民事诉讼法解释》中后者的问题已经解决，然而分支机构若不能被非法人组织的外延所囊括：一方面，分支机构就无法享有民法意义上的给付请求权而提起诉讼；另一方面，在分支机构作为被告时，亦可主张自己并非民事主体而不享有权利主体地位的抗辩，致使原告的主张无法实现。即使上述情况没有出现，法院作出给付判决，在执行过程中，作为原告的分支机构由于民事主体地位的欠缺亦无法取得相应的权利；而作为被告的分支机构则是由于独立的财产能力的欠缺，没有可以被执行的财产，原告的权利没有办法得到保障。无论从哪个角度来说，判决都不能够实现本身的给付目的，司法解决民事纠纷的公信力大打折扣。由此可见，分支机构民事主体资格的丧失，致使即使法院作出判决，也无法获得确认诉讼的判决结果，此种判决仅仅是一纸形式上的文书而已。在确认之诉和变更之诉中，此种窘况仍然存在，故最根本的解决办法就是基于立法目的之考量，认可分支性或者代表性机构以民事主体的法律地位，将其纳入非法人组织的外延。故此，民法上的"非法人组织"与民事诉讼法领域的"其他组织"应当是一个等价的概念。

---

① 谭启平. 论民事主体意义上"非法人组织"与"其他组织"的同质关系 [J]. 四川大学学报（哲学社会科学版），2017（4）：75-85.

② 谭启平. 民事主体与民事诉讼主体有限分离论之反思 [J]. 现代法学，2007（5）：143-152.

三、非法人组织与其他组织"区分论"之证成

"区分论"者主张，自《民法总则》始，民事主体就采用三元制的划分方式，并采纳了"非法人组织"的表达方式而摒弃了"其他组织"的表述，这一做法不仅是语义表达规范性的考量，更是注意到了二者实质上的区别。据此，当探究立法者之本意，将非法人组织与其他组织区分开来，以维护法秩序之统一性。

（一）非法人组织与其他组织"区分论"之释明

区分论的基本观点与同一论截然相反，于此，笔者亦是从内涵和外延两个角度来释明其核心内容并说明区分论与同一论之不同。

1. 非法人组织与其他组织的内涵有别

就文义解释的方法，以概念涵摄为依据，将非法人组织与其他组织的法律概念予以比较，非法人组织和其他组织的法律特征有两点显著不同：其一，非法人组织能够"以自己的名义"从事民事活动，即非法人组织具有民事权利能力和民事行为能力，其他组织则不一定。按照民事诉讼法学界长期以来坚持的一个共识，有民事权利能力者（民事主体）具有民事诉讼权利能力。我国台湾地区的"民事诉讼法"第40条就明文规定："有权利能力者，有当事人能力。"德国和日本的《民事诉讼法》也有这样的规定。这一共识背后的理由是，既然某一主体具有享有民事权利、承担民事义务的资格，为不使此种资格落空，保护其可能享有的权利，以及保护其相对人的权利，就应当承认其具备诉讼上的这种基本资格。① 反之则不然，具备当事人能力的民事诉讼主体，未必在民事实体法上具有民事权利能力和民事行为能力——这正是"有限分离论"的观点：如果某一社会主体没有民事权利能力则基于民事诉讼法上的需要，通过"有限分离论"赋予其当事人能力。民事主体与诉讼主体的有限分离是指，有民事权利能力者一定有诉讼权利能力，有诉讼权利能力者不一定有民事权利能力。在不承认非法人组织作为民事主体的《民法通则》时代，《民事诉讼法》仍对依法登记领取营业执照的个人独资企业、依法登记领取营业执照的合伙企业等不具有民事主体资格的组织赋予其当事人地位，即肯定了它们民事诉讼主体地位。此即民事权利能力与民事诉讼能力分离的表现。所以诉讼法上对于民事诉讼主体地位的赋予与否不仅仅将其是否具有民事权利能力作为唯一标准，还考虑到诉讼便利、诉讼经济等诉讼法上的独

---

① 严仁群. 非法人组织与当事人能力［J］. 江苏行政学院学报，2018（6）：118–124.

立价值。遂，民事权利能力和民事行为能力的差异，反映了非法人组织与其他组织的不同。其二，就财产能力而言，非法人组织与其他组织亦存在差异：上述已经提到，基于保护交易安全，非法人组织的独立财产并非必需的成立条件，但据《民事诉讼法解释》第 52 条的规定，其他组织的认定是以"有一定的财产"为必需条件的，因此，独立财产的有无亦可成为划分非法人组织与其他组织的关键所在。

而就历史解释和体系解释的方法，同一论者认为"区分论"选择了错误的解释基点，站在《民法典》与旧《民事诉讼法解释》规定的视角来进行探讨，并没有考虑到在《民法典》出台以后《民事诉讼法》及相关的司法解释本身即会面临修改的情况，做到"现有的各类非法人组织的特别法中与民事主体基本规范和理论相矛盾的规定在未来应予以修改"[①]。但就 2022 年发布的《最高人民法院关于适用〈中华人民共和国民事诉讼法〉的解释》来看，其表述仍是采用了"其他组织"，《民事诉讼法》体系并没有因为《民法典》确立了三元制的民事主体结构，采用了"非法人组织"的表述就改变自身"其他组织"的法律条文，说明最高人民法院亦注意到了两类主体之间的差别，并且认可民法体系和民事诉讼法体系内部的独立性。另外，即使是站在民事实体法内部的角度考虑，非法人组织与实体法意义上的其他组织也存在显著不同。原《担保法》第 7 条规定的其他组织要求"具有代为清偿债务能力的其他组织"，这也就说明《担保法》规定其他组织至少应当具备独立财产这一要件，来作为清偿债务的财产保障，但非法人组织并不一定具备独立财产。由此，即使是基于民事实体法内部的角度来观察，非法人组织与其他组织也存在构成要件上的不同。

2. 非法人组织与其他组织的外延不等

分支性或者代表性机构能否成为非法人组织的外延，是非法人组织与其他组织的外延焦点所在。尽管同一论者从司法实务的角度论证了非法人组织与其他组织外延的一致性，对此，笔者认为，尽管"法律的生命在于实践而不是逻辑"，然而我们不能以司法实务来倒推法律概念的外延，换言之，我们只能认为"存在是有原因或有意义的"，但不能认为"存在即是合理的"。纵观《民法总则》审议稿的历程，《民法总则》的二审稿之所以否认了"分支性或者代表性机构"这一对象作为非法人组织，并且也在正式文本中将其剔

---

① 张新宝，汪榆森. 《民法总则》规定的"非法人组织"基本问题研讨 [J]. 比较法研究，2018（3）：65—82.

除，必然反映了一定的立法价值取向。

法律概念的同质性就代表着外延的一致性，指向范围相同的两个法律概念才可以成为同质关系，那么分支性或者代表性机构能否成为非法人组织进而确立其民事主体地位就显得尤为重要。上文已经针对分支性或者代表性机构剔除出非法人组织外延的合理性进行了初步论证，在此，笔者以法人的分支机构为例，从以下几个角度对分支性或者代表性机构不宜纳入非法人组织范畴的原因进行说明。

首先，有学者认为："由于设立分支机构的法人具有民事主体地位，分支机构是法人的组成部分，其主体地位可归属于法人，分支机构的组织形式等完全由设立分支机构的法人自主决定，法律对其主体地位无需特别加以考虑，只要明确分支机构需依法设立、其责任由所属的法人承担即可。"① 所以，柳教授认为分支机构的"人格"应当被法人人格所吸收。另通过观察《民法典》的体系不难发现，其第74条之规定亦验证了这一点：既不属于非法人组织，也不属于其他组织②，《民法典》并没有赋予其独立的民事主体地位。此处亦可以进行一个反对解释，倘若将法人的分支机构纳入非法人组织的外延，则意味着在一个法人的独立人格之下，还会存在一个独立的民事主体，这显然是荒谬的；且根据《民法典》第108条之规定，非法人组织的分支机构也将参照适用法人分支机构的规定，如果法人分支机构具备民事主体资格，那么非法人组织的分支机构也将具备民事主体资格，这也明显突破了立法的应有之义。故《民法典》的正式文本中并没有对法人的分支机构的民事主体地位加以确认，将其从非法人组织的外延中剥离。

其次，以上述民事实体法与民事诉讼法之衔接为理论支撑点，笔者认为，判决的司法公信力亦不会因此而受到损害。仍以上述给付之诉中的判决为例，在分支机构作为原告提起诉讼时，其可以基于《民事诉讼法解释》之规定享有诉讼法意义上的诉权，然其实体法上的给付请求权的权源则应当采纳一个广义的视角——分支机构并不享有民事主体地位，则意味着其并没有独立的意志能力与独立的财产能力。分支机构所主张的权利，皆应当归属于其背后的法人。故分支机构所主张之给付请求权应当是法人作为民事主体所享有的民事实体法意义上的权利，《民事诉讼法》仅是为实现诉讼效率与降低诉讼成

① 柳经纬. "其他组织"及其主体地位问题：以民法总则的制定为视角 [J]. 法制与社会发展，2016，22（4）：118-128.

② 杨立新. 民法总则新规则对编修民法分则各编的影响 [J]. 河南财经政法大学学报，2017，32（5）：1-10.

本之目的，允许了分支机构能够直接提起给付之诉。但这并不意味着分支机构就能以适格的民事主体身份提起诉讼，其所代表的还是其背后的法人。作为被告的分支机构亦然如此，分支机构在诉讼中所负担的给付义务，实际承担者仍是其义务的最终归属人法人，所以即使是在执行程序中也不会出现执行不能的困境。故此，即使是以司法实务为基准，也不存在将分支性或者代表性机构作为非法人组织予以规制的必要性。

最后，基于分支性或者代表性机构自身的特征考虑，由于其欠缺成为民事主体的要件，故不宜将其纳入非法人组织的范畴。成为法律意义上的民事主体，需要具备独立的意志能力以及独立的财产能力两个方面的基本要件：其一，就独立的意志能力而言，法人的分支结构的意志被法人所吸收，法人的分支机构仅仅能从事被法人所计划和安排的事项，逾越这些事项的现实要求，其难以企及，在法律意义上而言，是不具备权利能力的；而独立的意志能力则意味着在接触到新事物的时候，不会陷入迷茫，而是会去运用自己的智慧寻求解决问题的方法——在面临某一具体问题时，法人可以基于自身的自主意识和独立思考能力寻找解决问题的方法，应对不同的场景，探寻不同的方法；但法人的分支机构，其自身的运作是依靠法人所设定的计划、规划和安排履行某一领域的机械性职能，它并不具备法人的思想的主观能动性，也就不可能具备独立的意志能力。即使在实践中法人的分支机构能够依据自身的一定意志进行学习、进步甚至存在"超越"法人的可能，但其"胜利"也是局限在某一特定的领域，其运作过程不可能摆脱自身独立意志的限制，这一限制是在法人设立分支机构之时就与生俱来的，因此这并不意味着法人的分支机构已经具备了民事主体所具备的各个方面的意志，更谈不上具备了独立的意志能力。其二，独立的财产能力，分支性或者代表性机构的财产并不具有独立性。站在市场交易的角度来看，独立的民事主体之间拥有独立的财产，这是进行市场交易的前提——民事主体之间的交易往来不同于民事主体内部部门的财产流通：民事主体之间的交往，以意思自治为原则，以合同作为交往的途径；但在民事主体内部，则是以等级制度为原则，以命令与服从作为交往的基本途径。① 于分支性或者代表性机构而言，其所占有之财产在法律上仅是法人财产的一部分，以《商业银行法》为例，其第 19 条及第 22 条规定，由商业银行总行对其所有的分支机构进行统一核算和资金调度，并实行分级管理的财务制度，分支机构的运营资金由总行拨付。从法条的规定

---

① 张新宝，汪榆森.《民法总则》规定的"非法人组织"基本问题研讨 [J]. 比较法研究，2018（3）：65-82.

可以看出，商业银行分支机构对其资产的处置不完全取决于自身，还需要受制于总行的命令。对于其他的分支性或者代表性机构而言，亦是如此。尽管在常态之下分支性或者代表性机构对其财产的控制是稳定的，能够自由支配，但若民事主体自身（如商业银行总行）决定对分支性或者代表性机构所占有的财产进行使用或分配，后者的财产稳定状态就会被打破。故此，分支性或者代表性机构并非独立的民事主体，更不可能成为非法人组织的一类。

（二）非法人组织与其他组织"区分论"之合理性

1. 非法人组织作为独立民事主体的域外考察

非法人组织作为一种团体组织被赋予法律人格，从产生、发展到被认可经历了漫长的过程。欲证明非法人组织之独立性，须从其漫漫发展历史中探寻其被法律认可之缘由。

法学话语中的"行必去古罗马"，犹如政治学话语中的"言必称古希腊"。① 古罗马以法律的力量第三次征服了世界，但限于简单商品经济之弊端，罗马法的规制对象主要是其市民，主体限制在了个人之上，其基本没有培育法人制度之土壤，更不必言之非法人组织等其他团体人格的概念。此时的罗马法，仅存在一个意为团体、社团的概念——"universitas"②，但这一团体只是限于在对外与第三人进行民事活动时，才将其视为团体，本质上，仍然仅是一个市民的集合。于此，团体也不享有自己的财产，而是个人财产之结合或集合构成了"团体财产"的外观。这时候的团体人格，甚至都没有浮现于表面，只是隐匿于个人人格的背后。然而经济社会的发展和生产力的推动，使得这种具有延续性的市民的结合体渐渐为古罗马人所重视起来，"团体的主体资格不需要国家明示承认，只要数个人为同一合法目标而联合并意图建立单一主体即可"③，说明团体人格开始被古罗马的经济社会所接纳，至少成为一种默认式的存在，因此才有了"如果什么东西应当给付给团体，他不应给付给团体所在的个人，个人也不应偿还团体所欠之债"④。有学者将此视为"古罗马团体实体化的初始滥觞"⑤。易言之，罗马法并没有确定团体人格的概念，只有法律意义上的人格或法律主体之言意，但罗马法上的"人格"斩

① 陈卓锋. 浅析非法人组织的特征与源流：以中西民事主体立法史为视角 [J]. 重庆广播电视大学学报，2017，29（4）：47-55.

② 何勤华，魏琼. 西方民法史 [M]. 北京：人民出版社，1958：269.

③ 彼得罗·彭梵得. 罗马法教科书 [M]. 黄风，译. 北京：中国政法大学出版社，1992：50.

④ 彼得罗·彭梵得. 罗马法教科书 [M]. 黄风，译. 北京：中国政法大学出版社，1992：52.

⑤ 陈卓锋. 浅析非法人组织的特征与源流：以中西民事主体立法史为视角 [J]. 重庆广播电视大学学报，2017，29（4）：47-55.

断了自然意义上的人与法律意义上的人的必然联系①，可以说为团体人格登堂入室提供了一个样例上的逻辑范式。

　　时间来到 17 世纪中叶，资产阶级革命时代的到来使得个人本位的观念占据了法律的主导。尤其是在 1789 年法国大革命之后，《法国民法典》横空出世，作为近代第一部资本主义性质的法典，其在民法史上的地位不容撼动，但其同样没有规定团体人格的内容，法人仍然被贯之以事实上的民事主体而被冷落于成文法之外。这终究是缘于自然法学者所推崇的个人理性，一度带来了个人主义的狂欢，让本就不受关注的团体本位更加被打压至地底。团体人格这种以习惯法作为规范的"冰封状态"一直持续到 1807 年，《法国商法典》的出台打破了团体人格的游离状态，承认了经过登记的团体组织具有民事主体资格。尽管如此，法国民法的深层思维仍是仅认可自然人的民事主体资格。正如有学者指出的："团体或法人不是法律价值观念中的主体，而只是商法所承认的，作为经营技术意义上的主体，其团体主体的价值基础仍然是个人的主体性。"②

　　现在把视野投放到德国。其实在《德国民法典》之前，"法人"这一概念就已经开始出现在德国的法学界：1798 年胡果在《实定法哲学之自然法》一书中第一次提出了"法人"的概念③，并且此后 1794 年的《普鲁士邦法》将法人作为一个法律概念加以规定。直至 1900 年，第二次工业革命的基本完成使得人类进入了一个崭新的工业化阶段，尽管自然人主体在经济领域依旧保持活跃，但工业时代的一些投资大、高风险的经济活动已经开始为个体所排斥。可经济社会需要一个能够产生财产阻隔作用并汇集社会财富的主体存在，遂以"团体型人格"为代表的法人有了扎根和生存的土壤，逐渐自成一系，开始与自然人相并列。《德国民法典》也首次进行了法人制度的设计。至此，大陆法系国家才开始普遍继受或者移植这一概念。且《德国民法典》直接肯定了法人的"权利能力"，从而切断了生物人与法律人之间的联系——自然人获得法律主体资格不再包含考量人伦属性的因素，而是纯粹基于法律标准的考量。自然人、法人都可以通过权利能力而具有平等的法律资格，可以共同置身于法律意义上的人的框架之内，实现了民事主体的扩容。自此，团

---

　　① 古罗马法意义上的法律人格需要同时具备自由权、市民权和家族权，才是被法律所认可的法律意义上的人，若缺乏其一则被认为是人格不完全。换言之，并不是所有生物意义上的人都能够当然地成为法律主体，需具有法律规定的要件之后才能成为法律意义上的人。最典型的例子，即是奴隶的存在。

　　② 龙卫球. 民法总论 [M]. 2 版. 北京：中国法制出版社，2002：183.

　　③ 何勤华. 德国法律发达史 [M]. 北京：法律出版社，2000：243.

体人格开始在民法体系中占有一席之地，也为非法人组织的现身奠定了民事主体制度之基础。

贾桂茹等著的《市场交易的第三主体：非法人团体研究》中提到，《德国民法典》第 54 条乃是非法人组织制度的源头，我国亦有学者对此持相同观点。[①] 其第 54 条第 1 款规定，无权利能力之社团，适用关于合伙的规定。《德国民法典》将不具有法人资格的组织称为"无权利能力之社团"，希望能够通过法律适用上的限制，促进各类团体组织积极进行社会登记，从而便于对各类组织进行管理和审查。但该规定完全否定了非法人组织的权利能力和主体资格，无法满足社会上大量存在的各类非法人组织的交易和诉讼活动需要，因此实务中，法院常常突破该规定而承认非法人组织的诉讼能力。[②] 发展至今日，德国学说和判例实质上已经将无权利能力社团等同于有权利能力社团，最好的证明便是，无权利能力社团因具有权利能力而可享有财产权利，可以作为所有权人被登记在土地登记簿上。[③] 此后，日本法上的"非法人团体"以及意大利法上的"未受承认的社团"等概念相继出现。

2. 非法人组织作为独立民事主体的本土依据

借西学东渐之风，《大清民律草案》效仿德国之规定，设立"无权利能力之社团"，这是非法人组织在我国法律意义上的本源。此后 1936 年所制定的《民事诉讼法》则更进一步设定了"非法人团体"的概念。然而，中华人民共和国成立之初，对旧社会的法律全部予以废除。此后很长的一段时间内，新中国都沿用着计划经济的体制，市场失去了应有的活跃性，非法人组织的主体价值也无法得到彰显。

直至 1978 年改革开放，我国的市场经济开始重新活跃，经济社会开始重现生机，法律制度层面也作出了回应：在 1979 年的《中外合资经营企业法》中，规定了"其他经济组织"的概念，并在 1981 年颁布的《经济合同法》和 1985 年颁布的《涉外经济合同法》中对这一概念予以沿用，但这一概念的内涵与外延法律却没有作出厘定。此后，1986 年具有民事基本法意义的《民法通则》仅划分了自然人和法人的双重格局，基于时代背景，计划经济体制仍然占据主流，市场经济尚未深入人心，以非法人组织为表现形式的经济体仍

---

① 例如赵群在《非法人团体作为第三民事主体问题的研究》亦提出此观点。赵群. 非法人团体作为第三民事主体问题的研究 [J]. 中国法学，1999（1）：92-97.

② 谭启平. 中国民法典法人分类和非法人组织的立法构建 [J]. 现代法学，2017，39（1）：76-93.

③ 迪特尔·梅迪库斯. 德国民法总论 [M]. 邵建东，译. 北京：法律出版社，2000：830.

然处于萌芽甚至襁褓的状态，民事立法尚无确立其主体地位之必要。

但值得注意的是，随后而至的 1989 年的《行政诉讼法》首次将自然人、法人和其他组织并列进行表述，将"其他组织"作为与"法人"相并列的概念。1992 年《最高人民法院关于适用〈中华人民共和国民事诉讼法〉的解释》则初次明确了"其他组织"的定义与类型，之后在《合同法》《担保法》等领域，"其他组织"的地位都得到确立。但值得注意的是，2007 年所颁布的《物权法》在主体制度方面并没有采纳其他组织的表述，而是径行规定"保护权利人的物权"。相信在立法过程中，立法者也注意到《合同法》所规定的合同主体是采取列举式的方式将"其他组织"包含在内，而《物权法》却采用了"权利人"这一开放性的主体概念。笔者认为，就《物权法》所规定的几类物权来看，其权利主体显然并不包含"其他组织"在内，仍是以分支性或者代表性机构观之。假如《物权法》之"权利人"包含"其他组织"在内，则意味着分支性或者代表性机构可以作为物权之主体。然诚如商业银行的分支机构之例所言，此行为会违反一物一权原则，为《物权法》所不能准许，因此采用权利人之表述，应是为排除其他组织之外延。

故此，《物权法》与《合同法》分别作为民法领域的支柱性法律，其主体制度的规定有所不同，对于《民法典》之民事主体的架构必然具有借鉴意义——《民法典》所要建立之民事主体制度是需要对各分编进行提取公因式之后的集大成者，其所设定的各类民事主体必须能够适用于各分编，故《民法典》没有确立其他组织的民事主体地位转而确立了非法人组织的民事主体地位。这也说明由"其他组织"向非法人组织的转变并非仅仅基于法律语言学之考虑，也包含实体因素的考虑。

▶▶▶ 相关法律法规及司法解释 ◆

📖 《民法典》 ─────────

第 2 条　民法调整平等主体的自然人、法人和非法人组织之间的人身关系和财产关系。

第 74 条　法人可以依法设立分支机构。法律、行政法规规定分支机构应当登记的，依照其规定。

分支机构以自己的名义从事民事活动，产生的民事责任由法人承担；也可以先以该分支机构管理的财产承担，不足以承担的，由法人承担。

第 102 条　非法人组织是不具有法人资格，但是能够依法以自己的名义从事民事活动的组织。

非法人组织包括个人独资企业、合伙企业、不具有法人资格的专业服务机构等。

第 105 条　非法人组织可以确定一人或者数人代表该组织从事民事活动。

第 108 条　非法人组织除适用本章规定外，参照适用本编第三章第一节的有关规定。

── 《最高人民法院关于适用〈中华人民共和国民事诉讼法〉的解释》 ──

第 52 条　民事诉讼法第五十一条规定的其他组织是指合法成立、有一定的组织机构和财产，但又不具备法人资格的组织，包括：

（一）依法登记领取营业执照的个人独资企业；

（二）依法登记领取营业执照的合伙企业；

（三）依法登记领取我国营业执照的中外合作经营企业、外资企业；

（四）依法成立的社会团体的分支机构、代表机构；

（五）依法设立并领取营业执照的法人的分支机构；

（六）依法设立并领取营业执照的商业银行、政策性银行和非银行金融机构的分支机构；

（七）经依法登记领取营业执照的乡镇企业、街道企业；

（八）其他符合本条规定条件的组织。

── 《合伙企业法》 ──

第 39 条　合伙企业不能清偿到期债务的，合伙人承担无限连带责任。

── 《个人独资企业法》 ──

第 31 条　个人独资企业财产不足以清偿债务的，投资人应当以其个人的其他财产予以清偿。

── 《商业银行法》 ──

第 19 条　商业银行根据业务需要可以在中华人民共和国境内外设立分支机构。设立分支机构必须经国务院银行业监督管理机构审查批准。在中华人民共和国境内的分支机构，不按行政区划设立。

商业银行在中华人民共和国境内设立分支机构，应当按照规定拨付与其经营规模相适应的营运资金额。拨付各分支机构营运资金额的总和，不得超过总行资本金总额的百分之六十。

第 22 条　商业银行对其分支机构实行全行统一核算，统一调度资金，分级管理的财务制度。

商业银行分支机构不具有法人资格，在总行授权范围内依法开展业务，其民事责任由总行承担。

案　例

案情简介

2020 年 11 月 10 日，被告牟某灏驾驶川 A7××××小型轿车发生交通事故并承担事故的全部责任，依据法律法规，扣除交强险赔偿的部分 2200 元（2000元+两个无责车辆承担的 2×100 元），牟某灏应当赔偿被保险人唐某普损失24855 元。遂原告某保险崇州支公司依被保险人之申请进行了赔付据此获得代位求偿权。

但被告牟某灏的 A7××××小型轿车在某保险股份有限公司温江支公司投保了车损险和第三者责任险，而某保险崇州支公司和某保险温江支公司均系某保险公司的分支机构，故被告辩称某保险崇州支公司可以直接向某保险温江支公司索赔。

审理及判决

法院认可了某保险崇州支公司对牟某灏的代位求偿权。值得注意的是，法院对于同一保险公司的不同分支机构是否可以相互起诉并作出判决的问题进行了论证。首先，据《民事诉讼法》第 48 条及《民事诉讼法解释》第 52条之规定，两家分公司是独立的诉讼主体，依法可作为适格的原告和被告。其次，分公司是实体法上的其他组织或非法人组织。《民法总则》第 2 条以"非法人组织"替代了《合同法》第 2 条规定的"其他组织"。再次，分公司也是独立的民事主体，除非其财产不足以清偿债务或总公司确认债权债务混同。最后，分公司与总公司之间、分公司相互之间的争议是否属于可以排除司法管辖的公司内部自治范围，应根据争议事项的性质作出判断。

分析

该判决中提到"分公司是实体法上的其他组织或非法人组织。原民法总则第二条以非法人组织替代了原合同法第二条规定的其他组织",实质上是坚持了非法人组织与其他组织同一论的观点,认为分公司作为其他组织虽不具有法人资格,但能以自己的名义从事民事活动,产生民事责任后先以自己名义、自己的财产承担,不足以清偿的,由其设立人即总公司承担责任,但分公司是否有"自己的财产"用以承担责任,是值得拷问的。因此,本案判决结果虽没有错误,但法官的论证说理似略有不妥。

八 民事法律关系的客体类型

法 理

一、民事法律关系的客体简述

通说认为，民事法律关系由主体、客体、内容三要素组成，客体是民事法律关系的三要素之一。从哲学角度看，法律关系中的客体是和主体相对应的，是从主客分离的认知模式和实践模式中分化出来的概念。同样，民事法律关系的客体也是作为主体的认识和实践对象存在的。无论是民事权利还是民事义务，都必须指向一定的客体，必须在一定的客体上才能形成某种法律关系，才能够在当事人之间分配权利义务。所以，如果没有民事法律关系的客体，也就没有主体的民事活动，权利义务也就无所依附、无法体现、无法落实。

（一）民事法律关系客体概念

对于民事法律关系客体的概念，学术界主要存在以下几种代表性观点：

1. "标的说"或"目的说"

"标的说"或"目的说"以龙卫球教授为代表。持这种观点的学者认为，法律关系的内容的形成，不是无的放矢的，任何权利都建立在对一定事物的支配上，这就是法律关系的客体，又称标的，是指主体之间得以形成法律关系内容的目标性事物。在民法上，不同类型的法律关系的客体各不相同，物权关系标的为物，债权关系标的为他人的特定行为，人身法律关系的标的为自己的人格或身份，知识产权的标的为智力成果。① 刘士国教授也持相同观点，认为民事法律关系的客体是主体发生法律关系所依据的具有确定性的，

---

① 龙卫球. 民法总论［M］. 2 版. 北京：中国法制出版社，2002：127.

并能决定法律法规性质的事物。这种事物是具有多样性的，例如，物，人的行为、智力成果、名誉、荣誉、身体、劳动力、财产权利，某些法律关系本身，等等，多种多样。上述定义强调了客体对权利义务的决定作用，强调了客体在发生法律关系时的确定性，即不管是否现实存在，都是必定确切的已存在或将存在之事物，否则就无法发生法律关系，强调了客体对法律关系的决定作用。[1]

2. "对象说"

"对象说"以王利明教授为代表。这种学说认为，民事法律关系客体是指民事权利和民事义务所指向的对象，主要有五类，分别为物、行为、智力成果、人身利益和权利。其中，物是物权法律关系的客体，债权法律关系的客体是行为，人身权法律关系的客体是人身利益，知识产权法律关系客体是智力成果。民事法律关系客体，是主体为权利义务所属，客体为权利义务所附，而主体之间，即凭借客体以彼此联系，联系之内容即为权利义务。[2]

3. "内容说"

"内容说"以梁慧星教授为代表。该说认为，所有权的客体是物，用益物权的客体是物，担保物权的客体除物外还可以是权利，继承权的客体既有物也有权利，债权的客体是债务人的行为，称为给付，人格权的客体为人格利益，知识产权的客体是人的精神创造物，形成权的客体是法律关系。[3] 王利明、郭明瑞和方流芳教授编写的《民法新论》也持同样观点，其中对民事法律关系的客体是这样论述的：民事法律关系的客体是不能划一的，但都必须是能满足社会成员利益需要的财富。一般来说，民事法律关系的客体概括起来可有如下几种：①物（财产）。物指的是能够满足人们生活需要的，可以为人类所控制，具有一定经济价值的物质实体。它可以是天然物，也可以是由人的劳动创造的物，但能够成为民事法律关系的物与物理意义上的物是既有联系又有区别的，其不仅具有物质属性，而且具有法律属性。②劳务或其他行为。一些劳务必须有物化的结果，才能满足当事人的需要；另一些劳务则没有物化的结果。③智力成果。即脑力劳动的产物或结果，这是一些精神财富，有的须有物质表现形式，有的不须有物质表现形式。其他如生命、健康、名誉等。[4]

① 刘士国. 民法总论 [M]. 上海：上海人民出版社，2001：241.
② 王利明. 民法 [M]. 北京：中国人民大学出版社，2010：41.
③ 梁慧星. 民法总论 [M]. 北京：法律出版社，2001：57.
④ 王利明，郭明瑞，方流芳. 民法新论 [M]. 北京：中国政法大学出版社，2002：115.

4. "现象说"

该说认为，不是一切独立于主体而存在的客观现象都能成为法律关系的客体，只有那些能够满足主体需要并得到国家法律确认和保护的客观现象才能成为法律关系的客体，成为主体的权利和义务所指向的对象。反之，一种客观现象即使能满足主体利益，但这种利益得不到国家的确认和保护，也不能成为法律关系的客体。在民法领域中，只有能够满足民事主体并得到民事法律规范确认和保护的客观现象才能成为民事法律关系的客体。同时，该说也认为法律关系的客体基本上可以分为以下几大类：第一，国家、社会和个人的基本经济、政治和精神文化财富；第二，物；第三，非物质财富，它包括创作活动的产品和其他与人身相联系的非财产性财富；第四，行为结果。①

（二）民事法律关系客体的特征

关于民事法律关系客体的特征，学术界存在以下几种主要观点：

1. 民事法律关系客体外在表现方面的特征

第一，民事法律关系的客体具有客观性。这种客观性能够通过各种具体表现形式得到反映。因此，民事法律关系客体的客观性，主要表现为能够被人感知，总是对人具有一定的有用性。

第二，民事法律关系的客体具有法定性。即只有国家法律确认和允许的才可以成为民事法律关系的客体。例如，商标、专利、作品等要作为民事法律关系的客体，必须具备法律规定的条件，否则不能作为民事法律关系的客体。

第三，民事法律关系的客体具有可支配性。这就是说，凡是民事法律关系客体必须是人们可以支配的。如果不能被人们支配和利用，就不可能成为民事法律关系的客体。当然，随着社会的不断发展，主体所能支配和控制的客体范围将不断增加，这使很多曾不属于客体范围的事物在当今社会被纳入客体的范围。因此在不同历史时期，民事法律关系的客体的范围是不同的。

第四，民事法律关系的客体具有多样性。例如，在物权中，物就是利益在物权中的体现。在债权中，行为就是利益在债权中的体现。

第五，民事法律关系的客体具有效益性。它总是可以满足法律关系主体的物质需求和精神需求。没有了效益性，客体就失去了生命力。主体一切行为的目的就是实现效益。②

---

① 沈宗灵，张文显. 法理学 [M]. 北京：高等教育出版社，2004：394-398.

② 田野. 民事法律关系客体的抽象性探讨 [J]. 北方工业大学学报，2008，22（2）：52-57.

2. 民事法律关系客体构成要件方面的特征

第一，客观性。民事法律关系的客体应具备一般哲学理论中客体所具有的特征，即不以主体意识的变化而转移，因此，纯粹的思维活动不能成为民事法律关系的客体。

第二，可控性。民事法律关系的客体必须能为民事法律关系的主体所支配。

第三，法定性。民事法律关系的客体是由民事法律关系延伸出的概念，而民事法律关系是由民事法律法规确认和调整的主体间的权利和义务关系，因此当具有法定性。

3. 民事法律关系客体内涵方面的特征

第一，客体是权利义务指向的对象。例如名誉权的客体是名誉。

第二，民事法律关系的客体必须根据不同的法律关系确定，考察任何一种民事法律关系的客体都必须结合具体的法律关系情况判定。虽然民事法律关系的客体不能同一，但都必须能满足社会成员的利益需要。

第三，客体不可能是人身，只能是人身之外的利益。因为在现代社会，人是不能作为权利客体而成为他人权利的支配对象的。人身权法律关系的客体也不是人身，只能是人格利益。[①]

还有学者认为，民事法律关系客体仅具有以下两点特征：

第一，利益性。民事法律关系客体是指能够满足人们利益需要的载体。民事法律关系是"关乎人身和财产"的"人与人之间关系"。[②] 民事主体参与民事法律关系，享有民事权利，总是为了满足自己的利益需要，如父母对未成年子女的权利是以身份利益为客体的，这种利益主要是为了满足未成年人的需要，若无该种利益，就不会存在该种权利。由于人的利益需求是多方面的，既有物质利益，也有非物质利益，因此，民事法律关系客体既包括物质利益，也包括非物质利益。

第二，客观性。民事法律关系客体是存在于主体之外的，是不以主体的意志为转移的。在客观上根本不存在的事物不能成为法律关系客体，如神话传说中的鬼神等。[③]

---

① 王利明. 民法总则研究 [M]. 北京：中国人民大学出版社，2003：187.

② 曹相见. 权利客体的概念构造与理论统一 [J]. 法学论坛，2017，32（5）：33.

③ 魏振瀛. 民法 [M]. 4版. 北京：北京大学出版社，高等教育出版社，2010：121.

（三）客体与标的是否同一的理论争议

1. "非同一说"

持这种观点的学者认为，客体是法律关系中权利义务指向的对象，而标的指的是法律关系的内容。客体不同于标的。所谓民事关系的客体，只是一种引申的意义，实际上是指民事关系的根据。从语义上看，标的是向箭靶的中心投掷某物，这里强调的是行为及其指向。在法律术语中，标的通常在合同标的、保险标的、诉讼标的、执行标的等情境下使用。由此可见，标的是行为的对象。其范围相对于客体而言要小得多，而客体是权利义务所共同指向的对象。

2. "同一说"

持这种观点的学者认为，法律关系的客体与标的是同一的。法律关系的客体又称标的，是指主体之间得以形成法律关系内容的目标性事物。[①] 标的不是法律关系的内容，因为法律关系的内容指的是权利义务，而客体是权利义务所指向的对象。如果将标的等同于法律关系的内容，在逻辑上是混乱的。虽然客体要体现主体的一定的利益，但不能完全等同于权利。[②]

二、民事法律关系客体类型的理论争议

（一）"一元客体说"

"一元客体说"是自 20 世纪 80 年代以来我国民法学界流行的一种颇具影响力的观点。佟柔教授早期就主张建立统一的、高度抽象的客体概念和客体类型。该说认为，既然民事法律关系是个统一的概念，那么它的客体也应是统一的，单纯的物或行为都不能概括民事法律关系的客体。否则高度抽象的民事法律关系就没有统一的、高度抽象的客体概念与之相对应。

持"一元客体说"的学者之间观点也并不统一，主要有以下几种：

1. "利益说"

持该观点的学者认为，只有利益才是民事法律关系的客体。其理由是：

第一，民事法律关系是对各种具体民事权利义务关系的抽象。而民事权利和民事义务客体不管具体是什么，总是一定利益的体现。在抽象的民事法律关系中，主体、客体及内容构成最基本的法律关系模型，即主体之间为了一定利益而形成法律上的权利义务关系。

第二，民事权利和义务的真实指向和目标并非物、对物的用益、担保、

---

① 龙卫球. 民法总论 [M]. 2 版. 北京：中国法制出版社，2001：127.
② 王利明. 民法总则研究 [M]. 北京：中国人民大学出版社，2003：187.

人身、知识产权、给付行为等，而是它们能够带来的、使主体的需要得到满足的利益。物、权利、行为等都是利益的载体。民法调整的是平等的、有意思能力的自然人、法人和其他组织之间的权利义务关系，虽然也会因公共利益或国家利益的原因限制个人权利，但其出发点、关注点、归属点都是个人，无论是权利的享有还是义务的履行，主体都是个人，因此利益在民事领域的归属也就限于个人利益。因此，只有利益才可能成为民事法律关系中所有权利义务的目的指向，才是民事法律关系的客体。①

第三，民事法律关系创立和存续的目的即体现民事法律关系主体的利益，而客体作为民事法律关系的权利和义务指向的客观存在，将其确定为利益也符合民事法律关系客体的现状，因此，只有利益才是民事法律关系的唯一的抽象客体。

2. "行为说"

持"行为说"的学者认为，单纯的物不能概括民事法律关系的客体的范围，行为才是民事法律关系的唯一的抽象客体，客体应概括为体现一定物质利益的行为。其理由是：

第一，法律关系是人与人之间发生的、由法律调整的社会关系。因为人的行为引起了利益关系的变动，法律关系将调整人的行为作为其目标，人与人之间也借此媒介发生了法律关系。正是基于此，法律才又被称为行为规范的总和。如果人的行为引起利益关系变动的后果引起了民事法律规范的介入和调整，就在人与人之间发生了民事法律关系。由此可见，法律关系的构成要素除人和人的行为之外，并无所谓的内容。行为才是法律关系主体须臾不可分离的内在意志的外部表现。

第二，没有人的行为，任何法律规范都不可能成为现实的法律关系；没有人与人之间的行为就谈不上法律调整，也就无所谓法律关系。哪怕是由于不以人的意志为转移的事件而导致的法律关系，没有人的行为也毫无意义。法律调整的目标就是人的行为的有序化状态，它只能在调整人的行为之后才有可能实现。因此，民事法律关系就是以行为为媒介，发生在人与人之间而不是发生在人与物、人与智力成果之间。法律规范总是针对主体的行为设定权利义务，因此主体的行为就成了民事法律关系的客体。②

第三，尽管人与人之间的社会关系常常会因物或其他事物发生，但物或

---

① 张玉洁. 民事法律关系客体新探 [J]. 天水行政学院学报，2011，12 (3)：82-86.

② 高健. 法律关系客体再探讨 [J]. 法学论坛，2008，23 (5)：121-126；王明锁. 民事法律行为类型化的创新与完善 [J]. 北方法学，2016，10 (4)：48-50.

其他事物只是发生社会关系的表面静因，离开了人们有目的、有意识的行为，物或其他事物绝不会进入人们交往的领域。而且，通过个体行为进入交往领域的物或其他事物，只有在人与人发生社会关系的情况下才具有现实意义。例如，在物权法律关系中，自然界中的物也仅仅在人们作出符合法律规范要求的行为时，物权才得以产生。一旦离开了人们占有、使用、收益、处分这些法律规范所要求的行为，法律上的物权就不复存在。因此，物只是人们的占有、使用、收益、处分行为指向的对象，而绝不是与作为法律关系主体的人相对应的客体。所以，物权一定是人与人之间的关系，只不过这种关系是因物这一媒介发生的，人与人之间关系的产生和维系依靠的是双方对物的有目的的行为而非物之本身，因而这种关系的客体仍然是行为，而该行为又指向了具体的物。

第四，行为是主体和客体的媒介，体现为一种社会关系。把物和行为这两个不同的事物分别作为民事法律关系的客体是不妥的。物在民事法律关系中只能作为权利的标的，不能作为客体。单纯的物和行为一样都不能作为民事法律关系的要素。只有把它们结合起来，即结合成体现一定物质利益的行为，才能成为民事法律关系的客体，例如，买卖关系中的客体是交付买卖标的物的行为，运输关系中的客体是安全及时送达运输标的物的行为，所有权关系中的客体是占有、使用、收益、处分标的物的行为。

第五，法律关系是人与人之间因其行为而产生的社会关系，在这一关系中，人是主体，行为是与人相对的客体。行为的目标才是对象或标的。在不同的法律关系中，行为的目标或说作用的对象也有所不同，在民事法律关系中，行为就指向了物、智力成果、人身利益。所以关于"对象即客体，客体即对象"的观点是错误的。因为人的行为才是法律关系的客体，而行为的所指才是法律关系的对象。

3."社会关系说"

持"社会关系说"的学者认为，民事法律关系客体是由民事法律法规调整的社会关系。民事法律关系客体同民事法律关系主体的权利和义务的客体是两个概念。民事法律关系的客体归根结底是其所要产生、变更和消灭的法律关系，具象化为一定的现象、事务等，而这些现象和事物即是法律关系主体的权利和义务的客体。

该观点将法律关系客体与主体权利和义务的客体作了区分，认为法律关系客体是社会关系，现象、事物和行为是权利的客体，民事法律关系的客体是民事法律规范调整的社会关系。

（二）"多元客体说"

该说以佟柔教授、梁慧星教授、王利明教授为代表。该说认为，民事法律关系的客体和民事权利客体是同一的。民事权利客体，通指民事法律关系主体享有的民事权利和承担的民事义务所共同指向的对象，也称民事法律关系的客体。[①] 史尚宽教授认为，权利以有形或无形之社会利益为其内容或目的，例如物权以直接排他地支配一定之物为其内容或目的，债权以要求特定之人为一定行为为其内容或目的，为此内容或目的之成立所必要的一定对象，为权利之客体。[②] 民事法律关系的种类很多，非常复杂，其客体的多样性是由实际情况决定的，很难人为地将其划一起来。

因此，对于民事法律关系的客体不可一概而论，应当区分不同的民事法律关系进行确定。[③] 除物、行为、人格利益等通说所认为的客体外，认为用益物权的客体也是物，但担保物权的客体除物之外还可以是权利（如权利质权）。继承权的客体既有物也有权利。知识产权的客体，是人的精神的创造物（可以与有体物相对应而称为无体物）。形成权的客体，则是法律关系自身。

 **相关法律法规及司法解释** ◆

《民法典》

第 109 条　自然人的人身自由、人格尊严受法律保护。

第 115 条　物包括不动产和动产。法律规定权利作为物权客体的，依照其规定。

第 118 条　民事主体依法享有债权。

债权是因合同、侵权行为、无因管理、不当得利以及法律的其他规定，权利人请求特定义务人为或者不为一定行为的权利。

第 123 条　民事主体依法享有知识产权。

知识产权是权利人依法就下列客体享有的专有的权利：

（一）作品；

（二）发明、实用新型、外观设计；

（三）商标；

---

① 王利明. 民法 [M]. 北京：中国人民大学出版社，2010：41.

② 张玉洁. 民事法律关系客体新探 [J]. 天水行政学院学报，2011，12（3）：82-86.

③ 王利明. 民法总论 [M]. 北京：中国法制出版社，2006：60.

（四）地理标志；

（五）商业秘密；

（六）集成电路布图设计；

（七）植物新品种；

（八）法律规定的其他客体。

案　例

案例一

案 情 简 介

李某之父死后，李某将其父遗体送到安阳市殡仪馆，办完手续后，商定于 1993 年 12 月 20 日举行遗体告别仪式后火化。但被告安阳市殡仪馆因工作失误，提前将李父遗体火化。为怕李某家知道，殡仪馆遂用另一具遗体冒充。12 月 20 日，李家在殡仪馆举行遗体告别仪式，有 270 余人参加。仪式进行过程中，有人发现玻璃棺内的遗体不是李某之父，死者子女上前辨认后，亦确认系他人。顿时，吊唁大厅内一片混乱。李某及其亲属精神上因此受到极大伤害。李某与殡仪馆协商未果，向法院起诉，要求赔偿损失、在当地报纸上公开赔礼道歉、确认其父骨灰、退还工作人员所收的小费。

审 理 及 判 决

法院审理过程中，对于被告用他人遗体顶替死者遗体摆置于灵堂上，供死者家属及亲朋吊唁，各方均认为确实造成了危害后果。但此种危害属于何种性质、其法律关系是什么、应当承担什么样的法律责任，则有不同认识。第一种意见认为，本案的民事法律关系是人身关系。被侵害的是死者的姓名权。殡仪馆的工作人员将死者的遗体提前火化，把别人的遗体冠以死者的姓名，构成对死者姓名权的侵害。第二种意见认为，本案的法律关系是债权债务关系。此案虽然不是典型的承揽合同，但是原告和被告之间存在承揽因素，即原告支付火化费，被告按照约定火化尸体。由于被告工作失误，遗体被提前火化，使原告误悼他人遗体，造成原告经济损失，被告因此应承担违约责任。第三种意见认为，被告侵害的是原告的名誉权。殡仪馆工作人员由于工作失误，致使死者的子女等向素不相识的人进行吊唁，损害了死者子女即本案原告的名誉，造成其精神上的损害。从我国《民法通则》第 101 条的规定看，侵害名誉权的方式除侮辱、诽谤外，还有其他方式。无论以何种方式侵害他人的名誉权，只要侵权行为人主观上有过错，并在客观上造成了对他人名誉的损害，不论是故意还是过失，均应承担名誉侵权的法律责任。法院最后采纳了第三种意见，作出判决，认为殡仪馆的行为已构成对原告名誉的侵害，应当赔礼道歉并赔偿损失。

分析

法院的判决结果依法支持了原告的诉讼请求，是符合我国民法上的公序良俗原则和公平原则的。本案中，由于殡仪馆的过失行为，导致原告亲人的遗体被提前火化，殡仪馆却用欺骗的手段以他人的遗体冒名顶替死者，供死者家属及亲朋吊唁，给原告造成了极大的精神损害，侵害了原告的合法权益，应当对原告赔礼道歉、赔偿损失。

在本案的三种不同意见中，第一种意见是没有法律依据的，因为其违背了民法关于民事权利能力起始、终止期间的确定。第三种意见认为殡仪馆损害了死者子女即本案原告的名誉，将原告名誉作为殡仪馆侵权行为的对象，不够妥当。殡仪馆的过失行为只能使社会公众认为，该家殡仪馆管理不够严谨，工作不够认真，服务不够到位，工作失误时甚至用欺骗手段欺瞒死者家属，等等，这些不良舆论只会使殡仪馆社会评价降低，而不会损害到李某等死者家属的名誉，使其社会评价降低。因为在吊唁自己亲人的时候，大家心情都会很沉重。由于心情过于悲痛泪眼模糊，没有心情仔细看或者没看清尸体面目是人之常情。亲朋是可以理解的，也不会去贬损他们。所以法院认定侵害原告名誉权似乎依据不足。那么第二种意见是否具有合理性？关键问题是看民事法律关系的客体如何确定，尸体能否成为民事法律关系的客体。

按照"利益说"的观点，民事法律关系的客体是能够带来的、使主体的需要得到满足的利益。而人在去世后，根据我国殡葬管理规定，尸体只能由死者家属到殡仪馆进行火化，不仅不能给死者家属带来利益，反而还需要死者家属支付相关费用。因此，根据"利益说"，尸体不能成为民事法律关系的客体。"行为说"认为，民事法律关系的客体应概括为体现一定物质利益的行为。显然尸体不是行为，所以根据"行为说"，尸体也不能成为民事法律关系的客体。尸体更不是社会关系，因此，也不符合"社会关系说"对尸体概括的类型。而本案中，恰恰是殡仪馆在火化尸体过程中出现失误，如果尸体不能认定为民事法律关系的客体，那么意味着李某对该尸体没有任何权利，李某还能基于该尸体向殡仪馆主张权利吗？如果答案是否定的，这显然对李某及家人有失公平。

对于尸体在法律上的地位，学术界历来有不同看法。否定的说法认为，如果把尸体作为民事权利客体，则继承人可以使用、收益并抛弃，这是与法律和道德相悖的，所以尸体不能成为法律上的物。肯定的观点则认为，尸体是没有思维和生命现象的肉体，故尸体不是人身，在符合法律和社会公共秩序的情况下，尸体也可以成为民法上的物。因为从一定意义上说，尸体对于死者亲属以至于社会，是一种具有重要意义的物，它符合《物权法》上物的特征，所以应当属于物权的客体。这种观点是符合我国司法实践和民间习惯的。在学理上，这种观点符合民事法律关系客体"多元客体"说理论。对于本案，尸体只有被认定为李某及家人的物权的客体，李某及家人对死者尸体才可以使用、收益、处分。本案中李某要求殡仪馆在亲朋吊唁之后再火化死者尸体，就是对尸体的一种使用，而该行为符合我国殡葬习惯，不违背公序良俗，为法律允许的行为。李某委托殡仪馆火化尸体，其与殡仪馆之间就构成了殡葬服务合同关系。虽然这一合同不属于《合同法》中的任何一类有名合同，但可以依照与其相类似的承揽合同处理。本案中，殡仪馆误烧李父尸体，却将他人尸体冒充死者以供李某及家人亲朋等吊唁，有违承揽义务，属于违约行为，应当承担违约责任。所以，法院审理中争议的第二种意见具有一定的合理性。但更重要的是，本案中殡仪馆的行为侵害了李某及其家人对尸体的使用权，造成了李某及其家人的精神损害，所以殡仪馆也应当承担其侵权责任。由于违约责任与侵权责任发生了竞合，李某只能择一而主张权利。

总之，本案给人的启示是，民事法律关系的客体类型的"一元客体说"，包括"利益说""行为说""社会关系说"，均不能涵盖实践中日益扩展的客体类型。确认是否为民事法律关系的客体，必须区分不同的民事法律关系，根据民事法律关系的种类确定客体类型，才能适应我国社会发展和司法实践的需要。因此，民事法律关系客体类型的"多元客体说"更具有合理性。

 案例二

案情介绍

2019年底，原告韦某问、韦某兰、韦某顺的近亲属韦某松（系韦某问之丈夫，韦某兰、韦某顺之父亲）去世，三原告按照农村习俗跟同寨村民黄某树（系被告韦某前之弟）购买其承包林地内一地块作为墓地，用于安葬逝者韦某松。逝者韦某松下葬后，被告先后两次对逝者坟墓进行人为损坏（将围砌在韦某松棺木旁的砖块、泥土刨开，将棺木盖打开并把棺盖拖走丢弃毁坏），使逝者尸体暴露在外。事后，原告去上坟祭拜才发现。后经过查证核实，证实逝者韦某松的坟墓被损坏系被告韦某前个人所为。

审理及判决

法院在判决中指出，坟墓属于特殊的财产客体。毁坏别人祖坟伤害在世亲人的感情，违反了社会公德和善良风俗，损害了逝者的人格利益和其亲人的人格利益，造成纪念先辈失去依托，给逝者后人带来精神痛苦。被告韦某前恶意损毁逝者韦某松坟墓的行为，侵犯了逝者韦某松及其亲人的人格利益和特殊财产权，理应承担相应的侵权责任和赔偿责任。原告请求被告赔礼道歉的主张，本院予以支持。

关于原告要求被告赔偿逝者韦某松丧葬费的问题，按当地农村善良风俗，逝者"入土为安"应当得到尊重。被告的行为，使逝者韦某松尸骨被暴露在外，导致原告迫不得已将逝者尸体运往百色市殡仪馆火化以及往后重新安葬所产生的费用，也应由被告承担……故该项请求的合理部分法院予以支持；关于原告请求被告支付精神抚慰金的问题。被告对该物（坟墓）的损害，侵犯了死者近亲属的特定身份权益，根据《最高人民法院关于确定民事侵权精神损害赔偿责任若干问题的解释》第 3 条第 3 款的规定，法院酌情确定由被告赔偿原告精神抚慰金 12000 元。

分析

本案争议的焦点之一在于民事法律关系客体的判断，坟墓能否作为民事法律关系的客体，是被告是否侵犯原告的民事权利的判断标准。那么首先应当确定的就是坟墓的法律性质是什么。对于坟墓的法律属性，理论界与实务界对此众说纷纭，主要存在两种观点，分别是"物权说"和"人格物说"。本书认为，坟墓作为承载着丰富的人格利益和伦理道德的特殊物，属于"人格物"的范畴。

首先，据《民法典》第 205 条之规定，物权法之立法宗旨，在于定分止争，物尽其用。坟墓虽系一种以客观物质形态存在的"物"，但其意义不在于满足人们生产、生活等物质性需求，而在于满足亲属等缅怀逝者、抚慰生者的人格性精神需求。因此，坟墓虽然是物理意义上的物，但并非物权客体上的物，不适用《民法典》物权编有关物权保护的规定。其次，《民法典》第 1183 条第 2 款正式确立了对人格物的保护，学术界将"人格物"定义为与人格利益紧密相连，体现人的深厚情感与意志，其灭失造成的痛苦无法通过替代物补救的特定物。可见人格物的最主要特征是体现人格利益。一般人格利益是指存在于民事权利之外但仍然受到民事法律保护的与人格的存在或维护相关的人身或者财产利益。依据一般社会观念，坟墓是自然人死亡后的"住所"，具有强烈的人格属性，是生者寄托哀思的对象，凝聚着亲属祭祀、悼念、抚慰等浓厚的情感因素，若坟墓遭受毁损，必然会导致亲属遭受情感上无法补救和无法磨灭的创伤。因此，坟墓应当属于"人格物"的范畴。

据《最高人民法院关于确定民事侵权精神损害赔偿责任若干问题的解释》第3条第3款之规定的"等"字，应当是包含与死者的遗体、遗骨具有相同性质的坟墓在内——死者的坟墓与遗体、遗骨相较，无论在自然属性还是法律属性上，都具有高度的相似性甚至同一性，故死者的坟墓亦应受上述法律的保护。死者近亲属作为死者人格利益的保护者，对坟墓享有管理的权利和义务，在坟墓遭受他人侵害时可向侵权人主张权利。

九　人体器官的法律地位及归属

　　在民法语境中，人体器官泛指一切可以进行移植的来源于人体自身的组成部分，既包括传统医学上认为属于器官的心、肺、肝、肾、胰等，也包括通常认为属于组织的角膜、血液、骨髓、皮肤、精子、卵子等。传统民法认为，人的身体不可被视为物（尸体除外），任何人不得排他地支配他人的身体。但随着人体器官移植技术的迅猛发展和输血、捐献器官等行为的愈加普遍，根本性的法律问题也已凸显出来，亟待解答：人体器官的法律地位是什么？究竟是物还是人格的一部分，归属于民法中的物权还是人身权？纵观《民法通则》以及2007年《物权法》、台湾地区"民法典"总则与物权编现行法及2010年版"民法典"物权编修正草案条文中，均未标示出"人体器官"或类似字眼，导致对人体器官法律性质及其权利归属的解释与法律适用存在巨大困难。无论是《民法总则》还是《民法典》对目前社会生活中人们普遍关注的脱离人体的器官和组织的法律属性问题均未作出回应。作为私法中的根本法，民法必须积极回应这一极具现实紧迫性的社会与法律问题。

一、人体器官法律属性的界定

　　《民法总则》与《民法典》对目前社会生活中人们普遍关注的脱离人体的器官和组织的法律属性问题未作出回应，在第五章中"民事权利"虽然列举了各种权利，却没有任何一个直接涉及人体组织，可作为规范依据的只有第110条规定的自然人的身体权。身体权是自然人维持自身并接受医疗措施的基本依据，但在依据身体权使这些部分脱离身体之后，如何认定它们的性质以及如何对其进行民法上的规制，应当引起学术界的重视。① 人体器官存在不同的样态，这导致其具有不同的法律属性。根据人体器官是来源于活人之身体还是人死后之尸体，可将其区分为活体器官与遗体器官。民法学界通常在此基础上对人体器官的法律属性进行探讨。

（一）活体器官的法律属性

所谓活体器官是指来源于存活的自然人身体的器官。活体器官的法律属性又因其是否与自然人的人身相分离而有所不同，宜分而论之。

1. 未与人身分离的活体器官

通说认为，未与人身分离的活体器官属于自然人身体的组成部分，同时也是构成自然人人格的物质载体的组成部分。因此，未与人身分离的活体器官在法律上与自然人一样，不属于法律上的物，而是民事主体人格的外在体现。对此，学者基本未有异议，例如有学者认为，"活人之身体，不得为法律之物，法律以人为权利主体，若以其构成部分即身体之全部或一部为权利之标的，有反于承认人格之根本观念"。② 因此，活体器官未与人身分离之前，不能视之为"物"，而应定位为"人格之载体"，它是自然人身体的有机组成部分，是人格的重要构成因素。

2. 与人身分离的活体器官

（1）"物的范畴说"

对于已与人身分离的活体器官的法律属性，学者一般认为应视之为物，此为"物的范畴说"。例如德国学者认为，"随着输血和器官移植行为越来越重要，现在必须承认献出的血液以及取出的、可用于移植的器官为物。对于这些东西的所有权转移，只能适用有关动产所有权转移的规则。当然，一旦这些东西被转植到他人的身体中去，它们就重新丧失了物的性质。"③ 我国学者也认为已与活人人身分离的器官属于法律上的物，例如王利明教授主持的《中国民法典草案建议稿》第 128 条第 2 款规定，自然人的器官、血液、骨髓、组织、精子、卵子等，以不违背公共秩序与善良风俗为限，可以作为物。④ 此学说的理由如下：首先，法律上的"物"必须是可为权利客体者，即具有非人

① 宋振杰，黎桦. 脱离人体的器官或组织的法律属性研究 [J]. 湖北经济学院学报（人文社会科学版），2017，14（10）：72.

② 史尚宽. 民法总论 [M]. 北京：中国政法大学出版社，2000：250.

③ 迪特尔·梅迪库斯. 德国民法总论 [M]. 邵建东，译. 北京：法律出版社，2000：876-877.

④ 王利明. 中国民法典草案建议稿及说明 [M]. 北京：中国法制出版社，2004；王树华，王薇. 法哲学视域下的活体器官悔捐问题研究 [J]. 医学与哲学，2019，40（11）：66.

格性。人的身体是人格的物质载体，具有人格性，不属于物。但是，人体器官一旦与人身分离就不再属于人身体的组成部分，失去了维护身体完整性的功能，损伤或保护该器官都不会对身体造成影响。此时该器官就与民事主体的人格相脱离，不再具备人格因素，即可成为法律上的物。其次，法律上的物是指存在于人身之外、能满足权利主体的利益需要，并能为权利主体所支配控制的物质实体。而已与人身分离的活体器官完全具备法律上的物所要求的存在于人身之外、客观物质性、可支配性、有益性等基本特征。基于以上两个主要依据，该学说认为已与人身分离的活体器官属于法律上的物。但是，此种物不能像普通的物一样可以自由支配、自由买卖，其处分权受到人类伦理道德和公序良俗原则等的限制，因此，已与人身分离的活体器官是法律上的"特殊之物"。

（2）"器官权说"

该学说把自然人对自己器官享有的权利称为器官权，而器官权与身体权并列，但它跨越人格权和物权，法理基石在于人格权和物权的结合。其中，从横向上看，未与人身分离的器官权在活体中是人身权，在尸体中是物权；从纵向上看，已与人身分离的器官权在活体和尸体中均为物权。此学说与"物的范畴说"并无实质区别，不同之处只在于"器官权说"创设了"器官权"这一权利概念，将不同状态下人体器官的法律属性统归于此概念之下，而在认定人体器官法律属性的各种具体情况时，两个学说并没有区别。但是，由于权利种类不可任意设定，只有在穷尽既有权利体系而仍无法解决时方可创设，故民法学界中坚持此学说者较少。

（3）"人身完整说"

该学说主张，为了保护人的身体的完整性，在一定条件下，与人身分离的活体器官仍应视为人的身体，如果侵犯这些分离的部分，亦构成对人的身体完整性的侵犯，必须对受害人承担像侵犯他人手足四肢一样的过错侵权责任。该学说的主要依据是，随着现代医学及其他科学技术的发展和进步，人身体的很多部分在脱离人体之后，仍可通过医生的努力而使之与原身体相结合。此种医学的进步已表现在诸多领域，例如断指或断肢再造、肌肤移植、卵细胞的提取以及血液的提取和输入等，并必将普及其他暂未应用的领域。在他人实施过错侵权行为并导致这些脱离权利人身体的器官损坏时，权利人意图将已脱离人身的器官与身体连为一体、以实现身体正常机能的保护目的则得不到实现，其人身的完整性也得不到保障。因此，应当根据侵害他人身体完整性的权利即身体权，责令侵害人承担损害赔偿责任。但是，由于把人身权保护的范围扩张到已与人身分离的器官和组织等，将打破传统民法上人身权概念及体系，势必引起权利范围及界限的混乱。故民法学界坚持此学说者亦较少。

（二）遗体器官的法律属性

所谓遗体器官，是指来源于自然人死亡之后尸体的器官。

遗体器官的存在状态，一为存在于尸体内的器官，一为已从尸体中摘除的器官。遗体器官是尸体的重要组成部分，因此，要确定遗体器官的性质，首先要确定尸体的性质。尸体的法律性质确定以后，遗体器官的法律属性自然随之确定。

1. 遗体的法律属性

关于尸体的法律性质问题，尚无定论，主要存在以下两种截然相反的观点：

（1）"物说"

此种观点认为尸体为物。[1] 传统民法上所称物，是指存在于人身之外、能满足权利主体的利益需要，并能为权利主体所支配控制的物质实体，具备客观物质性、可支配性、有益性等民法客体的基本特征。遗体符合民法上物的显著特征：其一，遗体不具有人格，而是人身之外的物质实体，具有客观物质性。因为人死亡之后生命已不存在，遗体自然也就不属有生命的人类，只是人身以外的客观实物。其二，遗体具有可支配性。遗体作为有形的物质实体，既无独立的人格，也无通过自由意志来决定自己（包括身体）的能力；既在事实上为人力所能及，又可被其他人所支配控制。其三，遗体具有实用效益性。在现代社会，由于医学技术的发展，遗体及其器官被广泛运用于医学研究和器官移植的医疗，这不仅能满足权利主体的客观需要，即通过遗体器官移植治病救人，满足患者恢复器官机能的需要，而且能促进科学技术的发展并带来巨大的利用效益。对遗体究竟是何种物，支持"肯定说"的学者存在不同的看法：第一种认为遗体除博物馆展览目的外，没有所有者也不构

---

① 张良. 浅谈对尸体的法律保护 [J]. 中外法学，1994，17（3）：35-37；李安刚. 也论尸体的民法保护：与杨立新先生商榷 [J]. 当代法学，2001，14（8）：53-55；葛云松. 死者生前人格利益的民法保护 [J]. 比较法研究，2002，16（4）：22-34；李富成. 遗体安葬权的法律分析 [J]. 法学杂志，2005，26（6）：99-102；税兵. 身后损害的法律拟制：穿越生死线的民法机理 [J]. 中国社会科学，2011，32（6）：95-108，222-223；申卫星. 论遗体在民法教义学体系中的地位：兼谈民法总则相关条文的立法建议 [J]. 法学家，2016（6）：165-169；熊天威，等. 拟制血亲在公民逝世后器官捐献法律关系中的地位探讨 [J]. 器官移植，2017，8（1）：23-24；宋振杰，黎桦. 脱离人体的器官或组织的法律属性研究 [J]. 湖北经济学院学报（人文社会科学版），2017，14（10）：73.

成所有权对象的物；第二种认为遗体原则上是没有所有者、不能为先占之物，但解剖时能先占；第三种认为遗体是无所有者，但可以为先占之物；第四种认为遗体是由于继承而归继承人所有的物。日本通说认为遗体是所有权上的物。而英美法则认为遗体是占有权（埋葬权）上的物，如美国普通法长期以来固守教会法院关于遗体不存在所有权的原则，不承认遗体是所有权的客体，直到 19 世纪中叶以后才在不承认其所有权的前提下，认可基于埋葬目的而占有遗体的权利。我国有学者认为，因为遗体的特殊性，除为供学术研究及合法目的之使用外，不得为财产权之标的。

（2）"非物说"

此种观点否认尸体为物。① 认为尸体的本质在民法上表现为身体权客体在民事权利主体死亡后的延续利益，简称身体的延续利益。身体作为自然人身体权的客体，在自然人死亡后变为尸体，成为延续身体法益的客体。以身体权的延伸保护来对尸体的法律性质予以解释，较为适当，且符合一般社会观念。源于日耳曼法思想的德国通说也认为，遗体是"存在过的人"，是死者本人人格权的残存。依此观点，人虽因死亡丧失了权利能力，但个人价值仍应被保护，人死后也存在残留的死者本人的人格权。"无论如何，有关物的一般规则不适用于尸体，除非尸体已经变成'非人格化'了的木乃伊或骨骼。"② 所以，遗体非物，不能构成所有权的对象，而是死者本人生前人格权在死后的继续存在。德国的民事判例也支持这种观点，例如在保护死者名誉的判例中，德国联邦普通法院（BGH）肯定，人格权在死后继续存在，理应受到直接保护，即受到德国基本法第 1 条第 1 项 "人的尊严不可侵犯" 和第 2 条第 1 项 "人格的自由发展权利" 的保护。

在 "非物说" 中具体分为以下几种学说：① "身体权保护说"。该观点认为，非法损害、利用尸体，仍然是侵害身体权的行为。③ 身体权延伸保护说认为身体作为身体权的客体，在主体死亡后，身体变为尸体，为延续身体法益的客体，对此以身体权的延伸保护予以解释更为恰当，并且更符合一般社会观念。④ ② "物与非物结合说"。该观点认为，任何事物的定性都不应当只具有 "是" 或者 "不是" 两种极端的选择，而没有第三条路径，遗体的法律

---

① 黄丁全. 医疗、法律与生命伦理 [M]. 北京：法律出版社，2015：615-616.

② 迪特尔·梅迪库斯. 德国民法总论 [M]. 邵建东，译. 北京：法律出版社，2000：876.

③ 杨立新. 论公民身体权及其民法保护 [J]. 法律科学（西北政法大学学报），1994，12（6）：45-52.

④ 杨立新，王海英，孙博. 人身权的延伸法律保护 [J]. 法学研究，1995，42（2）：21-29.

属性应该是"物与非物的结合"，尸体的所有权由死者的亲属享有是最为合适的。① ③"所有权客体反对说"。该说认为，遗体也不同于单纯的物，不能简单地将其视为权利客体，因为遗体寄托了近亲属的个人感情、对死者的怀念、死者和生者的尊严，也体现了一定的善良风俗，所以，死者的近亲属对遗体也不能享有所有权。②

　2. 遗体器官的法律属性

　（1）"物的范畴说"

　史尚宽先生认为："活人之身体，不得为法律之物，人身之一部分，自然地由身体分离之时，其部分已非人身，成为外界之物，当然为法律上之物，而得为权利之标的也。"③ 学者王泽鉴认为，按尸体是否为物，甚有争论，有认为尸体非物，不得为继承人所继承，应依法律或习惯以定其处置。唯通说认为尸体为物，构成遗产，属继承人的共同共有。④ 现代科技的飞速发展推动了新的医学技术的运用，克隆技术、DNF 编码技术等生物工程的运用走进现实，科技对法律发展造成重大影响，法律也要随之修改以适应科技发展，人的身体不是物的传统观点也逐渐受到质疑。譬如器官捐赠、器官移植等。梁慧星教授也认为，人的身体非物，不得为权利之客体。身体之一部，一旦与人身分离，应视为物⑤，自然人的器官、血液、骨髓、组织、精子、卵子等，以不违背公共秩序与善良风俗为限，可以成为民事权利的客体。⑥ 这进一步说明脱离人体的人体组织和器官属于物的范畴。

　（2）"人身权说"

　杨立新教授认为遗体器官具有人身权属性而不能够被认为是财产，虽然遗体具有和民法上的"物"相同的某些特点，但是不能够认为遗体就完全等同于民法上的"物"。⑦ 器官是人格的物质载体，与人的人格不可分离，尽管器官具有物的一些外在特性，但由于器官承载着人格或者人格利益，因而器官上不能成立物权，而属于人格权范畴。

　（3）"物与非物结合说"

　该学说认为，任何事物的定性都具有多样性，不应该是简单的是或者不

① 杨立新，曹艳春. 论尸体的法律属性及其处置规则 [J]. 法学家，2005，17 (4)：76-83.
② 王利明. 人格权法研究 [M]. 北京：中国人民大学出版社，2012：319.
③ 史尚宽. 民法总论 [M]. 北京：中国政法大学出版社，2000：250.
④ 王泽鉴. 民法总则 [M]. 北京：北京大学出版社，2001：217.
⑤ 梁慧星. 民法总论 [M]. 北京：法律出版社，2001：100.
⑥ 梁慧星. 中国民法典草案建议稿 [M]. 北京：法律出版社，2003：19.
⑦ 杨立新. 人身权法论 [M]. 3版. 北京：人民法院出版社，2006：455.

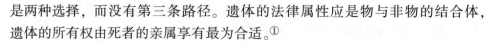

是两种选择，而没有第三条路径。遗体的法律属性应是物与非物的结合体，遗体的所有权由死者的亲属享有最为合适。①

（4）"二元区分说"

该学说认为，认为器官兼具"人格"和"物"的双重属性，即所称的"二元区分说"。② 活体器官在未与人体分离前，是与人的人格相联系的，为民事主体的物质性人格的构成要素，属人格权法调整；但当人体器官脱离了供体在植入受体之前，应属于物的范畴，属物权法调整；植入受体之后，又为人体的组成部分，具有人格，为人格权法调整。

二、人体器官的权利归属

我国法律界关于人体器官权利归属的相关研究和论述尚处于初级阶段，很不完备。现将我国四大民法典草案及人格权立法报告中的相关规定整理如下：

《民法总则（草案）》第4编中，第3条规定："自然人、法人的人格权与该自然人、法人不可分离，人格权不得转让、继承，但法律另有规定的除外。"第8条规定："自然人享有生命健康权。禁止非法剥夺自然人的生命，禁止侵害自然人的身体健康。"第9条规定："自然人可以将身体的血液、骨髓、器官等捐赠，也可以将遗体等捐赠。""自然人生前不反对前款捐赠，死亡后，他的配偶、子女、父母可以将遗体或者遗体的一部分捐赠。"

王利明教授主持的《中华人民共和国民法典（草案）学者建议稿》第313条（身体权）规定："自然人享有身体权"。"自然人在不损害自己的生命健康的情况下，可以允许他人将身体的一部分分离或进行其他形式的处分。"第315条（体液和器官的捐献）规定："自然人有权决定将自己的体液、骨髓等体液和器官捐献给医学科研、教学、医疗机构或者他人。""自然人对其身体的体液和器官的捐献，如果将对其人身的完整性和生命健康造成严重损害，该捐献行为无效。"第316条（遗体的捐献）规定："自然人有权决定在自己死亡后将自己遗体的全部或一部分捐献给医疗机构、科学研究机构或其他需要利用遗体的公共机构。"第317条（捐献行为的特殊规则）规定："就人体器官、体液和遗体的捐献行为应当遵循自愿、无偿原则。""该捐献行为需本人书面作出，不得由他人代理。""权利人可随时撤销其捐献身体器官、体液和遗体的行为，仅对相对人因信赖其行为而支付的合理费用负赔偿责任。"第

① 杨立新，曹艳春. 论尸体的法律属性及其处置规则［J］. 法学家，2005，17（4）：76-83.

② 郏立军. 器官移植民法基本问题研究：以捐献者自己决定权为视角［D］. 上海：复旦大学，2010.

319 条（禁止买卖）规定："禁止买卖人体器官以及其他组织，禁止买卖死亡者遗体及其组成部分。"

梁慧星教授主持的《中国民法典草案建议稿》第 49 条规定："自然人的身体受法律保护。""人体、人体各部分，不得作为财产权利的标的。但法律另有规定的除外。""自然人的身体的完整性受法律保护。但为自然人的健康而进行手术治疗并经本人同意或者符合法律规定条件的除外。""为治疗或者医学试验的目的，在符合法律规定的条件下，自然人可以捐赠其身体的部分器官，但非经捐赠人和受赠人的同意，不得扩散可以鉴别捐赠人身份和被捐赠人身份的任何信息。"

徐国栋教授主持的《绿色民法典草案》第 319 条（自愿损害身体的行为）规定："处分自己身体的行为，导致身体的完整永久性地减少的，或以违反公共秩序或善良风俗的方式实施的，禁止之，但如果处分的要求符合必然的状态或根据医生的命令，或如果他产生这样的想法是出于人道的动机，这种行为有效。处分或利用人类的器官和组织的行为，由有关的特别法调整。"

杨立新教授主持编写的《〈中华人民共和国人格权法〉建议稿》第 13 条（身体权的保护）规定，自然人有权维护身体组成部分的完整性。在符合自身安全的情况下，可以将自己身体组成部分的组织和器官等予以捐助，也可以通过遗嘱方式，决定将自己的器官以及遗体、遗骨等予以捐助。自然人生前不反对前款规定捐助的，死亡后，其配偶、子女、父母可以将遗体或者遗体的一部分予以捐助。自然人的遗体、遗骨受法律保护，不得对其进行侮辱、损害。第 16 条为禁止性规定，禁止买卖人体组织、器官，禁止买卖死者遗体及其组成部分，但法律另有规定的除外。①

从以上我国官方草案与学者建议稿的规定可以归纳出，我国通说认为，本人对自身器官以及尸体享有处分权。

随着德国民法中"一般人格权"概念的出现及英美法中隐私权制度的形成，法律对人格权的保护从具体人格权扩展到一般人格权，人格权的法律保护更臻完备，其中人的自己决定权受到普遍重视。所谓人的自己决定权，简称自决权，是指基于人格尊严的要求，对所有有关个人的事物，应由个人自主且自由地决定，以获得自我实现的机会。对是否将自己的器官与人身分离，国外学说一般认为，这属于个人事务，自然人本人享有自决权，本人生前有权对生后遗体进行处分，例如德国通说认为死者有宪法上的人格权及自我决

---

① 杨立新，崔艳.《中华人民共和国人格权法》建议稿及立法理由书［J］. 财经法学，2016（4）：39-54.

定权。这都与世界卫生组织（WHO）1991 年 8 月发表的《器官移植九原则》的规定相一致。因此，目前世界上大多数国家，如美国、德国、智利、比利时、法国、波兰等的器官移植立法都对本人基于自己决定权而在生前作出的处分其遗体的意思表示予以最大的尊重。

但是，由于人具有社会属性，人的自己决定权不仅与个人事务有关，同时也与社会有各种联系。因此，自决权虽应受到高度保障，却并非绝对的权利。原则上，为追求不可或缺的公共利益时，可对自决权加以限制；在行使处分本人器官的自决权而影响生命的存亡时，为保护具有无上价值的生命也应对自己的决定权加以必要限制。这决定了法律并不认为"自杀"是"合法"的，并明确禁止本人承诺下的他人协力，同时规定本人权利的行使不得违背公序良俗。另外，从性质上讲，自决权是一种与权利主体人格不可分离的一般人格权，具有严格的人身性质，在民法法理下还应受到禁止让渡或代理行使的限制。根据我国民法，民事权利因权利人行为能力欠缺而不能亲自行使时，由其法定代理人行使；同时为了保护行为能力欠缺人的利益，禁止法定代理人从事损害被代理人利益的法律行为。依此法理，像捐献器官这种纯粹使提供者负担肉体上不利益的情形，无论如何也不得由法定代理人代理行使行为能力欠缺者的器官处分权。①

此外，国内外学者一般认为，在本人生前没有相关意思表示或者因能力欠缺而不能作出相关意思表示抑或生前的意思表示不明确的情况下，与本人有密切关系的其他人可以按照一定的顺序享有对遗体的处置权，但各国的具体规定不大相同，对其他人（继承人、遗属、近亲属、其他与本人有生活密切联系的人）的范围界定并不一致。

相关法律法规及司法解释

《民法典》

第 1006 条 完全民事行为能力人有权依法自主决定无偿捐献其人体细胞、人体组织、人体器官、遗体。任何组织或者个人不得强迫、欺骗、利诱其捐献。

---

① 余能斌，涂文. 论人体器官移植的现代民法理论基础 [J]. 中国法学，2003，20（6）：56-64；刘建利. 人体器官移植法律规制的问题及完善 [J]. 东南大学学报（哲学社会科学版），2019，21（6）：94-99.

完全民事行为能力人依据前款规定同意捐献的，应当采用书面形式，也可以订立遗嘱。

自然人生前未表示不同意捐献的，该自然人死亡后，其配偶、成年子女、父母可以共同决定捐献，决定捐献应当采用书面形式。

第 1007 条　禁止以任何形式买卖人体细胞、人体组织、人体器官、遗体。

违反前款规定的买卖行为无效。

 《人体器官移植条例》

第 3 条　任何组织或者个人不得以任何形式买卖人体器官，不得从事与买卖人体器官有关的活动。

第 7 条　人体器官捐献应当遵循自愿、无偿的原则。

公民享有捐献或者不捐献其人体器官的权利；任何组织或者个人不得强迫、欺骗或者利诱他人捐献人体器官。

第 8 条　捐献人体器官的公民应当具有完全民事行为能力。公民捐献其人体器官应当有书面形式的捐献意愿，对已经表示捐献其人体器官的意愿，有权予以撤销。

公民生前表示不同意捐献其人体器官的，任何组织或者个人不得捐献、摘取该公民的人体器官；公民生前未表示不同意捐献其人体器官的，该公民死亡后，其配偶、成年子女、父母可以以书面形式共同表示同意捐献该公民人体器官的意愿。

第 9 条　任何组织或者个人不得摘取未满 18 周岁公民的活体器官用于移植。

第 10 条　活体器官的接受人限于活体器官捐献人的配偶、直系血亲或者三代以内旁系血亲，或者有证据证明与活体器官捐献人存在因帮扶等形成亲情关系的人员。

案 例

案 情 简 介

三原告赖某崴、赖某娜、赖某娥系赵某修的子女。被告芙蓉鉴定中心系被告脑科医院的内设机构，办理了司法鉴定许可证。2013 年 11 月 6 日赵某修因心跳骤停临床死亡。三原告为查明赵某修的死因及气管切开术与气管食管瘘病症形成关系，于 2013 年 11 月 12 日以原告赖某峨的名义与被告芙蓉鉴定中心签订《司法鉴定协议书》，委托被告芙蓉鉴定中心进行尸体解剖及法医鉴定。《司法鉴定协议书》中协议事项载明"检材留样保存 3 个月"，其他约定事项载明"最终检查标本鉴定机构不永久保存，销毁前应征得委托人许可，或归还委托人"。尸体解剖后，被告吴某将提取的赵某修尸体的部分脏器官及脑组织存放于解剖室，其余部分由三原告领回。2014 年 2 月 7 日，被告芙蓉鉴定中心作出湘芙蓉司法鉴定中心〔2013〕法病鉴字第 012 号法医病理鉴定意见书。原告为此支付鉴定费用。2014 年 7 月，三原告要求探视赵某修被提取的部分脏器官及脑组织，被告知因存放在被告某中医药大学解剖室，需实地确定脏器官的去向而未果。2014 年 9 月 5 日，被告脑科医院发现赵某修的遗体器官遗失，原告赖某峨遂于 2014 年 9 月 9 日向长沙市公安局雨花分局东塘派出所报案称其母亲赵某修遗体器官（内脏）由被告芙蓉鉴定中心保管后无法找到。后被告脑科医院及被告吴某就赵某修尸检提取的内脏器官失踪情况向含浦派出所报案。

审理及判决

法院认为，三原告主张的由本案被告共同返还赵某修遗体全部内脏及脑组织不具备事实上的可能性，而要求被告赔偿遗体器官的标本价值 300000 元不符合我国《人体器官移植条例》第 3 条以及《尸体出入境和尸体处理的管理规定》之规定。因此，器官买卖为我国法律所禁止对此请求不予支持。法院判决如下：一、被告某省脑科医院（某省精神卫生研究所）、被告某中医药大学应于本判决生效后 7 日内连带赔偿原告赖某崴、赖某娜、赖某峨精神损害抚慰金 180000 元；二、被告某省脑科医院（某省精神卫生研究所）、被告某中医药大学应于本判决生效后 7 日内连带赔偿原告赖某崴、赖某娜、赖某峨交通费等 2000 元；三、驳回原告赖某崴、赖某娜、赖某峨的其他诉讼请求。

分析

本案三原告的诉讼请求之一即是"判令被告共同归还原告母亲赵某修遗体全部内脏及脑组织，如不能归还，则判令被告共同赔付赵某修全部遗体器官的标本价值 300000 元"。这一诉讼请求本质上是对死者的人体器官进行了价值衡量，并希望得到相应的对价，将人体器官当作市场交易物予以对待。法院没有支持原告的这一诉讼请求，是在否认人体器官的可交易性。我国法律禁止以任何形式买卖人体器官，任何人体器官买卖协议或人体器官捐献补偿协议也会因违反了人体器官捐献无偿原则及禁止性规定而被认定无效。

之所以禁止人体器官买卖，是基于保护人民群众的生命安全以及维持国家有关器官移植的医疗管理秩序的双重考量。一方面，把他人的器官当作商品进行买卖、交易，损害了他人身体健康完整权，即使交易双方已经达成合意，但这并不能阻却该买卖行为的违法性——人体器官买卖严重违背了生命尊严原则与非商业化原则这些社会伦理底线，意味着人的极大贬值。使人们长期以来所确立的生命无价的人生价值观受到了巨大的冲击。放任人体器官买卖，最终将会极大地破坏人类的生命社会秩序，阻碍社会的正常发展。另一方面，人体器官买卖加剧了两极分化，凸显了社会不公。器官买卖使器官移植技术只能为占人类极小比例的有钱人服务，变成富人的专利。"物以稀为贵"，器官买卖不仅把人体器官变成商品，而且是昂贵的商品。这种商品多数人无力购买，只有少数富人才买得起，饥寒所迫的穷人则只有做"货源"供富人"选购"。由此可见，所谓器官买卖，买主必然是富人，卖主必然是穷人，因而器官移植技术必然只能为富人服务，但医学是不应当只为少数富人服务的。因此，器官买卖严重地破坏了器官移植这一医学技术的伦理价值，使这种技术变成只供有钱人役使的奴仆，最终损害我国器官移植的医疗管理秩序。此外，人体器官的买卖还可能会诱发刑事犯罪。从性质上说，人体器官买卖本身是一种对社会具有严重危害性的犯罪行为。同时，人体器官买卖还会引发其他犯罪。一些急需接受器官移植的患者为了得到可供摘取的器官，往往不惜以高价购买。在这种高价的刺激和引诱下某些不法分子往往会以侵犯他人的生命权和健康权为代价，通过欺诈、强迫等各种手段来强制摘取或偷取他人的身体器官进行贩卖。这样一来，人体器官买卖实际上就会引发故意伤害罪、故意杀人罪、拐卖妇女儿童罪以及盗窃、侮辱尸体罪等其他犯罪行为，从而使其社会危害性远远超出人体器官买卖这一行为本身。

十 个人信息的法律性质

个人信息的保护是数据经济发展的要求也是当前国际社会的普遍共识。欧盟《一般数据保护条例》（GDPR）的颁布进一步促进了全球范围内的个人信息保护历程。虽然我国目前没有专门的个人信息立法，但对个人信息权益保护还是有法可依的。《刑法》规定了侵犯个人信息罪，《网络安全法》要求保护用户的个人信息等。《民法典》和《个人信息保护法》更是细化了个人信息的内容，明确了个人信息的保护要求。

一、个人信息的界定

（一）个人信息的概念

解决个人信息问题的前提是，明确哪些信息属于个人信息。从比较法的角度来看，各国的立法中关于个人信息的范围界定主要有两种理论。一种是美国的"可识别标准"。以限缩解释的方法将个人信息的保护范围限定在确定能识别个人身份的信息上。另一种是德国的"确切和可能识别标准"。《德国联邦数据保护法》将个人信息分为"确切可识别个人身份的信息"和"可能识别个人身份的信息"，以求最大限度地为个人信息提供保护。欧盟的《一般数据保护条例》在对个人数据的概念界定上，选择了与德国相同的界定方式，将个人数据界定为"已识别"（identified）或"可识别"（identifiabl）数据主体的信息。相较于限缩界定模式，德国的模式则是放开了个人信息界定的边界，能够最大限度地对个人信息进行保护。但该模式带来的问题是，大数据时代几乎所有的信息都存在成为"可能识别个人身份的信息"的可能性，极易出现个人信息的过度保护。

从立法层面来看，我国内地在个人信息范围的界定上倾向于德国和欧盟的模式。《民法典》第 1034 条第 2 款规定，"个人信息是以电子或者其他方式记录的能够单独或者与其他信息结合识别特定自然人的各种信息，包括自然人的姓名、出生日期、身份证件号码、生物识别信息、住址、电话号码、电子邮箱、健康信息、行踪信息等"；《网络安全法》、国家标准《信息安全技术 个人信息安全规范》（GB/T 35273—2020）等亦将个人信息划分为两类：一类是单独可识别主体的信息；一类是与其他信息相结合后可识别主体的信息。我国坚持以人为本的理念，以开放式的个人信息保护边界来确定个人信息的保护范围。我国香港、澳门地区对于个人信息的界定也采取了相同的模式。①

学术界对于个人信息概念的界定亦是众说纷纭。有学者提出，个人信息概念之所以不确定，是因为个人信息高度依赖场景，因个人信息识别目标、识别主体、识别概率、识别风险的不同而不同。② 在个人信息开放式的界定模式下，判断某一信息是否为个人信息将不再完全取决于信息本身所包含的内容，而是取决于所收集数据的完整性和技术的先进性。在该种模式下，如果对个人信息不加以区别地进行保护，极易导致个人信息的过度保护，阻碍数据的流通，压缩数据开发利用的空间，限制数据经济的发展。因此，为兼顾信息开发利用和信息保护，对"结合可识别"个人信息的认定应作合目的性限缩和情境化界定。③ 合目的性限缩是指，从个人信息设定的目的出发，将受保护的个人信息限定在对人格利益造成影响的信息上。如果该条信息为对人格利益产生影响，即使与其他数据结合能识别信息主体也不应当认定其为个人信息。场景化判断则是因为数据具有场景依赖性，应当结合应用场景对信息的属性做个案判断。④ 即使同一信息在某些场景可能是作为个人信息出现，在某些场景可能只是一组普通数据。亦有学者从多角度对个人信息的概念范围进行了方法界定：丁晓东提出，应放弃个人信息与非个人信息的绝对化区分，将个人信息视为规制信息关系的制度工具，根据具体场景与制度功能确定个人信息的范围及其规制方式。在监管层面，可以采取个人信息、可识别个人信息、非个人信息的三分法而进行功能性的分类规制；在司法层面，可以进一步进行场景化规制，利用自下而上的案例确定个人信息的范围和保护

① 参见中国香港《個人資料（私隱）條例》、中国澳门《个人资料保护法》。
② 丁晓东. 论个人信息概念的不确定性及其法律应对［J］. 比较法研究，2022（5）：46-60.
③ 宋亚辉. 个人信息的私法保护模式研究：《民法总则》第 111 条的解释论［J］. 比较法研究，2019，33（2）：86-103.
④ 丁晓东. 数据到底属于谁？：从网络爬虫看平台数据权属与数据保护［J］. 华东政法大学学报，2019，22（5）：69-83.

制度。通过规制三分法与司法案例法，可以建立模块化的个人信息分类保护制度。①

（二）个人信息与个人数据

当前理论研究中对于主体可识别信息采用何种称谓学者之间存在着不同看法，除大部分学者采用个人信息这一我国传统称谓外，也有学者使用"个人数据"这一概念，认为个人信息和个人数据应当进行区分。② 但在立法层面上"个人数据"和"个人信息"实质上可理解为一回事。中国、日本、韩国等国家主要采用"个人信息"这一说法，而欧盟及其成员国则惯常使用"个人数据"这一表达方式。③ 在我国"个人数据"一词虽没有出现在法律层面，但散见于《中华人民共和国国民经济和社会发展第十三个五年（2016—2020年）规划纲要》《工业和信息化部关于印发信息通信行业发展规划（2016—2020年）的通知》等工作文件和行政法规、部门规章之中。而欧盟的《一般数据保护条例》中采用"个人数据"一词对可识别主体的信息进行保护。该词的含义与我国《信息安全技术个人信息安全规范》中的"个人信息"一词的概念在本质上是相同的，均是对可识别主体的信息进行保护。但若是将目光置于我国的法律体系中，则不尽然如此，个人信息与个人数据的关系如何，当进行合理的界定。

我国《民法典》对于"个人数据"的保护在人格权编第六章"隐私权和个人信息保护"部分的规定中，由于《民法典》中使用的是对"个人信息"而非"个人数据"的保护，且结合 2021 年通过的《个人信息保护法》，关于个人数据与个人信息的关系问题一直存在争议，主要分为"个人信息包括个人数据说""个人数据和个人信息无差别说"和"个人数据包括个人信息说"。

"个人数据包括个人信息说"认为数据所承载的内容有信息和非信息。④ 其中以欧盟的《一般数据保护条例》最为典型："个人数据"是指已识别到的或者可被识别的自然人（"数据主体"）的所有信息。可被识别的自然人是指其能够被直接或间接通过识别要素识别的自然人，尤其是通过姓名、身份证号码、定位数据、在线身份等识别数据，或者通过该自然人的物理、

---

① 丁晓东. 论个人信息概念的不确定性及其法律应对 [J]. 比较法研究，2022 (5)：46-60.
② 梅绍祖. 个人信息保护的基础性问题研究 [J]. 苏州大学学报，2005，100 (2)：25-30.
③ 美国、加拿大、澳大利亚等英美法系国家还采用"个人隐私"这一概念。参见中国信息通信研究院 2018 年发布的《电信和互联网用户个人信息保护白皮书》第 5 页。
④ 李爱君. 数据权利属性与法律特征 [J]. 东方法学，2018 (3)：64-74.

生理、遗传、心理、经济、文化或社会身份的一项或多项要素予以识别。①

　　"个人数据和个人信息无差别说"认为个人数据和个人信息并无区分的必要，二者不过是所要表达的同一内容的两种方式。在数字经济高速发展的当下，数据和信息的融合性和依附性逐渐提升，因此无须进行概念上的区分，二者并无本质区别。这一观点多存在于各类法律文件②和司法实践③之中，常表述为"数据信息""用户个人数据信息"等。

　　"个人信息包括个人数据说"认为个人数据是一种特殊的个人信息，信息的外延大于数据，数据只是信息的一种表达方式。这一观点体现在司法判决、现行法律以及众多的学者观点中：首先，在西安某数字娱乐发行股份有限公司与广东省广播电视网络股份有限公司侵害作品信息网络传播权纠纷一审民事判决书中提到："以电视机为终端的互联网，属于信息网络的范畴。"④ 可见是将互联网中所存在的数据内容归入信息网络传播权的范畴，作为信息的一种加以处理。其次，就法律而言，《生物安全法》第 15 条、第 16 条即采用"数据、资料等信息"的表述，第 85 条采用"数据等信息资料"的表述；《数据安全法》第 3 条也采用了"数据，是指任何以电子或者其他方式对信息的记录"的表述。最后，从学术研究来看，亦有学者支持此种观点：从法律意义上来说，个人信息是指已经被识别或者能够识别的自然人的全部信息；而个人数据是指在大数据等新兴技术的发展之下能够以电子介质存储、记录并保存的具有可识别性的个人信息。从这个角度而言，个人数据侧重表达的是对于一定内容的存储方式；而个人信息所要展现的是传达的内容的本质。⑤

　　本书在综合上述三种观点的基础上，对个人信息和个人数据的关系进行

　　① 欧盟《一般数据保护条例》GDPR（汉英对照）［M］. 瑞栢律师事务所，译. 北京：法律出版社，2018：42，175.
　　② 最高人民法院、最高人民检察院、公安部印发《关于办理刑事案件收集提取和审查判断电子数据若干问题的规定》的通知（法发〔2016〕22 号）采用"电子数据包括但不限于下列信息"的表述，将数据与信息等同；《国务院办公厅关于促进和规范健康医疗大数据应用发展的指导意见》（国办发〔2016〕47 号）采用"健康医疗数据信息"的表述；《网络预约出租汽车经营服务管理暂行办法》（交通运输部工业和信息化部、公安部、商务部、市场监管总局、国家网信办令 2020 年第 42 号）采用"依法调取查询相关网络数据信息条件的证明材料"的表述；《国务院办公厅关于加强互联网领域侵权假冒行为治理的意见》（国办发〔2015〕77 号）采用"网络数据信息的共享和分析"的表述；《国家海洋局关于实施海洋环境监测数据信息共享工作的意见》（国海环字〔2010〕635 号）也采用了"数据信息"这一表述。
　　③ （2017）浙 8601 民初 4034 号。
　　④ （2019）京 0105 民初 27153 号。
　　⑤ 刘韵. 权利义务关系视角下运动员个人数据的处理及其基本原则：基于《中华人民共和国民法典》《通用数据保护条例》的分析［J］. 体育科学，2021，41（1）：21-28.

了界定：

首先，就个人信息与个人数据的共性来看，个人信息和个人数据的内涵中都含有隐私的内容，同一内容的表达方式既可能通过个人信息的方式表达，也可以通过个人数据的方式表达。这也就意味着，无论是对个人信息还是个人数据滥用，都有可能使共同的对象——隐私——受到侵害。从更本质的角度来说，这说明个人信息与个人数据都具有人身价值属性。

但就二者的区别而言，二者的产生背景不同。个人信息是在互联网时代到来之际，随着互联网与现实社会的不断交融，互联网用户的信息逐渐成为一项无形资产，引起了法律的重视而予以规制。个人数据则是随着大数据时代的到来应运而生，近乎无限量的"大数据+云计算"使得个人数据突破了传统的"隐私——个人信息"保护模式，原有的法律保护路径已不足以规制个人数据。

其次，就二者的特征来看，个人信息具有完整性、保密性和可控性，而与之相对应的个人数据则具有碎片性、共享开放性和不可控性。尤其是个人数据的不可控性，大数据时代数据处理方式的多样性使得个人对于数据的控制逐步减弱，不能够像对个人信息的控制那样达到排他性的程度。

最后，对比二者的法律属性，个人数据被誉为"大数据时代的石油"，以至于《数据安全法》将数据安全的重要性上升至国家层面，这说明个人数据所具有的财产价值属性和安全价值属性并非个人信息所能企及。传统意义上的个人信息更多地侧重于表达人身属性，侧重于对信息所指向的"人"的保护；个人数据则不然，在基于大数据的背景之下，个人数据更多地被用于商业价值的开发与利用。

因此可以看出，个人信息与个人数据应界定为一种竞合关系。① 即二者的内涵既有重合之部分，亦有各自的外延领域。

（三）个人信息与数据

个人信息和数据是社会发展赋予我们的新挑战，如何在大数据经济下保护个人信息和促进数据经济的发展，是当前亟须解决的问题。关于个人信息和数据的关系主要存在三种观点："区分说""包含说""等同说"。

在早期许多学者将数据和个人信息等同，将数据保护限制在个人信息的范围内。形成了以个人信息为中心的单边保护模式。随着大数据经济的发展，

---

① 郑飞，李思言. 大数据时代的权利演进与竞合：从隐私权、个人信息权到个人数据权 [J]. 上海政法学院学报（法治论丛），2021（15）：1-16.

学者渐渐意识到以个人信息为中心的保护模式不能满足数据经济发展的需求，除了对个人信息进行人格权保护还需要对企业数据等进行保护。由此产生了个人信息是否在数据权内的争议。对于数据和个人信息的关系，有学者认为数据源于个人信息，源于用户行为留痕。个人信息是数据权的基础，企业对数据享有的权利也来源于个人信息。对数据的规制其实就是对个人信息的规制。①

持"区分说"的学者认为，保护个人数据安全和促进数据流动是数据经济发展的两个不同方面，应当严格进行区分。有学者利用符号语言学对数据和个人信息进行区分，认为个人信息和数据文件分别位于内容层和符号层。也有学者从法律层面论证，龙卫球认为法律意义上的数据不同于个人信息（数据），二者在法律上应当分别进行保护。

持"包含说"的学者在讨论数据的权属及保护时，将个人信息讨论在内，将数据作为一个大概念进行讨论。认为个人信息属于数据的一部分，数据具有人格权属性。② 有学者认为数据是一个"权力束"，包括人格权、财产权等多种权利类型。③

个人信息和数据"区分说"的观点同我国当前的法律背景和立法趋势相一致，我国今后在立法时采取该种观点最为适宜。个人信息和数据的区分保护已成为当前立法的发展方向。《民法典》第 111 条和第 127 条分别对个人信息和数据进行了区别规定，为两者的区分保护奠定法律基础。在法律层面上数据和个人信息势必要进行区分，按各自的法律性质进行保护。欧盟在个人信息保护方面依据主体是否具有识别性区分了"个人数据"和"非个人数据"，以不同的保护标准进行规定。因此，当我们在法律层面讨论个人信息时应当将其与数据相区分，经过处理不具有主体识别性的数据不属于个人信息的讨论范畴。

二、关于个人信息法律属性的争议

由于个人信息自身具有复杂性，我国法律对个人信息的规定也还在发展过程中，对于个人信息究竟是权利还是利益？如果是权利，其具有何种权利属性？在理论界存在着不同的观点。当前对于个人信息存在"法益说"和

---

① 武长海，常铮. 论我国数据权法律制度的构建与完善 [J]. 河北法学，2018，36（2）：37-46；程啸. 论大数据时代的个人数据权利 [J]. 中国社会科学，2018，39（3）：102-122.

② 刘新宇. 大数据时代数据权属分析及其体系构建 [J]. 上海大学学报（社会科学版），2019，36（6）：13-25.

③ 闫立东. 以"权利束"视角探究数据权利 [J]. 东方法学，2019，12（2）：57-67.

"权利说"，"权利说"亦存在着不同观点。

（一）"法益说"

王利明教授主编的《中华人民共和国民法总则详解》认为："只是规定了个人信息应当受到法律保护，而没有使用个人信息权这一表述的，表明民法总则并没有将个人信息作为一项具体人格权利，但本条为自然人的个人信息保护提供了法律依据。"①《民法典》对个人信息进行了更加详细的规定，将个人信息置于人格权编进行概念的界定和保护，同时依旧未采用"个人信息权"的概念，将个人信息作为一项值得保护的法益进行规定。

龙卫球教授和刘保玉教授提出："二审稿开始纳入个人信息问题，但考虑到个人信息的复杂性，也没有简单以单纯民事权利特别是一种人格权的形式加以规定，而是笼统规定个人信息受法律保护，为未来个人信息如何在利益上兼顾财产化，以及与数据经济的发展的关系配合预留了一定的解释空间。"②

"法益说"在考虑个人信息保护必要性的同时，考虑到个人信息的复杂性，若将个人信息作为一项权利进行保护，无疑会使个人信息具有明显的排他性，不利于将个人信息在利益上兼顾财产化，也不利于数据经济发展下个人信息与数据经济的结合。

（二）"权利说"

以王利明教授为代表的学者持个人信息"权利说"的观点，认为在法律没有明确规定其为权利还是法益时，应当从受保护利益的独立性、司法实践和比较法等方面对个人信息的权利性进行论证。

"权利说"认为个人信息具有独立性，与其相近的民事权利所保护的利益存在明确的区分。民法确认某种民事权利时，必须确保该项权利所保护的民事利益具有相当的独立性。以生命、身体和健康三种民事权利为例，三者均为物质性的人格权，但三者保护的人格利益均为独立的人格利益。姓名权、肖像权和名誉权所保护的姓名利益、肖像利益、名誉利益也都是具有独立性的人格利益。同时个人信息能够与其他权利明确区分，《民法总则》第111条虽未将个人信息进行明确界定，同其他权利进行区分。但在《民法典》中个人信息和隐私为并列概念，二者所保护的是不同的客体，可以进行明确区分。

在明确个人信息是一项权利的基础上，对于个人信息究竟是何种民事权

---

① 王利明. 中华人民共和国民法总则详解 [M]. 北京：中国法制出版社，2017：465.
② 龙卫球，刘保玉. 中华人民共和国民法总则释义与适用指导 [M]. 北京：中国法制出版社，2017：404.

利即个人信息的权利属性，在法理上存在"财产权说""隐私权说""个人信息权独立说""独立人格权说"等不同主张。

1. "财产权说"

刘德良教授在国内首次提出个人信息财产权保护理论，认为个人信息是一种支配权，是对个人信息商业价值享有的新型财产权。① 个人信息财产利益的理论基础是莱斯格"个人信息财产化"理论。信息财产化理论最早是由莱斯格在《代码和网络中的其他法律》（*Code and Other laws of Cyberspace*）一书中提出的。莱斯格认为应将数据财产权赋予用户，这更符合市场效率和提升数据产业的交易秩序。经济学理论中，财产应当具有使用价值和交换价值，个人信息要成为财产首先需要具有商业价值和使用价值。在实践中，个人信息已经作为商品进行交易，由于涉及人格利益，故当前存在的大量个人信息为非法交易行为。而个人信息的使用价值更是体现在我们生活的方方面面，从网页的个性化推荐、企业营销策略的制定到对体育比赛发展趋势的预测都是对个人信息进行的挖掘和利用，个人信息的使用价值体现在各行各业。正是由于个人信息具有巨大的使用价值，数据经济才得以繁荣发展，数据交易、保护、利用问题才不断发生。

个人信息的财产权理论的提出引起了各国学者的广泛关注与激烈讨论。一方面，个人信息具有财产利益，是一种重要的社会资源。在实践中，个人信息具有财产利益可以凸显"实现经济收益"与"信息主体的能动性"的优势。在信息时代，个人信息成为新经济的智能引擎。一些大型的网络交易平台对海量的个人信息进行收集、使用的能力显著提高，这给新经济带来了成本的降低和效率的提升。② 单就"信息主体的能动性"而言，自然人作为信息财产权的主体，能够通过使用者"知情同意"授权的方式保护自己的权利。③ 企业作为信息处理者只能通过与信息主体进行协商方可获得信息数据的使用权，这使信息主体作为使用者获得了一定的议价能力。④ 使用者"知情同意"授权的方式还能够将事后的侵权救济转变为事前的预防，避免个人信息

---

① 刘德良. 个人信息的财产权保护 [J]. 法学研究, 2007, 54 (3): 80-91.

② 伯纳德·利奥托德, 马克·哈蒙德. 大数据与商业模式变革: 从信息到知识, 再到利润 [M]. 郑晓舟, 胡睿, 胡云超, 译. 北京: 电子工业出版社, 2015: 6.

③ Jerry Kang. Information Privacy in Cyberspace Transactions [J]. Stanford Law Review, 1998, 50 (4): 1193.

④ 龙卫球. 数据新型财产权构建及其体系研究 [J]. 政法论坛, 2017, 35 (4): 63-77.

侵权行为的发生。①

但也有反对观点提出，在数据经济背景下，个人信息的经济价值逐渐显现，但个人信息权不是财产权。权利人可以通过个人信息使用权的让渡获取经济利益，但个人信息不是财产权客体，无须赋予其财产权。首先，单个个人信息价值低。除公众人物外，个人信息对于信息主体的价值极小，通常为获得免费的软件和服务而放弃，普通个体信息保护的首要关切还是隐私利益和人格尊严。单个信息不具有价值，经收集、加工处理后的信息才具有价值。如果赋予个人信息以财产权，那么其他主体在使用个人信息的过程中就需要付费，在实行"个人信息付费"情况下还需要考虑如何实现付费的技术问题，从而使得企业对数据利用成本过高，技术过于复杂，不利于数据经济的发展。其次，可以通过个人信息使用权的让渡来对个人信息进行保护，无须设定财产权。姓名权、肖像权等人格权也可以通过许可使用制度进行商业化利用，传统民法理论也不认为这是财产权。不能因为个人信息的商业化利用而推论出其是财产权。② 再次，如果以财产权来保护个人信息并规范对个人信息的使用，则无法实现财产权的制度功能。原因在于，个人信息使用的质量和效率受制于信息主体的意志，即自然人的判断能力。③ 事实上，以个人意志来决定个人信息使用的合法性，往往使个人处于要么全部拒绝要么全部同意使用其个人信息的两难境地。这是因为在现实中，关涉个人信息保护的专业词汇、内容条款往往是复杂而专业的，也是因篇幅庞大而需耗时阅读的，对于普通人来说更是晦涩难懂的。毕竟，在信息社会，"几乎没有人有时间、能力或者决心浏览一遍网上复杂的条款和同意的条件，更不用说要对每次给定的同意书都进行浏览"。④ 最后，个人信息的财产属性决定了自然人作为信息主体可以将其个人信息通过商品化或者公开化的方式转化为财产利益或价值，然后再许可他人使用，但这并非财产权所专属的特性。如果单从财产权角度证成其权利属性，则不可避免地会忽视个人信息所体现的人格尊严。⑤

---

① 郑维炜. 个人信息权的权利属性、法理基础与保护路径 [J]. 法制与社会发展, 2020, 26 (6): 125-139.
② 刘召成. 人格商业化利用权的教义学构造 [J]. 清华法学, 2014, 8 (3): 118-136.
③ 吴伟光. 大数据技术下个人数据信息私权保护论批判 [J]. 政治与法律, 2016 (7): 116-132.
④ 丁晓东. 什么是数据权利?: 从欧洲《一般数据保护条例》看数据隐私的保护 [J]. 华东政法大学学报, 2018, 21 (4): 39-53.
⑤ 郑维炜. 个人信息权的权利属性、法理基础与保护路径 [J]. 法制与社会发展, 2020, 26 (6): 125-139.

2. "隐私权说"

当今，美国法上隐私权的保护范围就包括生育自主、家庭自主、个人自主、信息隐私四大方面。在美国，个人信息受隐私权的保护，这是因为美国的隐私权为"大隐私权"除包括隐私外还包括姓名权、肖像权等具体人格权。美国对个人信息的保护主要是从其经济利益方面出发，充分利用市场对其进行规制。王泽鉴教授即认为，"隐私权包括保护私生活不受干扰及信息自主两个生活领域"。① 当前我国的司法实践中也多以隐私权来对个人信息进行保护。

以王利明教授为代表的许多学者认为，个人信息与隐私应属于两个不同范畴，二者在内涵、内容、范围上都有区别。首先，在内涵上"隐私权说"主要由美国法上的隐私权发展而来的。美国法上的隐私权具有相当于大陆法上一般人格权的特性。而我国隐私的语境与内涵并没有美国法上的"独处权""安宁权"等内容，隐私往往仅被理解成不为他人所知悉，私即私密信息。尹田教授指出，个人隐私为个人私生活中不愿公开的秘密空间。② 其次，在范围上隐私与个人信息有交叉但不重合。有些涉及个人私生活的个人信息虽然属于隐私，但生活中还存在许多公开的个人信息。如电话号码、工作单位、家庭住址等信息，为了便于交流，人们常常在一定范围内予以公开。这些信息难以归入隐私权的范畴。但对于这些信息，诚如王利明教授所指，"个人也应当有一定的控制权，如知晓在多大程度上公开，向什么样的人公开，别人会出于怎样的目的利用这些信息，等等。"另外，隐私权也难以涵盖个人信息权的全部权能，如当对个人信息的记载有误时，个人所享有的修改权无法通过大陆法系国家的隐私权理论进行描述。最后，在内容上隐私权制度的重点在于保密，而个人信息权的重点则在于信息的控制与利用。在隐私权视角下，因重在保密，擅自公布他人隐私的行为构成侵权。而在个人信息权视角下，虽为公开，但收集、利用个人信息也应受到限制。因此，隐私权常表现为消极的防御性权能，而个人信息权则具有积极权能，如欧盟《数据保护指令》中所规定的知情权、进入权、修改权等。③

传统隐私权的定义在信息被海量收集，高速传播的今天已不再完美适用，我们在处理有关隐私权的事件上需要对大数据时代的隐私权进行定义，有学

---

① 王泽鉴. 人格权的具体化及其保护范围·隐私权篇（中）[J]. 比较法研究，2009，23（1）：1-20.

② 尹田. 自然人具体人格权的法律探讨 [J]. 河南省政法管理干部学院学报，2004（3）：17-23.

③ 王利明. 隐私权概念的再界定 [J]. 法学家，2012，24（1）：108-120.

者认为"大数据时代的隐私权是指那些公民在互联网使用过程中所产生的个人数据信息，未经授权不得被非法获取、分析或利用"。同时也有人指出："大数据时代的隐私是指公民的网络数据信息应当受到法律法规的保护，指公民在网上的图片、言论、视频、语音等私人信息不被非法盗取或泄露，任何侵犯个人隐私权的行为都应受到处罚。"个人信息权随着信息社会的发展而发展，可被认为是隐私权的大数据时代升级版。诚然，隐私权在特定的历史条件下发挥了保护个人信息，尤其是敏感个人信息的重要作用。然而，在今天个人信息权在内涵、范围、内容、价值、保护形式上均发展出独特性，再将其回归隐私权在理论上已经无法自洽。

3. "个人信息权独立说"

该学说认为，人格权在权利内容上并不直接表现为财产利益，在表现方式上一般表现为消极的不受侵害的权利，在行使方式上与人身密不可分且不能成为交易客体，在救济方式上主要采取事后救济的方式实现。而个人信息权可直接表现为财产利益，以积极方式行使，个人信息可用以交易，救济方式结合事前与事后救济。因此，有学者认为个人信息权既不是人格权也不是财产权，是一种新型的复合性权利，具有人格权和财产权的双重属性。①

有学者以知识产权为参照对个人信息权进行了权利证成：以尊重人格尊严和自由为理念，以个人信息的自我决定或自我控制为理论基础，个人信息权宜定性为人格权。无形的人格特征具有财产利益，在原理上亦接近于以知识产权为代表的无形财产权。个人信息与知识产权的客体类似，均是特定的信息，其权利不能架构在占有的基础上，不是对客体的圆满状态的控制。可借鉴知识产权的"行为规制权利化"的构建路径，以同意、访问、查阅、抄录、复制、更正、删除等具体行为为支点，形成包含个人信息利用的知情权、个人信息利用的决定权以及保护个人信息完整准确权这三方面内容的个人信息权。个人信息权可以满足绝对权的特征，融入民事权利体系中的绝对权大家庭。②

也有学者从分析法学的角度证成了个人信息权的客观存在：在分析法学的权利理论中，权利和义务的关联性原理得到了普遍认可。当然，这种关联性也存在例外。不存在对应权利的义务类型可被归纳为"对世义务"。《民法

---

① 彭诚信. 论个人信息的双重法律属性 [J]. 清华法学, 2021, 15 (6): 78-97; 张素华. 个人信息商业运用的法律保护 [J]. 苏州大学学报, 2005, 100 (2): 36-39.

② 吕炳斌. 个人信息权作为民事权利之证成：以知识产权为参照 [J]. 中国法学, 2019 (4): 44-65.

典》第 1035 条第 1 款第 1 项是一个义务性规则，确立了个人信息处理者在通常情况下征得自然人或其监护人同意的义务。该义务具有明确的相对人，不属于"对世义务"，应存在对应的权利，即信息主体对同意与否的决定权。《民法典》第 1037 条更是采用授权性规则的立法表达，赋予了自然人查阅、复制、更正、删除个人信息的权利。可见，我国《民法典》虽然没有明确使用"个人信息权"一词，但在个人信息保护规则中已经存在具体的权利内容。《民法典》分别使用义务性规则和授权性规则的立法表达，有其合理性和重要意义。[①]

对该学说持否定观点的学者认为，该说片面理解人格权的属性。首先，人格权同财产利益并不是相互抵触的，在特定的情形下人格权是可以具有财产利益的。如肖像权的使用，权利人可以签订许可合同，许可他人对其肖像进行商业使用，并收取费用。权利人对肖像权进行许可使用并不能否认肖像权是人格权。其次，在行使方式和救济方式上，人格权并不仅仅包括事后的救济，也可以进行事前的防御积极行使人格权。我国法律规定的"排除妨害""消除危险"即是典型的在人格权有受妨害之虞时所实施的事前救济。[②]

4. "独立人格权说"

虽然当前主张个人信息是民事权利的对于个人信息权的权利属性存在不同看法，但对于"个人信息权的权利属性是人格权，唯有独立的人格权说的主张符合个人信息权的内在属性"[③] 这一观点是存在共识的。

杨立新教授持独立人格权的观点，认为《民法总则》规定的个人信息是指个人身份信息，与隐私权保护的私人隐私信息有明确的界限，在实践上作为一个权利保护没有障碍，在比较法上没有对个人信息作为法益保护的立法例，因此，应当认定《民法总则》第 111 条规定的个人信息，就是自然人享有的具体人格权之一，即个人信息权。[④]

个人信息的定义为"个人信息权是指自然人依法对其本人的个人身份信

---

① 吕炳斌. 论《民法典》个人信息保护规则蕴含的权利：以分析法学的权利理论为视角 [J]. 比较法研究，2021（3）：40-54.

② 张里安，韩旭至. 大数据时代下个人信息权的私法属性 [J]. 法学论坛，2016，31（3）：119-129.

③ 王利明. 论个人信息权在人格权法中的地位 [J]. 苏州大学学报（哲学社会科学版），2012，33（6）：68-75.

④ 杨立新. 个人信息：法益抑或民事权利：对《民法总则》第 111 条规定的"个人信息"之解读 [J]. 法学论坛，2018，33（1）：34-45.

息所享有的支配并排除他人侵害的人格权"①。这样对个人信息作出的定义比较简洁，同时也符合个人信息权的特征要求。第一，个人信息权是具体的人格权，是以个人信息作为独立的人格要素的民事权利，既不是隐私权保护的隐私利益内容，也不是个人信息法益，而是一个独立的具体人格权。第二，个人信息的主体是自然人，不包括法人和非法人组织。首先，法人和非法人组织不是人格权的客体不具有人格利益。其次，法人和非法人组织的部分信息需要公开，接受监督管理。例如上市公司的信息披露制度。对于其中具有秘密性，不具有公开性的信息应当通过商业秘密等进行保护，而非以人格权进行保护。第三，个人信息的客体为个人身份信息与隐私权的客体存在明显的界限。隐私权所保护的个人信息为个人隐私信息，当把个人身份信息从隐私权所保护的个人信息中独立出来，以独立的人格要素作为权利客体，就构建了个人信息权，用独立的个人信息权保护个人身份信息。②

同时，独立人格权说观点认为，将个人信息作为一种独立的人格权来进行规制、保护，在保护人格权的同时也保护财产利益。一方面，个人信息权具有传统人格权的消极防御的一面，当个人信息被不当利用时可主张排除妨害、消除危险、赔偿损失。另一方面，基于个人信息的财产价值，该权利也有积极的面向，行使该权利可直接地支配、控制个人信息，在一定条件的限制下也可将个人信息用于交易。其积极的面向与其人格权的属性并不相悖。个人信息无可争议地具有一定的经济价值，也应属于能商品化的人格特征。随着人格权商品化理论的认识与发展，个人信息权具有如肖像权一样的积极权能并不过分。

相关法律法规及司法解释

 《民法典》

第 111 条　自然人的个人信息受法律保护。任何组织或者个人需要获取他人个人信息的，应当依法取得并确保信息安全，不得非法收集、使用、加工、传输他人个人信息，不得非法买卖、提供或者公开他人个人信息。

---

① 杨立新. 个人信息：法益抑或民事权利：对《民法总则》第111条规定的"个人信息"之解读 [J]. 法学论坛，2018，33（1）：34-45.
② 王利明. 论个人信息权的法律保护：以个人信息权与隐私权的界分为中心 [J]. 现代法学，2013，35（4）：62-72.

第 1034 条　自然人的个人信息受法律保护。

个人信息是以电子或者其他方式记录的能够单独或者与其他信息结合识别特定自然人的各种信息，包括自然人的姓名、出生日期、身份证件号码、生物识别信息、住址、电话号码、电子邮箱、健康信息、行踪信息等。

个人信息中的私密信息，适用有关隐私权的规定；没有规定的，适用有关个人信息保护的规定。

第 1035 条　处理个人信息的，应当遵循合法、正当、必要原则，不得过度处理，并符合下列条件：

（一）征得该自然人或者其监护人同意，但是法律、行政法规另有规定的除外；

（二）公开处理信息的规则；

（三）明示处理信息的目的、方式和范围；

（四）不违反法律、行政法规的规定和双方的约定。

个人信息的处理包括个人信息的收集、存储、使用、加工、传输、提供、公开等。

第 1036 条　处理个人信息，有下列情形之一的，行为人不承担民事责任：

（一）在该自然人或者其监护人同意的范围内合理实施的行为；

（二）合理处理该自然人自行公开的或者其他已经合法公开的信息，但是该自然人明确拒绝或者处理该信息侵害其重大利益的除外；

（三）为维护公共利益或者该自然人合法权益，合理实施的其他行为。

第 1037 条　自然人可以依法向信息处理者查阅或者复制其个人信息；发现信息有错误的，有权提出异议并请求及时采取更正等必要措施。

自然人发现信息处理者违反法律、行政法规的规定或者双方的约定处理其个人信息的，有权请求信息处理者及时删除。

第 1038 条　信息处理者不得泄露或者篡改其收集、存储的个人信息；未经自然人同意，不得向他人非法提供其个人信息，但是经过加工无法识别特定个人且不能复原的除外。

信息处理者应当采取技术措施和其他必要措施，确保其收集、存储的个人信息安全，防止信息泄露、篡改、丢失；发生或者可能发生个人信息泄露、篡改、丢失的，应当及时采取补救措施，按照规定告知自然人并向有关主管部门报告。

第 1039 条　国家机关、承担行政职能的法定机构及其工作人员对于履行职责过程中知悉的自然人的隐私和个人信息，应当予以保密，不得泄露或者向他人非法提供。

 《刑法》

第 253 条之一 违反国家有关规定，向他人出售或者提供公民个人信息，情节严重的，处三年以下有期徒刑或者拘役，并处或者单处罚金；情节特别严重的，处三年以上七年以下有期徒刑，并处罚金。

违反国家有关规定，将在履行职责或者提供服务过程中获得的公民个人信息，出售或者提供给他人的，依照前款的规定从重处罚。

窃取或者以其他方法非法获取公民个人信息的，依照第一款的规定处罚。

 《网络安全法》

第 22 条第 3 款 网络产品、服务具有收集用户信息功能的，其提供者应当向用户明示并取得同意；涉及用户个人信息的，还应当遵守本法和有关法律、行政法规关于个人信息保护的规定。

 《消费者权益保护法》

第 14 条 消费者在购买、使用商品和接受服务时，享有人格尊严、民族风俗习惯得到尊重的权利，享有个人信息依法得到保护的权利。

第 29 条 经营者收集、使用消费者个人信息，应当遵循合法、正当、必要的原则，明示收集、使用信息的目的、方式和范围，并经消费者同意。经营者收集、使用消费者个人信息，应当公开其收集、使用规则，不得违反法律、法规的规定和双方的约定收集、使用信息。

经营者及其工作人员对收集的消费者个人信息必须严格保密，不得泄露、出售或者非法向他人提供。经营者应当采取技术措施和其他必要措施，确保信息安全，防止消费者个人信息泄露、丢失。在发生或者可能发生信息泄露、丢失的情况时，应当立即采取补救措施。

经营者未经消费者同意或者请求，或者消费者明确表示拒绝的，不得向其发送商业性信息。

 《生物安全法》

第 15 条 国家建立生物安全风险调查评估制度。国家生物安全工作协调机制应当根据风险监测的数据、资料等信息，定期组织开展生物安全风险调查评估。

有下列情形之一的，有关部门应当及时开展生物安全风险调查评估，依法采取必要的风险防控措施：

（一）通过风险监测或者接到举报发现可能存在生物安全风险；

（二）为确定监督管理的重点领域、重点项目，制定、调整生物安全相关名录或者清单；

（三）发生重大新发突发传染病、动植物疫情等危害生物安全的事件；

（四）需要调查评估的其他情形。

第 16 条　国家建立生物安全信息共享制度。国家生物安全工作协调机制组织建立统一的国家生物安全信息平台，有关部门应当将生物安全数据、资料等信息汇交国家生物安全信息平台，实现信息共享。

第 85 条　本法下列术语的含义

（八）人类遗传资源，包括人类遗传资源材料和人类遗传资源信息。人类遗传资源材料是指含有人体基因组、基因等遗传物质的器官、组织、细胞等遗传材料。人类遗传资源信息是指利用人类遗传资源材料产生的数据等信息资料。

《个人信息保护法》

第 4 条第 1 款　个人信息是以电子或者其他方式记录的与已识别或者可识别的自然人有关的各种信息，不包括匿名化处理后的信息。

《数据安全法》

第 1 条　为了规范数据处理活动，保障数据安全，促进数据开发利用，保护个人、组织的合法权益，维护国家主权、安全和发展利益，制定本法。

第 3 条　本法所称数据，是指任何以电子或者其他方式对信息的记录。

数据处理，包括数据的收集、存储、使用、加工、传输、提供、公开等。

数据安全，是指通过采取必要措施，确保数据处于有效保护和合法利用的状态，以及具备保障持续安全状态的能力。

《征信业管理条例》

第 13 条　采集个人信息应当经信息主体本人同意，未经本人同意不得采集。但是，依照法律、行政法规规定公开的信息除外。

企业的董事、监事、高级管理人员与其履行职务相关的信息，不作为个人信息。

第 20 条　信息使用者应当按照与个人信息主体约定的用途使用个人信息，不得用作约定以外的用途，不得未经个人信息主体同意向第三方提供。

—— 《社会救助暂行办法》

第 61 条　履行社会救助职责的工作人员对在社会救助工作中知悉的公民个人信息，除按照规定应当公示的信息外，应当予以保密。

—— 《电信和互联网用户个人信息保护规定》

第 4 条　本规定所称用户个人信息，是指电信业务经营者和互联网信息服务提供者在提供服务的过程中收集的用户姓名、出生日期、身份证件号码、住址、电话号码、账号和密码等能够单独或者与其他信息结合识别用户的信息以及用户使用服务的时间、地点等信息。

第 5 条　电信业务经营者、互联网信息服务提供者在提供服务的过程中收集、使用用户个人信息，应当遵循合法、正当、必要的原则。

第 6 条　电信业务经营者、互联网信息服务提供者对其在提供服务过程中收集、使用的用户个人信息的安全负责。

—— 《网络预约出租汽车经营服务管理暂行办法》

第 26 条　网约车平台公司应当通过其服务平台以显著方式将驾驶员、约车人和乘客等个人信息的采集和使用的目的、方式和范围进行告知。未经信息主体明示同意，网约车平台公司不得使用前述个人信息用于开展其他业务。

网约车平台公司采集驾驶员、约车人和乘客的个人信息，不得超越提供网约车业务所必需的范围。

除配合国家机关依法行使监督检查权或者刑事侦查权外，网约车平台公司不得向任何第三方提供驾驶员、约车人和乘客的姓名、联系方式、家庭住址、银行账户或者支付账户、地理位置、出行线路等个人信息，不得泄露地理坐标、地理标志物等涉及国家安全的敏感信息。发生信息泄露后，网约车平台公司应当及时向相关主管部门报告，并采取及时有效的补救措施。

—— 《儿童个人信息网络保护规定》

第 14 条　网络运营者使用儿童个人信息，不得违反法律、行政法规的规定和双方约定的目的、范围。因业务需要，确需超出约定的目的、范围使用的，应当再次征得儿童监护人的同意。

案 例

案情简介

原告（上诉人）庞某鹏诉称：（1）庞某鹏于 2014 年 10 月 11 日，通过北京趣拿信息技术有限公司（以下简称趣拿公司）下辖的去哪儿网平台（网址为 www.qunar.com，以下简称涉案平台）订购了 2014 年 10 月 14 日 MU5492 泸州至北京（以下简称涉案航班）的东航机票 1 张。于 2014 年 10 月 13 日收到一条以机械故障为由取消涉案航班的来源不明的短信，后经中国东方航空股份有限公司（以下简称东航公司）客服确认，该短信为诈骗短信。庞某鹏认为趣拿公司和东航公司泄露其个人信息，其个人隐私权遭到严重侵犯。（2）庞某鹏作为旅客，在信息及证据的掌握方面相对趣拿公司和东航公司处于极不对等的劣势地位。庞某鹏的举证行为已经达到民事诉讼高度盖然性的证明标准。因此，趣拿公司和东航应承担举证不利的后果，并承担侵犯庞某鹏隐私权的侵权责任。诉讼请求：（1）趣拿公司和东航公司在各自的官方网站以公告的形式向庞某鹏公开赔礼道歉，要求致歉内容应包含本案判决书案号、侵权情况说明及赔礼道歉声明，致歉版面面积不小于 6cm×9cm；（2）趣拿公司和东航公司赔偿庞某鹏精神损害抚慰金 1000 元。

被告（被上诉人）趣拿公司辩称：涉案航班的机票系从星旅公司购买，去哪儿网仅为网络交易平台，趣拿公司在本次机票订单中未接触庞某鹏手机号码，且趣拿公司已向鲁某发送谨防诈骗短信，尽到了提示义务。庞某鹏没有证据证明其个人信息是东航公司或趣拿公司泄露，因而趣拿公司不存在侵犯隐私权的行为。

被告（被上诉人）东航公司辩称：其通过中航信提供订票系统服务，订票信息不存储于东航公司系统中，星旅公司向东航公司购买涉案航班的机票时仅留存尾号 1280 手机号。庞某鹏没有证据证明其个人信息是东航公司或趣拿公司泄露，因而东航公司不存在侵犯隐私权的行为。

法院经审理查明：庞某鹏于 2014 年 10 月 11 日委托案外人鲁某通过涉案平台订购了涉案航班的机票 1 张。同日，趣拿公司向鲁某尾号 1850 手机发送短信称，涉案航班机票已出票，并注明星旅航空客服电话及订单查询和退票改签的网址；趣拿公司同时向鲁某发送了警惕以飞机故障、航班取消为诱饵的诈骗短信的提醒短信。2014 年 10 月 13 日，庞某鹏尾号 9949 手机收到号码来历不明的发件人发来短信称涉案航班因飞机故障取消，并要求其拨打4008-129-218改签。鲁某在知晓且收到上述短信后，拨打东航公司客服电话95530予以核实，客服人员确认该次航班正常，并提示庞某鹏收到的短信应属诈骗短信。关于诈骗短信为何发至庞某鹏本人，客服人员解释称通过该机票信息可查看到开头136、尾号9949手机号码及开头189、尾号1280手机号码，可能由订票点泄露了庞某鹏手机号码。客服人员确认了尾号9949系庞某鹏本人号码。

审 理 及 判 决

法院生效裁判认为：（1）本案中，庞某鹏被泄露的姓名、尾号9949手机号、行程安排（包括起落时间、地点、航班信息）等信息属于个人信息，并且应该属于隐私信息，可以通过本案的隐私权纠纷主张救济。任何他人未经权利人的允许，都不得扩散和不当利用能够指向特定个人的整体信息。（2）从机票销售的整个环节看，庞某鹏自己、鲁某、趣拿公司、东航公司、中航信都是掌握庞某鹏姓名、手机号码及涉案行程信息的主体。但庞某鹏和鲁某不存在故意泄露信息的可能，这表明东航公司和趣拿公司存在泄露庞某鹏个人隐私信息的高度可能，且东航公司和趣拿公司所提供的泄露信息的主体为他案犯罪分子的反证无法推翻上述高度可能。庞某鹏与App运营商技术力量和信息掌握程度的不对等使得作为个人信息真正权利人的自然人举证能力较弱。因此，根据民事证据高度盖然性标准，东航公司、趣拿公司存在泄露庞某鹏隐私信息的高度可能。综上，庞某鹏请求趣拿公司和东航公司向其赔礼道歉，应予支持。此外，庞某鹏请求趣拿公司和东航公司赔偿其精神损失，但现有证据无法证明庞某鹏由于此次隐私信息被泄露而引发明显的精神痛苦，因此，对于其精神损害赔偿的诉讼请求不予支持。

分 析

本案是一起有关于个人信息保护的典型案例。

随着科技的飞速发展和信息的快速传播，现实生活中出现大量关于个人信息保护的问题，个人信息的不当扩散与不当利用已经逐渐发展成为危害公民民事权利的一个社会性问题。本案是由网络购票引发的涉及航空公司、网络购票平台侵犯公民隐私权的纠纷，各方当事人立场鲜明，涉及的焦点问题具有代表性和典型性。公民的姓名、电话号码及行程安排等事项属于个人信息。在大数据时代，信息的收集和匹配成本越来越低，原来单个的、孤立的、可以公示的个人信息一旦被收集、提取和综合，就完全可以与特定的个人相匹配，从而形成某一特定个人详细准确的整体信息。此时，这些全方位、系统性的整体信息，就不再是单个的可以任意公示的个人信息，这些整体信息一旦被泄露扩散，任何人都将没有自己的私人空间，个人的隐私将遭受威胁。因此，基于合理事由掌握上述整体信息的组织或个人应积极地、谨慎地采取有效措施防止信息泄露。任何人未经权利人的允许，都不得扩散和不当利用能够指向特定个人的整体信息，而整体信息也因包含了隐私而整体上成为隐私信息，可以通过隐私权纠纷而寻求救济。

本案中，姓名、电话号码及行程安排等事项首先属于个人信息，其行程安排更具有私密性应该属于隐私信息，可以通过本案的隐私权纠纷主张救济。至于庞某鹏的姓名和手机号码，在日常民事交往中，发挥着身份识别和信息交流的重要作用。基于合理事由掌握上述整体信息的组织或个人应积极地、谨慎地采取有效措施防止信息泄露。任何他人未经权利人的允许，都不得扩散和不当利用能够指向特定个人的整体信息。本案中，恰恰是诈骗分子掌握了庞某鹏的姓名、手机号码和行程信息，从而形成了一定程度上的整体信息，所以才能够成功发送诈骗短信。即使单纯的庞某鹏的姓名和手机号码不构成隐私信息，但当姓名、手机号码和庞某鹏的行程信息结合在一起时，就成为隐私信息。综上所述，法院认为，本案涉及的姓名、手机号码及行程安排等事项可以通过隐私权纠纷而寻求救济。

从收集证据的资金、技术等成本上看，作为普通人的庞某鹏根本不具备对东航、趣拿公司内部数据信息管理是否存在漏洞等情况进行举证证明的能力。因此，客观上，法律不能也不应要求庞某鹏证明必定是东航公司或趣拿公司泄露了其隐私信息。东航公司和趣拿公司均未证明涉案信息泄露归因于他人，或黑客攻击，抑或庞某鹏本人。法院在排除其他泄露隐私信息可能性的前提下，结合本案证据认定上述两公司存在过错。东航公司和趣拿公司作为各自行业的知名企业，一方面因其经营性质掌握了大量的个人信息，另一方面亦有保护好消费者个人信息免受泄露的能力，这既是其社会责任，也是其应尽的法律义务。本案泄露事件的发生，是由于航空公司、网络购票平台疏于防范，因而可以认定其具有过错，应承担侵权责任。综上所述，本案的审理对个人信息保护以及隐私权侵权的认定进行了充分论证，兼顾了隐私权保护及信息传播的衡平。

十一 网络虚拟财产的法律属性

网络虚拟财产作为一项随着互联网大数据而产生的新型财产，由于相关立法空白，实践中对此类纠纷的解决往往不具有一致性。《民法典》第 127 条首次将网络虚拟财产纳入法律之中，这对于网络虚拟财产的保护而言，具有里程碑式意义，但是该条规定仅具有宣示性价值，主要是源于该规定并未对网络虚拟财产的法律属性加以明确界定。但从目前关于网络虚拟财产"物权说""债权说""知识产权说""新型财产说""否定说"来看，网络虚拟财产显然更加符合网络虚拟财产"物权说"，且将网络虚拟财产定性为物更有利于其保护。

一、网络虚拟财产的概述

（一）网络虚拟财产的概念

虚拟财产作为一种时代发展的产物，其概念界定在学者之间各不相同。目前主流观点分为广义上的网络虚拟财产和狭义上的网络虚拟财产。狭义上的网络虚拟财产指网络游戏用户通过现实支付一定的成本（金钱成本或者时间成本）而获取的用于游戏的虚拟财产（如特定的游戏装备、游戏等级、游戏角色、虚拟游戏皮肤等一切在游戏中具有添附效果的虚拟财产）。而广义上的网络虚拟财产通常是指存在于网络空间且具有一定经济价值的财产，主要包括网络用户的各种账户信息（如邮箱、邮件、ID、会员专属服务、网络货币等）、网络游戏中具有增益效果和交换价值的道具，一些具有经济价值的网络特定域（如网站、微博、博客、网络社交平台个人主页等）也认为是属于广义上的网络虚拟财产。

在笔者看来，狭义上的网络虚拟财产的概念仅仅着眼于网络游戏，具有较大的局限性。首先，根据财产本身的定义，具有经济价值的各种权利义务并不能简单地被网络游戏中的一些添附物品所包括，网络虚拟财产作为财产在网络上的虚拟表现形式，亦不能局限于网络游戏所设定的范畴。从法律保护角度来看，若以狭义上的网络虚拟财产来建立法律对网络虚拟财产保护的范围，则会致使网络游戏之外存在的大量的具有经济价值的权利、权益得不到应有的保护。因此笔者认为，对于广义上的网络虚拟财产概念的认可更有益于讨论其法律保护的问题。

（二）网络虚拟财产的特点

1. 无形性

无形性也可称虚拟性，其往往是由网络的虚拟性所决定的。网络虚拟财产的无形性表明它是一种无形的财产，不同于传统所言的实物，看不见摸不着，仅能存在于虚拟网络的一系列数据之中，但一般可以通过各种虚拟物加以表现出来。

2. 价值性

网络虚拟财产因具有财产价值，才受到法律的保护。以网络游戏为例，其价值主要体现在：第一，它的产生具有价值，网络游戏中的各种装备、角色、皮肤都需要玩家支付对价从网络运营商处购买。第二，网络虚拟财产具有使用价值和交易价值。对注册玩家而言，其可以满足自身游戏需求使用；对其他玩家而言，游戏玩家可以通过交易让受转让玩家使用网络虚拟财产满足其自身需要。

3. 合法性

合法性是网络虚拟财产的必然法律性质，只有合法的网络虚拟财产才受法律保护。任何非法的网络虚拟财产均不受法律保护。如禁止玩家游戏中采用"外挂"。

4. 依附性

依附性是指网络虚拟财产作为一种无形的虚拟的财产必须依附于网络计算机等载体而存在，例如玩家必须借助计算机网络才可以登录账号对网络虚拟财产进行管理和使用。

5. 可支配性

尽管网络虚拟财产存在于虚拟空间，难以触及，但是用户可以通过设立账户、设置密码等方式对其进行删除、修改等管理活动，并且在法律法规允许的范围内可自愿进行转让等相应的交易活动。

6. 相对稀缺性

网络虚拟财产并不能无限满足用户的多样需求。如在网络游戏中，高级装备的数量是有限的，若玩家想要获取往往需要投入大量的时间和金钱；再如一些具有较高经济价值的公众号往往是用户心血的结晶。有鉴于此，网络虚拟财产的价值一般同稀缺性呈正相关的关系。

（三）网络虚拟财产的类型

网络早已经成为我们生活的重要组成部分，由此为我们带来了多种多样的网络虚拟财产。对于纷繁复杂的网络虚拟财产，理论界主要采取整合法、二分法、三分法以及五分法进行分类。整合法将所有网络虚拟财产视为一组数据；二分法将网络虚拟财产分为广义上的虚拟财产和狭义上的网络虚拟财产；三分法认为网络虚拟财产由虚拟货币类（比特币、Q 币等）、虚拟物品类（游戏装备、游戏饰品等）和网络账号类（电子邮箱、QQ 账号、支付宝账号等）三部分组成；[1] 五分法将网络虚拟财产分为网络账号、电子信息、虚拟货币、虚拟物品以及信誉五类。[2]

就本质而言，网络虚拟财产的确为一组数据，但不区分性质及用途而笼统地将其归为一体，显然不合乎现实；同样二分法从广义与狭义上来定性网络虚拟财产，其界限模糊，难以让人理解其边界所在；而五分法将信誉纳入网络虚拟财产显然不当，其毫无疑问属于人格权范畴，而网络虚拟财产明显应当归于财产权。有鉴于此，三分法较为全面且细致地将网络虚拟财产予以分类，既将网络虚拟财产的种类包含之中，又充分彰显了不同类型虚拟财产的个性特点。

1. 虚拟货币类财产

虚拟货币是网络空间的一般等价物，但随着网络技术的发展，起初只能在某一特定的服务或产品中使用的虚拟货币逐渐发生了变化。如今，以比特币为代表的虚拟货币正粉墨登场，这些虚拟货币越来越接近真实的货币，成为生活中的一般等价物。[3]

2. 虚拟物品类财产

虚拟物品是网络虚拟财产中最主要也是数量最多的财产，在"物权说"

---

[1] 江波. 虚拟财产司法保护研究 [M]. 北京：北京大学出版社，2015：28.

[2] 马一德. 网络虚拟财产继承问题探析 [J]. 法商研究，2013，30 (5)：75-83.

[3] 都威. 网络虚拟财产的善意取得研究 [D]. 北京：外交学院，2020.

的背景下，虚拟物品可以说是一种无体物。那么其获得方式包括两种，即原始取得和继受取得。在虚拟物品的取得中，继受取得指的是直接向运营商或通过交易平台向其他用户购买而获得；原始取得指的是用户在使用服务的过程中自己创造并获取相应的虚拟物品或善意取得。[①]

3. 网络账号类财产

网络账号主要是网络用户在一些网站、网络平台以及网络 App 等上所注册的账号，用于用户登录相应服务器以寻求相应网络服务，例如生活中常见的 QQ 账号、微博账号、微信账号等。用户一般通过与相应运营商家签订服务合同获得该账号。

二、关于网络虚拟财产的立法规定

（一）我国关于网络虚拟财产的法律规定

1. 我国大陆地区的有关规定

（1）网络虚拟财产纳入《民法总则》的立法过程

全国人大常委会法工委第一次提交给立法专家讨论的《中华人民共和国民法总则（草案）》（2015 年 8 月 28 日民法室室内稿）中，未规定"民事权利"，因此在草案的正文中没有规定网络虚拟财产。但中国民法学研究会《民法总则》专家建议稿规定了"民事权利客体"一章。其第 12 条规定："网络虚拟财产受法律保护。"2016 年 5 月 27 日《民法总则（草案）》（征求意见稿）的修改稿第 102 条规定："物包括不动产和动产。法律规定具体权利或者网络虚拟财产作为物权客体的，依照其规定。"该规定一直延续到《民法总则（草案）》第一次审议稿。2016 年 9 月 13 日提出的《民法总则（草案）》一审稿修改稿中，就将网络虚拟财产纳入第 102 条的内容中，即"民事主体对收入、储蓄、房屋、生活用品、生产工具、投资、网络虚拟财产等享有的财产权利受法律保护"。多数专家认为这一条文并没有实质意义，内容也过于具体。因此，在提交第十二届全国人大常委会第 24 次会议审议的《民法总则（草案）》第二次审议稿中，就形成了第 124 条："法律对数据、网络虚拟财产的保护有规定的，依照其规定。"直至最后《民法总则》通过，该条文内容没有改变。[②]

（2）《民法总则》第 127 条网络虚拟财产规定的积极作用

网络的迅速发展所带来的网络虚拟财产纠纷不断，但法律对此并无相应

---

① 都威. 网络虚拟财产的善意取得研究［D］. 北京：外交学院，2020.

② 杨立新. 民法总则规定网络虚拟财产的含义及重要价值［J］. 东方法学，2017，10（3）：66.

的规定，以致在实践中争议频发。2017 年 3 月 15 日《民法总则》的出台，使得网络虚拟财产正式入法。《民法总则》第 127 条规定："法律对数据、网络虚拟财产的保护有规定的，依照其规定。"这条规定对网络虚拟财产的保护具有极大的法律价值和深远的影响。首先，充分彰显了民法对数据和网络虚拟财产的保护决心，并为之后特别法的规定提供了法律依据。其次，此概念被规定在《民法总则》的"民事权利"一章中民事权利客体的位置，对于更好地保护相关主体的合法权益具有特别重要的价值，如下所述：第一，为网络企业和网络用户的虚拟财产提供法律保障；第二，为网络交易平台服务法律关系提供基础的法律保障。① 最后，虽然并未对网络虚拟财产的法律属性加以界定，但也为实践中相关纠纷的解决提供了多种选择的机会。

（3）《民法总则》第 127 条网络虚拟财产规定的不足

尽管《民法总则》第 127 条对于网络虚拟财产的规定具有里程碑意义，但其规定本身所具有的不足也是相当明显的。首先，该条属于民法的一般性规定，仅仅具有宣示性意义，且单凭此条难以达到保护数据、网络虚拟财产的目的。虽然该条规定可由其他法律对网络虚拟财产进行具体保护，但我国目前对于网络虚拟财产的其他立法可以说处于空白状态，因此网络虚拟财产的保护仅具有宣示意义，实际价值不大。其次，《民法总则》第 127 条的规定显然回避了理论界关于网络虚拟财产法律属性的争议问题，有鉴于此，理论界关于网络虚拟财产的定性依旧争议不断，且基于概括性的法律规定，实践中对于网络虚拟财产纠纷的解决依旧没有统一的裁判标准，极大可能造成实践中同案不同判现象的发生。

2. 我国台湾地区的有关规定

关于虚拟财产的法律保护，我国台湾地区经历了从相关规定不健全、无可规范到将其定性为动产，再到予以单独保护的发展过程。1997 年我国台湾地区立法机构以所谓"刑法修正案"形式将"电磁记录"纳入了"动产"的范围，但中国台湾地区学术界及实务界则认为将盗取电磁记录纳入"窃盗罪"一章，与中国台湾地区相关规定就传统的窃盗罪构成要件不一致。故 2003 年中国台湾地区"刑法"修正后，将"电磁记录"这一表述从第 323 条中删除，增列"妨害电脑使用罪"一章。此后，线上游戏之中的虚拟财产正式改为适用妨害电脑使用罪而非成立窃盗罪。不过其制定理由中强调电磁记录不属于动产，但如果该电磁记录本身有财产价值，仍可以"财产上不法之利益"适

---

① 杨立新.《民法总则》规定网络虚拟财产的意义［N］. 经济参考报，2017-08-15（8）.

用相关规定中各该罪章的法条，如诈欺罪等。①

3. 我国香港地区的有关规定

我国香港地区网络游戏起步晚，发展迅速但虚拟财产的合法财产属性尚不明确。目前由此引发的纠纷不断。香港司法界基本有两种认识：一是认定虚拟财产是一种权益，对网络游戏中的武器及金钱利益的使用可视为一种权益，因而盗窃虚拟财产将构成刑事犯罪；二是认为虚拟财产是电子数据，按照香港法例的规定不算财产，即使在用户眼里虚拟财产很值钱，但在法律上很难对其施以保护。但香港警方在处理有关虚拟财产的刑事案件时，根据相关法律规定进行推论，未获授权下进入他人游戏账户、偷取他人的虚拟武器等，都构成严重刑事罪行。②

（二）网络虚拟财产的域外规定

关于网络虚拟财产的法律属性问题不仅在我国争议不断，从其他国家和地区的规定来看，对此问题亦没有统一的观点。

1. 美国

美国将网络虚拟财产纳入传统财产的范围中加以保护，由20世纪90年代末美国英特尔公司诉其公司三名离职员工一案和大脚公司诉华莱士一案以及大地连线公司诉华莱士一案来看，无论是将网络虚拟财产认定为动产还是认定为私人领地，美国法院都是把电子信箱及电子邮件系统作为传统的"物"来保护的。这是在现有法律没有规定的情况下，由法官通过解释相关法律、扩展现有法律的适用范围的办法来解决问题的。③ 同时，美国又制定了一系列的专门法律对虚拟财产进行保护，如通过《电子通信隐私法案》对数据信息给予保护，出台《禁止电子盗窃法案》明确了用户网络账号的合法性等。

2. 韩国

韩国的网络游戏产业发达，目前已经成为经济的一大增长点。但早在互联网时代初期，韩国法学界及韩国政府都是极力反对网络虚拟财产交易的，并将网络虚拟财产交易视为非法交易。但法律上的否定并不能阻碍韩国网络虚拟财产交易的进行，于是在当时的法律之下便产生了一条虚拟财

---

① 王凤詠. 日本和我国台湾地区有关虚拟财产保护的法律规定 [J]. 中国公证，2019，19（11）：53.

② 赵丽君. 我国台湾、香港地区对虚拟财产的法律实践 [N]. 世界报，2008-4-16（18）.

③ 杨立新，王中合. 论网络虚拟财产的物权属性及其基本规则 [J]. 国家检察官学院学报，2004，12（6）：4.

产交易的灰色产业链。之后为规避风险，韩国法律明确规定，网络游戏中的虚拟角色和虚拟物品独立于服务商而具有财产价值，网络财物的性质与银行账户中的钱财并无本质的区别。可见，韩国把网络虚拟财产等同于一种"电子货币"。①

三、关于网络虚拟财产的权利属性

关于网络虚拟财产的法律性质，历来争议不断，学术界至今仍未达成共识，归纳起来主要有"物权说""债权说""知识产权说""新型权利说""无形利益说""否定说"等观点。

（一）网络虚拟财产"物权说"

该学说以杨立新教授和林旭霞教授为代表，认为网络虚拟财产是一种特殊的物，财产所有者对其享有支配权。网络虚拟财产的法律属性是物，即虚拟物，是互联网时代的物的特殊形式。正因为网络虚拟财产是虚拟物，可以建立物权，因而网络虚拟财产是物权的客体。② 也可以说虚拟财产本质上就是电磁记录数据，应属于无形物，是玩家付出了精力、时间等劳动性投入或者直接通过货币购买而取得的，其享有当然的物权。③

但有学者认为，"物权说"存在天然的短板和缺陷：其一，以有体物作为物权的客体，是物权（有体财产权）与其他无形财产权相区分的重要特征。而网络虚拟财产区别于传统的物质财产，是由网络数据或代码组成的数字化形态，这一特性显然突破了物权客体的可能文义范围，不能为《民法典》第127条所涵摄。④ 其二，网络虚拟财产的依附性不符合物权的支配属性。在网络游戏中，每一个进入游戏世界的玩家都必须同意网络游戏运营商事先拟定的《最终用户使用协议》。玩家对游戏装备的占有、使用等受限于协议中约定的内容。同时，现代网络游戏使用的是客户端—服务器模型，游戏玩家均与协调游戏的服务器相连。⑤ 运营商对网络游戏拥有控制权，游戏装备的行使依赖于网络游戏运营商的积极反馈与辅助，例如网络游戏运营商进行定期补丁、

---

① 杨立新，王中合. 论网络虚拟财产的物权属性及其基本规则 [J]. 国家检察官学院学报，2004，12（6）：5.

② 杨立新. 民法总则规定网络虚拟财产的含义及重要价值 [J]. 东方法学，2017，10（3）：65.

③ 房秋实. 浅析网络虚拟财产 [J]. 法学评论，2006，27（2）：74.

④ 高郦梅. 网络虚拟财产保护的解释路径 [J]. 清华法学，2021，15（3）：179-193.

⑤ Joshua Glazer Sanjay Madhav. 网络多人游戏架构与编程 [M]. 王晓慧，张国鑫，译. 北京：人民邮电出版社，2017；Jessica Mulligan，Bridgette Patrovsky. 网络游戏开发 [M]. 姚晓光，恽爽，王鑫，译. 北京：机械工业出版社，2004：180.

大型补丁（扩展包、追加包）、紧急维护等游戏系统的更新、修正。① 由此观之，网络运营商可以在不经用户同意的情况下直接对网络虚拟财产进行干预甚至支配。更为致命的是，如果网络运营商中断或终止服务，网络虚拟财产的效用即无法实现，而此时用户仅有请求网络运营商"履行义务"的债权，而非直接支配性。因此，网络虚拟财产并不具有物的支配性的要件，因此难可谓"物"。

（二）网络虚拟财产"债权说"

该学说以李国强教授为代表，认为应当将网络虚拟财产关系认定为债的关系，虚拟财产仅是玩家得以请求服务商为其提供特定服务内容的证据。这一债的关系根源于玩家与服务商之间的服务合同关系。服务商提供游戏服务，玩家出钱购买，而虚拟物品则代表了概括的游戏服务中具体的子服务。网络虚拟财产的权利人在行使权利时，必须得到网络运营商的技术配合，受到服务器状态的限制，鉴于网络虚拟财产的权利人不论是基于自己的网络游戏劳动获取的网络虚拟财产，还是基于网络运营商抑或其他网络用户之间的网络虚拟财产买卖合同而获取的网络虚拟财产，其在行使相关网络虚拟财产的权利时，都必须通过与网络服务合同和软件授权使用合同的配合才能实现。网络虚拟财产的行使方式上的特殊性，使得其无法解脱债权的类型归属，不能上升为支配权的物权。因而网络虚拟财产只能是债权的客体，而不能是物权的客体。②

但此种观点也存在值得探讨之处：网络虚拟财产债权说是误将产生网络虚拟财产的基础法律关系当作网络虚拟财产本身的结果。网络虚拟财产的行使规则基于合同关系，并不意味着网络虚拟财产本身属于债权。根据《民法典》第118条的规定，债权的发生主要基于合同、侵权行为、无因管理、不当得利以及法律的其他规定，而债权的本质则是请求特定义务人为或者不为一定的行为。质言之，债权的客体是"行为"，这与网络虚拟财产的本质存在差异。债的产生必须以确立权利的归属为前提，将网络虚拟财产认定为债权的客体实际上混淆了网络虚拟财产的客体属性问题与归属问题。③

---

① 中嶋谦互. 网络游戏核心技术与实战 [M]. 毛姝雯，田剑，译. 北京：人民邮电出版社，2014：75.

② 王雷. 网络虚拟财产权债权说之坚持：兼论网络虚拟财产在我国民法中的体系位置 [J]. 江汉论坛，2017，60（1）：126.

③ 王竹.《物权法》视野下的虚拟财产二分法及其法律规则 [J]. 福建师范大学学报（哲学社会科学版），2008（5）：30-35.

（三）网络虚拟财产"知识产权说"

该学说以吴汉东教授为代表，认为网络虚拟财产应属于网络游戏开发商的智力成果，因而应当列为知识产权范畴。也就是说，对于开发商，对网络虚拟财产应作为知识产权中的著作权来对待；对于玩家，只限于该著作权中的使用权，系玩家通过过关斩将或购买获取的，并非对这些数据享有独占权和所有权，而是使用权。也有观点认为网络虚拟财产应认定为玩家的智力成果，具有新颖性、创造性、可复制性并需要一定的载体，因此可以将网络虚拟财产视为玩家的知识产权。①

基于对付出脑力劳动的主体的认识不同，该种观点又可分为两类，一类认为虚拟财产是属于网络用户的智力成果；另一类认为网络虚拟财产是网络运营商的智力成果，网络用户通过支付对价仅获得其使用权，而非所有权，这一观点与之前的基于债权所享有的服务的认识具有相似性，只不过其成立要件更为严格。②

（四）网络虚拟财产"新型财权利说"

该学说以刘德良教授为代表，认为网络虚拟财产兼具物权客体与债权客体的性质。鉴于虚拟财产自身的各种特点，虚拟物品既不是民法典上的物，也不属于知识产权的范畴，同时在游戏实践中并不存在具有债权属性的虚拟物品，它应当"是一种新型的财产或权利形式，是一种具有类似于传统上的物权特点，但又不是真正的物权的一种新型权利"。③

鉴于网络虚拟财产在属性上有别于物权、债权的传统客体，以形式主义思维逻辑构建的法律解释范式并不能与之良好适配。为此，有必要引入功能主义的方法论对问题进行克服。通过规范目的的实现和对最低限度保护需求的满足，突破物债二分格局的局限，将网络虚拟财产明确为受法律保护的利益。④

（五）网络虚拟财产"无形利益说"

有学者提出，根据意志作用对象理论，网络虚拟财产并非严格意义上的法律客体，其本质上乃是网络用户意志作用于网络服务运营商抑或第三人过程中所产生的，兼具物、债属性的新型无形财产利益。在用户与网络服务运

---

① 石杰，吴双全. 论网络虚拟财产的法律属性 [J]. 政法论坛，2005, 27 (4)：36-37.
② 陈兵. 网络虚拟财产的法律属性及保护进路 [J]. 人民论坛，2020 (27)：90-93.
③ 刘德良. 论虚拟物品财产权 [J]. 内蒙古社会科学（汉文版），2004, 25 (6)：29.
④ 高郦梅. 网络虚拟财产保护的解释路径 [J]. 清华法学，2021, 15 (3)：179-193.

营商之间，网络虚拟财产系用户债权获得持续性给付所产生的"给付型得利"，主要根据网络服务合同而取得债之保护。而在用户与第三人之间，由于网络虚拟财产作为受法律保护的财产利益，构成侵权责任法所保护的一般性财产"权益"，故其可以获得民法典上之救济。此外，网络虚拟财产系可供处分之标的，具有类似物权之法律地位，可以被用于交易或者继承，故其亦可被视为"准物权利益"，而得以类推适用物权的部分交易与处分规则。[①]

（六）网络虚拟财产"否定说"

该观点认为虚拟财产是虚无的，在现实生活中并不存在，它只不过是存储在网络服务器中的各种数据和资料，其本身不具有价值。玩家进行游戏是一种娱乐行为并非劳动创造，不具备价值属性，亦不具备法律上的财产价值。[②] 可以说，网络虚拟财产问题是个伪命题，若认定网络虚拟财产具有价值，则当网络用户的虚拟财产在网络平台运营商中止或者停止提供虚拟财产所对应服务时，应当获得对等现实价值的经济补偿或赔偿，而这不具有现实的可能性。

就以上学说而言，笔者更加同意网络虚拟财产"物权说"。杨立新教授言，网络虚拟财产作为一种新兴的财产，具有不同于现有财产类型的特点。网络虚拟财产属于特殊物，这样一种新型的物的分类方法，可以较好地解决网络虚拟财产的权利客体定位，如把网络虚拟财产归入特殊物，顺应了物权法的发展趋势；同时特殊物准确反映了网络虚拟财产的特性，是对网络虚拟财产的客观界定和准确描述。[③] 网络虚拟财产作为一项新生事物，尽管不符合传统物权有体性的要求，具有无形性的特点，但其完全可以为权利人所支配，具有交换及使用价值，且能够独立存在，具有物的一般属性。除此之外，权利人可以采取设置账户、密码等方式对网络虚拟财产进行占有、使用、收益和处分，其他用户乃至运营商均不得以任何理由侵犯权利人的用户信息，这就意味着权利人对于网络虚拟财产具有排他性的权利，而此正是物权所具有的核心要义；同时网络虚拟财产一旦形成，便会永久地存储于网络空间，并不会因为服务器系统的关闭而消失，而这也是物的一个重要特点。最后，随着互联网大数据时代的来临，各种新生事物不断涌现，若局限于过去，时代何以向前发展。在民法发展的历史上，物的种类也并非一成不变的，而是随

---

① 谢潇. 网络虚拟财产的物债利益属性及其保护规则构造 [J]. 南京社会科学，2022（9）：89-99，119.

② 刘惠荣，尚志龙. 虚拟财产权的法律性质探析 [J]. 法学论坛，2006，21（1）：74.

③ 杨立新. 民法总则规定网络虚拟财产的含义及重要价值 [J]. 东方法学，2017（3）：64-72.

着时代的进步不断更新。故将网络虚拟财产定性为物的一种新类型可谓民法顺应时代发展的必然要求。

相关法律法规及司法解释

《民法典》

第 127 条　法律对数据、网络虚拟财产的保护有规定的，依照其规定。

案 例

案例一

案 情 简 介

2003 年 2 月 17 日，李某晨发现自己在红月优雅处女服务器的 ID "某某某某" 内所有的装备丢失，即向北极冰公司反映并要求处理。北极冰公司提供查询号码查询结果为，2 月 17 日中午 12：50 左右邮寄给 shuiliu0011，然后转移到花雪风转移给文静女孩，最后都在 bwbin 处。李某晨要求进一步处理，提供有关玩家资料，北极冰公司予以拒绝。2003 年 3 月 14 日，李某晨在北极冰公司处就上述问题进行了登记。事后与北极冰公司联系，该公司查询装备的流向是寄给玩家 shuiliu0011。李某晨向公司索要盗号者的具体情况被北极冰公司以 "玩家资料属个人隐私不能提供" 为由拒绝。2003 年 6 月 10 日，北极冰公司未作通知即对李某晨的 ID "冰雪凝霜" 进行了使用限制。次日，要求李某晨停止游戏中的物品交易。6 月 20 日，北极冰公司将上述受限制的账号及另一个未受限制的 ID "某某某某" 中的所有装备以系复制品为由删除。为此双方发生纠纷，李某晨诉至原审法院，要求赔偿丢失的装备及精神损失费 10000 元。

审 理 及 判 决

该案经过开庭审理，一审法院认为网络虚拟财产为个人财产，并且因为 "红月" 服务器有 "外挂"，在安全保障方面存在欠缺，运营商应承担责任，故判决运营商对李某晨丢失的虚拟装备予以恢复，并返还其购买 105 张爆吉卡的价款 420 元，以及交通费等其他经济损失共计 1140 元。二审法院认可原审判决，驳回上诉，维持原判。

分 析

网游客户以保存在网站的武器被盗为由向法院起诉该游戏网站，对其武器未尽保管义务，造成自己的财产损失，请求判决游戏网站承担赔偿责任。法院判决支持了原告的诉讼请求，就此而言，法院承认网络虚拟财产属于网络用户个人财产，但对游戏网站保存的网游客户的武器，即网络虚拟财产究竟是何法律属性，该案并未给予解答。然而此案之后，学术界关于网络虚拟财产的法律属性研究开始活跃起来。

 案例二

案 情 简 介

2016 年 1 月，原、被告四人拟通过撰写原创软文，分享有关时装、美妆、美食、家居及旅行等内容来获取粉丝流量，从而获得品牌商稿费及销售分成。四人就共同运营微信公众号达成口头约定：共同经营、管理公众号，并均分利润。四人一致约定以被告赵某硕个人名义申请注册微信公众号及微博、银行账户并设公共邮箱。前述微信公众号、微博、邮箱、银行账户均由四人共享密码，共同使用管理。

在四方共同努力运营下，微信公众号短时间便获得数万粉丝的关注，同时获得了多个知名品牌方的合作机会。但正当一切蒸蒸日上之时，2017 年 7 月，被告在未经其他三位原告的同意下，擅自更改公众号、微博、邮箱、银行卡密码，意图将公众号据为己有。其间四人协商无果，最终导致四人合伙经营的公众号无法正常运营。原告尹某珊、袁小某、张某在自力救济未果后，将被告赵某硕告至法院，请求判令：一、对"重要某某"微信公众号（微信号 zhongyao××）的经营所得进行分配，上诉人向被上诉人方支付应得款 1700000 元；二、上诉人赔偿被上诉人方损失（以评估金额为准）；三、上诉人协助被上诉人方继续运营公众号，即上诉人将公众号、微博、邮箱、银行卡的密码提供给被上诉人方，并配合被上诉人方修改公众号、邮箱的相关资料。

审 理 及 判 决

一审法院认为，首先，原、被告四人以劳务形式出资，合伙经营涉案微信公众号，对经营活动共同商定、执行和监督，对合伙财产按约分配，共负盈亏，已具备个人合伙的实质要件，因此构成合伙关系；同时认定微信公众号是具有独立性、支配性、价值性的网络虚拟财产。其次，在考虑了涉案微信公众号的概况和发展历程、影响力和传播力、预期收益等客观因素及运营方投入的智力和劳动成本后，酌定涉案微信公众号至各方合伙关系终止时的价值为3400000元。最后，法院以之前双方约定的方式将涉案微信公众号的剩余款项进行分配，判令被告向三原告支付相应款项。二审法院认可一审判决，驳回上诉，维持原判。

分 析

本案的主要争议焦点在于微信公众号作为一种新型盈利模式的载体，其属性和价值怎样认定及取得的收入应如何分配。本案中，法院将涉案公众号定性为虚拟财产，基于四人的合伙关系对相应财产进行价值认定并分割毫无疑问，但对于虚拟财产的法律性质并未给予明确界定。对于此，笔者认为虚拟财产应当定性为物权。理由如下：首先，尽管微信公众号作为个人或企业在微信公众平台上申请的应用账号具有虚拟性，但因设置微信号名称，确立账号主体，使得其具有区别于其他网络资源或现实财产的独立性；其次，权利人可以通过对账号设置密码对其进行管理和维护，如作出删改及制止公众号抄袭等行为，因此可以说权利人对于微信公众号具有排他性的支配权。

十二　民法法益保护

一、民法法益保护概述

"法益"一词最早被用于德国的刑法理论，由著名德国刑法学者宾丁和李斯特提出。在德国刑法中"法益"一词是在解释犯罪的本质概念时被使用的。其引入的主要目的在于对刑法学中犯罪客体进行重新界定，并在此基础上赋予了法益客体的重要地位。在刑法上的"法益"一词概括来讲是指法律上所有承认的有价值的事物。"法益"一词虽然最初产生于刑法领域，但其产生之后的影响却大大超出了刑法领域，行政法学、民法学、经济法学都开始逐渐将这个概念引入各自的领域，为各学科的发展奠定更为完善的理论基础，更好地调适各部门法的调整范围服务。在民法领域，实际上早就有学者注意到了民事法益在民法领域的现实意义。但从一开始就存在诸多争议，对民法法益的概念、范围以及立法，不同的学者都持有不同的观点。

二、民法法益概念之争

对民法法益的定义有广义和狭义之分，广义上的民法法益泛指一切受民事法律保护的利益，民事权利也包含于民法法益之内；而狭义的民法法益仅指民事权利之外而为民事法律所保护的利益，是一个与民事权利相对应的概念。简单地说，法益就是法所保护的一种利益。李斯特指出："所有的法益无论是个人利益，或者共同社会的利益，都是生活利益。这些利益的存在不是法秩序的产物，而是社会生活本身。但是，法律的保护把生活利益上升为法益。"也就是说，法益是法律加以确定的，它不以人的主观选择为依据，即使法律保护的个人法益遭到破坏、受害人并没有进行法律救济，也不影响法律保护法益的初衷。

"法益"一词在民法领域的使用，有不同的含义：

第一种是从整个民法所调整的利益目标来看，认为民法最终保护的是各种民事利益，即财产利益、人身利益。所以，所谓民事法益就是民法所调整和保护的利益。李宜琛、梁慧星亦持此观点。这种意义上的法益，严格来说仅仅是法律利益的一种缩写，并不具备实质的概念意义。如果从广义的利益形式上来看，"民事利益"一词完全可以充当这样一个地位，没有必要单独创设。

第二种是从整个民法调整利益的层次性角度出发，对于民事法益进行的界定。这种观点认为民事法益在法定的民事权利之外，具有法律的可保护性，应当受到民法保护的利益。代表学者有史尚宽、洪逊欣、曾世雄、张弛、韩强等。这种观点的立足点是民法调整利益的层次性。依照利益的不同层次，可将其划分为：权利、法益、法外利益。而法益则是民事利益体系中重要的成员，其在地位上低于权利，但是仍然具有可保护性，地位上高于法外利益。这种对于法益的理解，将法益与权利和法外利益区分开来，是一种狭义的法律概念。①

第三种是强调从共识基础上对法益概念进行本土化界定。② 利益是法益与权利概念的构成要素，是给二者下实质定义时"属加种差"中的"属"，是法益的上位概念。法益是权利的上位概念，是应当受到法保护的利益，此处的法既包括实然意义上的法律，也包括应然意义上的法。正因为如此，法益才得以具备一定程度的开放性，可以包容、纳入那些立法上未曾被明确规定但又有必要加以保护的利益形态。德国刑法学界用法益侵害说取代权利侵害说，是基于上述考虑；《德国民法典》修法时加入法益概念，同样是为了解决立法的预见性不足问题。我国《民法总则》与《民法典》第126条中的"权利/利益"二分法，是基于自说自话的狭义法益说，既不符合逻辑，也不符合法理，更无法达成预设的立法目的，属于错误的本土化界定。究其实质，"权利/利益"二分法中的"利益"，是指未上升为权利的法益。而未上升为权利的法益又可以分为已在立法中明确规定和尚未在立法中有其名分两大类。成文法上的表现与司法救济方式有明显区别，二分法对此未予考虑。

① 李岩. 民事法益研究必要性探析 [J]. 辽宁公安司法管理干部学院学报, 2011, 13 (2)：29；张力. 权利、法益区分保护及其在民法总则中的体现：评《民法总则（草案）》第五章 [J]. 河南社会科学, 2016, 24 (11)：3-5.

② 孙山. 民法上"法益"概念的探源与本土化 [J]. 河北法学, 2020, 38 (4)：86.

三、民法法益分类之争

对民法法益的概念我国民法学者存在不同的观点已是不争的事实，对民法法益的分类也存在百家之言。

（一）根据民法法益的内涵进行划分

第一，不特定多数人共享的公共利益。特定人所享有的合法利益即为权利。而不特定多数人所享有的公共利益，如社区住户共同享有的环境的清洁卫生，消费者享有的交易环境的公平合理，商主体享有的公平交易机会等，法律上未作明文规定，但却加以保护，这便是"已为民法所规范但不具有权利外观的法益"。

第二，他人权利所反射的法益。权利人的权利除自己享有外，还可能使第三人也受益。非权利人因权利人的权利而享有特定的利益，也是法益存在的一种形式。如房屋的承租人享有租赁权，其配偶及子女也可居住。此时承租人的亲属对于出租人并无权利，却因承租人的租赁权而享有居住的权利，这便是民法法益。

第三，形成权利过程中产生的利益。在社会经济生活中，人们先是彼此接触，形成法律关系，而后明确双方权利义务。在法律关系形成，而权利义务关系尚未明确的阶段，便存在法益享有问题。如双方当事人为了缔结合同相互磋商，虽未有合同关系，但因为缔约关系，当事人享有信赖利益。当事人的信赖利益受民法保护，受损害时可以请求对方承担缔约过失责任。

第四，公序良俗所保护的法益。公序良俗原则作为现代私法的基础原则，植根于社会道德、善恶观念，成为法官依据自己的法观念和法意识对是非善恶作出价值判断的主要工具。公序良俗原则所保护的法益，法律虽无明文规定，但受法律保护，是法益广泛存在的形式。[①]

（二）根据法益的性质进行划分

第一，人身法益。我国民事立法已经对隐私法益、死者人格法益、具有人格象征意义的特定纪念物品上的人格法益、其他人格法益，以及夫妻之间的人身法益进行了规定，调整如下：一是将死者人格法益、具有人格象征意义的特定纪念物品上的人格法益、其他人格法益合并归纳为人格尊严法益；二是将夫妻之间的人身法益规定为婚姻家庭关系法益，如此规定不仅有利于保护夫妻间的人身法益，也有利于保护亲子间的人身法益。

---

① 吕英民. 论民法法益的本体及其救济途径 [J]. 工会论坛，2010，16 (5)：88.

第二，财产法益。我国民事立法已经对商业秘密法益、相邻关系法益、占有法益、公平竞争法益、商业信誉与信用法益、商业标志法益（未注册商标，地理标志，原产国标志，特殊标志）、域名法益、虚拟财产法益和遗传资源法益进行了规定，但对纯经济法益损失，竞业禁止法益、商业信息法益、交易自由法益、经济自由法益、网络信息法益和恶意诉讼损失等法益类型我国立法尚未规定，民事相关法应该对公平竞争法益、商业信誉与信用法益，虚拟财产法益，遗传资源法益、纯经济法益损失，竞业禁止法益，商业信息法益，交易自由法益，经济自由法益，网络信息法益，恶意诉讼损失、自然债务等法益类型进行规定。

第三，混合法益或人格法益。① 混合法益主要包括商业人格法益与胎儿法益。对商事人格法益而言，应该赋予其权利性质，即商事人格权，指"公民、法人为维护其人格中包含经济利益内涵在内的具有商业价值的特定人格利益——商事人格利益而享有的一种民（商）事权利"②，其主要存在于知识产权领域，在将来的知识产权相关立法中应该将其定性为权利进行保护。对胎儿法益的保护而言，学者存有分歧，分歧之实质在于是否认可胎儿的权利主体地位。③

（三）根据是否形成民事权利进行划分

法律为保护利益而设，种种利益未受法律保护之前，仅仅为生活利益，尚处于生活世界之中，依道德、习惯等保证自身的存续。只有当这些生活利益对于个人而言有相当的重要性，并且适于用法律进行保护，法律才有可能对这些利益加以规范。当立法者以法律保护这些生活利益时，这些生活利益就转变为法律所保护的利益，也就是法益。权利由法益产生，但并非所有的法益最后都能上升为权利，立法者之所以通过设定权利来保护某些类型的法益，就在于这些法益具有相同的特征，能共同适用一套规范，能够被统一作类型化处理。类型化具有适用的便利，因此立法者主要通过设定权利来保护种种法律所保护的利益即法益。权利就是服务于民事主体特定的类型化法益的实现或维持，由法律上之力保证实现的自由，简言之，权利是类型化的自由，权利是类型化的法益。但是，人类的类型化能力是非常有限的，权利之外尚有大量的法益不能与权利作相同的类型化处理，因而不能上升为权利，被称为未上升为权利的法益。综上所述，此类划分是上升为权利的法益和未

---

① 杨立新. 天下·民法总则：条文背后的故事与难题［M］. 北京：法律出版社，2017：321.

② 程合红. 商事人格权论［M］. 北京：中国人民大学出版社，2002：13.

③ 叶铭芬. 论侵权责任法对法益的保护［J］. 研究生法学，2010，25（3）：129.

上升为权利的法益。①

四、民事法益与民事权利界定

（一）民事权益与民事权利的一般比较

"法益"一词源于刑法，自法益概念提出后，对各部门法均有影响，但以对刑法影响为最大，从其理论研究成果数量可得此结论。对于法益内涵的界定，我国学者之间存在不同的见解，大致有两种看法：一种系从一般法意义上提出的概念，即仅仅描述法益为法律所保护的利益，强调利益的法律保护特征，此种法益自然适用于民法，因为民法对于利益的保护是无须证明的结论。另一种是从民法学角度上出发对法益进行了狭义的界定，即在定义中对于法益的间接保护、消极承认、反射性的特征予以强调。在"认真对待权利"的时代里，权利得到了极度的张扬，法益则鲜受关注。有学者曾指出，法益失宠于法学界之缘由在于行为本位学说，然从资源本位考量，法益则事关宏旨。民法所规范之生活资源在法律上有三种类型：第一类生活资源，从规范之方法角度而言，属于提供完整保护者，即以法律强制力介入担保期实现，其法律外观表现为"权利"；第二类生活资源属于提供局部保护者，即仅仅承认该类生活资源具有合法性，是否强制介入担保实现视情况而定，其法律外观表现为"法益"；第三类生活资源属于自生自灭者，该类生活资源在法律上不被承认具有合法性，也不认定为违法，其法律外观表现为"自由资源"。而无论法益在生活世界中的样态如何，法律如何规整以及技术上如何运作则事关人们能否自由利用其生活资源之宏旨。笔者认为，从生活资源的角度而言，某些利益与人们的日常生活（物质生活或精神生活）须臾不可分离，这些利益有必要类型化并赋予其权利外观，这是权利制度正当运行之基础。但这并不意味着立法者可以忽视对作为权利之外的生活资源的法益进行合理适度的制度安排：一方面，由法益存在的客观性决定。对于民事立法而言，大陆法系强调成文法的制定，但立法者的有限理性往往会导致原始的法律漏洞，且民事权利体系自身的封闭性必然导致其对新生利益的排斥，这些都是法益得以存在的重要因素。另一方面，由法益存在的必要性决定。正如有的学者所言，理性法主观地将人们的生活资源表征为权利、法益及自由资源并赋予不同的合法性基础和法律强制力，而忽略了生活世界中特定的生活资源与个体的关切程度，理性法应当通过立法技术弥补这种不可避免的缺憾。从这句话

---

① 宗志翔. 论未上升民事权利的法益 [J]. 江西社会科学，2012，33（6）：157.

的含义可知，作为一种受法律保护的未类型化的利益形态，法益之地位不如权利，但这并不意味着法益就不重要，相反，某些类型的法益甚至比权利还重要，典型的例子如人格法益，就其重要性而言，其当然比一般财产权利重要。正如有的学者所言，人格法益如同对物的权利一样，可对抗任何人的不法侵犯，其应与绝对权等同视之。不仅如此，权利与法益还会相互转换，这是因为每种利益的表现形式都不是固定的，存在形态变化的可能。如有的学者所言，"侵权责任法的整个历史显示了一个倾向，那些被认为值得法律保护的利益，在之前，往往没有受到任何保护。如隐私权，它也表明这样的可能性，即现在没有受到保护的利益以后会受到保护，现在没有受到完善保护的，以后会受到全面的保护。"

由此可见，如镜花水月，权利与法益二者往往难以区分。但学者依旧对它们进行了一定程度的比较研究，可归纳如下：首先，法益的主体资格判断具有缺失性。就自然人来说，民事权利能力的享有时间是以出生为始、死亡为止的。从"出生"到"死亡"的这一阶段享有民事权利能力，以此推论，"出生"之前及"死亡"之后这段时间，则当然不能享有民事权利。而现今司法实务上出现的案例及理论界热烈讨论的胎儿和死者所保护的利益，就当然不能是权利，而只能是法益。即法益在享有资格上不以民事权利能力为判断标准。其次，法益不具有公示性。如张俊浩所言："权利是不可剥夺的正当利益在法律上的定型化。"而法益则是一种未类型化的利益，"法律对于法益往往持有反面救济的态度，往往不对其内涵、外延做正面规范，保护力度也不如权利的侵权责任法保护力度大。"权利一般由法律所明确、向外界进行公示，而对于法益的规定一般较为粗糙，需要结合个案进行认定。最后，法益不具有能动性。一般认为，权利为对特定利益予以保护的法律上之力为此，权利具有能动性，而法律只对法益进行消极承认，一方面肯定其合理性，另一方面则提供相对薄弱的保护。此种消极保护表现为法益往往依赖法官对法律理念或概括性法律原则的领悟得到实现，不同的法官基于不同的价值观念会作出不同的判断。对于民事主体而言，对法益的主张往往是被动的，所采取的救济方式往往也是事后的。①

（二）民事权益与民事权利的转化

在条件成熟的情况下，民事权益可以转化为民事权利。有学者认为，可以借鉴德国民法对法益进行保护的实践，将法益保护分为将法益强行打造成

---

① 叶铭芬. 论侵权责任法对法益的保护 [J]. 研究生法学, 2010, 25（3）: 121.

权利、将法益定位为法律保护的框架性法益及通过背俗侵权保护三种方式。① 隐私法益在我国长期以来都是以法益形式存在的，并借助名誉权的保护方法而获得保护。后来，《侵权责任法》（现已为《民法典》所吸收）为隐私法益的权利化提供了机会，隐私法益得以进入民事权利体系，成为隐私权。"法益向权利转化为发展之大趋势，然而，亦有个别权利随着时间的流逝、时代的变革，丧失权利地位，沦为法益。"② 权利所保护利益的正当性程度的减弱必然带来权利的减弱。

有学者认为，新兴法益究竟能否最终上升为权利，需要以相对人所承担义务的内容为推导前提。③ 如果相对人承担的是较高的注意义务，相对人为社会公众，可以通过公开途径事先了解法益的存在及其内容，则社会公众不能以不知道该种法益的存在为由主张没有过错，而义务的承担又不会对社会公众的行为自由产生法律意义上的不利影响，那么与该种义务对应出现的法益即为绝对权。如果相对人承担一定的注意义务，相对人为达成合意的特定关系人，特定关系外第三人在正常情况下无从事先得知该种关系的存在，义务的承担不会导致特定关系双方之间利益严重失衡，那么与该种义务对应出现的法益即为相对权的典型——基于合同之债权。如果相对人承担较低的注意义务，相对人为社会公众，其很难通过公开途径事先了解法益的存在及其内容，则社会公众可以不知道该种法益的存在为由主张没有过错，义务的承担并不会对社会公众的行为自由产生不利影响，那么与该种义务对应出现的法益即为未上升为权利的法益。如上所述，在法益的救济中，法益决定了主体可以向谁提出主张。换言之，法益决定了请求权基础，决定了法益存在与否；义务决定了主体可以提出何种主张，决定了请求权的内容和属性，决定了法益的类别。新兴法益究竟能否最终经由立法途径上升为权利，取决于义务人的身份和义务的内容。

还有学者认为，判断一项利益是否构成民法上的权利，在于该法律关系是否能通过相对纯粹的、稳定的及不依赖于外部公共秩序的私人利益空间的界定，并辅以逻辑推导形成自洽的利益调整规范群。④ 在有些情形下，某种民

---

① 梅夏英. 虚拟财产的范畴界定和民法保护模式 [J]. 华东政法大学学报，2017，20（5）：48.

② 李岩. 民事法益与权利、利益的转化关系 [J]. 社科纵横，2008，24（3）：74；张力. 权利、法益区分保护及其在民法总则中的体现：评《民法总则（草案）》第五章 [J]. 河南社会科学，2016，24（11）：9-10.

③ 孙山. 从新兴权利到新兴法益：新兴权利研究的理论原点变换 [J]. 学习与探索，2019，41（6）：85-86.

④ 梅夏英. 民法权利思维的局限与社会公共维度的解释展开 [J]. 法学家，2019，34（1）：19.

事利益似乎可以达到民事权利的上述要求，但不能达到典型权利的逻辑推导和规范自洽的效果，只能构成框架性的法益，如人格利益和个人信息法益即属于此列。这些法益的权利边界非常模糊，大多需要公法资源的支持。如《民法典》人格权编（草案）存在着大量行政法规范和强制性保护规范，纯粹的民法规范因比例较小而不能得到彰显。又如个人信息保护问题，也在个人信息权的讨论角度受到理论困扰，实际上个人信息作为新型法益，其保护的理论基础和方式并不能从私权角度得到有效解释，从公共维度的基于信息安全的社会控制角度理解更具有可行性。

五、民法法益的立法体例

《民法通则》第5条规定："公民、法人的合法的民事权益受法律保护，任何组织和个人不得侵犯。"

《民法总则》与《民法典》第126条规定："民事主体享有法律规定的其他民事权利和利益"。据官方的解释，第126条是"关于民事主体享有的民事权益的兜底性规定"①。

《侵权责任法》第2条明文规定："侵害民事权益，应当依照本法承担侵权责任。本法所称民事权益，包括生命权、健康权、姓名权、名誉权、荣誉权、肖像权、隐私权、婚姻自主权、监护权、所有权、用益物权、担保物权、著作权、专利权、商标专用权、发现权、股权、继承权等人身、财产权益。"

由条文可知，我国《民法通则》采用的是概括式立法模式，而《侵权责任法》采取的立法模式是概括和列举相结合，其第2条第1款首先将侵权责任法中权利的范围定位为民事权益，第2款中再将民事权益予以详细解释定义，将其所代指的所有权益一一列出。列举的方式明确规定范围内的权利和利益受到侵害时可以适用《侵权责任法》，不在范围内的权利和利益受到侵害时则被排除。但就列举的权利范围和广度来说，第2款尽可能地涵盖了大部分权利，比较齐全。将列出的权利类型化，我们可以发现，我国《侵权责任法》的保护对象为人格权、物权、知识产权和部分财产权。其中比较明确的绝对权都能得到保护，比较模糊的则是债权这类相对权是否纳入了保护对象。而最后的"等人身、财产权益"又进一步扩大了《侵权责任法》的受案范围，也为未来新出现的案件留下了余地。但我国部分学者认为应该借鉴德国民事立法的三类型立法模式：一是故意、过失侵害他人权利；二是故意以违

---

① 石宏.《中华人民共和国民法总则》条文说明、立法理由及相关规定［M］. 北京：北京大学出版社，2017：299.

背善良风俗之方法加损害于他人；三是违反保护他人之法律。三类型规定方式既非传统的单纯罗列，又并非法国和日本式的单纯概括，而是就不同的客体作出分类型的保护模式，意图在于平衡"行为自由"与"权益保护"之间的关系，当受侵害的客体也就是侵害他人权利时，行为人只需存在故意或过失即负侵权责任。如此清晰而严格的区别性权益保护方式既考虑到了保护对象的周全性，又维护了社会人行动的自由。如此先进的立法模式应该被我国立法所采用和借鉴。

六、学者对《民法通则》第 5 条的解释

保护民事主体合法民事权益是我国民法的根本宗旨和任务，也是我国民法的基本原则。《民法通则》第 5 条："公民、法人的合法的民事权益受法律保护，任何组织和个人不得侵犯"，明确将合法的民事权益受法律保护作为民法的基本原则。但学者对此解释具有不同的观点：

第一种观点认为该条规定实质就是私权神圣的原则。该说认为，私权神圣就是法的民事权益受法律保护，任何组织和个人不得侵犯。该条的内容其实规定的就是私权神圣原则。该原则包含以下几个含义：一是只有依法取得的民事权益受法律保护；二是只有合法的民事权益才受法律保护；三是凡是合法的民事权益，无论主体是谁都受法律保护。

对此持不同观点的学者认为，由于私有权没有被当作我国财产所有权的基础，因此民事权利受法律保护原则没有像传统民法那样尊崇私有权而是泛泛宣示保护一切民事权益。民法上的权益受法律保护仍是法律应有之责，这时以原则形式加以强调，是考虑到我国忽视私权的特殊情况，有必要明确宣示。这一原则没有强调私权绝对性，隐含了私权受合理限制的必要。

第二种观点是"民事利益说"。该说认为，民事权益是指民事权利主体的受民法确认和保护的利益。包括物质利益和人身利益。

第三种是"民事权利与民事利益说"。这是大多学者所坚持的观点。学者认为，我国《民法通则》第 5 条："合法的民事权益受法律保护"，此处采用权利和利益的概念，表明在权利之外仍然有一些合法的利益存在，但它们仍然没有被确认为权利。该原则由此可以推断出，民事主体享有广泛的民事权利；民事主体不仅享有广泛的权利，而且享有合法的其他利益；民事主体的合法民事权益不受任何人和任何机关的非法干涉和侵犯。当然，该条的内容

主要落脚点是民事利益，但不能仅仅指民事利益，也包括民事权利。①

七、学者对《民法典》第 126 条的解释

有学者认为，《民法典》第 126 条规定的法益是狭义的法益，即仅指权利之外而为法律保护的利益。② 在民法领域，民法在保护民事利益时，对于比较成熟的具有独立性的民事利益的保护，采用设置民事权利的方式予以保护，例如对身体、健康、生命、姓名、肖像、名誉、隐私、人身自由等民事利益，就设置单独的人格权，对这些民事利益用单独的人格权予以保护。对于一些其他不具有独立保护价值的民事利益，民法没有设置具体的民事权利，当需要特别予以保护时，法律就规定对其保护。这种法律规定予以保护的民事利益就是民法的法益。例如，胎儿的人格利益和死者的人格利益，因为他们只具有部分民事权利能力而无法设置民事权利对其进行保护，但法律又须对其进行保护，因而胎儿的人格利益和死者的人格利益就用法益对其进行保护。

有学者认为，《民法典》第 126 条中的"利益"，可以作如下两种迥异的解读：其一，"法律规定的其他民事权利"与"利益"并列，如此一来，没有"法律规定"限定的"利益"专指立法上未曾规定但又需要保护的正当利益，成为司法者实现开放性保护的法律依据；其二，"其他民事权利和利益"并列，二者均由"法律规定"，属于封闭性列举，"利益"属于实定法上已有其确定存在依据的范畴，是立法上已经有规定但不能与权利同等对待的正当利益，合乎立法精神但未曾在立法中明确规定的利益形态，不能借由该条获得保护。③

也有学者认为我国《民法典》第 126 条中的"权利/利益""二分法"，是基于自说自话的狭义"法益说"，既不符合逻辑，也不符合法理，更无法达成预设的立法目的，属于错误的本土化界定。④ 究其实质，"权利/利益""二分法"中的"利益"，是指未上升为权利的法益，而未上升为权利的法益又可以分为已在立法中明确规定和尚未在立法中有其名分两大类，成文法上的表现与司法救济方式有明显区别，"二分法"对此未予考虑。从司法论的视角出发，法官在裁判过程中适用该条时应当尽量淡化"法律规定的"这一限制条件，以此涵盖所有类型未上升为权利的法益。至于通过扩大解释权利和推定

---

① 许中缘，王崇敏. 论民法典中民事权益受法律保护原则的立法设计 [J]. 河南财经政法大学学报，2012，27（3）：138.

② 杨立新. 天下·民法总则：条文背后的故事与难题 [M]. 北京：法律出版社，2017：321.

③ 孙山. 民法上"法益"概念的探源与本土化 [J]. 河北法学，2020，38（4）：66.

④ 孙山. 民法上"法益"概念的探源与本土化 [J]. 河北法学，2020，38（4）：69，70.

方式将新生利益形态纳入特定权利范围以扩展损害客体的司法操作与理论解读，因违背绝对权法定原则的基本要求，是完全错误的，法官的自由裁量权应当受到法律适用的逻辑结构与过程的限制。《民法典》延续了《民法总则》的立场，且在短时间内修改固然不太可能，但我们还是应当明确法益概念的真正含义，如此，才可能确保未来民事立法与司法实践的科学性，确保各部门法之间的融通，兼顾法律规范的稳定性与开放性，实现法益保护与行为自由间的平衡。

 **相关法律法规及司法解释**

《民法典》

　　第3条　民事主体的人身权利、财产权利以及其他合法权益受法律保护，任何组织或者个人不得侵犯。

　　第126条　民事主体享有法律规定的其他民事权利和利益。

　　第205条　本编调整因物的归属和利用产生的民事关系。

　　第206条　国家坚持和完善公有制为主体、多种所有制经济共同发展，按劳分配为主体、多种分配方式并存，社会主义市场经济体制等社会主义基本经济制度。

　　国家巩固和发展公有制经济，鼓励、支持和引导非公有制经济的发展。

　　国家实行社会主义市场经济，保障一切市场主体的平等法律地位和发展权利。

　　第1164条　本编调整因侵害民事权益产生的民事关系。

《民法通则》

　　第5条　公民、法人的合法的民事权益受法律保护，任何组织和个人不得侵犯。

 《著作权法》

　　第2条　中国公民、法人或者其他组织的作品，不论是否发表，依照本法享有著作权。

　　外国人、无国籍人的作品根据其作者所属国或者经常居住地国同中国签订的协议或者共同参加的国际条约享有的著作权，受本法保护。

　　外国人、无国籍人的作品首先在中国境内出版的，依照本法享有著作权。

未与中国签订协议或者共同参加国际条约的国家的作者以及无国籍人的作品首次在中国参加的国际条约的成员国出版的,或者在成员国和非成员国同时出版的,受本法保护。

第3条 本法所称的作品,是指文学、艺术和科学领域内具有独创性并能以一定形式表现的智力成果,包括:

(一)文字作品;

(二)口述作品;

(三)音乐、戏剧、曲艺、舞蹈、杂技艺术作品;

(四)美术、建筑作品;

(五)摄影作品;

(六)视听作品;

(七)工程设计图、产品设计图、地图、示意图等图形作品和模型作品;

(八)计算机软件;

(九)符合作品特征的其他智力成果。

《侵权责任法》

第2条 侵害民事权益,应当依照本法承担侵权责任。

本法所称民事权益,包括生命权、健康权、姓名权、名誉权、荣誉权、肖像权、隐私权、婚姻自主权、监护权、所有权、用益物权、担保物权、著作权、专利权、商标专用权、发现权、股权、继承权等人身、财产权益。

 案例一

案情简介

2018年的7月27日傍晚,当时已经怀有6个多月身孕的裴某霞,吃过晚饭就和家里的小姑子一起到楼下去散步。当她们刚刚走到了十几米远的一个丁字路口时,突然裴某霞被后面驶来的一辆摩托车撞到了的肚子。被撞到的裴某霞当时一句话也说不出来,定了定神之后,她看清骑摩托车的正是自己楼下的邻居钱某伟。于是,二人发生了争吵。由于没有太多的医学知识,吵完之后,裴某霞没有多想,仍旧继续散步,可到了当天晚上,下身便开始有少量的水流出。裴某霞赶紧休息,但随着流量越来越多,这才引起了她的警惕。无奈 2018 年 7 月 29 日凌晨 5 点，裴某霞被紧急送往无锡市妇幼保健院后，被诊断为胎膜早破先兆早产，所流水为羊水并进行抗炎保胎。2018 年 8 月 8 日，裴某霞被迫提前两个月早产了女儿吴某颖。在出生医学证明书上，孩子的健康状况被评为差，体重只有两千克。从医学上讲，早产儿因为孕龄低，婴儿体内各脏器没有发育成熟，因此免疫功能低下，易发生各种早产儿综合征。就这样还没有发育成熟的吴某颖刚一出生，便被放进了保温箱，进行住院治疗。

吴某颖的出生给这个家庭带来了一丝的喜悦，但更多的是无尽的忧虑。作为早产儿的吴某颖的身体将来能否发育正常，需要家里人长年的精心护理，补充营养来预防早产儿的各种并发症，度过一段成长发育期，直到孩子完全发育成熟并一切正常为止。这不仅给家人带来了极大的精神负担，也带来了经济上的负担。在医院住了十多天后，由于经济困难，孩子只好出院回家。面对这一现实，裴某霞一家人认为，产生这样的结果完全是因为那天被撞，而当初撞人的钱某伟却再也没有露面。为了给吴某颖寻求一些经济上的补偿，刚出生 33 天的吴某颖便当上了原告，她和她的父母一纸诉状将邻居钱某伟告上了法庭，要求法院依法判决被告赔偿孩子的生命健康权伤害费、孩子父母亲的医药费、护理费及精神损失费，共计人民币六万三千多元。无锡市滨湖区法院受理并依法公开审理了此案。

審理及判决

在庭审当中，双方争议最大的除相撞这一事实是否导致早产的直接原因外，被告钱某伟还提出了婴儿吴某颖在这次诉讼中不能作为诉讼主体出现。法庭上原被告双方对此各执一词。原告代理律师认为，根据我国法律规定，公民享有生命健康权利。而且这一权利始于出生而终于死亡。按照医学上讲，早产儿本身就是不健康的婴儿。所以，吴某颖的早出生就是受害的原因，应该赔偿。

而被告钱某伟却认为，事件发生时吴某颖尚在母体中。因此，她没有民事行为能力，不应该赔偿。经过一个多小时的庭审，双方意见分歧很大。庭审结束时，法庭没有当庭作出判决。对于本案的焦点，吴某颖是否可以作为诉讼主体获得赔偿，合议庭也有很大的争议。于是他们将本案提交法院审委会来研究决定。

根据审委会的意见，法院很快作出了一审判决。法院认定了碰撞与早产存在着因果关系。但在碰撞发生时吴某颖尚未出生，不具有法律上的人的身份。她所受到的损害在出生后能否行使损害赔偿请求，目前在理论上是一个有争议的问题。所以法院认为，现在吴某颖已经出生，可以作为主体提起诉讼。但她的利益在目前情况下只能通过母亲的名义得到保护。而孩子的父亲吴某兵，不是侵权的直接对象，因此法院判决被告钱某伟赔偿裴某霞医药费等经济损失共计人民币5455元，驳回了婴儿吴某颖及其父的诉讼请求。

分 析

本案是一起有关于胎儿民事权益保护与否的典型案例。

本案中暴露出一个重要的法律问题，就是胎儿在母体中受到他人的伤害在其出生之后能否索赔，即现有法律框架下胎儿是否享有人身损害赔偿请求权及如何行使的问题。对自然人的人身权予以法律保护，在受到侵权行为损害的时候，应当予以损害赔偿救济，这是法学理论界与实务界的共识。但是，在自然人死亡后和出生前，其人格权受到侵权行为的侵害，能否得到侵权行为法的救济，在理论上不无疑问。笔者认为，在现行法律框架下，胎儿在胎儿期受到他人伤害，出生后并不享有损害赔偿请求权，不能够以独立的主体身份要求加害方承担赔偿责任。

首先，要明确的是，本案被告的伤害行为发生在婴儿出生之前，而不是在出生之后。所谓出生，就是指公民脱离母体而成为有生命个体的事实。司法实践中，采用的出生标准为胎儿完全脱离母体且能独立呼吸。按此标准，本案中车祸发生时，吴某颖尚在其母裴某霞体内，并未出生。所以，本案的实质不是公民人身损害赔偿之诉，而是胎儿的人身损害赔偿问题。对于未出生的胎儿的人身权益保护问题，现今各国民法有不同的立法例。有的采概括主义，即出于对胎儿个人利益的保护，一般视胎儿为已出生，如瑞士、泰国民法即采此立法例；有的采列举主义，即仅限若干情形，为保护胎儿利益，视其为已出生，如日本、德国民法即采此立法例；还有的采绝对主义，即绝对贯彻胎儿不具有民事权利能力的原则，因此胎儿不具有权利能力，不得为民事权利主体，如1964年苏俄《民法典》和我国《民法通则》即采此立法例。对于这个问题，在我国法学理论界基本上没有争议。在情理上，大家均认为应该保护未出生的胎儿的人身权益。但"以事实为根据，以法律为准绳"的办案原则决定了法官在断案时只能以现行的法律规范，而不能以法理、道德、情理等非法律因素作为断案的依据。

其次，本案是一起人身损害赔偿案件，人身损害赔偿案的性质是侵权行为之诉。在侵权行为之诉中，要求被告承担赔偿责任的前提是被告的行为构成侵权行为，否则被告无赔偿责任。法学界通常认为，侵权行为有四个构成要素，即损害行为、损害结果、行为与结果之间的因果关系、主观过错。本案中，原告吴某颖被损害的结果是显而易见的，被告实施的碰撞行为与原告吴某霞受伤害的结果的因果关系从证据上看也成立，被告主观上的过错也已认定。那么，被告的行为是否构成损害行为便是被告是否需承担侵权赔偿责任的关键。作为侵权行为构成要件的损害行为，是指行为人实施的损害他人人身权利或财产权利的行为。显然，行为人的行为构成损害行为必须以受害方享有人身权利或财产权利为前提。本案中，被告的行为发生在原告出生之前，原告吴某颖在当时还是胎儿时是否享有人身权利或财产权利呢？答案是否定的。

我国《民法通则》第9条规定："公民从出生时起到死亡时止，具有民事权利能力，依法享有民事权利，承担民事义务。"所谓民事权利能力，是指民事主体依法享有民事权利和承担民事义务的资格。它是自然人成为民事主体的标志，具有民事权利能力，即只有具有了法律上的人格，才能以独立的民事主体资格参与民事活动。也就是说具有民事权利能力，是民事主体享有民事权利和承担民事义务的前提。关于公民的民事权力能力的开始时间，世界上大多数国家规定自出生开始。例如，《德国民法典》第1条规定："人的权利能力自出生完成时开始。"《日本民法典》第1条规定："私权的享有从出生开始。"依据我国《民法通则》第9条规定，公民的民事权利能力也是自出生开始，只有出生后的人才具有民事权利能力，这就意味着只有已出生的人才享有民事权利。胎儿尚未出生，因此它不是法律意义上的自然人，依法不具有任何民事权利（包括人身权利、财产权利）。胎儿没有任何民事权利，加害人的行为对其也就不构成侵权行为，因为侵权行为是指行为人对受法律保护的权益（包括人身权利、财产权利）实施侵害，并对造成的后果依法承担民事责任的行为。既然没有侵权行为，当然对胎儿就无赔偿责任。由此可见，被告的行为在当时并不构成对原告吴某颖的侵权。而原告吴某颖出生后，被告并没有对其实施过任何行为，也不可能构成侵权。

综上所述，本案被告的行为在现行法律框架内并不构成侵权，依法不应承担赔偿责任。本案的判决并无不当之处。

如上所述，我国法律所保护的生命权是指公民生命的生存权和健康完整权。我国法律认为尚未出生的胎儿不具有民事权利能力。但是，胎儿具有成为权利主体的可能性和唯一性，认识到这一点，法律也给予了一定的承认和保护。我国《继承法》第28条规定："遗产分割时，应当保留胎儿的继承份额。胎儿出生时是死体的，保留的份额按照法定继承办理。"看来，对于生命权和民事主体权的认定，目前的法律规定的确存在着一定的矛盾。从大陆法系、英美法系等诸国刑法来看，这个问题也存在着争议。但大多数认为生命主体包括母体中的具有一定妊娠期的胎儿，因而各国也相应制定了堕胎罪名。人类社会是由人的生命个体组成的，从根本上说，一切法律所调整的一切利益，归根结底就是自然人的利益；而一切人的一切利益，归根结底首先建立在生命的生存权上，其他一切政治、生活、劳动、经济权利全部依赖这个基础。对于生命权的探讨不仅是法理上的问题，应该认识到，这是一个关于哲学、人类伦理等诸多方面广泛而又复杂的问题。

从人的生理结构来看，胎儿具有人的完整性，如果简单认定出生是主体生成的起点，这无疑是违背科学的。（生物生理学的论述从略）从法律精神的角度来看，法律维持的是公平，保护的更多还是那些遭受不公平的人类中的弱小无助部分。比如我国坚持用法律保护妇女儿童和未成年人的原则。这样看来，法律忽视对人类出生前的保护，这是与其精神相悖的。既然儿童和未成年人可以得到法律的保护，那么未出生的人就更应该得到法律的保护，因为他是所有人类诞生的先期阶段。当然，法律也没有完全否定胎儿的地位，如《继承法》的规定，还有《刑法》规定犯罪的怀孕妇女不适用死刑，这都是对于胎儿地位的一种认可。

在当今时代，法律不应该回避生命权这个最为重要的问题，这是文明和科技时代的必然要求。所以是否深入地分析和探讨生命权的问题，是法律是否严肃的一个表现。同时，这个过程也许较为艰难，因为，其中既包括法律精神和经济发展的相互权衡，也包括现代文明和封建意识的不断摩擦。但相信随着人伦精神的成熟和法治社会的建立，这个问题会得到良好解决。

由此可见，在同类型的案件中，判决赔偿婴儿的损失，于情于理均无可厚非，但却违法；判决不赔，在情理上说不过去，却是符合法律规定的。之所以会出现这种"情与法"的冲突，是因为我国法律在胎儿保护立法方面滞后及民事权利能力制度不合理。要最终解决此类案件中不必要的"情与法"的冲突，有赖广大群众及司法界、法学界同人的不断呼吁，促使立法部门参照国外的成功经验，尽快修改我国现行法律中的民事权利能力制度，赋予胎儿在特定情况下的民事权利能力。

 案例二

案 情 简 介

王某与明珠公司签订《内部预留房认购合同书》。截至 2015 年 9 月 13

日，王某已缴纳大部分房款，但房屋一直未交付使用。光信公司为案涉房屋的开发商，对王某与明珠公司之间签订的房屋认购合同予以认可，愿意承担该合同所涉的权利义务。另案涉房屋取得了商品房销售许可证。

此外，新翔公司诉光信公司建筑工程施工合同纠纷财产保全一案，某中级人民法院作出民事裁定，冻结光信公司银行存款4400万元或查封、扣押其相应价值的其他财产。之后，该中级人民法院向不动产登记中心送达了协助执行通知书，要求协助查封光信公司的129套房产，其中包括王某所购案涉房屋。王某收到该民事裁定后，在法定期限内提起诉讼。

王某提起诉讼，请求：撤销该中级人民法院的民事裁定，解除对案涉房屋的查封。

审理及判决

一审判决认为，案外人或申请执行人提起执行异议之诉的，案外人应当就其对执行标的享有足以排除法院强制执行的民事权益承担举证证明责任。本案中，一审法院认可了《内部预留房认购合同书》的合同效力。同时查证确定王某与光信公司签订的房屋买卖合同早于人民法院查封时间。王某已经缴纳了大部分房款，远超合同总价款的50%。因王某未能提交"其名下无其他用于居住的房屋"的充分证据，王某不能举证证明其诉请符合《最高人民法院关于人民法院办理执行异议和复议案件若干问题的规定》（简称《执行异议规定》）第29条规定的全部条件，故一审法院对王某的诉讼请求不予支持。一审法院判决：驳回王某的诉讼请求。

二审判决认为，案涉房屋登记在被执行人光信公司名下，不动产登记中心查询结果证明王某名下无其他用于居住的房屋，故王某对案涉房屋主张的权益是否足以排除强制执行可参照《执行异议规定》第29条判断。不动产买受人的民事权益需同时符合第29条规定的三个要件，方可排除申请执行人对案涉不动产的强制执行。本案中，该房屋认购合同相对人并非被执行人光信公司，不符合《执行异议规定》第29条第1项的规定。一审法院适用法律错误。二审法院认为，王某的主张不符合《执行异议规定》第29条规定的全部情形，王某的上诉请求依法不能成立。二审法院判决：驳回上诉，维持原判。

本案再审审理的争议焦点：王某对案涉房屋是否享有足以排除强制执行的民事权益。

最高院再审认为，根据《执行异议规定》第29条规定，案外人的民事权益需要同时满足该条三个要件才能够排除强制执行。王某与明珠公司签订

《内部预留房认购合同书》选定案涉房屋。而光信公司与《内部预留房认购合同书》上的明珠公司法定代表人相同。《内部预留房认购合同书》实际由光信公司履行。故从利益平衡的角度考虑，尽管案涉《内部预留房认购合同书》上显示的相对人明珠公司并非被执行人，仍应当认定王某已经举证证明了其在人民法院查封之前签订了书面买卖合同。王某名下在本市无其他用于居住的房屋。王某已交款项超过了总价款的 50%。因此，王某对案涉房屋主张的民事权益符合《执行异议规定》第 29 条规定的情形，可以排除新翔公司对案涉房屋的强制执行。再审改判：撤销一审、二审民事判决；不得执行案涉房屋。

分析

本案属于签订合同的主体与被执行人不一致的情况下购房人的权利是否可以排除执行的案例，最高院通过本案的再审改判，树立了此类案件的审判标准。对此，笔者分析评价如下：

第一，关于实际履行合同的主体的认定。本案中，虽然王某与明珠公司签订案涉房屋的《内部预留房认购合同书》，房屋对外宣传材料中写明了光信公司为案涉房屋的开发商，明珠公司认可光信公司收取了部分购房款，光信公司亦认可是交付案涉房屋的主体等，但是，仍不能认定光信公司是合同签约当事人的主体地位。对此，最高院提出了"故从利益平衡的角度考虑"的审理思路，进而推定光信公司是合同履行当事人的主体，并作为符合《执行异议规定》第 29 条第 1 项规定的企业与购房人签订合法有效的书面合同的要件。笔者认为，再审判决实际是行使了自由裁量权，从有利于维护购房人正当权利的角度，突破了《执行异议规定》第 29 条第 1 项的规定，从宽认定企业与购房人签订合法有效的书面合同的范围，增加了开发商虽未直接签订合同但实际履行合同的情形。

第二，关于明珠公司与光信公司存在混同的问题。2013 年 1 月 31 日，最高人民法院发布的指导案例 15 号"徐工集团工程机械股份有限公司诉成都川交工贸有限责任公司等买卖合同纠纷案"，该案例的裁判要点明确指出，关联公司的人员、业务、财务等方面交叉或混同，导致各自财产无法区分，丧失独立人格的，构成人格混同；人格混同，严重损害债权人利益的，关联公司相互之间对外部债务承担连带责任。其中，业务混同一般是指公司之间在业务经营行为、交易方式、交易价格等方面存在混同现象。本案中，明珠公司与光信公司存在关联关系，法定代表人及实际控制人均为姚某；两公司的实际经营内容一致，明珠公司和光信公司均曾以明珠逸和园项目开放商的名义进行宣传售卖房屋，且两家公司均存在收取购房款的情况。笔者分析认为，正是由于两家公司业务经营上界限不清，作为购房人在签订合同时可能难以辨别，导致本案签订合同主体并非登记案涉房屋的开发商的情况发生，但由开发商履行本案合同各方是均无异议的；故在具体到本案合同的履行中，两家公司构成公司业务混同。再审判决虽查明了两家公司在人员、财务上是否存在混同的情况，但未对是否构成业务混同作出判断，亦留下了有待进一步研究的问题。

十三 请求权竞合的处理规则

>>> 法 理 .✦

请求权是指权利人请求他人为特定行为（作为、不作为）的权利。请求权的产生依赖于相应的实体法律规范所规定的民事实体基础权利，它本身并不能独立存在。其功能主要是保护这些基础权利得到实现或排除对这些权利实现的阻碍。因此，请求权是权利的实现形式和载体，与权利本身并不相同。当某一具体事实的发生，同时符合多个法律构成要件，依据相应法律规范，产生了数个不同的请求权，而这些请求权均以同一给付内容为目的。这些请求权的效力相互冲突，当事人依法仅能行使其中一种请求权，学理上将这种法律现象称为"请求权的竞合"。典型的民事责任竞合主要有违约责任与侵权责任、不当得利返还责任与侵权赔偿责任、侵权责任与缔约过失责任等的竞合。①

一、请求权竞合的成因

一般来说，请求权竞合的形成原因有以下几点：

第一，一个法律构成要件产生一个请求权是请求权竞合的直接原因。

根据德国学者赫尔维格的理论，一个法律构成要件产生一个请求权。这是请求权竞合产生的最早理论基础。因为一个法律事实的发生，符合两个或两个以上的法律构成要件，就产生了多个请求权。这是请求权竞合的直接原因。对于法律构成要件的内涵与标准，学术界有不同的认识，大致有以下三种观点：第一种观点认为法律构成要件是指具体的生活事件，即一个具体的生活事件，产生一个请求权。第二种观点将法律构成要件解释为法规构成部

---

① 张家勇. 中国法民事责任竞合的解释论 [J]. 交大法学，2018，9（1）：8.

分，即一个具体的法律事件，只有包含了法律规范所规定的抽象的构成要件，才产生一个请求权。第三种观点则把法律构成要件理解为请求权存在的基础。

第二，大陆法系民事权利体系和请求权体系是请求权竞合产生的客观条件。大陆法系有发达的成文法和较为完备的权利体系，使得社会关系被分成各种类型，制定并通过各种法律规范进行调整就成为必然。而法律规范是通过先假设抽象的事实，再规定对该事实的处理从而对社会生活进行调整。因此，同一个法律事实，就可能符合多个法律规范在假定部分的描述，从而可能被不同的实体法律从不同的角度进行评价，符合多个法律关系的构成要件。[①] 而传统的民事诉讼以原告实体权利或法律关系的主张为诉讼标的，就难免出现就同一法律事实，依据不同的实体法律规范重复起诉、法院重复判决及当事人获得重复救济的难题。从诉讼法角度来说，大陆法系规范出发型诉讼是请求权竞合的根本原因。[②]

第三，依请求权的基础权利为标准而建立的请求权体系不够完善。民法的请求权体系天然存在一定的缺陷，请求权体系内部存在诸多冲突和矛盾，致使在调整一个法律事实时，可能会出现多个请求权的"乱象"，进而形成请求权的竞合。

二、请求权竞合处理规则的理论分歧

法律体系完备而复杂，同一生活事实会受到多种法律规范的评价，因此，依据不同的法律规范，权利人可以享有多种不同的请求权，这就导致了请求权竞合现象的发生，从而引起多次诉讼和裁判。虽然多个请求权的行使有利于保障权利人的权益，但从某种程度上说，这也可能引起权利人滥用权利，增加义务人的负担，引发社会道德风险。而且，对同一生活事件的多次诉讼和裁判也占用了大量的社会资源和当事人的诉讼成本。因此，研究如何处理多种请求权发生竞合问题，寻找恰当的解决方式——既能保障权利人的权利，实现社会公平正义，又能防止多次诉讼和裁判——成了请求权竞合理论研究的核心问题。《民法典》第 186 条和《民法总则》第 186 条几乎原文照搬《合同法》第 122 条，解决的是侵权责任与违约责任竞合的问题，并未涉及其他责任竞合情形[③]，所以针对请求权竞合的处理规则，还需要进行探讨。主要存

---

① 孙华璞. 法律责任竞合理论初探 [J]. 人民司法（应用），2017，60（4）：33.
② 李磊. 请求权竞合解决新论：以客观预备合并之诉为解决途径 [J]. 烟台大学学报（哲学社会科学版），2016，29（4）：23，24.
③ 杨立新. 天下·民法总则：条文背后的故事与难题 [M]. 北京：法律出版社，2017：489.

在以下几种不同的观点：

（一）实体法学者的竞合处理规则

1. "请求权竞合说"

该说认为，同一生活事实同时满足两个或两个以上的请求权规范的构成要件时，应分别成立不同的请求权，各个请求权分别独立存在，权利人可以选择行使其中一个请求权，也可以同时行使多个请求权。① 该说在发展过程中，形成了两种不同的理论：

（1）"请求权自由竞合说"

持这种观点的学者认为，当一个法律事实同时满足两个或两个以上的请求权规范的构成要件时，产生相应的数个请求权，该数个请求权应分别独立存在。对这些竞合的请求权，当事人可以选择其中一个请求权进行主张，也可以就所有请求权同时主张，还可以就不同的请求权先后主张。甚至权利人还可以将其中一个请求权让与他人，自己保留其他的请求权。当其中一个请求权无法行使时，其他的请求权可以继续行使；当一个请求权因为时效而消灭时，其他未过时效的请求权继续存在。当事人行使其中一个请求权未获满足，可以继续行使其他的请求权。但是，其中一个请求权若已达目的而消灭时，其他的请求权随之消灭；若其中一个请求权因已达目的以外的原因而无法行使，则其他的请求权仍然存续。

（2）"请求权相互影响说"

该说认为，相互竞合的请求权并非绝对分立、毫无关联的，相反，是相互作用、相互影响的。债权人原则上可选择侵权或违约，但"为顾及法律对契约责任所设的特别规定，其侵权责任的成立应受限制"。依德国通说，"合同或类合同性请求权与侵权性请求权原则上是相互独立的并存关系，但并不排除，侵权性规则会被当事人的约定或债法规范而改变"。由此可见，德国通说名义上采"请求权自由竞合说"，但实质上采"相互影响说"。②

有学者认为"请求权竞合说"的优势在于：不论是"请求权自由竞合说"还是"请求权相互影响说"，都承认了权利人具有独立并存的多个请求权。但该说也存在缺陷：虽然可以为权利人提供多种救济途径，但这也使义务人可能承担多重义务，不利于义务人合法权益的保护。同时，根据"请求权竞合说"，权利人最终对请求权实现的选择取决于权利的主观意识和能力，

---

① 段厚省. 请求权竞合研究 [J]. 法学评论，2005，26（2）：153.
② 叶名怡.《合同法》第 122 条（责任竞合）评注 [J]. 法学家，2019，34（2）：179.

这就可能产生对同一生活事件的法律评价出现多种法律效果，比如，在工伤事故赔偿领域中，工伤保险赔偿金额与人身侵权损害赔金额是不一样的。相同生活事件的法律评价效果不同将影响法律评价的统一性和稳定性，进而影响法律的公信力。另外，根据"请求权自由竞合说"，从诉讼角度来说，允许权利人就发生竞合的请求权同时起诉或先后起诉，这不符合诉讼经济的原则。同时请求权自由竞合说还允许权利主体转让请求权，那么当不同的权利主体分别主张自己的请求权时，法院可能面临判决义务人重复给付的结果。这显然违背了公平的原则，与法律的目的不符。"请求权相互影响说"并不能解决几个请求权所产生的不协调，相反，竞合的请求权间相互修正使得该学说陷入难以自圆其说的境地。

2. "法条竞合说"

"法条竞合说"又称"法律竞合说"。该说认为，当同一生活事实同时分别具备数个请求权规范的要件，该数个规范之间具有位阶关系，或为特别关系，或为补充关系，或为吸收关系，而仅能适用其中一种规范。故该说实质上否认同一生活事实可以成立数个请求权，只是法律条文的竞合，而不是请求权的竞合。解决的方法仅仅是如何正确适用法律的问题。[①] 根据"法条竞合说"的观点，在法律竞合的情况下，各竞合的法条之间，或者存在特别法与一般法的关系，或者存在补充规定与法条吸收的关系。法院在适用法条时，应当审查所涉及的数个法条之间的关系，适用其中最适当的法条，而排除其他法条的适用。

学者认为"法条竞合说"的优势在于：该说很好地弥补了"请求权竞合说"的不足和缺陷。直接从法律规范出发，分析形成请求权的各个实体法之间的位阶关系，为请求权竞合的解决提供了统一的处理方式，避免了同一生活事件的法律评价出现多种评价结果的发生。虽然各个请求权在权利的内容上有所差异，比如在债权请求权与侵权请求权发生竞合的情况下，两者在赔偿范围和赔偿金额上有所差别，但只是法律规范之间的衔接问题，可以通过加强法律规范间的衔接，统一权利内容等方式进行弥补。

学者认为该说的缺陷是：虽然注意到了相互竞合的请求权规范之间的吸收关系，但并不是它们之间能够完全相互吸收；且通常最容易竞合的违约请求权和侵权请求权之间并不是普通法与特别法之间的关系，它们是普通法规范处于并列位置，并不能依规范之间的位阶关系而择一行使。而且，侵权法

---

① 段厚省. 请求权竞合与诉讼标的研究 [M]. 长春：吉林人民出版社，2004：338.

律规范与合同法律规范是不同的法律制度，二者在举证责任、诉讼时效、赔偿范围等方面各有不同，若以合同责任优于侵权责任的原则适用法律，则被害人的人身权利将得不到全面保护（如精神损害）。

3. "请求权规范竞合说"

"请求权规范竞合说"也称"请求权基础竞合说"。① 该说认为，基于同一具体生活事实不可能产生两个独立的请求权，只能产生一个请求权，该请求权的性质由多个请求权基础决定。相互竞合的并不是请求权，而是请求权的基础。该说是德国著名民法学者拉伦茨先生倡导的。例如，当同一事实同时具备侵权行为及债务不履行之要件且均以损害赔偿为给付内容时，仅产生一项请求权，但具有两个法律基础，其内容系结合两基础规范而决定，债权人得主张对其有利之部分，但应特别斟酌法律之目的。

学者认为"请求权规范竞合说"的优势在于：将请求权的竞合转嫁给基础性权利之间的竞合，在决定单一请求权的内容和性质时，主要从法律的规范目的、当事人利益及有利于债权人原则这三个因素来衡量。该说认为当一个生活事件符合多个法律规范评价时，并不产生多个请求权，应只有一个请求权。从某种角度上看，请求权规范竞合吸收借鉴了英美法系事实出发型的特点，遵循的是一个生活事件只能经过一次诉讼和裁判的原则，反对多次法律评价。此项理论符合当事人利益，能够实现法律目的，避免"请求权自由竞合说"之缺点，兼采"请求权相互影响说"之特色，使实体法上请求权之概念与新诉讼标的理论趋于一致。②

学者认为该说的缺陷是："请求权规范竞合说"在决定单一请求权的内容和性质时，主要从法律的规范目的、当事人利益及有利于权利人原则这三个因素来衡量，从而使所选择的请求权的性质成为混合的请求权性质。这种经过选择"组合"的请求权性质，必然与先前的请求权规范相冲突，例如在法律效果、诉讼时效、举证责任、管辖法院等方面相冲突，这不仅破坏了法的安定性，而且也容易造成法官的枉法专断。同时由于请求权体系较为复杂化、庞大化，请求权在时效、法律构成要件、举证责任分配、赔偿范围等诸多方面各不相同，在实践中很难适用。

4. "全规范统合说"

该说认为，当一个法律事实符合多个请求权规范时，应当对这些请求权

---

① 叶名怡. 再谈违约与侵权的区分与竞合 [J]. 交大法学, 2018, 9 (1): 20, 21.
② 刘士国. 论民法总则之民事责任规定 [J]. 法学家, 2016, 31 (5): 146-148.

所有的构成要件和法律效果进行统合。这种全规范的统合，在权利（请求权）观念上，与通常的实体法上的权利构成相同，即可以恢复到"一个权利具有一套要件一个效果"之明快的观念构成。

学者认为该说的缺陷是：该说虽然想通过对相互冲突的请求权规范的构成要件和法律效果的统合，构建清晰的没有冲突的请求权规范，但法律构成要件与法律效果的统合并非像数学一样容易统计，一个请求权规范的一套构成要件对应着其特定的法律效果，如果把某一个构成要件拆分下来，其法律效果如何拆分呢？这在实践中难以操作。而且这种统合的结果，并不是请求权竞合而是请求权聚合。

5. "请求权双重构造说"

"请求权双重构造说"由日本学者奥田昌道教授提出。奥田昌道教授以三月章教授的新诉讼标的理论为背景，认为请求权可分为观念的请求权和实际的请求权两个层次，实体法上发生请求权竞合时，是观念上的请求权发生竞合，但实际上仅存在一个请求权，实际请求权就是诉讼标的。例如债务不履行与侵权行为发生竞合时，仅发生观念的请求权的竞合，实际的请求权或诉讼标的仅有损害赔偿请求权一个。奥田昌道教授还认为，请求权在构造上应分为存在与属性两重，请求权的存在问题，是指如何在竞合的数个请求权中，决定一个适合于给付判决的请求权；请求权的属性问题，是指单一请求权的法的性质，应从各个竞合的请求权的法的性质出发作出合理的选择。[①] "请求权双重构造说"从本质上说属于"请求权规范竞合说"范畴，两者的差别在于单一请求权的法的基础，"请求权规范竞合说"认为是请求权基础，"请求权双重构造说"认为是观念的请求权。

6. "新法条竞合说"

责任竞合的规则设计不应偏向任何一方当事人，而是要依循责任规范的目的，使债权人获得其应当获得的赔偿，也使债务人不受双重不利评价。为实现这一目的，我国完全可以采用"新法条竞合说"，探寻责任规范的意旨，对同一行为进行充分的法律评价，既不评价过剩也不评价不足。[②] 竞合情形通常应采"合同优先"原则，适用合同法规范群，这尊重了当事人对未来风险与利益的安排，符合私法自治的要求。除损害赔偿以外，其他责任方式也可

---

① 李磊. 请求权竞合解决新论：以客观预备合并之诉为解决途径 [J]. 烟台大学学报（哲学社会科学版），2016，29（4）：16-24.
② 谢鸿飞. 违约责任与侵权责任竞合理论的再构成 [J]. 环球法律评论，2014，36（6）：25.

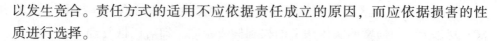

以发生竞合。责任方式的适用不应依据责任成立的原因，而应依据损害的性质进行选择。

（二）诉讼法学者的竞合处理规则

1. 传统诉讼标的理论

持该观点的学者认为，诉讼标的是原告在提起诉讼时所主张的实体法律关系，判定诉讼标的的多少，应以原告在实体法上所享有的实体权利为标准。根据这一理论，原告以不同的请求权起诉，会形成不同的诉讼标的，这样，一个客观事实形成多个诉讼标的。即便权利人多次起诉，也不会出现重复起诉的现象。

学者认为该观点的缺陷是：依据传统诉讼标的理论，在请求权竞合的情况下，会出现一案多判的现象，导致义务人的重复给付，违背民法的填平原则。

2. 新诉讼标的理论

持该观点的学者认为，诉讼标的的内容不能以实体法请求权为依据，而只能以原告陈述的事实理由和诉之声明为依据加以确认。在请求权竞合的情形下，即使原告主张的实体权利有多个，但因只有一个诉之声明，只有一个事实，诉讼标的就只有一个。故针对同一事实，多次起诉，即构成重复起诉。

学者认为该观点的缺陷是：虽然新诉讼标的理论能合理解决请求权竞合的现象，但对于以同一给付为目的的数个请求权，如数个请求权的发生系基于不同的事实、理由的情况，则无法解释。

3. "新实体法说"

该说认为，从诉讼法上的请求权与实体法上的请求权两者相结合的角度，来解决诉讼标的的识别问题。凡基于同一事实关系而发生的，以同一给付内容为目的的数个请求权存在时，并不是实体请求权的竞合，实质是请求权基础的竞合，此时只存在一个请求权。而不同事实所发生的数个请求权竞合时，如果给付是同一个目的，那么其中一个请求权的行使，便意味着其他请求权的消灭。在这种情形下，诉讼标的仍然是单一的。

三、请求权竞合的立法模式

请求权竞合在立法上存在禁止竞合、允许竞合和有限制的选择诉讼三种模式。

（一）禁止竞合模式

该模式以法国为代表。其立法对侵权行为的规定比较笼统，如果允许竞合，则很多违约行为都可作为侵权行为来处理。所以，该观点认为，侵权责任只发生在没有合同关系时，如果有合同关系存在发生合同责任问题；但也存在例外，如犯罪行为、故意或重大过失不履行合同义务等场合。

（二）允许竞合模式

该模式以德国为代表。这种观点认为，因为任何人都负有不得侵犯他人权利的义务，如果违反这一注意义务，当事人就应当承担侵权责任。因此，即使存在合同关系，同样会引发侵权责任。

（三）有限制的选择诉讼模式

英国法采用此种模式。这种观点承认请求权人具有双重的请求权，但又对这种双重请求的行使设置了一些限制性的规定。该观点认为，责任竞合主要涉及诉讼形式的选择权，并不涉及实体上的请求权竞合问题。因此，应对这种选择原则进行了严格的适用限制。①

四、请求权竞合的处理对策

权利体系和请求权体系是形成请求权竞合困境的原因，而大陆法系的规范出发型诉讼是传统诉讼标的遭遇困境的原因。要解决请求权竞合的难题，有以下几种做法：

（一）实体法方面：尽量避免请求权竞合，增加请求权聚合

该理论认为，为解决请求权的竞合，应尽量避免请求权竞合，而增加请求权聚合情形。该理论存在以下三种观点：

1. 依客体的利益作为划分请求权的标准

该理论认为，传统的请求权竞合的判断标准，是一个法律事实同时符合数个请求权规范的构成要件。事实上，这仅仅是请求权存在竞合的表象，其深层原因是该法律事实所妨害的客体利益的同一性，只有在此种情形下，才有请求权竞合，否则便是请求权聚合。上述争议的传统民法关于解决请求权竞合的方案，都试图通过择一行使或"组合"行使或"统合"行使请求权，达到这些请求权规范的目的，而这个目的也正是补救受害人所失去的客体利益。所以，应当把受害人所失去的客体利益进一步细化，从而解决请求权竞

---

① 陶俊峰，王政. 论侵权责任与违约责任的竞合［J］. 黄河科技大学学报，2011，13（4）：108.

合问题。

2. 依具体的客体利益细分请求权类型

该理论认为，受害人所失去的客体利益是由妨害人实施的"事实"引起的，这就需要依该"事实"而对受害人的"请求权体系"重新进行分类，而且依此分类的请求权所体现的客体利益必须是较为清晰的。而在传统民法中，依请求权基础划分为六种请求权类型，即契约上的请求权、返还请求权、损害赔偿请求权、补偿及求偿请求权、支出费用偿还请求权和不作为请求权；依照适用法律时所寻找的请求权序列，请求权可划分为合同法上的请求权、无权代理等类似契约关系上的请求权、无因管理请求权、物权关系上的请求权、不当得利请求权、侵权行为损害赔偿请求权和其他请求权。这两种分类方法无论哪种的请求权所体现的客体利益也不够清晰。传统民法上的这两种请求权的分类方法，不仅请求权类型之间的内容相互包含，而且即使是同一种请求权种类，其内容也没有达到统一，不同的立法与学说对其内容有不同的规定，这就为大量的请求权竞合埋下了伏笔。该理论认为，如果依照侵害人的妨害"事实"的发展进度或程度，将妨害人的妨害分为妨害之虞、正在妨害、妨害造成了损失；那么，从受害人角度，就可以把受害人的请求权分为防御请求权、保全请求权、补偿请求权三类。其中，防御请求权即消除危险请求权；保全请求权包括排除妨碍请求权、恢复原状请求权、返还原物请求权；补偿请求权即损害赔偿请求权。这三类请求权的内容可以囊括所有的传统民法上的请求权类型。

3. 依请求权所保护的基础权利的类型和效力来决定

该理论认为，其一，依请求权所保护的基础权利的类型和效力决定请求权的内容。民事基础权利具有一定的位阶性，依其效力范围的强弱可以分为绝对权、相对权和混合性权利三类；相应地，基础权利的救济性请求权可以分为绝对权请求权、相对权请求权和混合性权利请求权。依这些基础权利的性质与特点，其相应的请求权又包含不同的内容：对于绝对权请求权来说，防御、保全请求权是最有效的保护方法，也是首要的保护方法；只有在防御、保全请求权仍不能完全地保护其利益时，才实行损害赔偿请求权。对于相对权请求权来说，继续履行请求权是首要的保护方法，只有在继续履行没有必要或不能实现时，才能实行赔偿请求权。对于混合性权利请求权来说，其请求权类型则包括上述所有的请求权内容。其二，依请求权所保护的基础权利的类型和效力决定请求权的性质。具有不同内容的请求权，则具有不同的特点和性质：防御、保全请求权具有典型的对物性（绝对性）请求权的特点，而继续履行请求权、损害赔偿请求权具有典型的对人性（相对性）特点，因而它们在构成要件、效力范围、时效制度、举证责任等方面皆不相同。这种对请求权的分类和定性，相对依基础权利为标准而划分的各类基础权利请求权来说，要细化、准确、合理得多。通过上述进一步对现有请求权体系的整理与归类，大大增加了请求权聚合的机会，而减少了请求权竞合的发生。但是，由于不同种类的请求权所指向的客体利益有可能具有一定的牵连性，即吸收、交错关系，它们仍有可能发生请求权竞合，特别是与混合性权利请求权发生竞合。总之，通过上述对请求体系的整理与归类，请求权竞合理论会变得相对简单而易于适用。

（二）程序法方面：在不改变请求权体系的前提下，对诉讼法的理论与制度进行修改

诉讼法学者认为，请求权竞合虽然产生于实体法，但真正成为问题是在诉讼过程中，故我们需要跳出实体法的窠臼，从诉讼法的角度寻找出路。①

第一，以当事人在诉讼中主张的请求权作为诉讼标的，以预备的诉的合并制度解决请求权竞合问题。所谓预备的诉的合并，是指原告为了预防诉讼因无理由而遭受败诉的后果，同时提出理论上完全不相容的两个以上的不同的诉讼标的，当前一位诉讼标的无理由时，请求对后一位诉讼标的进行裁判。选择的诉的合并是指原告在一个诉讼中主张复数的诉讼标的，由法院判令被告选择其中之一履行的诉的合并形态。根据预备的合并理论，在请求权竞合的情形，原告可以将各请求权一一列出主张，根据自己对各请求权所掌握的证据情况，以及不同请求权的救济方式与救济范围，排出优先与劣后的顺序，请求法院进行审查。若前一请求权获得满足，则后面的请求权一起消灭；若前一请求权未获满足，则法院继续对后一请求权进行审理；若后一请求权获得满足，更后的请求权也归于消灭。若各请求权均未获满足，则法院实际上对所有列出的请求权都作了审查，最后一并进行裁判。当事人未列入的请求权，不得再行提起。此一预备的合并，对原告私权的保护可谓完善，对被告的合法权益，实际上也没有损害。只是诉讼的效率稍受影响，并且在诉讼之前，双方需就所有的请求权作好攻击、防御的准备，以应对各请求权均进入审理程序的可能，因此所支出的诉讼成本会有增加。但这一程序的实行，一是需要当事人有较高的法律水平，能够知道有多少请求权发生竞合，并对各

---

① 李磊. 请求权竞合解决新论：以客观预备合并之诉为解决途径［J］. 烟台大学学报（哲学社会科学版），2016，29（4）：23.

请求权的构成要件和证明要求比较熟悉。但要求当事人都如律师一样熟谙法律，实际上很难做到。因此，在没有律师强制代理制度的情况下，需要完善法律援助制度，以在必要时为当事人提供法律上的帮助。二是需要法官承担较多的阐明义务，以在必要时告知当事人应享有的诉讼权利和应履行的诉讼义务；并且通过阐明义务的履行，随时心证公开，加强与当事人的沟通。而法官阐明义务的强化，又需要正当程序的保障，以防止审判权抑制当事人诉权，或者法官偏离中立地位。①

第二，以事实作为诉讼标的，将请求权作为攻击防御的手段。该理论认为，诉讼的目的在于恢复秩序，解决纷争，而不是维护权利。因而作为诉讼对象的，乃是事件本身，而不是当事人所主张的法律上的权利。诉讼主要在有法律规定诉权的前提下进行，而在对事件进行审判的诉讼中才产生权利。因此，作为诉讼标的，不是经法律评价的事件，而是已发生的、未经法律评价的事件。根据该理论，给付之诉的诉讼标的是指原告可以向对方请求为一定给付的法律地位的主张。在请求权竞合的情形，实体法所承认的仅是一次给付，各竞合的请求权只是支持诉讼标的的各种法律观点或裁判理由，诉讼标的仍然是一个。换言之，应根据纠纷多少而不是实体法上请求权的多少来确定诉讼标的的个数。而在确认之诉，诉讼标的是原告在诉的声明中所表示的一定权利或法律关系是否存在的主张。由于这一诉讼形态的机能是确认实体法上的权利或法律关系，所以诉讼标的的内容和识别标准，均以实体法上的权利或法律关系为依据，即与"旧实体法说"相同。而形成之诉的机能不是确认一定的权利或法律关系，而是以判决的形成力，创设、变更、消灭权利或法律关系，当事人的形成权因判决的宣示而消灭。所以，形成之诉的本质，不是对实体法上形成权的确认，而在于法院是否准许当事人获得所主张的形成效果。至于构成形成权的事实及形成权本身，只是当事人攻击防御的方法，是判决的理由。对形成之诉诉讼标的的识别，也应以原告在诉的声明中所表明的形成效果为标准。该理论认为，应从各个诉讼形态的机能出发，根据纠纷个数来确定诉讼标的。若纠纷只有一个，则无论实体法评价如何，诉讼标的也只有一个。②

第三，以诉的声明作为诉讼标的，将请求权作为攻击、防御的手段。该理论认为，民事权利的本质是利益与法力的结合，请求权的本质就是法律上

① 段文波. 请求权竞合论：以诉之选择性合并为归宿 [J]. 现代法学，2010，32 (9)：163.
② 宋赞，刘志杰. 违约与侵权责任竞合情形下请求权的析取：以对合同法第 122 条的理解为视角 [J]. 公民与法，2012，19 (12)：42-43.

的力。有基础权利，说明权利主体被允许享有某种利益；有请求权，说明该种利益已经被赋予法律上的力，可以强制实现；有诉权，则能够请求国家启动法律上的力，从而强制实现利益，使利益从应然状态转化至实然状态。换言之，一切权利的核心，都是利益。因此当事人诉讼的目的，绝不是权利本身，而是权利背后的利益。当事人在诉讼中之所以主张请求权，是因为请求权乃是实现利益的法律上的力，获得了这个法律上的力，就可以获得利益。这个利益，在诉讼中就表现为诉的声明，也就是当事人起诉所要获得的法律上的效果。所以，从本质上看，诉讼乃是对利益的争夺，而裁判乃是对利益的安排。从这一认识出发，实际上将诉讼标的界定为诉的声明，是符合权利乃至诉讼的本质的。而且，从大陆法系规范出发型诉讼的内在矛盾来看，一方面对于同一利益的安排可能存在重复的权利；另一方面对于某些需要保护的利益却没有现成的权利。因此以请求权作为诉讼标的，一方面无法解决请求权竞合问题，另一方面可能出现对当事人利益保护不够周全的问题。以诉的声明作为诉讼标的，则可以解决这一矛盾。

相关法律法规及司法解释

《民法典》

第 186 条　因当事人一方的违约行为，损害对方人身权益、财产权益的，受损害方有权选择请求其承担违约责任或者侵权责任。

第 187 条　民事主体因同一行为应当承担民事责任、行政责任和刑事责任的，承担行政责任或者刑事责任不影响承担民事责任；民事主体的财产不足以支付的，优先用于承担民事责任。

《最高人民法院关于审理人身损害赔偿案件适用法律若干问题的解释》

第 3 条　依法应当参加工伤保险统筹的用人单位的劳动者，因工伤事故遭受人身损害，劳动者或者其近亲属向人民法院起诉请求用人单位承担民事赔偿责任的，告知其按《工伤保险条例》的规定处理。

因用人单位以外的第三人侵权造成劳动者人身损害，赔偿权利人请求第三人承担民事赔偿责任的，人民法院应予支持。

《合同法》

第 122 条　因当事人一方的违约行为，侵害对方人身、财产权益的，受损害方有权选择依照本法要求其承担违约责任或者依照其他法律要求其承担侵权责任。

案 例

 案例一

案 情 简 介

任甲系胡丙之妻，胡甲、屠某某系胡丙的父母，胡乙系胡丙之子。胡丙原系上海某储运有限公司（以下简称储运公司）职工。2018 年 3 月 19 日胡丙在下班途中发生交通事故，经抢救无效后死亡。2018 年 8 月经上海市某劳动和社会保障局认定为工伤。任甲申请仲裁，要求储运公司支付死亡赔偿金、丧葬费、供养亲属抚恤金、拖欠工资。仲裁委未在法定期限内作出裁决，任甲、胡甲、屠某某、胡乙起诉至上海市某区法院，要求判决储运公司支付死亡赔偿金 144600 元、丧葬费 17352 元、胡乙的抚养费 112157.5 元、胡丙的工资 14400 元。储运公司认为任甲等人于胡丙发生交通事故后已经获得赔偿款61 万元，现无权再要求储运公司赔偿，故不同意任甲等人的请求。

审 理 及 判 决

该区法院审理后认为，根据《上海市工伤保险实施办法》第 45 条规定，因机动车事故或者其他第三方民事侵权引起工伤，用人单位或者工伤保险基金按照本办法规定的工伤保险待遇先期支付的，工伤人员或者其直系亲属在获得机动车事故等民事赔偿后，应当予以相应偿还。因此，法院认为民事赔偿与工伤赔偿之间应当是一种互为补充的关系，任甲等人主张的一次性工亡补助金、丧葬补助金和胡乙的抚养费已在道路交通事故人身损害赔偿案件中得到足额赔付，故任甲等人不应再要求储运公司按照工伤保险待遇予以支付。故判决：储运公司支付拖欠的工资 2172 元，驳回原告的其余诉讼请求。任甲、胡甲、屠某某、胡乙不服判决，依法提起上诉。二审法院从不鼓励受害人获取更多利益兼顾公平原则的角度出发，认为劳动者所获得的赔偿总额不应超出其损失总额。因此作出了驳回上诉、维持原判的判决。

分 析

本案中，胡丙的伤害因道路交通事故而起，系劳动法律关系主体以外的不特定侵权行为人所致，经相关部门认定为工伤。该劳动者既是工伤事故中的受伤职工，又是侵权行为的受害人。本案中，存在两个责任主体，一个是交通事故肇事方，另一个是胡丙所在单位。在此情况下，原告任甲等人可以基于人身损害侵权法律关系向侵权人提出民事赔偿之诉，也可以基于劳动者的身份关系向所在用人单位提出工伤赔偿之诉，前者应承担人身损害赔偿责任，后者应承担工伤赔偿责任。因一个法律事实造成了同一损害结果，从受害者角度，出现了两种请求权的竞合。本案中，原告任甲等人选择不同的救济途径将导致不同的受偿结果。从责任角度，产生了"侵权行为人"与"用人单位"之间的责任竞合问题。原告任甲等人是否有权提起两个诉讼，同时获得工伤保险赔偿和人身侵权赔偿？这就涉及请求权竞合的处理规则问题。

本案的判决适用了《上海市工伤保险实施办法》第45条的规定。根据该规定，因机动车事故或者其他第三方民事侵权引起工伤，如果用人单位或者工伤保险基金已先期支付的，工伤人员或者其直系亲属在获得机动车事故等民事赔偿后，应当予以相应偿还。从上述规定来看，民事赔偿与工伤赔偿之间应当是一种互为补充的关系，即对于劳动者在民事赔偿中已经获得的赔付，应当在工伤赔偿中予以相应抵减。本案中，鉴于民事赔偿范围所包含的死亡赔偿金、丧葬费、被抚养人生活费等项目与用人单位承担的工伤赔偿中的一次性工亡补助金、丧葬补助金、供养亲属抚恤金等项目存在交叉重叠，并已在道路交通事故人身损害赔偿案件中得到足额赔付，故任甲等人再要求储运公司按照工伤保险待遇予以支付，没有得到法院的支持。该判决是符合法律规定的。

从本案判决结果看，我国司法实践对于请求权竞合的理论更接近"请求权相互影响说"。即在发生请求权竞合时，允许受害人作出选择，但其只能在多项请求权中选择一种提出请求，而不能同时基于两种请求权提出请求，法院也只能满足受害人的一种请求。这一制度的确定充分尊重了当事人的意志，考虑了双方当事人的利益均衡和法律法规的协调运用，在绝大多数情况下受害人能够选择对自己最有利的请求权，从而使其损失得到最充分的补偿。本案中，从充分保护劳动者权益角度出发，在因用人单位以外的第三人侵权造成劳动者人身损害的同时又构成工伤的情况下，允许劳动者采用获得赔偿数额最高的赔偿方式请求权利救济，同时，从不鼓励获取更多利益及分担用人单位风险兼顾公平原则的角度出发，不允许劳动者所获得的赔偿总额超出其损失总额。所以，在原告已在道路交通事故人身损害赔偿案件中得到足额赔付的情况下，对于任甲等人的诉请不再支持，该判决是符合民事赔偿的填平原则和公平原则的。

但也应当看到，由于交通事故侵权与工伤产生的责任不同，其造成的损害后果也会有所不同。而引起责任竞合的一种行为具有双重侵害性和双重违法性，若想仅靠一种请求权的实现去完全解决责任竞合的问题，显然是不太现实的。因为法律的设置应最大限度保护当事人的权益，捍卫秩序与公平，使社会处于一种良性运转的状态。所以，在存在责任竞合的情况下，制度的设计首先应该考虑的是受害人的利益，充分有利于受害人权衡自己的利益环境，作出认为可以最有效保护自身利益的选择，而简化诉讼程序、减少诉讼资源的浪费，则是第二位应该考虑的问题。因此，我国现行法律在立法模式上应当允许当事人就两项请求权中的一项提出诉讼，法院也只能满足其一项请求权。在司法实践中，当事人就一项请求权提出诉讼，法院也以一种责任形式进行审理；若当事人的损失得不到完全的补偿，应允许当事人附加其他赔偿请求，当然对于附加请求应加以合理限制。同时，第三人责任与工伤保险赔偿请求权竞合时，已构成特殊情形下的不真正连带责任。所以，在整合私法和社会法的基础上，应当实现工伤赔偿模式的统一建构。

 **案例二**

案 情 简 介

2011 年 11 月 11 日，丙公司与乙物流公司签订《货物运输服务合同书》，在"责任与赔偿"一节中约定"（发生货损后）货物能修复的：按接近市场价的修理费赔偿，但最高不超过 20 元（人民币）/千克"。丙公司在甲保险公司处投保货物运输保险。2012 年 3 月 21 日，涉案车辆载运丙公司的 ATM 柜员机模块从上海运往深圳，途中发生交通事故。公安机关判定车辆驾驶员高某负事故的全部责任。根据公估结果，货物损失金额 1464745 元。2012 年 7 月 27 日，甲保险公司向丙公司进行了全额理赔。2016 年 2 月，甲保险公司提起诉讼主张保险人代位求偿权，要求乙物流公司承担侵权赔偿责任。乙物流公司依据《货物运输服务合同书》约定的责任限额提出抗辩。

审 理 及 判 决

法院认为，本案中，承运人乙物流公司存在合同责任和侵权责任竞合的情形，丙公司有权择一主张，甲保险公司依据保险人代位权亦享有同等权利。甲保险公司明确其请求权基础为侵权赔偿，并据此主张侵权之诉不应受合同约定中关于赔偿限额的约束。鉴于相关法律对该问题并未作出明确规定，法院应当遵循自愿、公平、诚实信用的基本原则，合理平衡当事人利益。在责任竞合的情况下，如果允许一方选择侵权赔偿，并基于该选择排除对方基于生效合同享有的抗辩权，不仅会导致双方合同关系形同虚设，有违诚实信用原则，也会导致市场主体无法通过合同制度合理防范、处理正常的商业经营风险。因此，无论一方以何种请求权向对方主张合同明确约定的事项，均不能排除对方依据合同享有的抗辩权。结合本案具体情况，乙物流公司关于按照每千克 20 元确定赔偿限额的主张符合合同约定，应予采纳。

分│析

本案裁判明确了责任竞合下侵权主张与合同抗辩的关系问题，也强调了对商事主体意思自治的尊重和保护。商事主体均具有一定的商业判断能力，应受其所作行为的约束，如允许一方主体可以通过选择性诉权躲避其自身对某行为后果作出的承诺，不仅有违诚信，让双方约定变成一纸具文，更会打破原有意思表示作出的基础，超出当事人合理商业预期，增加对方责任风险。特别是在收取少量费用运输高价值货物的物流行业中，若抛开双方约定责任而依据实际损失赔付，将会形成利益与责任的严重失衡，阻碍整个行业发展。本案体现了商事交易中恪守承诺的精神，强调了对商业主体正当风险预期的保护。

同时明确了货物运输合同履行过程中托运人财产遭受损失，承运人存在侵权责任与合同责任竞合的情形下，托运人或其保险人要求承运人承担侵权责任的，不能排除承运人依据货物运输合同享有的责任限额等抗辩权。

十四 形成权

法　理

在民事权利体系中，形成权是一种重要的权利，特别是我国《民法典》合同编中多处涉及撤销、解除、抵销、追认等权利。民法的权利法属性、私法自治的原则和民事法律行为制度，是形成权得以产生和存在的基础。形成权的提出和确立丰富了民法权利的内容，完善了民法权利的体系，同时也为撤销权、解除权等找到了上位权利。

一、形成权概述

（一）形成权的概念

形成权这一法律用语并未见于立法，乃是学者在权利体系构建、研究过程中的一个重要的"法学上之发现"，因而形成权不是一个法典概念而是一个学理概念。因为其纯属民法学上的概括，各国民法均无明确的规定，因此，它的名称很不统一。直到 1903 年，德国学者泽克尔（Seckel）在其论文中提出了"形成权"这一全新的概念，"形成权"一词才开始广泛使用。有学者认为，在法国法上存在着广泛的形成权，但并没有像德国民法理论那样达到概念化、理论化。法国法上承认形成权，但没有形成权的概念，而理论上对于从德国法上引入形成权的态度也很冷淡。这也说明，如果站在比较法的角度言之，形成权未必一定要概念化、理论化。① 形成权有广义和狭义之分。广义之形成权包括抗辩权，狭义之形成权则将抗辩权除外，一般所称之形成权，多指狭义。对于狭义上的形成权，学术界又有二种学说：

---

① 孟庆吉. 法国民法上的形成权之历史考察［J］. 广西社会科学，2019，35（8）：117.

1. "单方意思说"

该说认为,形成权仅就单方意思便可生变动法律关系的效果。[①] 持该说的学者以曾世雄、张俊浩、马俊驹、余延满教授为代表。马俊驹、余延满教授对形成权的概括:所谓形成权,是指依照权利人的单方面意思表示就能使民事权利发生、变更和消灭的权利。[②] 形成权的核心要素是权利人的单方面意思表示,形成权是借助单方的意思表示而作用的法律上的力。形成权是授予权利人单方的、无须他人协助的对特定法律状况施加影响的力量。所以,形成权人通过单方意思表示即可塑造法律关系,也是形成权所蕴含的法律上力的最大特性。民法上的撤销权、解除权、抵销权、追认权等权利,皆为形成权。持这种观点的理由:民法作为私法的主要组成部分,而私法的核心是体现个体意志、尊重个人自由。因此民法应以贯彻意思自治为己任,所谓意思自治,就是给个人提供一种受法律保护的自由,使个人获得自主决定的可能性。民法赋予特定的民事主体以形成权,其目的就在于由当事人自己决定法律关系是否要发生变动,如果要变动,可以按照自己的意愿、以单方面的意思表示即可产生变动的效果。相对方只能被迫接受该变动的后果,而无须他的同意或介入某种行为。也有学者认为形成权的定义为:形成权是指依当事人的意思表示或须经法院确认当事人的意思表示而使民事法律关系发生变动(发生、变更、消灭)的权利。[③] 其中依当事人一方的意思表示即可使民事法律关系发生变动的形成权称为单纯形成权;当事人一方的意思表示须经过法院确认才能使民事法律关系发生变动的形成权称为形成诉权。

2. "单方行为说"

该说认为,形成权是权利人依自己的单方行为,使自己与他人之间的法律关系发生变动的权利。持该说的学者以德国学者卡尔·拉伦茨,我国台湾学者胡长清,我国大陆学者佟柔教授、梁慧星教授为代表。德国学者卡尔·拉伦茨教授对形成权的表述:形成权指的是由一个特定的人享有的,通过其单方行为来实施,其目的在于建立一个法律关系,或者确定一个法律关系的内容,或者变更一个法律关系,或者终止或废止一个法律关系,而导致权利

① 史尚宽. 民法总论 [M]. 北京:中国人民大学出版社, 2000:64;王泽鉴. 民法总则 [M]. 北京:北京大学出版社, 2009:78;梁慧星. 民法总论 [M]. 北京:法律出版社, 2011:74;王卫国. 民法 [M]. 北京:中国政法大学出版社, 2008:41.
② 马俊驹, 余延满. 民法原论 [M]. 4版. 北京:法律出版社, 2010:59, 60.
③ 房绍坤. 导致物权变动之法院判决类型 [J]. 法学研究, 2015, 37 (1):91.

关系发生变动的权利。① 有学者认为，公司回购权就属于形成权中权利人可以依据单方行为与另一个指定的人建立法律关系的情形，典型的如《德国民法典》第 456 条关于买回权的规定，确定物的出卖人可以与买受人约定自己将来买回出卖之物。② 持这种观点的学者的理由：第一，民事行为才是形成权的行使方式，而非意思表示。第二，民事法律关系发生变动原因包括行为事实和非行为事实。只有民事行为才被认为是民事法律关系发生变动的原因而非意思表示。而形成权的主要功能也恰恰是使民事法律关系发生变动。第三，有些情形下，形成权导致法律关系变动的法律效果的实现，并非仅仅依权利人的单方意思表示就能达到。如形成权人作出单方民事行为后对方提出异议的情形、形成诉权行使的情形，在这些情况下，权利人还需作出其他的一系列民事行为才能达到形成权的变动法律关系的效果。③

（二）形成权的特征

形成权作为独立的、特定的权利类型，与其他民事权利相区别，其特征主要有以下几点：

1. 形成权行使的后果直接导致民事法律关系的发生、变更和消灭，即引起民事法律关系的变动

权利人可以通过单方民事法律行为来建立与其他人之间的法律关系，或者对法律关系的内容进行确定，或者改变这种法律关系，以至于撤销这种法律关系。形成权以法律关系为客体、以单方法律行为为行使途径并无须相对人的同意即可产生变动法律关系的后果，一经作出，当事人之间的法律关系即发生变动，同时原则上不得附条件与期限，以避免置相对人于不确定之法律状态。④ 这是形成权区别于支配权、请求权、抗辩权的最显著的特征，也是形成权自成一类的根本原因。

2. 形成权的实现无须介入相对人的行为

形成权本身具有极强的自助性。⑤ 这是与请求权最大的区别。在请求权法律关系中，一方当事人享有权利，相对人总是负有某种义务，权利的实现是

① 卡尔·拉伦茨，曼弗瑞德·沃尔夫. 德国民法中的形成权 [J]. 孙宪忠，译. 环球法律评论，2006，28（4）：491.
② 季境. 回购权的性质与法律适用 [J]. 江汉论坛，2019，62（6）：125.
③ 陆俊先. 形成权若干基础理论问题探析 [J]. 怀化学院学报，2011，30（7）：62.
④ 郑玉波. 民法总则 [M]. 台北：三民书局，1979：47-48；梁慧星. 民法总论：第三版 [M]. 北京：法律出版社，2007；梁慧星. 民法总论：第五版 [M]. 北京：法律出版社，2017：74.
⑤ 孟庆吉. 法国民法上的形成权之历史考察 [J]. 广西社会科学，2019，35（8）：123.

建立在义务人履行义务的基础上的,即必须介入相对人的行为方可实现其权利。但在形成权的法律关系中,相对人不负任何义务,即形成权的实现无须相对人行为的介入,只要权利人将变动法律关系的意思表达于对方,按照法律的规定即可自动产生相应的效果,既不需要相对人的行为或不行为,也不需要相对人对该意思表示同意或不同意。

3. 形成权没有被侵害的可能

这是因为形成权是基于法律的规定或当事人的约定而产生。形成权的行使是一种单方法律行为,只要效果意思送达对方当事人就生效,无须相对人的介入,更不必取得相对人同意;形成权一经行使就发生法律效力,没有被侵害的可能。因此,形成权不会成为侵权行为之客体。

4. 形成权一般不能单独转让

形成权的作用在于确定当事人之间的法律关系,其本身并无直接的利益可言,权利人要实现自己的利益,首先需要行使形成权以确定法律关系,在已确定的法律关系之上产生了请求权,然后再行使这一请求权来实现权利人的利益。由此可见,形成权仅具有中间性、手段性的权能,而非终局性、目的性的权利。形成权的这一特征决定了它只能依附于某一基本权利的法律关系,而不能单独存在。换言之,形成权不能与基本权利的法律关系相分离而单独发挥作用,离开了基础法律关系,形成权的存在也就失去了意义。因此,形成权不具有单独让与性。

(三) 形成权的类型

形成权依据不同的分类标准可以分为不同的类型。

1. 单纯的形成权、形成诉权、第三种形成权

这是以形成权的行使是否须通过诉讼的方式为标准所作的划分。[①] 所谓单纯的形成权,是指依权利人的单方意思表示为之,便于相对人了解,或达到相对人时发生效力的形成权。在通常情况下,绝大多数形成权均属之。对于这种不需要通过诉讼、仲裁等方式行使的形成权,学术界尚无统一称谓,有学者将其称为"一般形成权"[②],也有称为"简单形成权"[③],还有称为"单纯

[①]　迪特尔·梅迪库斯. 德国民法总论 [M]. 邵建东,译. 北京:法律出版社,2000:76;汪渊智. 形成权理论初探 [J]. 中国法学,2003,20 (3):98.

[②]　陈桂明,李仕春. 形成之诉独立存在吗?:对诉讼类型传统理论的质疑 [J]. 法学家,2007,22 (4):113-121.

[③]　迪特尔·梅迪库斯. 德国民法总论 [M]. 邵建东,译. 北京:法律出版社,2000:76.

形成权"①。这种形成权以相对人需受领的意思表示方式行使，实现此类形成权不需要向法院提出诉请，也不需要进行强制执行。在特殊情况下，对需要通过诉讼、仲裁等方式行使的形成权，学术界通常称其为"形成诉权"。"形成诉权"这一由德国民法学者创造的概念，其本义指的是只能通过诉讼这一种方式行使的一类形成权。② 这类形成权只有在判决具有既判力后才能发生效力。法律对此类形成诉权作出规定，是为了对权利行使情况加以控制，也是为了避免在形成权行使是否有效方面出现不确定性。如债权人的撤销权，该撤销权的行使须经由诉讼为之，因其对相对人利益的影响巨大，因此有必要由法院认定形成权是否成立。"第三种形成权"，这类形成权既可以由当事人自力行使，亦可以通过诉讼等公力方式行使。当"第三种形成权"通过诉讼行使时，其法律效果的发生自法院判决时生效，此点与形成诉权的行使效果相同，而与单纯形成权通过诉讼行使时截然不同。正是在此意义上，"第三种形成权"既不同于单纯形成权，又不同于形成诉权，因而笔者主张将其确立为形成权之权利体系中的独立一种。单纯形成权通过诉讼行使时，当其权利为法院所确认时，行使形成权的效力并不是自法院判决生效时产生的，而是自相应诉讼文书（如起诉书）送达于形成权相对人时生效，因而其诉之性质为确认之诉而非形成之诉。其既具有单纯形成权的性质又具有形成诉权的性质。③

2. 成立形成权、变更形成权、消灭形成权

这是根据形成权的作用进行分类。成立形成权是以成立一种法律关系为作用方向的形成权，如先买权、追认权。变更形成权是变更现存法律关系的形成权，如选择之债的选择权。消灭形成权即消灭现存法律关系的形成权，如离婚权、解除权、撤销权、抵销权、终止权等。④

3. 产生法律关系的形成权、变更法律关系的形成权和消灭法律关系的形成权

这是以形成权行使的法律效果为标准进行的分类。产生法律关系的形成权又叫积极形成权，如法定代理人对限制行为能力人所定合同的追认权（《民法典》第145条）、本人对无权代理人所定合同的追认权（《民法典》第171条）、承租人的优先购买权（《民法典》第726条）等。变更法律关系的形成权，如选择之债的选择权、违约金增减请求权、情势变更请求权等。消灭法

---

① 汪渊智. 形成权理论初探 [J]. 中国法学, 2003, 20 (3): 98.
② 李辉. 形成权诉讼与形成之诉关系辨析 [J]. 法学论坛, 2016, 31 (1): 71.
③ 房绍坤. 导致物权变动之法院判决类型 [J]. 法学研究, 2015, 37 (1): 94-95.
④ 龙卫球. 民法总论 [M]. 2版. 北京: 中国法制出版社, 2002: 125.

律关系的形成权，又叫消极形成权，如合同解除权、撤销权等，此种形成权是最为典型的形成权。积极形成权与消极形成权相反，旨在创设某种权利状态。如法定代理人对限制行为能力人所订立的合同的承认。

4. 法定形成权和约定形成权

这是根据形成权产生的依据进行的划分。民法体系中大部分形成权是由法律直接规定的，即法定形成权，如撤销权。基于双方意思自治约定产生的形成权，为约定形成权，如合同解除权。

5. 财产性形成权和身份性形成权

这是根据形成权的内容进行的划分。前者又可以分为物权性形成权和债权性形成权。物权性形成权是指形成权行使的效果，只是变动物权关系的形成权，如物权抛弃、共有物的分割请求权。债权性形成权是指形成权行使的效果，只变动债权关系的形成权，如可撤销民事行为的撤销权、可变更民事行为的变更权、法定代理人的追认权、善意第三人的撤销权、合同当事人的撤销权、解除权和法定抵销权。后者亦可分为财产性的身份性形成权，如遗产分割权，以及非财产性的身份性形成权如撤销收养权、离婚权。

6. 变动自己与他人之间法律关系的形成权和变动他人与他人之间法律关系的形成权

以形成权效力所及的主体为标准，可分为变动自己与他人之间法律关系的形成权和变动他人与他人之间法律关系的形成权。前者如合同解除权、抵销权等，后者如法定代理人的追认权、债权人的撤销权、权利人对无处分权人所定合同的追认权等。但是，这种划分也不是绝对的，有时候形成权的行使既可以变动自己与他人之间的法律关系，又可以变动他人与他人之间的法律关系。比如《民法典》第926条规定的委托人的介入权和第三人的选择权，当委托人行使介入权或第三人行使选择权后，不仅委托人与第三人之间建立了合同关系，同时受托人与第三人之间的合同关系也得以终止。

二、形成权的性质

形成权在习惯上称为权利。但形成权是一集合性概念，是解除权、追认权、终止权等权利的上位概念，并非单一独立的权利，因而在理论界对于形成权的性质，以及是一项民事权利还是权利的权能存在争议。主要存在两种观点，即"权利说"和"权能说"。

（一）"权利说"

持"权利说"的学者认为，形成权是权利人依自己的意思，使自己与他

人之间的法律关系发生变动的权利，如撤销权、解除权、追认权等，其虽存
在经法律关系形成的自由，却并不涉及具体财产、人身的支配或处分。① 形成
权是一项权利。② 其理由如下：首先，形成权可以从权能发展成权利。拉伦茨
认为一项权能能否成为权利，要看它的独立转让性，但并非所有权利均可以
独立转让，比如债权的抵押权，所以形成权虽不可任意转让，但仍具有权利
的特点，而且形成权是非常重要的权利。其次，如果说权能是权利的作用，
即权能包含于权利，那么，在赠与人享有撤销权的场合，这一权能包含于哪
一权利呢？这是权能说所不能解决的。再次，通常在论及权利的分类时才提
到支配权、请求权、形成权和抗辩权这样的分类，而这类划分是以权利的作
用为标准对权利所作的分类，即具有形成作用的权利可划入形成权，具有支
配作用的权利可划入支配权，具有请求作用的权利可划入请求权，具有抗辩
作用的权利则可划入抗辩权，这样划分的前提是权利，因此形成权应是权利
而非权能。最后，权利与权能的界限并非泾渭分明，在不同的情形下，权能
也会变为权利。正如所有权包括占有、使用、收益、处分等权能，在所有权
下，使用权只是所有权的一项权能，但一旦使用权能同所有权人分离出去，
成为他物权人的用益物权，此时的使用权能则又成为一项权利了，因而对权
利和权能的关系也不能绝对化。故形成权是一项权利。

（二）"权能说"

持"权能说"的学者认为，形成权只能是一项权能。以张玉敏教授、申
卫星教授以及林诚二教授为代表，认为形成权本质上是权利的一项权能。理
由如下：首先，以债的关系中的解除权、抵销权为例，认为这些所谓的权利，
仅仅是债权的一项权能，借此推之，形成权也不过是债权等权利的一项权能
而已。其次，支配权、请求权、形成权和抗辩权本身虽称为权利，究其实质
并非权利，而是一种权能，即权利产生的作用，只因学理上方便而称为权
利。③ 最后，诸如追认权、选择权、撤销权、解除权、终止权等形成权则是法
定代理权、所有权或某些特殊债权的形成权能而已，权利人是基于代理权、
所有权或特定债权才享有的创设、变更或消灭一定法律关系的形成力。例如，
父母对限制行为能力的子女所从事的法律行为的追认权，就是其法定代理权
的表现；所有权人对无权处分人处分行为的追认权则是所有权处分权能的表
现；债权人行使的选择权、撤销权、解除权或终止权都是基于其债权人地位

---

① 曹相见. 民法上客体与对象的区分及意义 [J]. 法治研究, 2019, 13 (3): 45.
② 胡骁, 王雪羽. 私法形成权之涉讼形态研究 [J]. 南京社会科学, 2020, 31 (3): 91.
③ 张志坡. 论形成权的性质 [J]. 山西省政法管理干部学院学报, 2010, 23 (2): 74.

而产生的特殊权能而已。①

三、形成权的客体争议

形成权是一种权利的集合形态，或者说是一种权利抽象。传统理论上，关于形成权之客体主要有三种观点：

（一）"形成权无客体说"

该说认为形成权不存在客体。原因如下：虽然主体—内容—客体模式考虑了大部分主观权利的结构，但在某些情况下识别客体仍很困难。特别是权利人通过行使单方意愿权来作用于某一法律关系，以期达到改变这一关系或创设新的关系的目的。这里的目的只是单方意愿权概念的构成因素之一，而不能视作其客体。虽然均存在法律关系下的自由意志领域，但由于其旨在变动、阻碍或否认基础法律关系，并不存在义务人的行为，自然也无权利客体，同时也不存在权利对象。所以说形成权是没有客体的权利。②

（二）"形成权客体为第二顺位客体说"

该说认为，形成权的客体即为法律关系。该说也是现在通说。但传统意义上权利的客体一般只包括物、行为、智力成果、人身利益，如果将法律关系也作为法律关系客体，就会出现如"所有权之于所有权"的矛盾。因此，为了避免这种概念冲突，有学者提出了亚权利的概念，即权利客体分为四种，分别对应不同的权利，而法律关系作为客体时对应的是亚权利。③ 德国学者拉伦茨也认为，权利客体可以分为两类。第一顺位的客体是物，以及在其上可以有效成立的第三人享有支配权或利用权的无体物（智慧财产）；第二顺位的客体是权利主体通过法律行为予以处分的标的，指权利和法律关系。因此，形成权的客体应该属于第二顺位的客体。正是因为单方法律行为的行使就能发生法律关系变动，而不是双方合意，所以才作为一种权利。

（三）"形成权客体拓展说"

该说认为，形成权的客体不止于具体民事法律关系，还包括民事权利等。原因如下：形成权是一种权利的集合形态，或者说是一种权利抽象，因此，研究它的客体实际上是研究它所包括的子权利的客体。例如，在为第三人利

① 申卫星. 对民事法律关系内容构成的反思 [J]. 比较法研究, 2004, 18 (1): 44.
② 朱庆育. 民法总论 [M]. 北京：北京大学出版社, 2016: 518; 曹相见. 民法上客体与对象的区分及意义 [J]. 法治研究, 2019, 13 (3): 51.
③ 马骏驹, 申海恩. 关于私权类型体系的思考：从形成权的发现出发 [J]. 2007, 28 (3): 16.

益合同中，第三人显然不是合同关系人，但他享有受益权和拒绝权。拒绝权的行使正是对受益权的否认和拒绝，显然这时拒绝权的客体是受益权这种民事权利，未变动任何法律关系或者说变动法律关系只是这种权利行使的结果，而不是它的客体。① 在为第三人利益合同中，第三人所享有的是一种单纯的利益，而并非一种形成权。其处分该权利，正如物之所有人处分其物并非形成权之行使一般，其拒绝这种利益也是处分权的表现，而非形成权的行使。而且，行使各种权利都会相应地、直接或间接地导致法律关系的变动，例如行使请求权会导致债权债务关系时效中断，行使处分权会使物权人与其义务人之间的法律关系消除，因此，形成权之所以能独立地成为一种权利种类，在于其改变法律关系是直接的，而非间接地通过相对人的给付，或者作为权利载体之物的物理、法律形态的变化而改变。

四、形成权在民事权利体系中的地位争议

（一）形成权处于一级权利地位说

在我国民事权利体系中，依权利的作用将民事权利分为请求权、支配权、形成权和抗辩权四种。把形成权与请求权、支配权并列，可见将形成权置于一级权利的地位。

（二）"形成权半壁江山说"

该说认为，在民事权利体系中，民事权利只分为两类，即支配权和形成权，形成权占据了半壁江山的地位。以梅仲协先生为代表，认为根据法律所赋予权利人之权力的强弱，可以把权利分为支配权和形成权。对于支配权，权利人得以其法律所赋予之权支配他人或财产。所谓支配他人，即权利人对于他人得请求其为一定之作为或不作为，依此又可分为绝对权（如物权、人格权、亲权等）和相对权（如债权、社员权等）两种；而在形成权，权利人得利用其法律所赋予之权力，以单独行为使权利发生变动（权利之发生、变更及消灭）。其与支配权之区别，在于形成权之意思表示无须他人之协助，依法可发生一定之效力；而支配权之行使，必须有赖他人行为。②

（三）形成权处于次级权利地位说

该说认为，形成权应置于变动权之下，属于次级权利。因为：第一，形成权多在法律关系中附带地存在，因其行使，然后才导致权利的发生、变更

① 陈华彬，陈军勇. 形成权论 [J]. 广西社会科学，2006，22（4）：55.
② 韩忠谟. 法学绪论 [M]. 北京：中国政法大学出版社，2002：181.

或消灭的效果，所以它只是一种权利变动之权。第二，形成权以一方之意思表示即发生法律效果，并不须有相对的义务人存在，任何人亦不可得而侵害之，同时也不能离开其所附属的法律关系而单独转让。虽为权利，但并无现实利益，很难与支配权、请求权相提并论。第三，形成权的行使与实现并无实质上的生活利益，只表现为权利得丧变更的可能性，所以它只是权利变动的手段，是法技术的产物，具有附随性。持这种观点的学者对如何分类又有分歧：

1. 以权利的作用为标准分类

以郑玉波先生为代表的学者认为，根据权利的作用将民事权利分为支配权、请求权和变动权三种。所谓支配权，是权利人得直接支配其标的物，并排除他人干涉的权利。此种权利有两种作用：在积极方面，可以直接支配标的物，而不需他人行为之介入；在消极方面，可禁止他人妨碍其支配，同时并具有排他性。所谓请求权，权利人得要求他人为特定行为之权利。请求权的产生原则上有两种：债权上之请求权，系于债权成立时，当然随之发生；其余请求权，则在其基础权利受侵害时才发生。至于变动权，则是依自己之行为使法律关系发生变动之权利。变动权具体分为两种：一是形成权，即依自己之行为，使自己与他人共同之法律关系发生变动之权利。二是可能权，即依自己之行为，可使他人法律关系发生变动之权利，如代理权、承认权等。[①]

2. 以法律上之力的性质为标准分类

以梁慧星教授为代表的学者认为，以法律上之力的性质为划分标准，民事权利可分为支配权、请求权和变动权，它们分别对应于支配力、请求力、变动力三种法律上之力。其中，变动权又分为形成权、抗辩权和可能权三种。因为这些权利都是权利人依自己的行为便可使法律关系发生变动的权利。形成权是指权利人依自己的行为使自己与他人间的法律关系发生变动的权利，如撤销权、解除权、追认权等。形成权之主要功能，在于权利人得依其单方之意思表示，使已成立的法律关系之效力发生、变更或消灭。可能权则是权利人依自己的行为而使他人与他人间的法律关系发生变动的权利，如代位权、代理权、法定代表人之事务执行权等。因为权利是法律为了满足某人的需要而赋予他的一种意思的力或法律的力，是一个确定的、对这个人来说合适的权利关系。既然权利是一种法律上之力，因而从法律上之力的性质入手，构

---

① 马骏驹，申海恩. 关于私权类型体系的思考：从形成权的发现出发 [J]. 法学评论，2007 (3)：9-16.

建权利体系、划分权利的类型，更能反映权利的本质。①

3. 不必以变动的法律关系归属划分出可能权

持这种观点的学者认可将民事权利划分为支配权、请求权和变动权，但认为，在变动权中，将权利人依自己的行为而使他人与他人间的法律关系发生变动的权利称为可能权，而将权利人依自己的行为使自己与他人间的法律关系发生变动的权利称为形成权，这种划分欠妥当。原因在于：第一，形成权的核心要素是权利人以单方意思表示即可使法律关系发生变动，至于所变动的是自己与他人之间的法律关系，还是他人与他人之间的法律关系并不重要。第二，如果以所变动的法律关系是否属于自己与他人之间的法律关系作为划分形成权与可能权的标准，那么在逻辑上是不周延的，因为有些权利行使的结果不仅会导致他人与他人之间的法律关系生变动，而且也会使自己与他人之间的法律关系发生变动。第三，代理权、法定代表人的事务执行权视为可能权，并归入变动权中，欠妥当。首先，代理权不符合变动权的特征，不具备权利人通过单方意思表示即可使法律关系变动的要素。因为代理权只是代理人获得的以被代理人的名义与相对人实施法律行为的资格，代理人以被代理人的名义向相对人为意思表示并不能直接使被代理人与相对人之间建立法律关系，它还有待于相对人的意思表示。其次，法定代表人的事务执行权也不是可能权。因为法定代表人是法人机关的组成部分，法定代表人的行为就是法人自身的行为，所以法人代表人行使事务执行权，并不是在他人与他人之间变动法律关系，而是在自己与他人之间变动法律关系，如果说该项权利是一种变动权的话，那么也只能是一项形成权。因此，变动他人与他人之间法律关系的权利也是形成权，没有必要将其分立出来称为可能权。②

 相关法律法规及司法解释

《民法典》

第 145 条　限制民事行为能力人实施的纯获利益的民事法律行为或者与其年龄、智力、精神健康状况相适应的民事法律行为有效；实施的其他民事法律行为经法定代理人同意或者追认后有效。

① 梁慧星. 民法总论 [M]. 北京：法律出版社，2011：81-82.
② 汪渊智. 形成权理论初探 [J]. 中国法学，2003，20 (3)：98.

相对人可以催告法定代理人自收到通知之日起三十日内予以追认。法定代理人未作表示的，视为拒绝追认。民事法律行为被追认前，善意相对人有撤销的权利。撤销应当以通知的方式作出。

第 147 条　基于重大误解实施的民事法律行为，行为人有权请求人民法院或者仲裁机构予以撤销。

第 148 条　一方以欺诈手段，使对方在违背真实意思的情况下实施的民事法律行为，受欺诈方有权请求人民法院或者仲裁机构予以撤销。

第 149 条　第三人实施欺诈行为，使一方在违背真实意思的情况下实施的民事法律行为，对方知道或者应当知道该欺诈行为的，受欺诈方有权请求人民法院或者仲裁机构予以撤销。

第 150 条　一方或者第三人以胁迫手段，使对方在违背真实意思的情况下实施的民事法律行为，受胁迫方有权请求人民法院或者仲裁机构予以撤销。

第 151 条　一方利用对方处于危困状态、缺乏判断能力等情形，致使民事法律行为成立时显失公平的，受损害方有权请求人民法院或者仲裁机构予以撤销。

第 171 条　行为人没有代理权、超越代理权或者代理权终止后，仍然实施代理行为，未经被代理人追认的，对被代理人不发生效力。

相对人可以催告被代理人自收到通知之日起三十日内予以追认。被代理人未作表示的，视为拒绝追认。行为人实施的行为被追认前，善意相对人有撤销的权利。撤销应当以通知的方式作出。

行为人实施的行为未被追认的，善意相对人有权请求行为人履行债务或者就其受到的损害请求行为人赔偿。但是，赔偿的范围不得超过被代理人追认时相对人所能获得的利益。

相对人知道或者应当知道行为人无权代理的，相对人和行为人按照各自的过错承担责任。

第 563 条　有下列情形之一的，当事人可以解除合同：

（一）因不可抗力致使不能实现合同目的；

（二）在履行期限届满前，当事人一方明确表示或者以自己的行为表明不履行主要债务；

（三）当事人一方迟延履行主要债务，经催告后在合理期限内仍未履行；

（四）当事人一方迟延履行债务或者有其他违约行为致使不能实现合同目的；

（五）法律规定的其他情形。

以持续履行的债务为内容的不定期合同，当事人可以随时解除合同，但是应当在合理期限之前通知对方。

第726条 出租人出卖租赁房屋的，应当在出卖之前的合理期限内通知承租人，承租人享有以同等条件优先购买的权利；但是，房屋按份共有人行使优先购买权或者出租人将房屋出卖给近亲属的除外。

出租人履行通知义务后，承租人在十五日内未明确表示购买的，视为承租人放弃优先购买权。

第926条 受托人以自己的名义与第三人订立合同时，第三人不知道受托人与委托人之间的代理关系的，受托人因第三人的原因对委托人不履行义务，受托人应当向委托人披露第三人，委托人因此可以行使受托人对第三人的权利。但是，第三人与受托人订立合同时如果知道该委托人就不会订立合同的除外。

受托人因委托人的原因对第三人不履行义务，受托人应当向第三人披露委托人，第三人因此可以选择受托人或者委托人作为相对人主张其权利，但是第三人不得变更选定的相对人。

委托人行使受托人对第三人的权利的，第三人可以向委托人主张其对受托人的抗辩。第三人选定委托人作为其相对人的，委托人可以向第三人主张其对受托人的抗辩以及受托人对第三人的抗辩。

第1124条 继承开始后，继承人放弃继承的，应当在遗产处理前，以书面形式作出放弃继承的表示；没有表示的，视为接受继承。

受遗赠人应当在知道受遗赠后六十日内，作出接受或者放弃受遗赠的表示；到期没有表示的，视为放弃受遗赠。

案 例

 案例一

案情简介

2013年12月2日，周某在参加某市举办的万元首付入住购房活动时交纳1万元，与某房地产开发公司签订了分期付款协议。2013年12月6日签订了商品房买卖合同，约定：某房地产开发公司将其开发的一套商品住宅（建筑面积259.56平方米）出售给周某，每平方米2340元，总金额607370元。付款方式为，2013年12月2日前首付房款127370元，48万元采用银行按揭方式支付。买受人逾期付款的违约责任约定：若逾期 30 日内，买受人向出卖人按日支付逾期应付款万分之一的违约金，合同继续履行；逾期超过 30 日，出卖人有权解除合同。出卖人解除合同的，买受人按累计应付款的 5% 向出卖人支付违约金。买受人愿继续履行，出卖人同意的，合同继续履行，买受人向出卖人支付逾期应付款日万分之一的违约金。合同约定的交房期限约定在 2013 年 12 月 31 日前。出卖人逾期交房的违约责任与买受人逾期付款的违约责任相同。合同同时约定了其他内容。合同签订后，某房地产开发公司将房屋交付被告使用，周某接到房屋的同时出具了证明，载明：房屋各种零件齐全、完好无损。从 2014 年 1 月开始周某每月向银行交纳贷款利息相应数额，至 2015 年初周某以房屋存在质量问题为由不再向银行支付贷款利息，即周某不再支付购房余款。后某房地产开发公司向周某催交未果，向法院起诉。请求依照合同约定判令解除周某与某房地产开发公司 2013 年 12 月 6 日签订的商品房买卖合同；判令周某所交纳的房款 1 万元不再退还，并承担本案诉讼费用。

审理及判决

一审法院审理后，认为被告以房屋存在质量问题为由不向原告交纳剩余房款，但并未提供相关证据予以证明，而且被告已居住该房两年余，因此判决解除原告、被告之间的商品房买卖合同，原告收取被告交纳的购房首付款 1 万元不再退还。2018 年 8 月 6 日某市人民检察院向该市中级人民法院提出抗诉，理由是某房地产开发公司的合同解除权已经消灭。再审法院审理认为，原审被告周某未行使合同解除催告权，故原审原告某房地产开发公司的合同解除权早在起诉之前就已经届满，逾期不行使的解除权消灭。所以判决：撤销一审法院的民事判决，驳回某房地产开发公司的诉讼请求。

分析

本案两次审理结果完全相反。一审法院完全支持了原告诉讼请求，而再审判决完全否定了一审判决。究其实质，关键问题是某房地产开发公司的合同解除权是否已经消灭。

如何认定该问题，这实际上涉及解除权是否属于形成权问题。根据《合同法》第 93 条，当事人协商一致，可以解除合同。当事人可以约定一方解除合同的条件。解除合同的条件成就时，解除权人可以解除合同。对于约定解除或协议解除情形，由于合同解除权人通过单方意思表示就可以行使解除权，导致合同关系终止，根据"单方意思说"，合同解除权是一项形成权。但《合同法》96条又规定，如果对方有异议的，可以请求人民法院或者仲裁机构确认解除合同的效力。"单方意思说"并不能涵盖此情形。而"单方行为说"弥补了该缺陷。根据该说，在约定解除和协议解除的情况下，解除权人依自己的单方行为行使解除权，使合同关系终止；如果存在解除权行使期限，期限届满解除权人不行使的，该权利消灭；如果不存在解除权行使期限，经对方催告后在合理期限内不行使的，该权利消灭。如果解除权人行使解除权，而对方提出异议，权利人还需进行其他的一系列民事行为才能达到形成权的变动法律关系的效果。因此，可以看出，形成权导致法律关系变动的法律效果的实现，并非仅仅依权利人的单方意思表示就能达到。所以"单方行为说"更能够解释解除权属于形成权。由此，本案中某房地产开发公司的合同解除权属于形成权。

根据民法理论，由于形成权的除斥期间不因任何情形而中止、中断，合同解除权属于形成权，所以合同解除权也适用除斥期间的相关规定。由于本案涉及商品房买卖纠纷，因此应当适用2013年3月24日通过的《最高人民法院关于审理商品房买卖合同纠纷案件适用法律若干问题的解释》（以下简称《商品房买卖合同解释》）（现已被修改）对商品房买卖合同纠纷所作的特别规定，其中第15条第2款对合同解除权的行使期限规定是："法律没有规定或者当事人没有约定，经对方当事人催告后，解除权行使的合理期限为三个月。对方当事人没有催告的，解除权应当在解除权发生之日起一年内行使；逾期不行使的，解除权消灭。"本案中，根据合同约定，在最后一期首付款到期30日（2014年5月30日）后，周某仍没有支付款项的，某房地产开发公司有权解除合同。因周某未行使合同解除催告权，所以根据《商品房买卖合同解释》第15条第2款，原告的合同解除权应当在一年内行使，即除斥期间为2014年5月30日至2015年5月30日。由于原告在2015年5月30日之前不行使，直至2015年12月20日才向法院提出解除与周某之间的商品房买卖合同，所以原告的解除权已经超过除斥期间，已归于消灭。由此可见，一审法院判令解除周某与某房地产开发公司之间签订的商品房买卖合同于法无据。再审法院的判决是正确的。综上所述，以"单方行为说"定义形成权，其外延更广，因此，更具有实践意义。

 案例二

案 情 简 介

某市中级人民法院根据宏达公司与塔尼尔公司的申请，于2020年6月10

日裁定受理塔尼尔公司、宏达公司合并破产重整一案，并于 2020 年 8 月 25 日指定河南睢某律师事务所与北京市炜某律师事务所共同担任上述两公司破产重整管理人。第一次债权人会议于 2020 年 11 月 20 日召开，在第一次债权人会议上管理人告知沙某英申报的 11655787.20 元债权及涉案土地使用权、房屋及设备的取回权未被确认。沙某英于 2020 年 11 月 25 日向管理人提交债权异议申请书，管理人于 2020 年 12 月 2 日 12 时 11 分向沙某英通过 EMS 中国邮政速递物流送达了异议答复函，载明"此答复为管理人最终意见，如您有异议，可于 2020 年 12 月 5 日之前向人民法院提起诉讼"。

沙某英收到管理人的异议答复函后，于 2021 年 3 月 29 日向某中级人民法院提起诉讼。一审法院依据《最高人民法院关于适用〈中华人民共和国企业破产法〉若干问题的规定（三）》（以下简称《破产法司法解释三》）第 8 条之规定裁定驳回沙某英的起诉；二审法院维持原裁定。沙某英不服二审裁定，向最高人民法院申请再审。

审理及判决

本案的争议焦点为：沙某英超过《破产法司法解释三》第 8 条之规定的十五日期间提起诉讼，是否导致其实体权利或诉权的消失。

最高院再审认为，《破产法司法解释三》第 8 条规定的十五日期间，系附不利后果的引导性规定，并非诉讼时效、除斥期间或起诉期限，该十五日期间届满并不导致异议人实体权利或诉权消灭的法律后果。一审、二审法院以沙某英超过十五日起诉期限为由驳回起诉，适用法律错误。因此最高院撤销了一审、二审法院的裁定，并指令一审法院重新审理。

分析

《企业破产法》虽然规定了破产债权确认诉讼制度，但对异议程序及法律后果均未予以具体规定。在实务中，关于破产债权申报过程中异议人提起破产债权确认诉讼的"十五日"定性多有争议，先后主要有三种观点：即"除斥期间说""起诉期间说"和"附不利后果的引导性规定说"。最高人民法院持第三种观点，与之持相同意见的法院还有深圳市中级人民法院、重庆市高级人民法院、上海市高级人民法院和四川省高级人民法院。

这样的观点更符合异议人的权益保护和破产程序的效率要求。

首先，将《破产法司法解释三》第 8 条规定的"十五日"期间认定为除斥期间、起诉期间或诉讼时效均无法律依据，因为《企业破产法》第 48 条与

第 58 条仅是说明"对债权有异议的,可以向人民法院提起诉讼",但并未明确提起诉讼的期间。其次,若仅以超出异议期间为由,直接剥夺异议人的实体权利或诉权,则会导致《企业破产法》内部体系的冲突,使得《破产法司法解释三》第 8 条与《企业破产法》第 56 条规定的"最后分配前补充申报债权"不合。再次,《破产法司法解释三》第 8 条为异议人起诉设置了"管理人解释或调整"的前提条件,但司法实践中破产案件的债权人人数众多、法律关系复杂,管理人的解释或调整并不一定能够在十五日内完成,如此异议人提起诉讼的实际有效时间更无法保障,若认定异议人未在规定期间内提起诉讼便否认其实体权利或诉权的存在,将在一定程度上架空《破产法司法解释三》第 8 条的制度设计。

十五　自助行为

民法学界通说认为，民事权利的救济分为公力救济和私力救济两种。由于公力救济本身存在保护权利滞后性、保护权利范围的有限性和运行成本较高等缺陷，使其不能承担起权利救济的全部任务。在理论界，很多学者对民事自助行为制度持肯定态度，表现为由专家主持制定的几部《民法典》草案都对民事自助行为的性质、构成要件和法律后果作出了明确规定，然而《民法总则》与《民法典》却均未采纳。现代法治社会力求维护社会秩序与保护个人权利两者之间的平衡，因而在注重公力救济的前提下，确立自助行为制度，完善私力救济体系，是各国立法的发展趋势。

一、自助行为简述

（一）自助行为的概念

1. "进攻说"

该说认为，自助行为是为了阻止那些依靠官署的援助仍无法避免的危害请求权行为的发生，在法定条件下，权利人侵害他人之物并对债务人实施暴力的行为。[①] 德国学者拉伦茨则将自助行为表述为，为了保证权利而采取的法律上允许的、具有进攻性的行为，即法律允许的自助。王利明教授对自助行为的表述是，自助行为是指权利人为保证自己请求权的实现，在情势紧迫而又不能及时请求国家机关予以救助的情况下，对他人的财产或自由施加扣押、拘束或其他相应措施，而为法律或社会公德所认可的行为。[②]

---

① 迪特尔·梅迪库斯. 德国民法总论 [M]. 邵建东，译. 北京：法律出版社，2000：133.
② 王利明. 民法 [M]. 北京：中国人民大学出版社，2010：93.

　　有学者认为该说的缺陷是：该说强调自助行为的主动性与进攻性，但暴力本身并非自助行为制度所要强调的重点。同时，在《民法典》中设立民事自助行为制度，恰恰是为了最大限度地淡化自助行为的暴力色彩，引导权利主体尽量采取非暴力方式保护与实现权利，规范那些不得已实施的武力自助。所以，"进攻说"在法示范作用的影响下，易导致法律制度对自助行为的失控。①

　　2. "权利保全说"

　　持该观点的学者倾向于强调自助行为的权利保全功能。认为自助行为是以私力确保权利实行，原则上非自己执行，仅为临时性质之保全处置。② 王泽鉴先生认为，所谓自助行为，是指为保护自己权利，对于他人之自由或财产施以拘束、押收或毁损者。属于法律所容许之权利保全措施，亦不负赔偿责任，但以不及受法院或其他有关机关援助，而且非于其时为之，则请求权不得实行或实行显有困难者为限。③ 龙卫球教授亦指出，所谓民事自助行为，是指行为人为保护自己的合法请求权，在情势紧迫来不及请求有关国家机关保护时，对相对人的财产进行扣留或人身予以限制，并及时向有关国家机关申请援助的权利救济方式。④ 全国人大常委会法工委也赞同这样的观点：民事自助行为是指行为人为实现其民事请求权，在情势紧迫、来不及请求公力机关救济的情形下，对义务人财产或自由予以扣押、拘束等行为，事后应及时请求公力救济。⑤

　　该学说认为，自力救济是为了保全自己的请求权，当来不及寻求官署救济，并且不即时采取自力救济措施会导致请求权难以实现，或者请求权日后行使存在显著困难的场合，而采取自力来保全请求权的行为。

　　有学者认为该说的局限性在于：该学说对自助行为的适用条件、行为模式进行了比较严苛的限制，认为自助行为本质上仍为公力救济的补充，即自

　　① 沃耘. 让权利得到实现：民法典民事自助行为制度的立法设计 [J]. 政法论丛，2011，27（6）：33.

　　② 史尚宽. 民法总论 [M]. 北京：中国政法大学出版社，2000：756；陈华彬. 论民事权利的内容与行使的限制：兼议我国《民法总则（草案）》相关规定的完善 [J]. 法学杂志，2016，37（11）：43.

　　③ 王泽鉴. 民法总则 [M]. 北京：中国政法大学出版社，2001：568.

　　④ 龙卫球. 民法的基础与超越 [M]. 北京：北京大学出版社，2010：26.

　　⑤ 全国人大常委会法工委《侵权行为法》草案第 23 条规定，当自己的合法权益受到不法侵害，来不及请求有关部门介入的情况下，如果不采取措施以后就难以维护自己的合法权益的，权利人可以采取合理的自助措施，对侵权人的人身进行必要的限制或者对侵权人的财产进行扣留，但应当及时通知有关部门。

助行为仅包括那些在公力救济暂时不发生作用的时候方能采取的权利保全措施。但作为债权权能之一的权利保全，是为确保债权得以实现的重要途径。但是，自助保全仅仅是一种具体的自助行为方式，远远无法满足非债权救济领域自助行为的适用规则。所以，这种狭义的自助行为概念限制了权利主体在权利自我实现中能动作用的充分发挥。

3."公力救济例外说"

该说认为，自助行为有广义和狭义之分。广义自助行为包括正当防卫和紧急避险。狭义的自助行为，是在立法中将一些特别条款具体化，典型的就是占有自助。[①] 虽然正当防卫和紧急避险都是根据私力的权利救济和防卫，但是，正当防卫是对紧迫性不法侵害的防卫和反击，主要目的在于能够及时、有效地同各种违法犯罪行为作斗争，是被动的，且正当防卫的实施主体不限于受害者本人；紧急避险是对正在发生的危险的回避行为。前者是不正对正，后者是正对正，所以在后者上，法益权衡的原则要求得更加严格。与此相对，自力救济不具有正当防卫和紧急避险方式的防卫性或回避性，而是积极的、攻击性的行为。自助行为强调自我权利的保护与实现，在非接受权利主体委托的情况下，他人不得参与自助。另外，紧急避险的立法初衷则在于权衡避险各方的利益得失。而自助行为的价值判断是通过对义务主体容忍义务的界定来实现的，其利益衡量标准较紧急避险而言具有复杂性、多变性。而且，在通常情况下，自助行为不得造成除义务主体以外其他人的不利影响。由此可见，狭义自助行为的概念更有利于私力救济制度化体系的逻辑架构，也更容易实现民事实体法规则对自助行为、正当防卫、紧急避险等自力救济行为的具体调整与规制。

（二）民事自助行为的性质

1. 自助行为是阻却行为违法性的抗辩事由

该理论认为，根据我国现行法律和司法实践，侵权责任中经常采用的抗辩事由包括：合法职务行为、正当防卫、紧急避险、受害人的同意、自助、受害人故意、第三人的过错、不可抗力等，自助行为是侵权法上的一种抗辩事由。[②] 且在比较法上，自助是被广泛认可的违法阻却事由。大陆法系中，瑞

---

① 克雷斯蒂安·冯·巴尔. 欧洲比较侵权行为法（下）[M]. 张新宝，译. 北京：法律出版社，2001：584.

② 杨立新. 侵权法论 [M]. 北京：人民法院出版社，2004：215.

士是把民事自助行为规定为违法阻却事由的典型代表。① 其理由如下：

根据民事自助行为的概念，民事自助行为的目的是保护自己合法的请求权，其行为的目的具有正当性，不具备一般的侵权行为的主观过错，它是为社会所认可并且不违反公序良俗原则的。另外，自助行为的实施要符合法律规定的条件，在无法请求公力救济或请求公力救济明显不当的时候，私力救济应当发挥其应有的作用，这也和法律的价值相符合。自助行为因其性质阻却了侵权责任的成立，所以，自助行为是阻却违法性的抗辩事由。

但也有学者认为，这种观点否定自助行为是一种正当行为，仅把它当作侵权责任承担的抗辩事由，而抗辩事由是针对承担民事责任的请求而提出的。所以抗辩事由说约束和限制了自助行为的实施。

2. 自助行为是一种权利保全措施

该观点认为自助行为是公力救济保全措施中的一种。② 其理由如下：

自助行为是为保护自己权利，对于他人之自由或财产施以拘束、押收或毁损，是法律所容许之权利保全措施，行为人不负赔偿责任，但以情况紧急，来不及受法院或其他有关机关援助为必要。而且非于当时实施自助行为，则请求权不能实行或实现。③

也有学者认为，虽然保全措施说认为可以采用法律允许的措施来保全自己的请求权，但这种观点仍倾向于自助行为是一种公力救济方式，与自助行为本身是一种私力救济方式相矛盾。

3. 自助行为是一种民事权利

该观点认为自助行为是民法上的一种权利，对自助行为的承认是权利对抗权力的合理表现。其理由：当国家权力拒绝保障私权，甚至异化为暴力专政的工具时，出于最低限度的自我保护本能，自助行为的行使便成为一种自然的要求。④

但有学者认为，自助行为是自助人的一种权利的观点，混淆了权利与权利行使方式之间的区别。而自助行为是自助权的行使方式。自助权是每一个

---

① 《德国民法典》第 229 条和第 230 条、《瑞士债务法》第 52 条第 3 款、《泰国民法典》第 194 条、我国台湾地区"民法典"第 151 条，均将自助行为作为违法阻却事由的一种。

② 陈华彬. 论民事权利的内容与行使的限制：兼议我国《民法总则（草案）》相关规定的完善[J]. 法学杂志，2016，37（11）：43；尹伟民. 民事自助行为的认定：以司法判决实证分析为视角[J]. 社会科学，2016，38（9）：94-95.

③ 王泽鉴. 民法总则[M]. 北京：中国政法大学出版社，2001：568.

④ 董敏. 民事自助行为[D]. 济南：山东大学，2007.

自然人或法人所享有的、不可剥夺的以自己的力量、选择合适方式去实现和保护自我权利，应有立法充分保护的自然权利。自助行为行使的目标是实现自助权，因而自助行为本身不是一种权利。

4. 自助行为是一种私力救济形式

持该观点的学者认为，自助行为仅仅是私力救济的一种形式。其理由：自助人实施自助行为的起因是自己的请求权受到了事实上的侵害，其实施自助行为的前提是情势紧迫而又来不及请求公力救济。其目的是更好地保护自助人的民事权利。自助行为行使的过程为未经法定程序而实施。自助人对他人的人身或财产采取相应的措施后，应及时申请有关机关处理，但整个自助行为实施的过程为非法定的，不能对自助行为设定严格的程序条件。自助行为是自助人以自己私人的力量对自己的权利加以救济的途径。在实施自助行为的整个过程中，自助人都是依靠自己的力量对权利进行保全，没有也不可能依靠公力手段。所以，自助行为属于私力救济的一种形式。

5. 自助行为是一种权利行使方式

该观点认为，在民法理论中，自助行为一般都作为权利行使方式。我国台湾地区学者在其著作中，将自卫行为与自助行为放在权利之行使下。① 同时，在立法例中，自助行为一般也作为权利行使方式。《瑞士债法典》规定，为保护自己的合法利益实施侵害行为，只要不可能有充分的时间提起诉讼，并且侵害行为本身足以保护其利益不受侵害或者其利益实施不受障碍的，不承担责任。债权人在债权受到侵害的时候，实行自助救济，应该认定为权利行使的一种方式。我国台湾地区"民法典"中，第七章"权利之行使"下，设正当防卫、紧急避险和自助行为。所以，自助行为应该定性为一种权利行使方式，是权利人私力救济的手段之一。②

6. 自助行为是一种权利救济方式

有学者认为，民事自助行为有私力救济的属性，但与私力救济的内涵还是存在一定区别的，原因在于大多数民事自助行为的最终实现仍需公力救济，依靠有关国家机关最终实现权利，需要公权力的介入并经过法定程序，而不是仅依靠行为人自身的力量实现自我救济。如此说来，民事自助行为就不是单纯的私力救济了，它还具备公力救济的属性。所以，民事自助行为实际上是私力救济和公力救济的有机结合，本质是一种私人自治加法律控制的权利

---

① 黄立. 民法总则 [M]. 北京：中国政法大学出版社，2002：27.

② 苏贺新. 论民法上的自助行为 [J]. 黑河学刊，2008，28（3）：86.

救济方式，作为权利救济方式的必要补充，可以集合公力救济和私力救济的优点，兼顾效率与公平，应当将其纳入民事权利救济体系中。①

（三）自助行为的构成要件

1. 六要件说

该说认为，自助行为包括目的要件、情势要件、对象要件、方法要件、限度要件、及时申请六个必要条件。②

2. "五要件说"

该说认为，自助行为必须具备五个必要条件：第一，必须为保护自己的合法权利；第二，必须是情况紧迫而来不及请求有关国家机关的援助；第三，自助的方法是保障请求权的实现所必需的；第四，必须为法律或社会公德所许可；第五，不得超过必要的限度。③

关于"五要件说"也存在不同的观点，学者陈龙业指出，自助行为必须满足五个要件：其一，须有不法侵害状态的存在。其二，须为保护自己的合法权利。其三，须情势紧迫而来不及请求有关国家机关的公力救济。其四，不得超过必要限度。其五，自助行为的方式须为法律或公序良俗所许可。④

3. "四要件说"

该说认为，自助行为只需满足四个要件：第一，目的要件。与正当防卫、紧急避险行为可以为保护国家利益、社会公共利益或者他人利益而实施不同，实施自助行为，只能是为了保护当事人自己的合法权益。如果允许公民随意实施自助行为，则极易造成私力的滥用，将会严重地损害社会秩序和国家权威。第二，情况要件。自助行为必须是不法侵犯造成的伤害状态确实已经存在，且伤害状态可以被恢复，紧急情况，不采取相应措施，以后就难以维护自己的合法权益。之所以对自助行为有许多情况限制，主要是国家和法律为了维护正常的社会秩序，尽量扩大公力救济的范围，减少私力救济的存在。关于以上情况要件，均是基于当事人个人当时的主观认识。但司法机关对其衡量时，应当采取一般普通的正常人标准，而不是当事人个人标准，以防止权利的滥用。第三，手段要件。行为人的行为方式必须合法，应该与他想要

---

① 柳经纬. 民法总则制定中的若干问题 [J]. 中国政法大学学报，2016，10（5）：69；宋歌，尹伟民. 论我国民事自助行为的制度化 [J]. 东北大学学报（社会科学版），2018，20（3）：299.

② 孟继超，刘鹏崇. 自助行为浅探 [J]. 南阳师范学院学报，2003，2（7）：47-48.

③ 王利明. 侵权行为法研究 [M]. 北京：中国人民大学出版社，2004：571-573.

④ 陈龙业. 论《民法典》侵权责任编关于免责事由的创新发展与司法适用 [J]. 法律适用，2020，454（13）：30-37.

保护的权益相当。必须是能够达到目的的最小强度，不能超过必要的限度。第四，主观要件。当事人必须有自助的意思，即行为人主观上为了将被侵害的权利恢复到原有状态。对于自助行为适法性的判断也应当从主客观相统一的角度去判断。如果行为人无自助的意思而客观上却实现了自己的权利，其行为在法律上仍应予以否定评价。①

4. "三要件说"

该说认为，自助行为的构成需满足三个要件：第一，从前提条件来看，有不法侵害的存在而且被侵害的权利可以被恢复。自助行为的前提是不法侵害状态的存在，即不法侵害行为已经结束，而受害人的权利受损结果已经存在。如果权利正在受到侵害，则公民所实施的行为是保护权利的行为而不是恢复权利的行为，那么将会构成正当防卫或者紧急避险，是自卫行为而非自助行为。自助行为的前提还要求行为人在主观上具备自助的意思，即为了将被侵害的权利恢复到原有状态，行为人须依据当时的客观情况判断恢复自己被侵害的权利的可能性，否则，就丧失了前提条件而使该行为归为违法行为。第二，从实施条件来看，必须是情势紧迫来不及请求公力救济或请求公力救济明显不适当。这是民事自助行为作为私力救济手段最本质的特征，也是与其他私力救济手段的根本区别。所谓情况紧迫，是指权利人如果不在当时采取自助措施则其权利难以实现，直接表现为权利不可恢复或保全明显困难的紧急状况。来不及请求公力救济包括两种情况：一是时间或情形紧迫，无法请求公力救济；二是虽经请求，但司法机关不予受理或故意迟延受理。第三，从结果条件来看，自助行为的行使不能超过必要的限度。自助行为作为私力救济的一种方式，同正当防卫和紧急避险一样不能超过必要的限度，也就是说自助行为应该具有相当性。符合法定条件的自助行为给相对人造成损害时，不承担侵权损害赔偿责任。如果自助行为的行使超过了一定限度，就要承担相应的法律责任。②

而至于事后及时请求公力救济，则不应当归入自助行为的构成要件中。有学者认为，在满足上述三个构成要件后，民事自助行为已经成立，而事后

---

① 肖玉超. 比较法视野下的自助行为制度研究 [J]. 哈尔滨学院学报, 2012, 33 (6)：67；尹伟民. 民事自助行为的认定：以司法判决实证分析为视角 [J]. 社会科学, 2016, 38 (9)：95-97；周友军. 民法典中的违法阻却事由立法研究 [J]. 四川大学学报（哲学社会科学版）, 2018, 64 (5)：69-70.

② 孙文红，王玲. 论我国民事自助行为制度的构建：以节约司法资源为视角 [J]. 沈阳工业大学学报（社会科学版）, 2011, 4 (3)：269；陈华彬. 论民事权利的内容与行使的限制：兼议我国《民法总则（草案）》相关规定的完善 [J]. 法学杂志, 2016, 37 (11)：43.

及时请求公力救济这一要求，只是对行为人加以更严格的限制，限制其不经过公权力介入而自行满足民事请求权，防止行为人权利滥用。①

二、建立自助行为制度必要性的理论争议

（一）建立自助行为制度没有必要性

持该说的学者认为，我国目前没有必要建立自助行为制度。其理由如下：

第一，私力救济禁止原则。当人类历史发展到近代，随着社会文明程度的逐步提高，随着民事主体人格平等及尊重人格的法律思想观念的日益勃兴，任何个人都没有权力约束他人，个人的权利应该通过国家权力来实现，即通过司法机关对相对人施加压力，强制其履行义务，从而使权利人实现其权利。因此，自助行为也应该禁止。债权人的自助行为也被国家公力的制裁所替代。比如英国，出现了"债务监狱"；我国也存在以刑罚制裁不履行债务的债务人的情形。②

第二，如果允许自助行为，而自助者往往相信自己的行为属于正当，对方也往往相信自己有相当的理由。如果基于一方的主张而认可了自助行为，则将模糊是非界限，势必出现各持己见、互不相让的僵局，结果力量强的往往获胜，从而破坏社会的安定秩序，同时也妨害了权利人实现其权利。

第三，在我国公民文化素质还不够高、法律意识淡薄的情况下，侵权纠纷已不少见，如果再规定自助行为制度，则必然会使一些人滥用，从而导致侵权纠纷的增加，更不利于社会秩序的稳定。③

（二）建立自助行为制度具有必要性

该说认为，从目前的实际情况来看，我国民事立法应确立自助行为制度。其依据在于：

1. 建立自助行为制度，有利于保障民事主体的权利实现，更好地维护公民和法人的合法权益

我国《民法典》已对当事人在紧急情况下，为了保护自己或他人的合法权益，可以进行正当防卫或紧急避险作出了规定。但是，由于正当防卫和紧急避险等自救行为的作用是保护权利的存在，而自助行为则是保护权利的实现，是公民和法人保证其请求权得以实现的有效措施。因此，自助行为不能由紧急避险或正当防卫所替代，而应成为民事权利保障制度中的一项不可或

---

① 宋歌. 民事自助行为的界定及法律后果 [J]. 法律适用, 2020, 449 (8): 100-108.
② 田鹏辉. 论自救行为 [J]. 东北大学学报（社会科学版）, 2004, 6 (3): 203.
③ 沃耘. 我国未来民法典民事自助行为的制度化 [N]. 光明日报, 2012-08-27 (14).

缺的重要内容。在情势紧迫且来不及请求公力救济的情况下，只有允许采取自助行为，才能使权利人请求义务人履行义务的权利得到切实的保护，从而避免或减轻自己财产或人身的损害。如果此时法律不允许行为人采取自助行为，必然使其请求权无法实现，公民或法人的合法权益受到损害。①

2. 建立自助行为制度，有利于划清合法行为与非法行为的界限，保证自助行为的正确实施

因为在实践中，因自助行为而引起的纠纷时有发生，有些办案人员把自助行为视为违法行为；也有把对义务人的人身自由暂时限制的行为，看作非法拘禁；把对义务人的财物暂时扣押的行为，看作非法抢夺，并进而追究行为人的行政责任、民事责任或刑事责任。出现上述情况的原因，主要是我国在民事立法上没有对自助行为加以规定，自助行为的性质和意义在现行法律中得不到承认。同时，有的当事人在民事权利受到侵害或将受到损害的紧急情况下，会自发地采取保护行为，但因这些行为缺乏法律认定的条件，而往往行为失当并导致不应有的侵权纠纷。因此，在我国民事立法中对自助行为制度予以确认，明确规定自助行为的方式、构成要件及当事人的事后义务等问题，对司法人员在办案过程中划清合法行为和非法行为的界限，引导人们正确实施权利保护行为，从而减少和避免不必要的民事纠纷和违法行为的发生十分必要。

3. 建立自助行为制度，有利于教育和惩戒不法侵害人或债务人

在现实生活中，债务人逃避应履行的债务，或不法侵害人侵害他人的财产或人身而逃避应承担的民事责任的现象时有发生。如果在民法上允许行为人在迫不得已的情况下实施自助行为，必然会迫使义务人履行义务，承担民事责任；确立自助行为制度，表明法律对不法行为的态度，对少数道德素养差、法治观念淡薄的人也可起到惩戒作用。如果法律确立自助行为制度，允许债权人在权利受侵害的情况下实施自助行为，可以最大限度地调动债权人讨债积极性，实现社会调控手段与法律调控手段有机结合，那么逃避债务行为将大有改观，故意逃避债务的债务人也将得到应有的惩罚。

4. 建立自助行为制度，有利于确立节约成本、提高司法效率

程序性是公力救济的突出特点。公力救济的主要方式就是向法院提起诉讼，由法院来解决当事人间的纠纷。然而诉讼程序复杂，条件苛刻，技术性

① 宋歌，尹伟民. 论我国民事自助行为的制度化［J］. 东北大学学报（社会科学版），2018，20（3）：300-301.

强。过度强调程序性带来的结果是成本高，审案效率低。在市场经济中，权利保护的时间维度非常重要，诉讼迟延可能导致证据灭失，权利难以恢复。一件案件如果走完完整的诉讼程序，不仅消耗当事人和国家大量的人力、物力、财力，而且还会给双方带来极大的精神压力，进而加大了权利救济成本。从这种意义上讲，诉讼似乎并不是维护当事人合法权益、实现法律公平正义的最优途径。而自助行为制度更强调实质正义，能够降低诉讼成本，提高司法效率。[①]

5. 建立自助行为制度，有利于权利价值的实现

公力救济以其特有的公正性在权利救济的历史发展进程中获得了极大的优势，但受严格程序的约束，对保障权利主体权利的实现有一定的阻碍。公力救济一方面意味着需要相应的保护成本，另一方面意味着必要的时间支出。而自助行为是公力救济的必要补充。为了促进权利得到极好保护，应发挥私力救济节约成本、提高效率的相对优势，承认自助行为是公力救济的补充，为实现权利价值提供有效途径。[②]

6. 建立自助行为制度，有利于效益价值的实现

法的效益价值是指法能够使社会以较小的投入获得较大的产出，以满足人们对效益的需要。公力救济主要通过法定程序解决纠纷，其过程需要大量的人力、物力来执行，这种消耗和负担是实现权利救济的必要投入。而自助行为作为私力救济的一种方式，在效益价值的实现方面占有一定优势：因为私力救济可免于程序之累，节约司法成本；同时可将有限的司法力量运用到更广阔的范围，更大范围地维持社会公平正义。

7. 自助行为有利于正义价值的实现

正义是使每个人获得应得东西的永恒不变的意志。自助行为保护的是人们的合法权益，正义是自助行为的首要价值。正义的实现必须依赖个人的自助行为，该制度的建立有利于完善民事权利保护和实现模式，为更好地维护公民和法人的合法权益提供更多可供选择的机制。正确发挥自助行为的积极作用，限制和疏导其消极影响，并通过立法使之构建完善的法律体制，可以形成与公力救济、社会救济并存、相互衔接、配合和补充的多元纠纷解决机制，这不仅有利于社会秩序的稳定，更重要的是将扩大民事权利的保护范围，

---

① 徐昕. 论私力救济 [M]. 北京：中国政法大学出版社，2005：156.
② 尹伟民. 民事自助行为的认定：以司法判决实证分析为视角 [J]. 社会科学，2016，38 (9)：95.

以实现法的正义价值。[①]

三、我国自助行为制度的立法模式的理论争议

(一) 在《民法典》总则编中设立自助行为制度

以王利明教授为代表的学者认为，应当在《民法典》总则编中设立自助行为制度。[②] 该理论认为，在《民法典》总则编中对自助行为作出一般性规定，再在侵权责任编的抗辩事由中规定自助行为。其理由如下：

第一，我国与德国同属大陆法系国家，我国的法律体系建设一直都吸收和借鉴德国模式，继续采纳德国模式，有利于法律制度的衔接。

第二，民法是权利法，以权利为本位，以个人利益的保护为最高的使命。所以，法律应以积极的态度鼓励权利人去保护自己的权利。[③] 在《民法典》总则编中规定自助行为制度是对该制度的正面确定，如果只是将自助行为作为抗辩事由直接规定在侵权责任编中，则自助行为只是起到了消极的防御作用，不利于保护权利人的民事权利。

第三，在《民法典》总则编中对自助行为作一般性的规定，再在抗辩事由中规定自助行为，前后呼应，不会使分则中的自助行为制度失去依托，结构安排上也符合大陆法系严谨的思维逻辑，更有利于确立完整的自助行为制度。

(二) 在《民法典》侵权责任编中规定自助行为

以梁慧星教授为代表的学者认为，应当将自助行为作为侵权责任的抗辩事由规定在《民法典》侵权责任编中。全国人大常委会法制工作委员会《民法典》草案和梁慧星教授牵头的中国社会科学院建议稿选择直接将自助行为作为抗辩事由，规定在《民法典》侵权责任法编中。其理由如下：

首先，自助行为、正当防卫、紧急避险同为私力救济的方式，而正当防卫和紧急避险是作为《民法典》侵权责任编的抗辩事由出现的。如果在《民法典》总则编中对自助行为作出规定，未免有损民法典体系的和谐。所以，从逻辑一致性的角度看，自助行为也应作为抗辩事由规定在侵权责任编中。

---

① 李莹. 私力救济之民事自助行为 [J]. 大庆师范学院学报, 2011, 31 (4)：79.

② 王利明. 中国民法典学者建议稿及立法理由·总则编 [M]. 北京：法律出版社, 2005；杨立新. 民法分则侵权责任编修订的主要问题及对策 [J]. 现代法学, 2017, 39 (1)：45, 51；张新宝. 民法分则侵权责任立法研究 [J]. 中国法学, 2017, 34 (3)：61；王竹. 《民法典·侵权责任编》编纂背景与结构调整 [J]. 国家检察官学院学报, 2017, 25 (4)：49, 53；刘仁山. 《民法总则》对《法律适用法》的回应与启示 [J]. 政法论坛, 2019, 37 (1)：16.

③ 曹克奇. 试论民法的自助行为 [J]. 山西煤炭管理干部学院学报, 2006, 19 (4)：122.

其次，自助行为制度是我国民事权利保护的崭新制度，如果立即将自助行为规定在《民法典》的总则编中，对自助行为予以正面的规定，势必会造成自助行为的滥用，不利于社会的稳定。

 相关法律法规及司法解释

📖 《民法典》

第 181 条　因正当防卫造成损害的，不承担民事责任。

正当防卫超过必要的限度，造成不应有的损害的，正当防卫人应当承担适当的民事责任。

第 182 条　因紧急避险造成损害的，由引起险情发生的人承担民事责任。

危险由自然原因引起的，紧急避险人不承担民事责任，可以给予适当补偿。

紧急避险采取措施不当或者超过必要的限度，造成不应有的损害的，紧急避险人应当承担适当的民事责任。

第 1177 条　合法权益受到侵害，情况紧迫且不能及时获得国家机关保护，不立即采取措施将使其合法权益受到难以弥补的损害的，受害人可以在保护自己合法权益的必要范围内采取扣留侵权人的财物等合理措施；但是，应当立即请求有关国家机关处理。

受害人采取的措施不当造成他人损害的，应当承担侵权责任。

 案　例

💡 案例一

案 情 简 介

刘某在某旅馆住了将近两年时间，按照约定住宿费用按月结清。直到 2008 年 7 月 16 日，因刘某拖欠该旅馆住宿费 2000 元，旅馆老板将刘某所住房间内的物品及一个上锁的手提箱扣留。刘某诉至法院，要求该旅馆立即停止侵害，并返还所有财物。

审 理 及 判 决

法院经审理认为，原告刘某与被告某旅馆之间存在债权债务关系，被告

在特定情况下为催促原告给付住宿费，扣留了原告的物品，是为了保护自身的合法权益。被告私自的扣留行为属民事自助行为，不属于违法行为。自助行为超过必要限度，造成财产损害的，才承担赔偿责任。由于原告所称手提箱中的物品没有相应证据证实，且被告的扣留行为没有造成原告的任何损失，故原告的诉讼请求缺乏事实依据。遂判决：驳回原告的诉讼请求。

分析

本案的审理难点就在于如何认定某旅馆扣押原告财物行为的性质。如果认定为侵权行为，则某旅馆老板不仅要承担返还原物、赔偿损失的民事责任，还有可能承担行政责任或刑事责任；如果认定为自助行为，则某旅馆的行为就是一个合法行为，在取得公力救济后，只需返还扣留的财物即可。

认定某旅馆扣押财物的行为是否构成自助行为，要看该行为是否符合自助行为的构成要件。在学理上，一般认为，自助行为的构成要件有以下几点：第一，自助行为目的是保护自己的合法权益。第二，自助行为的时间界限应是情况紧急来不及请求国家机关救助。第三，自助行为的行使方式必须为法律所允许。如对财产扣押，仅指对侵权人的财产临时强制性占有，以利债权实现；如对财产毁损，仅指对作为侵权工具的财产进行破坏，使其丧失功能以防止侵害人以此再实施侵权行为。针对当事人来讲，可以采取扣留的方式，即对人身自由加以临时性限制，以防逃逸。第四，自助行为的行使对象必须是侵权人本人的人身或财产。第五，自助行为不能超过必要的限度。在能请求国家机关援助的情况下，却故意不请求国家机关援助而实施自助行为的，属于滥用自助行为，是不合法的。

本案中，因原告刘某拖欠某旅馆住宿费等费用多达 2000 元。某旅馆为了自己债权的实现，在来不及请求公力救济的情况下，为了防止客人不交住宿费就离开使自己债权再也不能实现的后果，采取扣押刘某财物的行为，是保障其债权实现所必须采取的行为，也为法律或社会公德所许可，同时没有超过必要的限度。所以，该扣押财产行为符合自助行为的构成条件，应属于自助行为。同时也应看到，如果某旅馆能够通过起诉刘某或请求其他公权力机关介入而实现其债权，当时情形并没有紧迫到扣押刘某财物的程度，就不应当扣留刘某的财产。否则就构成侵权行为。

本案之所以出现分歧意见，关键就在于对自助行为的性质、构成要件没有明确的法律规定。因此，在民事立法中对自助行为作出明确规定具有相当的必要性。

案例二 _____

案 情 简 介

原告曹某到被告宏丽云景分公司经营的沃某玛超市购物。原告至自助收银一体机结账后出超市时，门磁报警器响起。超市的工作人员就门磁警报响起一事向原告询问相关情况。后原告打开包自行进行检查并出示了手机订单信息，与原告所购商品进行核对，上述检查未发现异常后，原告与超市工作人员陆续离开现场。

原告主张被告宏丽云景分公司的工作人员故意按响门磁报警器以达到陷害原告、强行搜查原告随身物品的目的，其行为侵犯了原告的人身自由权，并造成其精神损害。被告宏丽云景分公司、宏丽公司则认为原告在被告处购物，支付货款是原告应履行的合同义务。在门磁报警后，被告作为收款权利人，要求原告等待以对货款进行核实、确认，该行为无明显不当，不存在侵犯原告人身自由权的行为。

审 理 及 判 决

本案的争议焦点为超市员工对原告的检查行为是否侵犯其人身自由权。据《最高人民法院关于适用〈中华人民共和国民法典〉时间效力的若干规定》第 3 条及《民法典》第 1177 条之规定，法院认定超市员工与顾客核实购物清单、付款情况，均属于超市保护自己合法权益的必要措施，符合法律规定的自助行为，且超市员工的行为并未超过必要限度，亦不存在限制原告人身自由、侵犯原告人格权利的不当行为，故对原告所有的诉讼请求不予支持。

分 析

本案的争议焦点在于超市员工对原告的检查行为是否符合《民法典》第 1177 条所规定的自助行为。据法律规定，自助行为成立要件包括手段合理和以必要为限度。就法条的文义来看，自助行为本应仅限于受害人可以对行为人的财产权进行合理的限制，受害人是否可以对行为人的人身权进行限制，"等"字应当作何种理解。

笔者认为，此处的"等"应当包括行为人的财产权和人身权在内——自助行为的手段不得超过必要限度，避免给相对人造成不应当的损害。对于必要限度的考量应当综合法益的合理化保护、危险的程度、情况的轻重缓急程度等，考虑事后造成的结果与实施手段之间相当性的平衡，能以造成小损害的方式实施即可达到目的就不应当使用能造成更大伤害的方式。即使没有充足的时间考虑手段相当性的问题，只要符合一个通常谨慎人的行为标准即可。超市员工对原告的检查行为虽然是对人身权的一种侵犯，但在当时的条件下，此种行为是维护超市利益之必需，能够为法律和社会道德所容纳。但值得一提的是，未来的立法中应当对自助行为的必要限度尽可能予以明晰，以指导司法实践。

十六　决议行为

决议行为是从民事法律行为、多方民事法律行为和共同行为中逐渐发展出来的法律概念，是指由多个主体根据法律规定或约定的表决规则，在表达其意思的基础上作出决定并发生法律效力的行为。常见的决议行为包括公司决议、农民集体决议、业主大会或业主委员会决议、按份共有人决议、合伙企业决议、农民专业合作社决议和破产法上的债权人会议决议等。近年来，学者开始讨论决议行为的本源性问题并力图建构决议行为的一般理论。在学者的极力呼吁下，2017 年 3 月 15 日在第十二届全国人民代表大会第五次会议表决高票通过的《民法总则》中第一次明确提出了决议行为的概念，正式将决议行为增加为民事法律行为的新类型，2020 年 5 月 28 日通过的《民法典》作出同样的规定。虽然决议行为"入典"已成事实，但关于决议行为性质的讨论仍如火如荼，决议行为的一般性理论问题如决议瑕疵事由的判定问题、瑕疵决议对后续法律行为效力的影响等问题成为当下民法学界与商法学界探讨的热点。

一、决议行为的概念

"决议"这一术语历史悠久，早在罗马法时代，"决议"便已出现，如平民会决议、元老院决议等。[①] 但此时的"决议"并未阐明其具体含义并且与合同行为、共同法律行为等概念混合使用。随着德国学者将决议行为从合同行为中分离并独立后，决议行为在法律行为体系中的地位逐渐受到重视。我国学者对决议行为进行了深入的研究，对于决议行为的概念界定有如下代表

---

① 彼得罗·彭梵得. 罗马法教科书 [M]. 黄风，译. 北京：中国政法大学出版社，1992：17.

观点。

有学者认为，决议一般亦由多个意思表示构成，其多见于团体法之中，如股东会决议、业主大会决议等。^① 有学者认为，决议主要出现在社团法中，又称"组织内部行为"，指组织内部成员依一定组织规则（多数表决原则）进行的多方法律行为。^② 有学者认为，作为团体自治工具的决议，是社团成员的意思表示根据意思表示吸收规则（多数决）所形成的法律行为。^③ 还有学者认为，决议行为是多个民事主体在表达其意思表示的基础上根据法律或者章程等规定的议事方式和表决程序为形成团体意思而作出的民事法律行为。常见的决议行为包括农民集体决议、业主大会或业主委员会决议、按份共有人之间的决议、合伙企业决议、农民专业合作社决议、公司决议和破产法上的债权人会议决议等。^④ 也有学者认为，决议行为是股东对于决策事项的意思表示的偶然结合，是多种行为的结合体，既包含股东意思和表示，也有公司意思的形成。^⑤ 还有学者认为，决议是在多数个体成员组成的共同体中，通过提案、协商并表决等程序而形成代表全体利益诉求于价值理念的共同体意志的决定。^⑥

二、决议行为法律属性辨析

决议行为的法律属性问题一直是理论界争议的焦点问题，学术界对决议行为究竟是否为法律行为存在很大分歧。《民法总则》颁布后，虽将决议行为规定于法律行为项下，但立法并不能够终结决议行为是否属于法律行为的理论争议。

（一）"法律行为说"

有学者认为，在法律事实中，只有法律行为才存在成立和生效的区别，而在非法律行为的法律事实中，其实并不存在成立和生效的区分，两者是一体的，因此只要承认区别于无效的不成立，或者承认区别于生效的成立，就在实质上认可了决议的法律行为属性。^⑦ 也有学者认为，构成决议的单个团体

① 梁慧星. 民法总论 ［M］. 北京：法律出版社，2011：163.
② 龙卫球. 民法总论 ［M］. 2版. 北京：中国法制出版社，2002：436.
③ 瞿灵敏. 民法典编纂中的决议：法律属性、类型归属与立法评析 ［J］. 法学论坛，2017，32（4）90-92.
④ 王雷.《民法总则》中决议行为法律制度的力量与弱点 ［J］. 当代法学，2018，32（5）4.
⑤ 叶林. 股东会会议决议形成制度 ［J］. 法学杂志，2011，32（10）33.
⑥ 贾文卿. 论私法决议行为的性质 ［J］. 河南财经政法大学学报，2018，33（3）：30-31.
⑦ 殷秋实. 论法律行为的效力评价体系 ［J］. 比较法研究，2017，31（6）：23-25.

成员的表决在性质上属于意思表示，而这些意思表示根据多数决所形成的决议也直接产生了团体内部的私法效果，因此决议符合法律行为以意思表示为要素的设权行为的本质，在性质上属于法律行为。① 司法实践中，杜万华大法官表示《民法总则》明确将包括公司在内的法人的决议行为，规定在民事法律行为制度中，对此《最高人民法院关于适用〈中华人民共和国公司法〉若干问题的规定（四）》（以下简称《公司法解释（四）》）应当严格贯彻。由此可知，决议行为属于通说。在认为决议行为是法律行为的观点中，具体又可分为"共同法律行为说""独立的多方法律行为说""独立的法律行为说"和"单方法律行为说"四种观点。

1. "共同法律行为说"

"共同法律行为说"是当前我国有关决议行为法律属性的最为主流的学说，史尚宽、胡长清、王泽鉴、郑玉波、谢怀栻、梁慧星等教授均是这一分类模式的力倡者。尤其在史、王二人对决议行为定性之后，决议行为属于共同行为几乎成为学术界通说。该说认为决议行为在性质上属于法律行为中的共同行为。② 学者多从探讨共同法律行为入手，将决议行为列为共同法律行为的典型予以阐述。共同法律行为，也称共同行为，是指根据同一内容的多个意思表示而成立的行为。③ 具有意思表示的同向性、身份的一致性、效力的整体性、关系的团体性、合作的长期性和目标的涉他性等特点。股东会的决议行为凡由股东依法作出意思表示并产生私法上法律效果的决议，均属股东的共同行为。由于所有的决议必须在股东大会上进行，即遵循所谓的股东表决权的集体行使原则，因此此类股东共同行为，其实也就是股东会或股东大会的行为；同时，股东（大）会作为公司的最高权力机关，其行为亦被视为公司的行为，其是公司法上最典型的共同行为。④ 也有学者直接将决议行为归于共同行为中对共同行为理论进行论证，其指出："共同法律行为是在遵循既定章程（协议）的基础上，依据一定的程序、遵循多数决原则达成意思表示的

---

① 瞿灵敏. 民法典编纂中的决议：法律属性、类型归属与立法评析 [J]. 法学论坛，2017，32（4）：93.

② 王泽鉴. 民法总则 [M]. 北京：北京大学出版社，2009：209；王利明. 民法总则研究 [M]. 北京：中国人民大学出版社，2012：530；马俊驹，余延满. 民法原论 [M]. 4版. 北京：法律出版社，2010：184.

③ 梁慧星. 民法总论 [M]. 北京：法律出版社，2011：163；王泽鉴. 民法总则 [M]. 北京：北京大学出版社，2009：209；史尚宽. 民法总论 [M]. 北京：中国政法大学出版社，2000：311；郑玉波. 民法总则 [M]. 北京：中国政法大学出版社，2003：299.

④ 韩长印. 共同法律行为理论的初步构建：以公司设立为分析对象 [J]. 中国法学，2009，26（3）：76-77.

一致共同行为属于与单方行为、双方法律行为并列的一种类型。"该行为具有两个特点：一是意思表示不是指向社员而是指向社团；二是决议采用多数决原则，对不同意的社员也具有约束力。① 还有学者从决议行为与合同行为对比的视角来论证决议行为当属于共同法律行为：决议行为的根本特征是根据程序正义的要求采取民主多数决的意思表示形成机制。决议行为除具有程序性特点之外，还具有团体性的特点，决议结果对团体内部全体成员都具有法律约束，而合同行为一般采取要约承诺的成立机制，且仅在合同当事人之间有法律约束力。② 从民事法律行为类型划分上看，合同行为属于双方民事法律行为，决议行为则属于多方民事法律行为、存在多个民事主体的多个意思表示。当然，不同具体类型决议行为的多数决机制有资本多数决、成员多数决与混合多数决之别。③

2. "独立的多方法律行为说"

德国学者汉斯·布鲁克斯和沃尔夫·迪特里希·瓦尔克在其撰写的《德国民法总论》中阐述道，法律行为根据当事人的数量和参与方式分为单方法律行为和多方法律行为。其中多方法律行为又分为合同、共同行为和决议行为，区别在于合同中的意思表示是相互的或被交换的。而共同行为中的意思表示是单项并列作出的，决议行为则是由团体成员作出指向一致的意思表示。④

近年来我国学者也多承认决议行为的独立性，认可决议行为具有独立于共同行为和合同行为的固有属性。⑤ 有学者认为，作为成员权行使的重要方式，决议行为究竟属于独立类型的法律行为，还是仅属于意思表示的形成行为，其本质在于持论者观察描述角度的不同：从表决权人内部来看，决议行为是通过民主多数决机制来集合表决权人的个体意思、形成团体意思；从团体外部第三人角度而言，决议行为作为团体集合而成的意思，代表了团体对外展示出来的一项意思表示，如此就会消弭表决权人个体意思表示的存在空

---

①　许中缘. 论意思表示瑕疵的共同法律行为：以社团决议撤销为研究视角 [J]. 中国法学, 2013, 30 (6)：56-60.

②　王雷. 论民法中的决议行为：从农民集体决议、业主管理规约到公司决议 [J]. 中外法学, 2015, 27 (1)：79-99.

③　王雷. 论我国民法典中决议行为与合同行为的区分 [J]. 法商研究, 2018, 35 (5)：128-138.

④　汉斯·布鲁克斯, 沃尔夫·迪特里希·瓦尔克. 德国民法总论 [M]. 张艳, 译. 北京：中国人民大学出版社, 2012：76.

⑤　朱庆育. 民法总论 [M]. 北京：北京大学出版社, 2013：133-134；龙卫球. 民法总论 [M]. 2 版. 北京：中国法制出版社, 2002：435-436.

间，所以将决议行为作为对民事法律行为类型的有益扩充，如此既有利于揭示决议行为与其他法律行为在意思表示内容、方向、决议行为成立及效力等方面的差异，也有利于揭示民法基于团体法思维对决议行为调整方法的丰富性。①

3. "独立的法律行为说"

此种观点认为，决议行为不属于当下任何一个法律行为的分类类型，而是属于并列于单方民事法律行为、双方民事法律行为、共同民事法律行为的一类独立的民事法律行为类型。② 有学者认为，从意思表示的内容、方向和合成方式为要素的意思表示构造规则出发，决议行为是与单方法律行为、契约、共同法律行为并列的独立法律行为。③ 也有学者从团体法角度将决议行为界定为团体法的私法评价体系，从而否决了对其进行共同行为定位的观点，但仍认为决议行为应纳入法律行为的范畴。他认为，《合同法》等个人法已经建立了较为完善的"私法评价体系"，我国《民法通则》所提供之"私法评价体系"亦对《合同法》等个人法更具有适用性，而我国法上的团体法"私法评价体系"却严重缺位。决议行为是构建团体法"私法评价体系"的线索与纽带，在我国《民法典》编纂的历史机遇下，唯有确认决议行为的法律行为属性，私法自治理念才能借助法律行为制度穿透团体自治的"黑箱"，构筑起团体法的"私法评价体系"。团体法行为与个人法行为的关键区别在于是否具有"公共管理属性"，共同行为仅仅是各自独立的私权之协同行权行为，并不存在私权部分让渡的情形，亦不会衍生出"共益权"及团体之公共管理机关。因此，共同行为属个人法行为而非团体法行为，亦无从参与团体法"私法评价体系"之构建。决议行为规则之价值本旨在于追求更具民主性、效率性的私法团体生活，"多数决"仅仅是实现该价值本旨的主要操作形式。进言之，决议未必"多数决"，亦可"一致决"甚至"一票决"。④

4. "单方法律行为说"

该说认为决议并非团体成员的行为，即对于决议行为的主体提出疑问，认为决议行为的主体是社团，社团作为整体的概念为单数，即决议行为是特

---

① 王雷. 论我国民法典中决议行为与合同行为的区分 [J]. 法商研究, 2018, 35 (5): 128-138.

② 梁慧星. 民法总论 [M]. 北京: 法律出版社, 2011: 162; 薛波. 我国未来《民法总则》决议行为的立法安排 [J]. 湖北社会科学, 2016, 30 (2): 148-150.

③ 瞿灵敏. 民法典编纂中的决议: 法律属性、类型归属与立法评析 [J]. 法学论坛, 2017, 32 (4): 88.

④ 吴飞飞. 决议行为归属与团体法"私法评价体系"构建研究 [J]. 政治与法律, 2016, 35 (6): 9.

殊的单方法律行为。其理由是：作出决议的主体和参与表决的主体存在区别，虽有众多主体参与，但由社团一人作出决议。① "决议行为并非共同行为或特殊的多方法律行为，而系社团个体行为。众多成员参与表决，导致学者将决议行为误读为多方法律行为，然而两者存在本质区别……决议行为是与传统意思表示之法律行为相并列的特殊法律行为。"②

还有学者以股东大会决议为例，认为股东大会作为公司机关存在的目的在于形成独立于股东意思和董事意思的公司意思，维持公司人格独立。股东大会是作出决议的主体，决议是股东大会的意思表示形式，各行使表决权的股东的个体意思表示集合化形成最终唯一的集体意思。同时，股东大会作为公司的意思机关，"股东大会决议是股东大会对审议事项依程序表决而形成的股东大会的意思，该意思一经形成则转化为公司意思"，因而公司亦是决议的主体。无论是股东大会意思还是公司意思，作为团体法现象，"将股东大会决议从共同行为中分离视为一种独立的法律行为类型，是为特殊的单方法律行为"。③

（二）"非法律行为说"

尽管《民法总则》已经将决议行为确立为法律行为，但还有不少学者质疑决议的法律行为属性，其大都通过决议行为与法律行为、意思表示的对比来否定决议的法律行为属性。有学者认为法律行为以意思表示为要素，而作为决议要素的团体成员的表决在性质上属于意思通知而非意思表示，因此决议并非法律行为。④ 也有学者认为用法律行为理论判定股东会决议并不妥当。法律行为的成立要件是当事人、意思表示和标的，在决议行为中，股东人数低于法定人数、虽有意思表示但程序不合法的决议是不成立的，但这些情况实际上符合法律行为的成立要件，应该在效力层面讨论，因此，股东会决议的成立与否与法律行为理论没有必然联系。⑤ 另有观点认为，决议所要求的多数决原则在本质上是一种民主原则，而民主要求少数服从多数，这与法律行

① 张俊浩. 民法学原理 [M]. 北京：中国政法大学出版社，1999：214.
② 徐银波.《民法总则》决议行为规则之解释适用 [J]. 私法研究，2017，22（2）：15-31.
③ 吴高臣. 论股东大会决议的性质 [J]. 首都师范大学学报（社会科学版），2014，41（6）：48-50.
④ 叶林. 商行为的性质 [J]. 清华法学，2008，2（4）：51；马建兵. 民法典背景下法律行为制度在商事行为中的除外适用 [J]. 甘肃社会科学，2017，39（2）：156.
⑤ 步兵，孟星宇. 股东会决议不存在探析：以《公司法》第22条为中心 [J]. 东南大学学报（哲学社会科学版），2014，16（2）：75.

为所坚持的意思自治原则相背离，因此，决议不属于法律行为。① 其中最具代表性的观点为"意思形成说"，同时还存在"偶然结合说""私法团体权力行为说""商行为说"等。

1. "意思形成说"

该说主张，"法律行为是意思表示的制度，决议行为是意思形成的制度。"② 有学者认为，公司决议是按照法定程序，根据资本"多数决"原则形成的对包括反对股东在内的所有股东都有法律拘束力的决议，具有法律行为所不具备的内涵。因此，决议是意思形成的制度，而法律行为应当是意思表示制度，两者之间存在着重大的区别，决议不应当适用法律行为理论。③ 也有学者认为，决议行为并不能依当事人意思产生权利义务关系，其只是效果意思形成阶段，是意思形成行为。④ 还有学者认为决议行为属于意思形成行为，其与法律行为存在如下区别：其一，决议欠缺法律行为的构成要件；其二，决议在本质上只是多数派成员意见的转换，是多个股东偶然意思的结合，丧失其独立性，决议中即使意思不一致也会因"多数决"而成立。⑤

然近年来，学术界对于"意思形成说"的批判屡见不鲜。学者吴飞飞提出，"意思形成说"对决议行为的定性，颇有"白马非马"之嫌。其审视决议行为的外部第三人视角，会消解决议行为对团体内部治理的规范意义；其对民主、正当程序原则的过分推崇，混淆了私法决议与公法决议的本质差异；既有决议效力规则主要沿袭法律行为效力评价理论，"意思形成说"难以在法律行为效力评价理论之外再造一套效力评价规则。⑥

2. "偶然结合说"

有学者认为决议是多种行为的结合体，包含股东的意思和公司的意思，是个体股东在决议事项上形成的偶然结合。⑦ 决议行为只是一种满足了会议决议构成要件的社团成员意思表示的偶然结合，社员之间不用提前交换意见，

① 陈醇. 意思形成与意思表示的区别：决议的独立性初探 [J]. 比较法研究，2008，22（6）：54-56.

② 陈醇. 意思形成与意思表示的区别：决议的独立性初探 [J]. 比较法研究，2008，2（6）：64.

③ 陈雪萍. 程序正义视阈下公司决议规则优化之路径 [J]. 法商研究，2019，36（1）：119-122.

④ 徐银波. 决议行为效力规则之构造 [J]. 法学研究，2015，37（4）：170.

⑤ 马更新. 公司担保中决议形成程序与合同效力认定间牵连关系探析 [J]. 法学杂志，2020，41（6）：39.

⑥ 吴飞飞. 决议行为"意思形成说"反思：兼论决议行为作为法律行为之实益 [J]. 比较法研究，2022（2）：134-148.

⑦ 叶林. 股东会会议决议形成制度 [J]. 法学杂志，2011，32（10）：33.

无须达成合意，无须商定，只需要按照自己的意思独立表达同意、反对或赞成即可，最终按照"多数决"等规则形成最终的会议决议的过程。

3. "私法团体权力行为说"

有学者认为决议行为是典型的团体法行为，法律行为是传统的个人法行为，决议行为并不属于法律行为，而是独立的私法权力行为。[①] 团体法的本质是权力属性，即私法领域的决断与服从关系，团体意思形成的决断及个体意思对团体意思的服从本质上即权力关系。决议行为是团体意思决断的方式之一，决议行为成立之时仅为团体意思的形成与决定之时，意思决断仅是团体的一个内部行为，与对外意思表示相区分，其效力仅能约束内部的团体成员及团体工作人员，不直接对团体外部相对人产生效力。

也有学者认为，决议行为的伦理基础及逻辑主线是社团自治，决议产生约束力之伦理基础及统帅决议行为制度构造之核心在于社团自治，法律相信社团是对自己利益的最佳判断者，故不干涉其自我管理，赋予其管理自己事物的自由。但其一旦通过意思机关作出选择，无论社团还是其成员均应受自由选择的拘束，即真理掌握在少数人手中，"多数决"形成的意志对社团不利。[②]

4. "商行为说"

该观点认为，决议行为本质上属于商行为的一种，主要论证逻辑有二：一是关于商行为的定义。认为商行为不限于法律行为，也包括事实行为和准法律行为等非表意行为。二是关于决议的定性。视决议为一种引起特定法律效果的非表意商行为，即决议的每个成员的单独意思无法直接构成公司意思，在成员意思转换为公司意思之前不能当然产生私法效果，"诸如企业自主行为以及决议行为等商行为，它们几乎全无意思表示适用的可能"。所以，对于决议，各国公司法均"放弃了以合意为基础的私法自治原则，转而明确会议决议的形成要件"。综上，"商行为说"否认决议的法律行为属性的论据有二，一是公司成员的个体意思无法直接构成公司意思，故不产生法律效果；二是决议难以适用法律行为中的意思表示规则。[③]

---

① 贾文卿. 论私法决议行为的性质 [J]. 河南财经政法大学学报, 2018, 33 (3): 30.

② 徐银波. 决议行为效力规则之构造 [J]. 法学研究, 2015, 37 (4): 169-170.

③ 李建伟. 决议的法律行为属性论争与证成：民法典第 134 条第 2 款的法教义学分析 [J]. 政法论坛, 2022, 40 (2): 74-86.

三、决议行为的法律适用问题

按照《民法典》的规定，决议行为属于法律行为，那么决议行为是否适用法律行为的一般规范呢？学术界主要有以下三类观点。

（一）"完全否定说"（"独立规范说"）

"完全否定说"认为，法律行为一般理论完全不适用于决议行为。有学者认为："关于股东大会的决议，因其意思形成方法带有团体法的特点，于其效力也强烈要求团体法律关系的稳定，大部分法律行为或意思表示的一般原则不适用于决议。"① 另有学者认为："公司决议是个别股东通过表决机制而形成的集体意思。民法基于自然人主观心理的瑕疵判断，对股东大会决议瑕疵的判断存在适用上的困难。"② "法律行为说"主张者表示，公司决议行为是组织法上的法律行为，与其他民事法律行为在意思表示结合方式、程序正义要求等方面都有着极大的区别。③ "非法律行为说"主张者则表示，社团自治与程序正义均是决议行为的正当性基础，只不过社团自治是从主体维度为决议行为的有效性提供支持，而程序正义是从行为维度回应了决议行为的正当性要求，故而对决议行为的效力认定、决议瑕疵的救济不能过于依赖法律行为制度。④

在《民法典》"民事法律行为的效力"一节中，关于决议行为并未作出特别规定；在一般规定中，也未对意思表示瑕疵进行专门规定，而是以法律行为的瑕疵来加以表述。原则上，只要相关表述未明确适用于合同行为或双方法律行为，决议行为也可适用之。但特别的是，《民法典》第85条对营利法人决议行为的撤销规则作出了区别于一般法律行为撤销的规定，此条文与《公司法》第22条第2款共同构成了公司决议可撤销的效力规则，可以认为立法者也采纳了上述"独立规范说"的观点。⑤

---

① 李哲松. 韩国公司法 [M]. 吴日焕，译. 北京：中国政法大学出版社，2000：383.
② 钱玉林. 股东大会决议的法理分析 [J]. 法学，2005，50（3）：99-100.
③ 王雷. 论我国民法典中决议行为与合同行为的区分 [J]. 法商研究，2018，35（5）：134-135.
④ 丁勇. 公司决议瑕疵诉讼担保制度检讨及立法完善 [J]. 法学，2014，59（5）：95；马建兵. 民法典背景下法律行为制度在商事行为中的除外适用 [J]. 甘肃社会科学，2017，39（2）：156；徐银波. 决议行为效力规则之构造 [J]. 法学研究，2015，37（4）：170-172；陈醇. 意思形成与意思表示的区别：决议的独立性初探 [J]. 比较法研究，2008，2（6）：64.
⑤ 毛快. 对股东大会决议可撤销之诉效力规则的检讨 [J]. 中国政法大学学报，2019，13（2）：61.

（二）"部分否定说"

"部分否定说"认为，法律行为一般理论中有部分仍可适用于决议。如有学者指出，"由于决议属于意思形成阶段的法律行为，传统意思表示瑕疵理论中除意思形成阶段的瑕疵如受胁迫、欺诈等瑕疵可以适用于决议外，其他属于意思与表示不一致的，如真意保留、虚伪表示不能适用于决议。"还有一种观点认为，"在法律适用上，对团体成员可依据自然人为原型的民法理论进行分析和推理；而对于团体整体，则不能适用民法上以自然人为基础的民法理论，而应遵循团体法上的特殊规则。"① 在这种观点看来，构成决议的表决行为可适用法律行为关于意思表示的一般理论，但决议自身不能适用法律行为一般理论。还有学者认为，决议行为的涉及面广，如公司章程的修改、增资减资、重大资产交易、公司股权结构及其变动、公司治理乃至股东权利的实现等，《民法总则》对其均有适用。但法律行为以意思表示为要素，意思表示的基础为意思自由，决议行为以公司股东或利益相关者（如董事、监事）的团体意思表示为要素，团体意思表示的基础为资本"多数决"而非意思自由，所以公司股东或利益相关者的团体意思表示在表意内容、方式、程序、效果等方面均有其特殊性，应当经由公司法对此作个性化表达，以排除适用关于意思表示的一般规定。②

（三）"肯定说"

该说主张决议效力规则的构建应当以一般民事法律行为效力规则为基础，并以此提出两种方案。一种方案是，在现有的以个体法上的法律行为为原型的法律行为一般理论的框架之外另起炉灶，重新构建团体法上的法律行为的一般理论。③ 这种效力规则与一般民事法律行为的效力规则是特殊与一般的关系，体现了商事规则独特而非独立于民事规则的特性，民法中诸如意思表示的规则等也都可适用于决议行为。

---

① 李志刚. 公司股东大会决议问题研究：团体法的视角［M］. 北京：中国法制出版社，2012：58.

② 邹海林. 关于公司法修改的几点思考［J］. 法律适用，2020，63（1）：91；李哲松. 韩国公司法［M］. 吴日焕，译. 北京：中国政法大学出版社，2000：383；王雷. 民法总则中决议行为法律制度的力量与弱点［J］. 当代法学，2018（5）：4；许中缘. 论意思表示瑕疵的共同法律行为：以社团决议撤销为研究视角［J］. 中国法学，2013（6）：56-57.

③ 持此种观点的多为商法学者，如陈醇. 论决议的民事责任：超越传统二元责任体系［J］. 学术论坛，2010，33（3）：167-171.

四、决议行为的效力瑕疵问题

(一) 决议行为效力瑕疵体系之辨

关于决议行为效力瑕疵体系问题存在"一分法""二分法""三分法",以及"四分法"的论说。

1."一分法"

以英国法为代表的"一分法"主张决议效力瑕疵形态仅有一种,即无效。根据 2006 年《英国公司法》第 301 条可知,公司决议效力形态仅包括有效与无效这一对组合,若无程序违法问题,决议即属有效,否则便归入无效范畴。① 此外,荷兰也采用了"一分法"模式。《荷兰民法典》在第 3 卷第 2 章中规定了法律行为制度 (Art. 3:32—59 BW) 并将决议置于法律行为一章予以阐释。荷兰法虽未对决议作出明确的定义,但其关于法律行为有效或无效的规定也适用于决议。不仅如此,荷兰法在处理决议效力瑕疵的问题上要比英国法更详细,其规定决议只能有效或无效,当事人不能单独提出异议 (Art. 2:13 Abs. 1 BW)②,例如,会议主席在达成决议的过程中发挥着重要作用,仅当会议主席对投票进行评价并宣布结果时,决议才能有效,否则即归于无效 (Art. 2:13 Abs. 3 BW)。③

2."二分法"

"二分法"是传统大陆法系的立法体例,将决议行为效力瑕疵只区分为无效和可撤销两种类型。我国《民法典》第 6 章第 3 节"民事法律行为的效力"部分也仅是关于有效、无效和可撤销的规定,《公司法》第 22 条关于公司决议瑕疵的规定也是只包括无效和可撤销两种。"二分法"的立法例虽然简单明了,但也存在明显的缺陷。首先,决议行为的无效和可撤销都是以其成立和存在为前提,倘若决议行为本就不存在,自是没有无效或可撤销一说。其次,对于严重程序瑕疵,如决议根本不满足"多数决",而是通过伪造签名的方式使外观上像有效决议,被评价为可撤销,那么被撤销之前决议是有效的,一项并不成立的决议被评价为有效是无法被接受的。最后,撤销之诉对于严重程序瑕疵决议规制不够,无法起到合法性控制和个体权利保护的功能。决议可撤销和决议无效除了法律逻辑的明显区别,更在于决议撤销受到除斥期间

① 英国 2006 年公司法 [M]. 葛伟军, 译. 北京:法律出版社, 2017:253-254.
② Vgl. Assink, Compendium Ondernemingsrecht, 2013, S. 291 ff.
③ Vgl. Dominik Skauradszun, Der Beschluss als Rechtsgeschä, 2020, S. 36.

的限制，除斥期间经过，请求撤销的实体权利消失，决议被补正从而成为有效决议。一项事实上不存在的决议被法律评价为有效，无疑是荒唐的。"二分法"基本上是一种形式主义立法规范，缺乏深刻的法理基础。[①]

3. "三分法"

"三分法"是在传统"二分法"的基础上，通过分析和解决"二分法"逻辑缺陷，引入决议不成立制度形成的，即决议行为效力瑕疵分为无效、可撤销与不成立。首先，决议不成立制度的引入是为了满足法律逻辑圆满；其次，现实中大量存在伪造决议等情形，客观上存在这种需要；再次，决议不成立制度的理论基础在于对决议行为的属性定位；最后，立法上将决议行为确立为一种法律行为，法律行为存在不成立的情况，顺其自然地决议行为也存在不成立的状态，这也为当决议无效事由被法律排他强制限定为内容违反法律、行政法规，导致某些被法律解释和适用者认为应该排除效力的程序瑕疵只能落入可撤销时，通过决议不成立来规避这种不妥效果。于是2017年公布并生效的《公司法解释（四）》第1条正式确立了不成立之诉："公司股东、董事、监事等请求确认股东会或者股东大会、董事会决议无效或者不成立的，人民法院应当依法予以受理。"由此，我国公司决议效力瑕疵形成了更合乎逻辑的"三分法"界定。

4. "四分法"

该说学者主张将决议行为的瑕疵区分为决议行为的不成立（严重程序瑕疵所致）、约定未生效、可撤销与无效。[②] 即法律行为的效力，可以用四对范畴来划分，一是成立或不成立，二是生效或不生效，三是有效或无效，四是可撤销或不可撤销。其中前两对范畴属于事实判断层面的问题，后两对范畴属于价值判断的问题。第四对范畴中，如果一项法律行为属于可撤销法律行为，而拥有撤销权的当事人也行使了撤销权，那么法律行为就归于无效，且为自始无效。但如果当事人未在除斥期间主张撤销权，则法律行为完全有效。因此，可撤销的法律行为在效力上早晚可以归入有效或无效的范畴中，所以才会有所谓"法律行为效力认定的三步曲"之说。与学术界部分学者所主张的"三分法"方案不同，"四分法"方案多了一个"生效或不生效"这一效力类型。

---

① 钱玉林. 股东大会决议瑕疵研究 [M]. 北京：法律出版社，2003：275.
② 张旭荣. 法律行为视角下公司会议决议效力形态分析 [J]. 比较法研究，2013，7（6）：140-145；王雷. 论我国民法典中决议行为与合同行为的区分 [J]. 法商研究，2018，35（5）：138.

（二）决议行为不成立的评定标准问题

目前，我国学理中存在两种界定决议不成立事由的思路和标准，一种基于瑕疵的严重程度直接进行评判；另一种则先构建决议的成立要件，然后反推决议的不成立事由。

1. 基于瑕疵的严重程度

该基本思路是在决议存在程序瑕疵时，只能依据社会危害性程度，通过公众舆论、社会价值观念、社会效果等因素来具体判断决议是否不成立。[①] 换言之，不成立的情况通常只能具体判断，依据个案情况考察瑕疵是否足够严重，以至于需要否定行为效力。我国所借鉴的周边地区立法例都采用这种思路。

2. 先构建成立要件，后反推不成立事由

该思路为我国大部分学者所主张的成立要件理论，不同学者列举的成立要件并不一致。有学者提出的成立要件为：主体要件，即有股东出席；内容要件，即存在决议内容；程序要件，必须召开会议，多数决通过。[②] 有学者认为，决议成立应该满足确有举行会议、有法定人数出席、会议作出表决、表决达"多数决"比例要求等要件。[③] 另有学者将有会议外观，有召集人和召集通知；会议作出决议；满足"多数决"三者作为成立要件。[④] 还有学者认为，决议的成立要件包括事实要件、召集程序要件（召集权人召集、对全体股东发出召集通知、决议事项限于通知事项）、决议程序要件（达到多数）。[⑤] 最高人民法院的观点是，决议须由股东会作出，因此要求参加人员是股东且有合格的召集程序；股东会决议须以发生一定的法律效果为目的作出；股东会决议需要依据议事方式或表决程序形成意思表示。[⑥] 以上成立要件的不满足，即构成决议不存在的原因。

---

① 甘培忠，赵文冰. 对公司决议效力的一些思考：析《最高人民法院关于适用〈中华人民共和国公司法〉若干问题的规定（四）》（征求意见稿）中的相关规定 [J]. 法律适用，2016，31（8）：50-52；步兵，孟星宇. 股东会决议不存在探析：以《公司法》第 22 条为中心 [J]. 东南大学学报（哲学社会科学版），2014，16（2）：76-77.

② 张旭荣. 法律行为视角下公司会议决议效力形态分析 [J]. 比较法研究，2013，7（6）：141.

③ 徐银波. 决议行为效力规则之构造 [J]. 法学研究，2015，37（4）：164.

④ 王雷. 公司决议行为瑕疵制度的解释与完善：兼评公司法司法解释四（征求意见稿）第 4~9 条规定 [J]. 清华法学，2016，10（5）：184.

⑤ 李建伟. 公司法学 [M]. 5 版. 北京：中国人民大学出版社，2022：319-320.

⑥ 杜万华. 最高人民法院公司法司法解释（四）理解与适用 [M]. 北京：人民法院出版社，2017：20.

五、决议瑕疵对后续法律行为效力的影响问题

须经决议的行为可分为三类，分别是内部管理行为、外部交易行为与组织行为，这仅限于增资、减资、合并、分立、解散等导致公司变更的行为。因决议属于法人意志，对所有成员均有约束力，所以当决议行为不成立或被撤销时，对于内部管理行为应溯及无效。但关于内部决议瑕疵如何影响外部交易行为与组织行为的效力，我国立法存在缺陷，仅设定行为准则，未明确法定代表人等未经共同决议而专断实施相应行为之违法后果，导致裁判不一并且理论解决方案观点纷呈。

（一）"违法行为效力认定说"

该说认为强制决议规则属于强制性规定，故后续行为的效力应当从违法行为效力认定的视角进行探讨。具体又可区分为两种观点。其一，区分强制决议规则系属管理性或效力性强制规定而认定行为效力。最高人民法院在一个判决中认为，《物权法》《村民委员会组织法》等旨在规范集体内部议事程序，属于管理性强制规定，不影响合同效力；[①] 但在另一个判决中却认为，《村民委员会组织法》第 24 条等属于效力性强制规定，村民委员会未经有效决议所签合同无效。[②] 其二，无论将强制决议规则认定为管理性或效力性强制规定，都无法解决法人与相对人的衡平保护问题，故日本、我国台湾地区提出"相对无效说"。该说认为，欠缺有效决议导致行为欠缺法定要件，法人可主张行为无效，但不得以此对抗善意相对人。[③]

（二）"意思表示效力认定说"

该说认为，团体在实施法律行为的过程中，要经过两个阶段，第一个阶段是内部意思形成阶段，即决议行为的作出阶段，第二阶段是在决议行为的基础上团体以自己的名义对外与第三人之间发生法律关系的阶段。从法律上的因果关系来看，决议行为是原因行为，而外部行为是结果行为，决议行为更可以说是对外部行为的一种授权，是外部行为存在的权利基础。从这一点来看，决议行为不成立、无效、可撤销会使外部行为丧失正当性的权利基础，

---

① 参见东莞市某社区居民委员会与黄某某等承包经营合同纠纷案最高人民法院（2013）民一终字第 44 号民事判决书。同旨参见薄某某等诉东营某某新能源有限公司等案外人执行异议之诉案最高人民法院（2017）最高法民申 2084 号民事裁定书。

② 参见晋城市某村民委员会诉邯郸市某房地产开发有限公司合同纠纷案最高人民法院第四巡回法庭（2017）最高法民申 3598 号民事裁定书。同旨参见夏某某、习水县某村民组确认合同无效纠纷再审案最高人民法院（2018）最高法民申 2753 号民事裁定书。

③ 近藤光男. 最新日本公司法 [M]. 梁爽，译. 北京：法律出版社，2016：257.

从完全有效沦为效力待定的法律行为，除非团体再次作出决议行为予以追认，否则该外部行为也无法发生效力。① 但是，从保护善意第三人和交易安全的角度考虑，"决议行为的不成立、无效、可撤销不应当然影响外部行为的效力"，这在法学界基本达成共识。②《公司法解释（四）》第 6 条对此也表达了肯定的态度，规定"股东会或者股东大会、董事会决议被人民法院判决确认无效或者撤销的，公司依据该决议与善意相对人行为的民事法律关系不受影响"。

（三）"越权行为效力认定说"

该说认为强制决议规则旨在规范法人内部的决策程序，决议瑕疵可能导致法定代表人等欠缺有效授权而实施相应行为，故从越权行为效力认定的视角探讨后续行为之效力。此路径下亦有不同观点。其一，认为法人欠缺有效决议所为行为构成越权行为，但应适用越权代表抑或表见代理规则认定行为效力，莫衷一是。我国大陆地区学者多主张适用《合同法》第 50 条之越权代表规则认定担保行为的效力③，而我国台湾地区则倾向于适用无权代理规则，若董事长未经股东会特别决议而代表公司缔结关于出租全部营业之契约，应参酌适用无权代理规则。④ 其二，"恶意抗辩说"则认为应区分决策权与代表权，强制决议规则系对公司决策权之规定，但无论公司业务决策权归属于谁，最终均有赖代表董事代表公司实施行为，代表董事仍当然有权代表公司执行重要业务。⑤ 即使欠缺有效决议，代表董事代表公司所为行为亦当然有效。仅在相对人恶意时，公司可依《日本民法典》第 1 条关于"行使权利应恪守信义"之规定，对其权利主张提出抗辩，但若已履行义务，则无权请求返还已履行之标的。

（四）"类型认定说"

该说认为，决议不成立、无效或被撤销，无法完全适用《民法典》第 157 条关于法律行为无效之后果规定；《民法典》第 85 条、第 94 条及《公司

---

① 冯兆蕙，李霞.《民法总则》第 134 条第 2 款"决议行为"之探析 [J]. 河北法学，2019，37（1）：137.

② 王保树. 从法条的公司法到实践的公司法 [J]. 法学研究，2006，53（6）：29；王雷. 公司决议行为瑕疵制度的解释与完善：兼评公司法司法解释四（征求意见稿）第 4~9 条规定 [J]. 清华法学，2016，10（5）：184.

③ 钱玉林. 公司法第 16 条的规范意义 [J]. 法学研究，2011，33（6）：126-134；高圣平. 公司担保相关法律问题研究 [J]. 中国法学，2013（2）：104-114.

④ 黄铭杰. 股份有限公司董事长之权限及未经股东会决议所为代表行为之效力：九十七年度台上字第二二一六号判决评析 [J]. 月旦法学杂志，2009，169（6）.

⑤ 加美和照. 新订会社法 [M]. 日本：劲草书房，2011：301.

法解释（四）》第 6 条设定的善意相对人保护规则，其过于简单和武断，需区分决议主体、决议内容、瑕疵事由而类型化地认定法人依瑕疵决议所为行为之效力。① 在法人内部，瑕疵决议溯及无效，但需依裁量驳回制度认定后续决议之效力，并适用法律行为相对无效理念保护第三人利益。就外部行为，决议无效导致行为违法，应依《民法典》第 153 条认定行为效力。决议不成立或被撤销，则仅在法律设有强制决议规则之前提下方才导致行为欠缺法定要件，从而影响外部行为效力。因不同强制决议规则所欲保护的成员利益不同、所涉第三人利益不同，需区分营利法人与非营利法人、交易行为与组织行为，认定此种情形下外部行为之效力。有别于交易行为的相对性、独立性，组织行为具有涉他性、持续性之特征，需设立特别的公司组织行为效力诉讼规则，方可解决这一组织法问题。

 相关法律法规及司法解释 ◆

📖 《民法典》

第 85 条　营利法人的权力机构、执行机构作出决议的会议召集程序、表决方式违反法律、行政法规、法人章程，或者决议内容违反法人章程的，营利法人的出资人可以请求人民法院撤销该决议，但是营利法人依据该决议与善意相对人形成的民事法律关系不受影响。

第 134 条　民事法律行为可以基于双方或者多方的意思表示一致成立，也可以基于单方的意思表示成立。

法人、非法人组织依照法律或者章程规定的议事方式和表决程序作出决议的，该决议行为成立。

第 153 条　违反法律、行政法规的强制性规定的民事法律行为无效。但是，该强制性规定不导致该民事法律行为无效的除外。

违背公序良俗的民事法律行为无效。

第 157 条　民事法律行为无效、被撤销或者确定不发生效力后，行为人因该行为取得的财产，应当予以返还；不能返还或者没有必要返还的，应当折价补偿。有过错的一方应当赔偿对方由此所受到的损失；各方都有过错的，应当各自承担相应的责任。法律另有规定的，依照其规定。

---

① 徐银波. 法人依瑕疵决议所为行为之效力 [J]. 法学研究，2020，42（2）：154-156.

第 278 条　下列事项由业主共同决定：

（一）制定和修改业主大会议事规则；

（二）制定和修改管理规约；

（三）选举业主委员会或者更换业主委员会成员；

（四）选聘和解聘物业服务企业或者其他管理人；

（五）使用建筑物及其附属设施的维修资金；

（六）筹集建筑物及其附属设施的维修资金；

（七）改建、重建建筑物及其附属设施；

（八）改变共有部分的用途或者利用共有部分从事经营活动；

（九）有关共有和共同管理权利的其他重大事项。

业主共同决定事项，应当由专有部分面积占比三分之二以上的业主且人数占比三分之二以上的业主参与表决。决定前款第六项至第八项规定的事项，应当经参与表决专有部分面积四分之三以上的业主且参与表决人数四分之三以上的业主同意。决定前款其他事项，应当经参与表决专有部分面积过半数的业主且参与表决人数过半数的业主同意。

第 280 条　业主大会或者业主委员会的决定，对业主具有法律约束力。

业主大会或者业主委员会作出的决定侵害业主合法权益的，受侵害的业主可以请求人民法院予以撤销。

 《公司法》

第 22 条　公司股东会或者股东大会、董事会的决议内容违反法律、行政法规的无效。

股东会或者股东大会、董事会的会议召集程序、表决方式违反法律、行政法规或者公司章程，或者决议内容违反公司章程的，股东可以自决议作出之日起六十日内，请求人民法院撤销。

股东依照前款规定提起诉讼的，人民法院可以应公司的请求，要求股东提供相应担保。

公司根据股东会或者股东大会、董事会决议已办理变更登记的，人民法院宣告该决议无效或者撤销该决议后，公司应当向公司登记机关申请撤销变更登记。

《最高人民法院关于适用〈中华人民共和国公司法〉若干问题的规定（四）》

第 1 条　公司股东、董事、监事等请求确认股东会或者股东大会、董事会决议无效或者不成立的，人民法院应当依法予以受理。

第5条 股东会或者股东大会、董事会决议存在下列情形之一，当事人主张决议不成立的，人民法院应当予以支持：

（一）公司未召开会议的，但依据公司法第三十七条第二款或者公司章程规定可以不召开股东会或者股东大会而直接作出决定，并由全体股东在决定文件上签名、盖章的除外；

（二）会议未对决议事项进行表决的；

（三）出席会议的人数或者股东所持表决权不符合公司法或者公司章程规定的；

（四）会议的表决结果未达到公司法或者公司章程规定的通过比例的；

（五）导致决议不成立的其他情形。

第6条 股东会或者股东大会、董事会决议被人民法院判决确认无效或者撤销的，公司依据该决议与善意相对人形成的民事法律关系不受影响。

 《村民委员会组织法》

第36条 村民委员会或者村民委员会成员作出的决定侵害村民合法权益的，受侵害的村民可以申请人民法院予以撤销，责任人依法承担法律责任。

村民委员会不依照法律、法规的规定履行法定义务的，由乡、民族乡、镇的人民政府责令改正。

乡、民族乡、镇的人民政府干预依法属于村民自治范围事项的，由上一级人民政府责令改正。

 《合同法》

第50条 法人或者其他组织的法定代表人、负责人超越权限订立的合同，除相对人知道或者应当知道其超越权限的以外，该代表行为有效。

案 例

案例一

案情简介

华能公司成立于2008年8月26日，注册资本2000万元。马某、沈某庄系华能公司股东，分别出资1200万元和800万元。2015年11月3日，沈某庄因涉嫌犯挪用资金罪被刑事拘留。2016 年 11 月 21 日，区人民法院作出《刑事判决书》，认定沈某庄犯挪用资金罪，判处其有期徒刑一年四个月，刑期自 2015 年 11 月 3 日起至 2017 年 3 月 2 日止。在沈某庄被羁押期间，2016 年 3 月 10 日，华能公司委托崔某向市工商行政管理局提交《公司登记（备案）申请书》，申请将华能公司执行董事和法定代表人由马某变更为潘某。市工商行政管理局于 2016 年 3 月 14 日将华能公司执行董事和法定代表人由马某变更为潘某。

沈某庄提交的《华能公司股东会决议》载明"会议时间：2016 年 3 月 10 日。会议地点：公司会议室。出席股东：马某、沈某庄。根据《公司法》及公司章程的有关规定，股东会会议一致通过并决议如下：一、同意免除马某执行董事及法定代表人，同时聘任潘某为公司执行董事，并确定执行董事为本公司法定代表人；二、同意公司章程第五章第十四条修改为公司不设董事会，设执行董事一人，由潘某担任；三、同意公司章程第六章第十九条改为执行董事潘某为公司的法定代表人。"该股东会决议全体股东签字处有马某、沈某庄签名，并加盖了华能公司印章。沈某庄提交的《华能公司章程修正案》载明"根据《公司法》及本公司 2016 年 3 月 10 日股东决议，本公司决定变更公司的法人，特对公司章程做如下修正：一、本公司章程第五章第十四条原为公司不设董事会，设执行董事一人，由马某担任。现改为公司不设董事会，设执行董事一人，由潘某担任；二、本公司章程第六章第十九条原为执行董事马某为公司的法定代表人。现改为执行董事潘某为公司的法定代表人；三、其他条款不变。"该章程修正案全体股东签字处有马某、沈某庄、潘某签名，并加盖了华能公司印章。

沈某庄 2018 年向一审法院起诉请求：（1）确认 2016 年 3 月 10 日关于修改公司章程变更公司执行董事及法定代表人的《华能公司股东会决议》《华能公司章程修正案》无效；（2）华能公司向公司登记机关申请撤销上述变更登记；（3）本案诉讼费由华能公司承担。

后上诉人华能公司不服一审判决于 2020 年提起上诉，上诉请求为：（1）撤销一审判决，依法改判驳回沈某一审全部诉讼请求；（2）一审、二审诉讼费用由沈某庄承担。

审 理 及 判 决

一审法院认为，本案中沈某庄系华能公司股东，出资额占该公司 40%。华能公司于 2016 年 3 月 10 日在其公司会议室召开股东会，并通过了《华能公司股东会决议》《华能公司章程修正案》，该期间沈某庄正因涉嫌刑事犯罪被羁押，华能公司、马某、潘某未提供证据证明沈某庄参与了股东会并在股东会决议上签名，故沈某庄以上述决议是在其未参与且不知情的情况下形成，且《华能公司股东会决议》《华能公司章程修正案》的沈某庄签名非其本人所签为由，要求确认华能公司 2016 年 3 月 10 日作出的《华能公司股东会决议》《华能公司章程修正案》无效，于法有据，予以支持。基于上述无效的决议所作出的相应的工商变更登记事项应予以撤销，华能公司应向公司登记机关申请撤销变更登记并恢复至工商变更登记前的状态。

综上，该院依照《公司法》第 22 条第 1 款、《公司法解释（四）》第 5 条、《民事诉讼法》第 144 条之规定，判决：一、确认华能公司 2016 年 3 月 10 日作出的《华能公司股东会决议》《华能公司章程修正案》无效；二、华能公司应于判决生效之日起七日内向市工商行政管理局申请撤销将执行董事和法定代表人由马某变更为潘某的事项，恢复至变更前状态。案件受理费 200 元、公告费 1200 元，合计 1400 元，由华能公司负担。

二审法院认为，本案中华能公司为有限责任公司，股东会决议成立并合法有效的条件包括股东之间对决议事项形成合意并且会议的表决结果达到公司法或公司章程规定的通过比例。华能公司 2016 年 3 月 10 日股东会决议的主要内容为修改公司章程，根据《公司法》第 43 条的规定，修改公司章程必须经代表三分之二以上表决权的股东通过。马某、沈某庄作为华能公司股东，持股比例分别为 60%、40%，2016 年 3 月 10 日股东会决议是在股东沈某庄被羁押期间形成，显然沈某庄未能参加股东会，故 2016 年 3 月 10 日的股东会关于修改公司章程决议事项的表决结果显然未能达到法定的代表三分之二以上表决权的股东通过。此情形符合《公司法解释（四）》第 5 条第 4 项规定的情形，华能公司 2016 年 3 月 10 日作出的股东会决议并不成立。在此基础上的《华能公司章程修正案》亦不成立。关于决议瑕疵的救济包括决议无效、可撤销及不成立之诉，沈某庄于本案提起的诉讼属于公司决议瑕疵的救济之诉，一审法院适用法律正确，但对案涉决议瑕疵归属作出的认定错误，本院依法予以纠正。另，本案为公司决议效力确认纠纷，案涉决议自始不成立，沈某庄亦未主张撤销决议，故本案不适用《公司法》第 22 条规定的 60 日的法定期间。

综上所述，依照《公司法解释（四）》第 5 条、《民事诉讼法》第 170 条第 1 款第 2 项的规定，判决如下：

一、维持一审法院民事判决主文第二项，即华能公司应于判决生效之日起七日内向市工商行政管理局申请撤销将执行董事和法定代表人由马某变更为潘某的事项，恢复至变更前状态；

二、变更一审法院民事判决主文第二项为：华能公司 2016 年 3 月 10 日作出的《华能公司股东会决议》《华能公司章程修正案》不成立。

分 析

本案中一审与二审的区别在于冒用股东签名作出的公司决议效力瑕疵认定究竟是属于决议无效还是决议不成立。此问题在司法实践中产生分歧并不是个案，其根源在于决议行为意思表示真实是决议行为的成立要件还是决议行为的生效要件。大部分法院的认识：公司决议是一种法律行为，法律行为的成立和生效是两个不同的概念，因此股东大会决议的成立和生效也理应与法律行为的理论相吻合。而合法有效的民事法律行为必须具备的条件之一是意思表示真实。被冒名作出的行为并不是被冒名当事人的真实意思表示。因为当事人的意思表示不真实，该法律行为违反了《民法通则》第 55 条的规定，所以判决无效。根据我国《民法总则》关于民事法律行为效力的相关规定，公司股东会决议应为股东针对待决议事项所为真实意思表示的载体，如股东的意思表示存在瑕疵，则公司股东会决议的效力也将因此受到影响。依据民法理论意思表示真实是法律行为的生效要件，再加上我国《公司法》规定的决议瑕疵诉讼的"二分法"一般认识是意思表示真实是决议行为的生效要件，意思表示不真实，决议成立但无效。然只以法律行为与公司决议二者的共性联系为纽带，忽视差异性区别来认识公司决议并不能恰当说明公司决议具体为何，也不符合公司决议本身的性质，股东大会决议应当属于具有自身特性的法律行为的合集。因此，有关法律行为的一般规则经常会被特殊规则所取代。相应地，对于瑕疵股东会决议适用的并非民法中有关法律行为效力的一般规则，而应是体现其特殊性的规则，即适用《公司法》思维予以解决。《公司法》原则性地规定决议内容违反法律、行政法规的无效；会议召集程序、表决方式违反法律、行政法规或公司章程，或者决议内容违反公司章程的可撤销；公司未召开会议的、会议未对决议事项进行表决的、出席会议的人数或者股东所持表决权不符合公司法或公司章程规定的、会议的表决结果未达到公司法或公司章程规定的通过比例的等其他导致决议不成立的情形应认定为决议不成立。对冒名的公司决议认定为无效是法律对当事人意思效力的最严厉否定，只能适用于直接损害实体正义的程序瑕疵。若将程序违法的决议归于无效，不仅会对意思自治产生干预，还会影响商事活动的进行。

─── 💡 **案例二** ───────────────────────────

案情简介

北京趣游互动娱乐科技有限公司（简称北京趣游公司）起诉高某、天下众创（厦门）投资咨询有限公司、上海盈跃投资咨询有限公司、深圳前海松禾产业投资合伙企业（有限合伙）、天津趣游互动企业管理咨询合伙企业（有限合伙）。五被告是原告北京趣游公司的股东。2019 年 3 月 5 日，五被告作出股东会决议，将北京趣游公司的注册资本由 2000 万元减至 185 万元。北京趣游公司于 2019 年 4 月办理了减资的工商变更手续。2019 年 8 月 22 日，北京趣游公司以公司经营困难、无法清偿到期债务为由，向法院申请破产清算。北京市顺义区人民法院 2019 年 12 月 20 日裁定受理北京趣游公司破产清算一案，并于 2020 年 1 月 6 日指定北京市尚公律师事务所担任管理人。管理人认为，被告一、被告二、被告三、被告四、被告五作出减资的股东会决议时，北京趣游公司已无法清偿到期债务，资产总额小于负债总额，存在破产情形。且北京趣游公司已有被执行案件无法执行，也有债权人提起诉讼，股东在明知有负债的情况下作出重大减资决定，存在通过减资逃避承担未出资部分债务的目的，名为减资，实为抽逃出资，该行为损害了债权人利益，应当确认为无效。另，依照《公司法》有关规定，公司减资应当依法通知债权人并根据债权人要求清偿债务或提供担保。北京趣游公司减资时，并未通知全部债权人，甚至未通知已进入执行程序的债权人，逃避债务的目的明显。股东通过减资进行逃债的行为极大损害了债权人的利益，应当确认减资的股东会决议无效。

审理及判决

一审法院认为，据《公司法》第 177 条之规定，北京趣游公司在作出减资决议之后，仅通知部分债权人，未通知其他债权人，亦未向债权人清偿债务或提供担保，该减资决议对债权人不发生效力，对债权人而言视为公司没有减资。管理人有权要求股东缴付原有认缴出资额。减资决议对债权人不发生效力并非无效，北京趣游公司主张决议无效的诉讼请求本院不予支持。

二审法院认为，本案的争议焦点为股东会作出的涉案减资决议是否无效。

据《民法典》第 134 条、《公司法》第 22 条之规定，首先，决议是公司形成意思表示的法律行为。减资本质上属于公司内部行为，隶属公司意思自治的范畴。一般情况下，减资行为按照法律规定和公司章程规定的程序作出即可成立有效。我国相关法律法规并未规定减资中未通知债权人构成减资无效。其次，减资中未通知债权人构成瑕疵减资。瑕疵减资损害了对公司减资前的注册资本产生合理信赖利益的债权人权益，并未损害所有债权人的合法利益，并不当然导致减资无效。若瑕疵减资导致减资当然无效，难免影响公司的经营稳定和交易安全，也干涉了公司根据自己的经营需要作出调整注册资本的自治权力。再次，北京趣游公司上诉主张根据企业破产法原理，先减资、后破产足以证明涉案决议系逃避公司债务，但其并未提供相关证据加以证明，故其仅以减资、破产发生的时间顺序主张涉案决议系以逃避债务为目的，依据不足，本院不予采纳。最后，根据法律规定和减资公司及相关人员减资时出具的债务清偿声明，权益受损的债权人可以要求减资股东和相关人员对其债权承担清偿责任，其合法权益并非不可救济。故北京趣游公司以瑕疵减资、逃避债务为由要求确认减资决议无效，本院不予支持。一审法院判决驳回北京趣游公司的诉讼请求正确，本院予以维持。

分析

公司减资行为中未通知债权人并不是我国法律所规定的民事法律行为的生效要件，仅可能构成瑕疵减资，因此该决议行为并不存在无效的事由。但需要注意的是，根据决议行为瑕疵效力的"三分说"，决议行为需要依据社会危害程度、公众舆论、社会价值观念及社会效果等因素来判断决议是否不成立。瑕疵减资损害了对公司减资前的注册资本产生合理信赖利益的债权人权益，并未损害所有债权人的合法利益，并不当然导致减资行为的不成立或无效。

十七　通谋虚伪表示

意思表示在民法中占据着重要地位，是法律行为的重要构成因素，简单来说，意思表示由内心真实意思和外在表示行为构成。在实践中，内心意思和外在表示不一致的情况时有发生，通谋虚伪表示便是其中之一。通谋虚伪表示最早在《德国民法典》中规定和使用，其后被多个大陆法系国家所接受。我国《民法典》第146条作出了关于通谋虚伪表示的规定，但通谋虚伪表示作为舶来品，在我国尚存在一些争议。

一、通谋虚伪表示简述

(一) 通谋虚伪表示的概念

我国《民法典》第146条作出了关于通谋虚伪表示的规定。学术界虽然对通谋虚伪表示的概念看法大致相同，但对于通谋虚伪表示是否包含第146条第2款所规定的隐藏行为存在一些争议。

1. 强调不具备真实意思

该说认为，通谋虚伪表示强调的是当事人双方均知晓行为不具有真实的意思。具言之，根据通谋虚伪的表意人是否存在效果意思，又可以分为两种观点。杨立新教授认为，虚假意思表示是指表意人的内心效果意思与外部的表示行为以及表示上的效果意思均不相符合，背离了真实的效果意思。① 李永军教授则指出，虚假意思表示是指双方当事人在作出意思表示时一致认为客

---

① 杨立新.《民法总则》规定的虚假民事法律行为的法律适用 [J]. 法律科学（西北政法大学学报），2018，36（1）：111-119.

观表示内容不应该发生效力，即均欠缺受法律约束的效果意思。① 与李永军教授持相同观点的田韶华教授也认为，对于通谋虚伪行为而言，当事人虽然在表面上作出了追求特定法律效果的意思表示，但实际上并不想使其表示发生法律效果，这意味着表意人的内心并不存在效果意思。②

另有观点指出，这里的"不希望发生法律效果"，是指不仅不希望该行为依其性质产生应有的法律效果，同时也不希望该行为发生其他任何的法律效果。③ 因此，如果当事人具有效果意思，即使其内心的效果意思与外部表示的效果意思不尽一致，也不能认为存在虚假意思表示。此外，是否存在"虚假意思表示"，应以民事法律行为实施时作为判断时点。如果当事人在实施民事法律行为时并不存在虚假意思表示，则即使事后当事人就该法律行为不发生效力达成一致，也只能认定是该法律行为发生了终止，而不能将其认定为通谋虚伪行为。④

关于《民法典》第 146 条第 2 款规定的虚伪表示之下的隐藏行为，梁慧星教授认为，行为当事人双方一起实施的与真实意思表示不一致的行为就是通谋虚伪表示。在此之外，虚伪表示之下是否存在一个隐藏行为在所不问。⑤ 一般来说，在实践中，作出通谋虚伪表示的双方当事人的目的均是影响第三人，不论是欺骗他人还是向行政机关隐瞒情况已达到某种目的。尽管双方当事人的目的一般在于第三人，但这不是必要的。⑥ 卡尔·拉伦茨认为，虚伪行为是表意人与受领人一致同意表达事项不发生效力的行为，即当事人双方在订立一个虚假的表象上达成一致，并不希望其发生法律效力。⑦

2. 强调隐藏行为

该观点认为，通谋虚伪表示具有强烈的目的性，应该伴随存在隐藏行为。《民法典》第 146 条第 2 款规定的隐藏行为验证了此种看法，认为通谋虚伪表示是表意人与相对人通过共谋以一个虚假的意思表示来隐藏其他法律行为的一种意思表示。⑧ 但就隐藏行为的识别载体而言，学术界存在纷争。杨立新教

---

① 李永军. 虚假意思表示之法律行为刍议：对于《民法总则》第 146 条及第 154 条的讨论 [J]. 中国政法大学学报，2017（4）：41-48，158-159.

② 田韶华. 论通谋虚伪行为规则的司法适用 [J]. 北方法学，2019，13（4）：36-44.

③ 维尔纳·弗卢梅. 法律行为论 [M]. 迟颖，译. 北京：法律出版社，2013：60-61.

④ 田韶华. 论通谋虚伪行为规则的司法适用 [J]. 北方法学，2019，13（4）：36-44.

⑤ 梁慧星. 民法总论 [M]. 北京：法律出版社，2017：81.

⑥ 冉克平. 论《民法总则》上的通谋虚伪表示 [J]. 烟台大学学报（哲学社会科学版），2018，31（4）：29-37.

⑦ 卡尔·拉伦茨. 德国民法通论 [M]. 王晓晔，等译. 北京：法律出版社，2002：497.

⑧ 龙卫球. 民法总论 [M]. 2 版. 北京：中国法制出版社，2002：486-487.

授认为，隐藏行为是在虚假的意思表示中隐藏的他项法律行为。① 另一种观点则认为，虚伪的意思表示中无法隐藏他项法律行为。因此，隐藏行为并非包含在虚伪行为中，而是多半与虚伪表示分开作成。②

该种观点存在一定缺陷。在实践中，隐藏行为的出现，通常伴随着虚伪表示，隐藏行为与虚伪表示是联系在一起的，没有虚伪表示就没有隐藏行为。③ 但是，当虚伪表示出现时，并不一定伴随着隐藏行为，例如，债务人为逃避债务虚假地将其财产赠送给他人，实际上并没有赠送。

（二）通谋虚伪表示的法理基础

1. 意思自治原则

意思自治原则是法律行为的重要准则，是民法的根本所在。民事主体依据自己的意志进行法律行为，可以自由地决定否与他人进行法律行为，与何人进行法律行为，何时何地进行法律行为，法律一般不加干涉。民事法律关系的产生、变更和消灭均依据主体的意志决定，只要不违反强行性规定就会得到法律的保护。通谋虚伪表示的当事人双方均进行了虚假的表示，欠缺与表示行为一致的内心真意，因此，其应当承担不利益④，即虚伪表示无效。从通谋虚伪表示内部来看，当事人双方通谋进行虚伪表示，本质上是反对追求表示发生法律效果的意思，因此，依据意思自治，双方达成的虚伪表示无效。

2. 信赖保护原则

信赖保护原则也是民法的一项重要原则，与意思自治原则不同，其更加倾向于将交易相对人纳入保护范围，以保护民商事活动的可确定性。信赖保护原则对真意保留与通谋虚伪表示的效力产生巨大影响。在真意保留的情景，相对人并不知晓表意人将内心真意保留在心中，此时，信赖保护原则会为相对人提供一种信赖，此时意思表示有效。而通谋虚伪表示中，双方当事人均了解所为的意思表示与内心真意不符，此时，双方当事人之间不存在信赖，

---

① 杨立新. 《民法总则》规定的虚假民事法律行为的法律适用 [J]. 法律科学（西北政法大学学报），2018，36（1）：111-119.

② 陈自强. 契约之成立与生效 [M]. 北京：法律出版社，2002：189.

③ 梁慧星. 民法总则立法的若干理论问题 [J]. 暨南学报（哲学社会科学版），2016，38（1）：19-40.

④ 山本敬三. 民法讲义I：总则 [M]. 解亘，译. 北京：北京大学出版社，2012：117-120.

或者说是一种反向的信赖，此时虚伪表示不生效。① 但当通谋虚伪表示面向第三人时，依据信赖保护原则，只要第三人是善意的，就不能依靠虚伪表示无效来对抗第三人。

（三）通谋虚伪表示的构成要件

1. "四要件说"

该说认为通谋虚伪表示的构成要件有四，分别是存在意思表示、意思表示不真实（行为人与相对人的内在意思与外在表示不一致）、行为人与相对人通谋和行为人对意思表示不真实明知。② 首先，存在意思表示。法律行为需要以当事人的意志为依据才能产生相应的效果，通谋虚伪表示作为一种法律行为，意思表示是其基础。如果意思表示不存在，那么法律行为便无从谈起。通谋虚伪表示作为法律行为客观上应该存在意思表示。并且此意思表示一般需要受领，即表意人向相对人作出。其次，意思表示不真实。意思表示由客观要素与主观要素组成，即表示意识、表示行为、效果意思。表示意识是行为人意识到其行为具有某种法律上的意思；表示行为是指将内心意思通过一定的行为表达于外部的行为；效果意思指行为人追求表示内容引起某种法律效果，即设立、变更终止民事法律关系。通谋虚伪表示作为一种有瑕疵的意思表示，虽然存在客观的表示行为，但其内心缺乏发生法律效果的效果意思，其外在表示与内心真意不一致。再次，行为人与相对人通谋。这是区分通谋虚伪表示与单独虚伪表示的关键。仅相对人明知表意人并非真意不足以认定为通谋，表意人与相对人必须彼此了解相互的意思表示皆为虚假，并作出沟通才足以认定为通谋。③ 这就要求，一方面必须具有相对人，通谋的特性要求必须具有双方，此时才有进行沟通的可能性；另一方面表意人与相对人不仅要了解互为的意思表示不真实，而且要具有合意。最后，行为人对意思表示不真实明知。通谋虚伪表示要求当事人双方对外在表示与内心真意不一致明知，并在此基础上进行行为，由此才能区分通谋虚伪表示与偶然情况下的意思表示不一致。他们认为排除这一构成要件，不能有效地将通谋虚伪表示与基于错误或重大误解作出的意思表示不一致区分开来。

---

① 冉克平. 论《民法总则》上的通谋虚伪表示 [J]. 烟台大学学报（哲学社会科学版），2018，31（4）：29-37.

② 胡长清. 中国民法总论 [M]. 北京：商务印书馆，1933：265. 傅静坤. 民法总论：基于制度规范的跨学科研究 [M]. 广州：中山大学出版社，2002：89.

③ 史尚宽. 民法总论 [M]. 北京：中国政法大学出版社，2002：385.

2. "三要件说"

该说认为构成通谋虚伪表示的要件有三，分别是存在意思表示、意思表示不真实和行为人与相对人通谋。① 与 "四要件说" 相比，构成要件缺少 "行为人对意思表示不真实明知"。他们认为，通谋虚伪表示中的 "通谋" 二字就意味着当事人双方均明知该意思表示为虚假，且均不追求发生相应的法律效果，认为其可将 "行为人对意思表示不真实明知" 包含进去。

3. "二要件说"

该说认为构成通谋虚伪表示的要件仅需要两个，一为通谋，二为非真实的意思表示。②

二、通谋虚伪表示适用范围

（一）单方法律行为

单方法律行为仅需当事人一方作出意思表示即可生效。根据其是否需要受领可以分为两类：有相对人的单方法律行为和无相对人的单方法律行为。因通谋虚伪表示需要表意人与相对人二人，因此无相对人的单方法律行为不能适用通谋虚伪表示。但学术界对有相对人的单方法律行为是否可以适用通谋虚伪表示存在争议。

1. "肯定说"

该说认为，有相对人的单方法律行为可以适用通谋虚伪表示。通谋虚伪表示适用对象不仅包括债权行为和物权行为，有相对人的单方法律行为也可以适用，无论是财产行为还是身份行为均可，但无相对人的单方法律行为不适用。③ 我妻荣认为，通谋虚伪表示有相对人的单独行为也可适用，不限于契约。④ 他们认为，在有相对人的单方法律行为中，可能会发生通谋虚伪表示。以赠与为例，债务人为逃避债务，将其财产虚假地赠与第三人，此时相对人明知债务人意思表示为虚假，并与其达成合意，成立通谋虚伪表示。

2. "否定说"

该说认为单方法律行为不可适用通谋虚伪表示。姚瑞光认为，通谋虚伪

---

① 张新宝. 《中华人民共和国民法总则》释义 [M]. 北京：中国人民大学出版社，2017：299-300；王泽鉴. 民法总则 [M]. 北京：北京大学出版社，2009：285-286.
② 李宜琛. 民法总则 [M]. 北京：中国方正出版社，2004：187.
③ 王泽鉴. 民法总则 [M]. 北京：北京大学出版社，2009：285-286.
④ 我妻荣. 我妻荣民法讲义 I：新订民法总则 [M]. 于敏，译. 北京：中国法制出版社，2008：275.

表示的当事人双方必须互为虚假的意思表示，单方法律行为仅需一方作出意思表示即可成立，不符合适用通谋虚伪表示的条件。①

（二）社团设立

关于社团设立的行为是否适用通谋虚伪表示，学者根据对设立社团的行为不同的定位而具有不同的观点，存在"肯定说"和"否定说"两种观点。

1. "肯定说"

该说认为通谋虚伪表示的适用范围不仅包括有相对人的债权行为与物权行为，也同样适用于有相对人的单方法律行为，其中就包括设立社团或公司。② 德国学者拉伦茨教授则认为，设立社团原则上适用意思表示瑕疵的有关规定。③ 这种观点为我国台湾地区所接受，认为设立社团的行为虽然没有相对人，但一般情况下设立社团的行为会有多个设立人共同参与。当设立人之间达成设立社团的合意是并不妨碍通谋虚伪表示的成立。因此在理论上，不能排除合同当事人之间通谋虚伪表示的可能性。为保护交易安全，社团设立的行为应适用通谋虚伪表示。④ 一方面，此类行为与双方行为相比，仅是意思表示的方向不同，但也需要二人以上意思表示达成一致方能成立，也有通谋而为虚伪行为的可能性，故适用该规则在理论上并无妨碍。另一方面，从实践的角度观察，使通谋虚伪的公司设立行为无效，可以防止债务人假托设立法人并利用法人的独立性损害第三人的利益。⑤

这种观点也存在一些缺陷。当债务人为逃避债务而与他人通谋虚假设立社团后，又与第三人发生债权债务关系而负担新的债务时，承认通谋虚伪表示会使设立社团的行为归于无效，导致后成立的债权债务关系无法获得保护。所以，当有两个先后的法律关系相互冲突时，承认设立社团可以适用通谋虚伪表示并不能有效地解决问题。

2. "否定说"

该说认为，通谋虚伪表示无法适用于无相对人的单方法律行为，设立社团的行为就是一种无相对人的单方法律行为，因此设立社团的行为不能适用通谋虚伪表示。社团设立人通谋设立社团，订立虚假合同，但在设立社团的

---

① 姚瑞光. 民法总则论 [M]. 北京：中国政法大学出版社，2011：232.
② 王泽鉴. 民法总则 [M]. 北京：北京大学出版社，2009：285-286.
③ 卡尔·拉伦茨. 德国民法通论（下册）[M]. 王晓晔，等译. 北京：法律出版社，2004：200.
④ 冉克平. 论《民法总则》上的通谋虚伪表示 [J]. 烟台大学学报（哲学社会科学版），2018，31（4）：29-37.
⑤ 田韶华. 论通谋虚伪行为规则的司法适用 [J]. 北方法学，2019，13（4）：36-44.

过程中应该将他们视为一个整体。当设立人进行登记时便不能构成通谋虚伪表示，而为真意保留。如果认为通谋虚伪表示适用于社团设立的行为，就会造成对于善意第三人来说社团成立，对于恶意第三人来说社团不成立的情况。不仅会削弱登记机关的权威，也不利于保护交易安全。① 也有人认为，设立社团的合同行为属于无相对人的行为，不能适用通谋虚伪表示，在存在虚伪表示的情况下，为了保护交易安全也要承认社团的成立。②

（三）票据行为

民商合一一直是我国民商事立法奉行的传统，在这种背景下，《民法典》新设定的通谋虚伪表示是否适用于票据行为存在一定的争议。

1. "肯定说"

该说认为票据行为是法律行为的一种，民法之中有关意思表示的规范也应该同样适用于票据行为。通谋虚伪表示是意思表示瑕疵的一种，理所应当适用于票据行为。③

2. "否定说"

该说认为，票据行为是一种单方行为，无须相对人的辅助。仅存在一方当事人因而不存在通谋的可能性。④ 还有学者认为，票据法采取绝对的表示主义，票据行为具有文义性、无因性和独立性，票据是否有效不受基础关系的影响。意思表示规则与票据行为追求的交易的便利高效的价值相违背，因而，通谋虚伪表示不适用于票据行为。⑤

这种学说具有一定缺陷。票据法是民法的特别法，虽说特别法优于一般法，但一般法对特别法具有补充作用，当特别法在某一问题上未进行规定时，要通过一般法的规范来补充。并且，我国的票据立法对票据行为的意思表示等问题未作规定，存在一定的缺陷。⑥ 基于此种现实，通谋虚伪表示应该对票据法的规定予以补充。票据行为虽然具有无因性、文义性和独立性，但其主要是为了保护善意第三人，不能成为票据关系的直接关系人相互对抗的阻却条件。

① 史尚宽. 民法总论 [M]. 北京：中国政法大学出版社，2002：385.
② 我妻荣. 我妻荣民法讲义Ⅰ：新订民法总则 [M]. 于敏，译. 北京：中国法制出版社，2008：276；刘得宽. 民法总则 [M]. 北京：中国政法大学出版社，2006：219-220.
③ 吴京辉. 票据行为论 [M]. 北京：中国财政经济出版社，2006：77-79.
④ 赵新华. 票据法问题研究 [M]. 北京：法律出版社，2002：163.
⑤ 董惠江. 票据行为实质要件之否定 [J]. 环球法律评论，2012，34 (1)：68-76.
⑥ 陈芳. 票据行为意思表示探究 [J]. 法学评论，2009，27 (5)：118-122.

3. "折中说"

该说认为，票据行为是否有效取决于票据关系所对应的对象。认为通谋虚伪表示可以适用于票据行为，当考察票据行为当事人之间的关系时，依据通谋虚伪表示，票据关系归于无效，但不可对抗善意第三人。①

(四) 身份关系

身份行为作为民事法律行为的一种，通谋虚伪表示是否适用于其中也存在不同的看法。不同国家和地区的法律对此有不同的规定，不同学者的观点也不尽相同。本书以婚姻关系为例进行相应的探讨。

1. "虚伪婚姻有效说"

该说认为通谋的虚假结婚或离婚是有效的，主要基于以下三点：第一，婚姻关系应适用意思表示注意，仅考虑形式是否合法，不考虑其他因素。不能绝对尊重当事人的意愿，以免有损婚姻登记的效力与权威。第二，基于通谋虚伪表示而判定结婚或离婚的无效会影响新的个人和财产秩序。第三，当事人通谋虚假结婚或离婚，承认其有效性是当事人应当承受的责任。② 还有人认为，当事人的意愿具有极强的隐蔽性，登记机关对当事人真实意愿的考察是不现实的，认为只要经过登记机关的登记即为有效。③

王礼仁认为，通谋虚伪表示对于身份关系无适用空间，因为身份的事实和对应的法律程序是身份行为的两大要素，不能只考虑当事人的意愿。并且婚姻法作为民法的特别法应先于民法的适用，婚姻法中关于无效婚姻的规定并不涉及通谋虚伪表示。④ 日本学者栗生武夫也指出，于交易契约，许其为虚伪无效之抗辩；而于婚姻，则禁止虚伪无效之抗辩。盖依方式公然缔约之行为，不能因私的密约左右其效力。⑤

2. "虚伪婚姻无效说"

该说认为身份行为不仅涉及公共秩序，而且也应当关注当事人的意思自治。在虚假婚姻中，当事人之间缺乏真实的意思表示，欠缺实质要件，因此，不具有法律效力。⑥ 王泽鉴教授认为，通谋虚伪表示无效的规定，对于身份关

---

① 汪世虎. 票据法律制度比较研究 [M]. 北京：法律出版社，2003：44-45.
② 刘耀东. 虚假离婚若干法律问题研究 [J]. 云南大学学报（法学版），2011，24 (2)：45-50.
③ 吴国平. 我国登记离婚程序的缺陷与立法完善 [J]. 上海政法学院学报（法治论丛），2011，26 (5)：23-33.
④ 王礼仁. 婚姻诉讼前沿理论与审判实务 [M]. 北京：人民法院出版社，2009：10，101.
⑤ 栗生武夫. 婚姻法之近代化 [M]. 胡长清，译. 北京：中国政法大学出版社，2003：59.
⑥ 林诚二. 民法总则（下册）[M]. 北京：法律出版社，2008：368.

系仍有适用的余地，若夫妻双方通谋而为假离婚的意思表示，其意思表示亦无效。① 我国台湾地区的学说与判例亦认为，身份行为因涉及公共秩序，且注重当事人的意思，故民法关于通谋虚伪意思表示无效的规定对身份行为亦有适用余地。若无真正结婚的意思，此婚姻根本无效。② 杨立新教授亦对此观点表示赞同。③

3. "虚伪婚姻可撤销说"

该说认为单独依靠通谋虚伪表示将婚姻认定为无效，过于侧重对当事人意愿的保护，且当事人的意愿过于隐蔽，难以确定，将有损登记机关的权威。但将虚假婚姻认定为有效，又会鼓励违法行为，有损司法权威。

三、通谋虚伪表示与类似法律制度

(一) 通谋虚伪表示与恶意串通

我国法律对于恶意串通的规定由来已久。恶意串通与通谋虚伪表示存在一系列的共同点，但也存在不同。关于二者的关系，学术界存在不同的看法。

1. "主客观结合说"

该说认为恶意串通由主观方面和客观方面两方面构成。主观方面是指当事人有损害国家、集体、第三人权益的意图，并且通过当事人之间串通所签订的协议等方式表现出来。客观方面是指当事人在客观上损害了国家、集体或第三人的权益。④ 与恶意串通相比，通谋虚伪表示当事人双方通谋作出虚伪的意思表示。主观方面，当事人双方不一定以侵犯国家、集体或第三人的权益为目的，且通谋虚伪表示中并不一定存在隐藏行为，通谋虚伪表示虽然目的常常是欺诈第三人，但并不以此为必要。⑤ 客观方面当事人双方虽然通谋互为虚伪表示，但是也不一定侵犯他人权益。因此，基于主客观的不同方面，通谋虚伪表示与恶意串通是不同的。

2. "违法合同说"

该说认为，恶意串通订立的合同具有明显的违法性质，其与通谋虚伪表

---

① 王泽鉴. 民法总则 [M]. 北京：北京大学出版社，2009：285-286.

② 林诚二. 民法总则 (下册) [M]. 北京：法律出版社，2008：368.

③ 杨立新. 《民法总则》规定的虚假民事法律行为的法律适用 [J]. 法律科学 (西北政法大学学报)，2018，36 (1)：111-119.

④ 韩世远. 合同法总论 [M]. 北京：法律出版社，2011：172；王泽鉴. 民法总则 [M]. 北京：北京大学出版社，2009：285-286.

⑤ 朱广新. 合同法总则 [M]. 2版. 北京：中国人民大学出版社，2012：287.

示具有以下三点区别。第一，通谋虚伪表示双方当事人通谋为虚假的意思表示，在这方面是达成合意的。恶意串通只需要双方串通即可，双方的意思表示可能一样，也可能不一样。第二，从目的来看，通谋虚伪表示当事人不一定出于损害他人权益的目的，不能排除出于其他目的的可能性。恶意串通则要求双方当事人出于损害国家、集体或第三人权益的目的。第三，双方无效的基础不同。通谋虚伪表示无效的原因在于表意人与相对人缺乏真实的意思表示，基于法律行为生效的要件，所以归于无效。恶意串通损害国家、集体或第三人的权益，具有违法性质，因而无效。并且，通谋虚伪表示在表意人与相对人之间是绝对无效的，当恶意串通侵犯的是特定第三人的权益时，为相对无效。①

3. "通谋虚伪表示说"

该说认为恶意串通是以侵犯他人的权益为目的，表意人与相对人故意使内心真意与外在表示不一致的虚伪行为。其与通谋虚伪表示的不同在于，通谋虚伪表示强调内心真意与外在表示不一致，对是否具有侵犯他人权益的目的不作考虑，恶意串通则要求具有侵犯他人权益的目的。由此可见，恶意串通是一种具有侵犯他人权益目的的通谋虚伪表示，是通谋虚伪表示的一个子集②，认为通谋虚伪表示可以取代恶意串通。有学者认为，在认定国家、集体或第三人的利益时不必过于拘谨，可以将其统一认定为合同关系之外的第三人的利益。③ 也有人认为，通谋虚伪表示与恶意串通的"通谋"的内容不同。通谋虚伪表示的当事人通谋的事项为不追求表面的虚伪行为不发生法律效力，恶意串通当事人均具有效果意思，积极追求这种法律关系的发生，即损害他人权益的目的。因此，通谋虚伪表示与恶意串通存在竞合。④

4. "真实意思表示说"

有学者提出，虽然恶意串通与通谋虚伪表示都有"通谋"要求，但通谋虚伪表示"通谋"的是虚假意思，而恶意串通"串通"的是真实意思，否则，《民法典》第146条就没有独立存在的价值。况且，恶意串通规则还有损害性要件，而通谋虚伪表示没有，通谋虚伪表示属意思表示瑕疵类型。也就

① 王利明. 民法总则研究 [M]. 北京：中国人民大学出版社，2012：602.

② 冉克平. "恶意串通"与"合法形式掩盖非法目的"在民法典总则中的构造：兼评《民法总则》之规定 [J]. 现代法学，2017，39（4）：67-80.

③ 王利明. 合同法研究 [M]. 北京：中国人民大学出版社，2011：655-657.

④ 李永军. 虚假意思表示之法律行为刍议：对于《民法总则》第146条及第154条的讨论 [J]. 中国政法大学学报，2017，11（4）：41-48.

是说，恶意串通规则并不适用通谋虚假表示的情形，这有助于认定恶意串通规则的性质。①

5. 违背公序良俗的特殊形式

该说认为，从立法论角度讲，恶意串通在我国《民法典》总则编中显得多余。恶意串通所解决的事项大部分可以由分散于法律中的无权处分，善意取得等制度解决。认为恶意串通在民事法律行为无效的体系中是作为违背公序良俗的特殊形式存在。②

(二) 通谋虚伪表示与以合法形式掩盖非法目的

我国在《民法典》立法中将"以合法形式掩盖非法目的"删除，虽如此，但由于之前司法实践中对其适用的模糊，导致对其的看法仍不能达成一致。

1. "不法虚假表示说"

该学说认为，"以合法形式掩盖非法目的的行为"是空有形式而无实质的行为。与通谋虚伪表示相类似，只是通谋虚伪表示既可以隐藏合法行为，也可以隐藏非法行为，"以合法形式掩盖非法目的的行为"只能隐藏非法行为。③ 属于通谋虚伪表示。我国《民法总则》中删除"以合法形式掩盖非法目的的行为"就是这一学说的证明。

2. "脱法行为说"

该说认为，"以合法形式掩盖非法目的的行为"是脱法行为，构成要件有三。第一，行为人具有规避法律强制性规定的故意。第二，行为人实施了符合其他生效要件的法律行为。第三，行为的履行必然违反法律的强制性规定。④

3. "不法隐藏行为说"

该说认为，"以合法形式掩盖非法目的的行为"在形式上虽然合法，但在内容和目的上却属于非法。但其与脱法行为或规避法律的行为不同，因为后

① 崔吉子. 恶意串通规则存废研究：兼评《民法总则》第 154 条与第 146 条 [J]. 中国社会科学院研究生院学报，2019 (6)：90-101.
② 李永军. 法律行为无效原因之规范适用 [J]. 华东政法大学学报，2017，20 (6)：72-77；朱广新. 恶意串通行为无效规定的体系地位与规范构造 [J]. 法学，2018，41 (7)：131-142.
③ 冉克平. "恶意串通"与"合法形式掩盖非法目的"在民法典总则中的构造：兼评《民法总则》之规定 [J]. 现代法学，2017，39 (4)：67-80.
④ 龙卫球. 民法总论 [M]. 2 版. 北京：中国法制出版社，2002：486-487.

者没有实施一个掩盖行为。①

四、通谋虚伪表示对第三人的效力

通谋虚伪表示在表意人与相对人之间无效是没有争议的，但关于其对于第三人的效力则存在较大争议。各国立法在这方面的规定也不尽相同，更加剧了学术界关于其效力的争论，主要分为"绝对无效说"和"相对无效说"。

（一）"绝对无效说"

该说认为通谋虚伪表示绝对无效。通谋虚伪表示无论是对于表意人和相对人还是第三人均无效。有学者认为，我国《民法总则》在最后删除"不得对抗善意第三人"的但书，要尊重立法原意，应对但书规则予以否认。这样做不仅可以维持立法原意，还可以通过其他一些规定，例如善意取得、无权处分等规则解决。本条对善意第三人提供一般性的保护是没有必要的。② 并且从比较法的角度看，我国《民法典》的编纂借鉴了《德国民法典》，《德国民法典》没有保护善意第三人的一般性规定。

（二）"相对无效说"

该说认为，通谋虚伪表示在表意人与相对人之间绝对无效，但出于保护善意第三人的目的，应不得对抗善意第三人。在我国民法典现有关于信赖保护的制度体系下，不得以通谋虚伪表示无效对抗善意第三人的法则并不会与分则中的信赖保护规范发生实质冲突。③ 曾大鹏认为，从立法论的角度看，为保护善意第三人，应当建立相对无效制度。④ 有学者认为，通谋虚伪表示相对无效有大量的比较立法例支持，例如《法国民法典》《意大利民法典》《日本民法典》，以及我国台湾地区的"民法典"。⑤ 另外，确认表见行为有效，可以保护交易安全。⑥

但在适用"相对无效说"时，应当注意，第一，要正确理解"通谋虚伪

① 冉克平."恶意串通"与"合法形式掩盖非法目的"在民法典总则中的构造：兼评《民法总则》之规定［J］. 现代法学，2017，39（4）：67-80.

② 韩世远. 虚假表示与恶意串通问题研究［J］. 法律适用，2017，32（17）：41-46.

③ 施鸿鹏. 通谋虚伪表示基础上对抗规则的教义学展开［J］. 东方法学，2022（1）：147-160.

④ 曾大鹏.《民法总则》"通谋虚伪表示"第一案的法理研判［J］. 法学，2018，41（9）：181-182.

⑤ 冉克平. 论《民法总则》上的通谋虚伪表示［J］. 烟台大学学报（哲学社会科学版），2018，31（4）：29-37.

⑥ 尹田. 法国现代合同法：契约自由与社会公正的冲突与平衡［M］. 北京：法律出版社，2009：120-121.

行为无效不能对抗善意第三人"的意义。一般而言，其系指通谋虚伪行为的当事人不得对善意第三人主张其因行为无效而取得的"权利"，且任何其他的第三人也不得主张该行为无效。但这只是表明善意第三人基于虚伪行为取得的法律地位并不因该行为无效而受到影响，并不意味着通谋虚伪行为在当事人之间即为有效，更不意味着要否定行为无效在当事人之间的法律后果。① 第二，应合理界定善意第三人的范围。此处所谓的"第三人"，依王泽鉴先生的观点，系指"通谋虚伪的当事人及其概括继承人以外的第三人，就该表示之标的新取得的财产上的权利义务，因通谋虚伪表示无效而必受变动者"。②

相关法律法规及司法解释

《民法典》

第 146 条　行为人与相对人以虚假的意思表示实施的民事法律行为无效。以虚假的意思表示隐藏的民事法律行为的效力，依照有关法律规定处理。

案　例

案 情 简 介

2017 年 4 月 7 日，原告（合同甲方）委托李某与合肥某建筑装饰工程设计有限公司（合同乙方）签订《合肥某建筑装饰工程施工合同》一份，约定：甲方将名下位于合肥市蜀山区房屋（原告陈述房屋面积 167 平方米）发包给乙方装饰装修；承包方式为包工、包料；工期为 60 天；合同价款为 1850000 元；关于工程价款及结算的约定为合同生效后，甲方向乙方预付工程款定金 50000 元整。在工程开工两个月内，甲方将合同工程总造价的全部款项一次性支付给乙方 1800000 元，乙方户名张某霞；合同并就其他相关事宜作了详尽的约定。

2017 年 5 月 19 日，贷款人某银行股份有限公司合肥分行与借款人杜某、抵押人杜某签订《某银行个人贷款合同》一份，约定：贷款种类为房产抵押贷款，贷款用途为装修，贷款金额为 1800000 元，贷款支付方式为委托支付，

---

① 近江幸治. 民法讲义Ⅰ：民法总则 [M]. 渠涛，等译. 北京：北京大学出版社，2015：75.
② 王泽鉴. 民法总则 [M]. 北京：北京大学出版社，2009：318.

贷款年利率为 7.35%，原告用其名下位于合肥市蜀山区房屋抵押，并办理了抵押登记手续；合同还进行了其他约定等。当日，某银行股份有限公司合肥分行将 1800000 元装修贷款经原告委托支付至张某霞银行账户。原告认可该贷款系委托李某办理，由李某联系。

张某霞于 2017 年 5 月 22 日向原告转款 215000 元，向汪某中信银行 62×××80 账户转款合计 509090 元，向黄某诚徽商银行 62×××84 账户转款合计 508325 元，向李某徽商银行 62×××××3305 转款合计 567585 元。李某称此 1585000 元均为原告向其偿还的借款。

原告未按照其与合肥某建筑装饰工程设计有限公司签订的《合肥某建筑装饰工程施工合同》约定预付 50000 元，该合同未实际履行，原告亦未另行对合同中约定的房屋进行装修。

原告诉请法院：1. 解除原告与合肥某建筑装饰工程设计有限公司签订的《合肥某建筑装饰工程施工合同》；2. 判令被告张某霞立即返还原告工程款 1585000 元、支付原告利息损失 155330 元（以 1585000 元为基数，自 2017 年 5 月 19 日起按年利率 7.35% 暂计算至 2018 年 9 月 18 日，以后按此顺延至款清之日止）、违约金 370000 元；3. 判令被告张某霞负担本案诉讼费用。

另，李某于 2017 年 4 月 21 日至 5 月 18 日合计向杜某转款 1511600 元。

审 理 及 判 决

法院经审理认为，杜某委托李某与合肥某建筑装饰工程设计有限公司签订的《合肥某建筑装饰工程施工合同》约定装修价款达 1850000 元，该价款显然与其房屋面积不相称；杜某签约前对工程承包人无任何了解，对该价款构成、对其用于自住的房屋的装修设计一概不知，与日常生活经验不符；杜某签约后未按约支付预付款，张某霞于 2017 年 5 月退还杜某 215000 元后杜某直至 2018 年 10 月方提起诉讼要求解除装修合同，杜某未举证其间曾催告合肥某建筑装饰工程设计有限公司履行合同。故认为原告杜某与合肥某建筑装饰工程设计有限公司签订的合同为通谋虚伪表示，目的是向银行贷款，此行为应归于无效。张某霞账户收取该 1800000 元资金并非基于案涉装饰装修合同，其基础关系应为杜某与李某之间的委托合同关系，可依据真实的委托合同关系另行主张。故驳回了原告杜某的诉讼请求。

分 析

本案的难点在于判断杜某与合肥某建筑装饰工程设计有限公司签订的

《合肥某建筑装饰工程施工合同》是否为通谋虚伪表示。在学理上，判断一行为是否属于通谋虚伪表示需要首先确定表意人与相对人是否达成互为虚伪表示的合意。但是，行为人的内心意思是十分隐蔽，难以探察的。因此，只能通过行为人的行为去判断其内心真意。在本案中，杜某委托李某与合肥某建筑装饰工程设计有限公司签订的《合肥某建筑装饰工程施工合同》，但事后杜某声称对工程承包人无任何了解，对该价款构成、对其用于自住的房屋的装修设计一概不知，是明显不符合常理的。根据调查的案情可以了解到，167平方米的房屋却需要贷款1800000元进行装修是不合理的。并且，在合同签订后很长一段时间内，杜某并未支付定金。合肥某建筑装饰工程设计有限公司也并未履行合同，且杜某未催促。进而认定杜某与合肥某建筑装饰工程设计有限公司的内心真意并非装修房屋，其真实目的是向银行贷款。因此判断杜某与合肥某建筑装饰工程设计有限公司签订的《合肥某建筑装饰工程施工合同》是为通谋虚伪表示，应属无效。

十八　恶意串通

恶意串通是指行为人双方为牟取不正当利益，相互勾结串通而实施的有损于国家、集体或第三人利益的民事行为。① 关于"恶意串通"的问题，在我国《民法典》《民法总则》《民法通则》《合同法》中都有所规定。《民法通则》第 58 条规定了七种无效民事行为，其中第四种就是"恶意串通，损害国家、集体或者第三人利益的"无效民事行为。《民法通则》第 61 条规定："民事行为被确认为无效或者被撤销后，当事人因该行为取得的财产，应当返还给受损失的一方。有过错的一方应当赔偿对方因此所受的损失，对方都有过错的，应当各自承担相应的责任。双方恶意串通，实施民事行为损害国家的、集体的或者第三人的利益的，应当追缴双方取得的财产，收归国家、集体所有或者返还第三人。"《合同法》第 52 条规定了五种合同无效的情形，其中之一是因"恶意串通，损害国家、集体或者第三人利益"而导致的无效合同。《合同法》第 59 条规定："当事人恶意串通，损害国家、集体或者第三人利益的，因此取得的财产收归国家所有或者返还集体、第三人。"可见，《民法通则》和《合同法》都将恶意串通作为一种认定民事行为无效或认定合同无效的条件来规定的。《民法典》与《民法总则》沿袭《民法通则》第 58 条第 1 款第 4 项及《合同法》第 52 条第 2 项的规定，于第 154 条保留恶意串通规则，并且作出如下规定："行为人与相对人恶意串通，损害他人合法权益的民事法律行为无效"。制定《民法总则》时，立法者已意识到，诸如欺诈、无权处分等具体规则可解决部分类型的恶意串通行为，但仍保留恶意串通规则，

---

① 魏振瀛. 民法［M］. 7 版. 北京：北大高教出版社，2017：179–180.

作为一般性条款，发挥规则填补作用。① 综观各国民法，几无类似规定，将恶意串通作为法律行为无效事由是我国民法一大特色，学术界讨论非常热烈。

一、国内关于恶意串通的研究现状

（一）恶意串通的概念

对于恶意串通的概念并没有太多的争议。如郭明瑞教授认为，恶意串通合同是指订立合同的行为人故意地非法勾结，损害他人的合法权益。江平教授在《民法学》（中国政法大学出版社 2000 年版）中认为，恶意串通损害国家、集体或第三人利益的合同，是指行为人双方以损害国家、集体或第三人利益获取不正当利益为目的，相互串通订立的有损国家、集体或第三人利益的合同。王利明教授在《合同法研究（第一卷）》（中国人民大学出版社 2001 年版）认为，恶意串通合同的行为是这样的，双方当事人合谋非法串通，共同订立对双方有利的某种合同，使集体、国家或第三人利益受损的合同。郭明瑞在《合同法学》（复旦大学出版社 2003 年版）中认为，恶意串通合同主要包括主客观两个方面的因素。主观方面，当事人具有恶意，表明当事人有损害国家、集体或个人的故意。客观方面，首先当事人有能够表现其主观心态的客观行为，即非法串通。串通表明当事人有通谋，非法指当事人的这种通谋为法律所不许。其次这一合同造成了国家、集体或个人的利益受到损害的客观后果。

（二）对恶意串通行为性质的理解

在《民法总则》颁布之前，学术界在理解《民法通则》《合同法》规定的恶意串通行为时观点纷呈。有学者认为，恶意串通既是意思与表示不一致的法律行为，又属于内容违法的法律行为；② 有学者认为，恶意串通既可以构成虚伪表示，又属于违反公序良俗原则的法律行为；③ 有的学者进一步认为，"恶意串通损害他人合法权益的行为，本质上属于违背善良风俗的行为，本条作出特别规定，是对此种背俗行为的特别例示规定。"恶意串通行为本质，就是违背公序良俗法律行为之一种，恶意串通规则之性质是公序良俗原则的特

① 李适时. 中华人民共和国民法总则释义［M］. 北京：法律出版社，2017：484.
② 魏振瀛. 民法：第五版［M］. 北京：北京大学出版社，2013：151-165；许中缘，屈茂辉. 民法总则原理［M］. 北京：中国人民大学出版社，2012：358-359.
③ 吴汉东，陈小君. 民法学［M］. 北京：法律出版社，2013：152，160；朱庆育. 民法总论［M］. 北京：北京大学出版社，2016：262，263.

别条款;① 有学者认为，恶意串通可解释为同谋虚伪行为②或者"体例上应属于意思表示瑕疵类型的恶意串通行为，由于规范结构与侵权行为无异，其适用范围日益扩张，不仅可以构成通谋虚伪表示，而且还与债权人撤销权、欺诈、无权处分、心中保留、以合法形式掩盖非法目的等产生竞合状态"，"在制定民法典的背景之下，我们应当完全废除'恶意串通行为'规范，在意思表示瑕疵的规范体系之下，以'通谋虚伪表示'取而代之"③。即恶意串通规则的本质就是意思表示瑕疵效力规则，不因场合不同而有区别；也有学者认为恶意串通是指欠缺合法性的民事行为；④ 还有学者认为恶意串通并没有统一的规则形态，只是将一个生活概念上升为法条概念，实质上仍须借助通谋虚伪表示、债权人撤销权、无权处分、第三人欺诈、法律行为违背公序良俗等具体规定处理问题。⑤ 还有学者提出，在《民法总则》内，该法第 154 条属于第 153 条第 2 款规定的一种特别规则；在《民法总则》之外，该法第 154 条可以看作对一切恶意串通行为起到兜底规范作用的一种一般规则。⑥

在民商事审判实践中，法院对恶意串通的法律规定同样作了区别较大的解释和适用。例如，有的判决书将恶意串通解释为关于虚假意思表示的规定；有的判决书认为恶意串通是一种非法行为或具有违法性的行为；有的判决书以法律行为内容所可能造成的非法后果理解恶意串通行为。⑦

（三）恶意串通合同的性质

王家福教授 1993 年主编的《中国民法学·民法债权》一书中提出，根据我国法律规定，恶意串通合同为无效合同之一种，无效合同因其具有违法性，不属于合同的范畴。合同属于合法行为，任何合同之所以能够产生当事人预期的法律效果，是因为它符合法律规定的有效要件，而不符合法律规定的无效合同，不仅不应受到法律保护和承认，而且应对违法行为人及时实施严厉

---

① 李宇. 民法总则要义：规范释论与判解集注 [M]. 北京：法律出版社，2017：702；崔吉子. 恶意串通规则存废研究：兼评《民法总则》第 154 条与第 146 条 [J]. 中国社会科学院研究生院学报，2019，41（6）：90-101.

② 张俊浩. 民法学原理（修订第三版）：上册 [M]. 北京：中国政法大学出版社，2000：277-279.

③ 冉克平. "恶意串通"与"合法形式掩盖非法目的"在民法典总则中的构造：兼评《民法总则》之规定 [J]. 现代法学，2017，39（4）：67-80.

④ 佟柔. 中国民法 [M]. 北京：法律出版社，1990：181-182；王利明，郭明瑞，方流芳. 民法新论：上册 [M]. 北京：中国政法大学出版社，1988：391.

⑤ 张平华. 恶意串通法律规范的合理性 [J]. 中国法学，2017，34（4）：207-226.

⑥ 朱广新. 恶意串通行为无效规定的体系地位与规范构造 [J]. 法学，2018（7）：131-142.

⑦ 朱广新. 恶意串通行为无效规定的体系地位与规范构造 [J]. 法学，2018（7）：131-142.

制裁，所以恶意串通合同在性质上根本就不是合同，因为是无效合同。但是，杨立新在其主编的《民事审判诸问题释疑》一书中认为，尽管法律规定恶意串通合同是无效合同，但无效合同在形式上是完整的，已具有双方当事人的合意。换个角度来看，双方当事人经过要约、磋商和承诺的发展过程后，就他们之间的权利义务已经达成协议。因此，不管具备合同有效要件与否，凡是已经成立的合同都应该属于合同的范畴。尹田在《民事法律行为与代理研究》一书中认为，无效合同在性质上并不是合同，而仅仅是一个独立的范畴。他主张，民事法律行为是非常特定的概念，它仅限于合法民事行为，非法民事行为则应是无效民事行为。我国《民法通则》虽使用了传统民法的"民事法律行为"的概念，却抛弃了传统的"无效法律行为"的定义，表明民事行为包括了非法和合法行为，从根本上区别了非法与合法民事行为，完善和发展了民事法律行为的制度。王利明2003年通过中国社会科学出版社出版的《合同法新问题研究》一书认为，由于民事法律行为形态是合同，因此现行法律要求我们严格区分无效合同和合法合同。也就是说从性质上看无效合同并不是合同，而是一个独立的范畴。合同是当事人之间发生、变更和终止民事关系的合法行为。

二、恶意串通行为的构成要件

关于恶意串通行为的构成要件，学术界比较流行的观点有以下几种：

有些学者认为应符合三个条件：第一，须表示与内心不一致。即外部表示与内心意思不一致，所表示的并不是行为人的真实意思，行为人内心中存在牟取不正当利益或损害他人的意思，却故意制造某种进行民事法律行为的虚假现象。例如，为逃避强制执行而假装把财产赠与相对人，事实上当事人并没有出赠和受赠的意思。第二，须有恶意通谋。即表意人与相对人恶意串通。不但表意人单方面了解自己的表示是虚伪的，而且相对人也了解这一情况。串通指他们之间有勾结，有意思联络。而恶意则指对于该串通是完全了解的，表意人自己了解其表示与意思的不一致，不一致是恶意造成的，而不是出于认识上的错误。第三，须损害国家、集体或第三人的利益。恶意串通的意思表示，必须具有损害国家、集体或第三人的利益的目的。串通人之所以恶意串通，必然有其损人利己的非法目的。

中国社会科学院法学研究所主编的《法律辞典》认为，"构成恶意串通，必须具备的要件有：主观上的恶意动机，指行为人主观上有损害国家、集体或者第三人利益的主观故意；客观上的串通行为，指双方当事人共谋为虚假的意思表示，即有意思上的联络。"

崔建远教授和韩世远教授认为，"主观因素为恶意串通，即当事人双方具有共同目的，希望通过订立合同损害国家、集体或第三人的利益。客观因素为合同损害国家、集体或者第三人利益。"①

孔祥俊法官认为，恶意串通的构成要件为：第一，串通的双方事先存在通谋，即双方具有共同的目的，共同希望实施某种与其内心意思不一致的行为，希望通过订立合同损害国家、集体或第三人的利益；第二，串通的双方有损害第三人的故意，即明知或应知其串通的行为会损害国家、集体或第三人的利益，而故意为之；串通的一方或双方获取了恶意串通的利益。

魏振瀛教授认为恶意串通行为的构成要件是：当事人双方在实施民事行为时有损害国家利益、集体利益或他人利益的故意；行为人双方在实施民事行为时有串通一气、互相勾结的行为，若无这种勾结、串通，民事行为将不可能实施或以另外的内容实施；该民事行为履行的结果损害国家、集体或第三人的利益。②

学术界对恶意串通行为的构成必须符合"恶意串通+利益损害"并没有太多争议。对第三种观点所增加的要件——自己获利，多数学者认为无此必要，王利明教授提出，"一般情况下，当事人恶意串通订立合同多半是为了自己获得非法利益，同时损害国家、集体或者第三人的利益，但是这并不是构成恶意串通的合同无效的要件，即使恶意串通合同的当事人没有为自己获利的目的，结果也不可能使自己获利，但是由于损害国家、集体或者第三人的利益，仍然属于无效合同。"③

朱广新教授认为应当按照民事法律行为的构造和思维方法分析恶意串通行为的构成要件。首先，民事法律行为须基于真实的意思表示而成立；其次，真实的意思表示须以行为人与相对人的恶意串通的方式作出；最后，民事法律行为须存在损害他人合法权益的可能。④

三、恶意串通行为与大陆法系民法上通谋虚伪表示之比较

《德国民法典》第 117 条第 1 项规定："表意人与相对人通谋而为虚伪的意思表示，其意思表示无效。"《日本民法典》第 94 条第 1 款规定："与相对

---

① 崔建远. 合同法总论（上卷）[M]. 北京：中国人民大学出版社，2011：308；韩世远. 合同法学 [M]. 北京：高等教育出版社，2010：90.

② 魏振瀛. 民法 [M]. 4 版. 北京：北大高教出版社，2010：165.

③ 韩圣超. 论我国民法上恶意串通之规定 [D]. 杭州：浙江大学，2011.

④ 朱广新. 恶意串通行为无效规定的体系地位与规范构造 [J]. 法学，2018，63（7）：131–142.

人通谋而为虚伪意思表示者，其意思表示为无效。"第 2 款规定："前款意思表示的无效，不得以之对抗善意第三人。"我国台湾地区"民法典"第 87 条第 1 款规定："表意人与相对人通谋而为虚伪意思表示者，其意思表示无效。但不得以其无效对抗善意第三人。"学者在研究和解释恶意串通之规定时，往往首先将德、日民法典以及我国台湾地区"民法典"的上述通谋虚伪表示之规定作为比较对象，这似乎是理所当然的，因为我国大陆地区民法上的恶意串通与上述国家和地区民法上的通谋虚伪表示之间确实有诸多相似点。第一，恶意串通所为的行为与通谋虚伪表示行为，其性质均为法律行为，而非事实行为，因唯有法律行为，才有有效或无效的问题；第二，恶意串通行为与通谋虚伪表示，其参与者均须有两人以上，单个主体无所谓串通和通谋；第三，恶意串通行为和通谋虚伪表示，其参与者相互之间均须有意思联络，即各方都应知道对方与自己共同实施某种性质的行为，或者共同为虚假的意思表示，或者一方向对方为虚假意思表示，对方明知而予以受领等；第四，恶意串通行为和通谋虚伪表示，其行为真正指向的均为第三人，且通常有损害第三人利益的动机。有的学者甚至认为，在制定《民法典》的背景下，我们应当完全废除"恶意串通行为"规范，在意思表示瑕疵的规范体系之下，以"通谋虚伪表示"取而代之。① 然而，除上述相似点之外，两者毕竟也存在着相当明显的差异。概言之，有以下几个方面。

（一）行为人的范围

《德国民法典》上的通谋虚伪表示，其表意人为当事人，即该法律行为所引起的权利义务之承受人。当事人之代理人是否也会发生与对方通谋的情形，理论上虽非不能，但这种情况下，代理人一般仍然是受当事人指使而为虚伪表示。因此，德国民法理论上一般不讨论代理人如何损害本人利益的问题。即使将通谋虚伪表示的规定适用于代理人与相对人之间的行为，也认为这是对上述规定的扩大适用。《日本民法典》明确排除了在代理人或法人的代表机关为虚假表示时本人或法人作为其第 94 条第 2 款所谓"第三人"的资格，实际上也就排除了当代理人或法人的代表人为虚假表示损害本人利益时适用民法典第 94 条的可能性。而依照我国民法学通说，所谓恶意串通行为，其表示行为人可以是法律关系的当事人，也可以是代理人或具有相类似地位的人，如法定代表人或社会组织的负责人等，即恶意串通可以区分为两种情况。一

---

① 冉克平. "恶意串通"与"合法形式掩盖非法目的"在民法典总则中的构造：兼评《民法总则》之规定 [J]. 现代法学，2017，39（4）：67-80.

是当事人之间恶意串通，损害国家、集体或第三人利益；二是代理人与相对人恶意串通，损害本人利益。有人甚至认为，恶意串通行为就是指行为人一方与另一方的代理人或代表人为了获取不法利益，故意串通一气，损害国家、集体或他人利益的行为。

（二）意思表示之非真实性

依德、日民法上的通谋虚伪表示之构成要素，行为人须为违背真意之意思表示，通谋虚伪表示之概念本身已经表明了行为人意思表示的虚假性，与心中保留相同，毋庸置疑。我国台湾地区"民法典"继受德国民法体系，在此点上与德国民法完全相同。而我国大陆地区民法典上的恶意串通行为，通说认为其意思表示并不必然为虚假，也包括真实意思表示的情况①，只要行为人有损害国家、集体或第三人利益的恶意，并且双方有通谋，也可构成。况且，恶意串通规则还有损害性要件，而通谋虚伪表示没有，通谋虚伪表示属意思表示瑕疵类型。也就是说，恶意串通规则并不适用通谋虚假表示的情形，这有助于认定恶意串通规则的性质。

（三）法律评价

德、日民法上的通谋虚伪表示是一个中性的概念。所谓通谋虚伪表示，可出于各种动机，尽管实施虚假行为的人大多是想欺骗某个第三人，但这一欺骗意图并非构成虚假行为的必要前提。因此，民法典上有关通谋虚伪表示的相关规定，并不必然包含道德上或法律政策上的任何否定性评价。而我国《民法典》对于恶意串通行为显然持否定态度，所谓"恶意""损害"，均为贬义之词，已表明了法律的价值倾向。且《民法典》规定的恶意串通行为，以损害国家、集体或第三人的利益为构成要件，显示该规定系为保护国家、集体或第三人的利益而设，表明了恶意串通行为的非正当性。

（四）法律评价基础和功能

德国法系民法典对于通谋虚伪表示之法律行为在效力上予以否定，其基础为意思真实原则。既然当事人仅仅是虚假地发出了一项需受领的意思表示，而受领人对此是同意的，双方不仅对这种保留心照不宣，而且还着意加以约定：当事人表示出来的内容不应产生法律效力或成为法律行为的内容，则法律不使其发生法律效力是不言而喻的。并且，相对人既然明知表意人非真实意思表示，虽使其行为无效，相对人也不致因此而受损害。可见，在《德国

---

① 崔吉子. 恶意串通规则存废研究：兼评《民法总则》第154条与第146条 [J]. 中国社会科学院研究生院学报，2019，41（6）：90-101.

民法典》以及继受德国民法体系的我国台湾地区"民法典"上，使通谋虚伪之表示无效，是以不损害相对人为原则，而尊重表意人真实意思的必然选择，其功能在于保护当事人即表意人的利益。《日本民法典》也认为，之所以虚伪表示无效，是因为既然当事人双方合意不依据表示使之发生法律效果，即只好以之为无效。我国《民法典》上恶意串通行为之无效，其评价基础为他人权利之保护和社会公平，其目的在于保护第三人。这一点可以从分析字面含义发现。所谓恶意串通，无非说双方均为明知，恶意串通不过是表意人双方意思联络的贬义词。但既为贬义，必有其原因，其答案就在后半句，即损害国家、集体或第三人利益。因此，恶意串通说到底就是双方共同故意损害他人，这也就构成了其无效的原因。

（五）法律效力

依照《德国民法典》第17条的规定，通谋虚伪表示为无效，对任何人均无任何例外。但20世纪初，德国最高法院的一系列判例试图制定不得以隐藏法律行为对抗第三人的原则；20年代的最高法院甚至援用客观的信赖主义保护那些维持表象对他们有利的善意第三人的利益，提倡公开法律行为有效论；有判例还沿用法学者邓佰格（Dernburg）的提法："不能容忍第三人遭受法律行为虚伪所引起的损失。"20世纪后期的德国学理和判例试图尽量限制虚伪行为理论的适用范围，其总的意图就是撇开《德国民法典》第117条的无效规定。与《德国民法典》相比，《日本民法典》和我国台湾地区"民法典"的规定在这方面似乎更加合理，按照《日本民法典》第94条第2款和我国台湾地区"民法典"第87条第1款的规定，通谋虚伪表示的无效不得对抗善意第三人，即为相对的无效。我国民法典之恶意串通行为，因其内容具有明显的不法性，其无效也是绝对的，无任何余地。[①]

四、恶意串通行为的法律效果

虽然我国立法明确规定恶意串通行为无效，学术界对此却颇有异议，展开了诸多讨论。关于恶意串通行为的法律效果有"区别对待说"和"无效说"。

（一）"区别对待说"

有学者主张不同类型的恶意串通行为效力应当有异。一般以恶意串通行为损害的是国家利益、集体利益还是个人利益作为类型化的划分标准，即主

[①]　朱建农. 论民法上恶意串通行为之效力 [J]. 当代法学，2007，21（6）：88-93.

张损害国家利益、集体利益的恶意串通行为无效，而损害个人利益的恶意串通行为分情况区别对待。依王利明教授的观点，恶意串通行为损害第三人利益应当区分是损害特定的第三人还是不特定的第三人，如果损害的是不特定第三人的利益，实质损害的就是公共利益，应当认定为绝对无效；如果损害的是特定的第三人的利益，则应当属于相对无效的合同，只能由该受害的第三人主张无效。这一看法得到了许多学者的支持，但也有学者认为，应当将恶意串通损害第三人利益的合同规定为可撤销的合同，这样既使得确权主体明确化，也能充分尊重当事人的意志。上述学说的分歧主要在于对恶意串通损害第三人利益的法律评价应当是相对无效还是可撤销。学理上以无效效果的范围为标准，将无效分为绝对无效与相对无效。对前者，任何人均得主张，并得对任何人主张之，而后者系指不得以其无效对抗善意第三人。法律行为的无效，以绝对无效为原则，相对无效为例外，并限于法律明定的情形。在我国，根据立法对于无效法律行为的描述，无效者，自始无效、当然无效、绝对无效，且任何人均可主张无效，对任何人无效，反映在损害第三人利益的无效法律行为上未免过于严厉，而且绝对无效的认识与判断也未必符合第三人的意志和利益。所以，学术界引入"相对无效"的概念，以克服对无效法律行为性质认识的简单化与绝对化，但由于未在立法上有明确规定，这一概念目前仍然只是一个理论上的分析范畴。学者对相对无效的认识主要有两种：一种认为相对无效的行为等同于可撤销的行为；另一种认为相对无效虽因可撤销之概念的独立存在而已大大缩小其内涵和外延，但仍然可以存在，其性质上属于无效范畴，与可撤销之属于效力不完全，尚有差异。

就解释论而言，对恶意串通行为效力的评价应当根据其所侵害的是国家利益、集体利益还是第三人利益作区别对待：对侵害国家利益、集体利益、不特定第三人利益的恶意串通行为采取强有力的干预，认定其绝对无效；对侵害特定第三人利益的恶意串通行为采取次一级的干预，认定其相对无效。如前所述，这样的区别评价虽然为司法实践提供了可操作的标准，但由于其建立在类型化划分的基础上，而类型化的标准并不明确——国家利益、集体利益、不特定第三人利益以及特定第三人利益的内涵和外延均难以准确界定，因此恶意串通之规定在实务中的适用问题仍然存在。

在实践中，恶意串通合同必然无效是否适用每个个案，是否符合经济发展的需要？

比如在"一房二卖"的情况下，涉及的主要问题包括：如何从实体权利和程序权利角度保护因恶意串通行为而受到损害的第三人，以及从第三人处善意买受房屋并办理产权证的次第三人是否仍然应受保护。在我国司法实践中，采取的做法是：恶意串通合同在实施恶意串通行为的当事人之间为无效，但这种无效不能对抗善意第三人。因此。对于善意且以对价取得恶意串通行为指向标的物的第三人，不应因恶意串通合同无效而利益受损。

再如恶意串通，损害他人利益合同，依据我国《民法典》规定为无效合同，但对于损害特定第三人的合同，学术界存在不同观点。有学者认为，恶意串通损害第三人利益的合同，应为相对无效，即只有特定的相对人才能够主张合同无效，而不是所有人均可主张该合同无效。也有学者认为，应将恶意串通损害第三人利益的合同均规定为可撤销合同。还有学者认为由于该合同并不损及公序良俗，也不违反法律的禁止性规定，因此，将决定该合同命运的权利赋予利益受损害的第三人是合适的。那么究竟是让第三人主张该合同无效呢，还是让第三人撤销合同？有学者认为相对无效的概念太模糊，实践中操作困难重重，如果第三人未主张无效，合同就继续履行吗？这明显违反设置此类合同无效所蕴含的对行为违法性的价值判断，且适用范围也不好确定。对于恶意串通损害第三人利益的合同，应分别情形予以处理：或者归入债权撤销权的范畴，或者适用《民法典》进行规范，或者赋予第三人撤销权予以调整。

（二）"无效说"

也有学者认为在我国大陆地区法律未对相对无效作出特别规定的情况下，向德国、我国台湾地区那样将法律行为的无效理解为绝对无效比较妥当，即根据《民法典》第 154 条规定，恶意串通损害他人合法权益的民事法律行为是绝对无效的。[1] 也有学者认为，恶意串通与公共利益的保护无关，其旨在保护特定第三人的利益。因此，也就没有完全必要将法律后果认定为绝对无效，相对无效就已经足够。[2]

学者认为上述区别对待的观点一方面是对《民法典》第 154 条的体系定位缺乏明确认识，从而对其中的"他人"作出限缩解释的逻辑结果，另一方面是对绝对无效制度维护的法益作出狭隘理解的产物。如前所述，作为《民法典》第 153 条第 2 款的一种特殊情形，第 154 条旨在维护公序良俗，至于行为损害了公共权益还是第三人权益则无关紧要。对于绝对无效制度维护的

① 朱广新. 恶意串通行为无效规定的体系地位与规范构造 [J]. 法学, 2018, 63 (7)：131-142.
② 茅少伟. 论恶意串通 [J]. 中外法学, 2017, 29 (1)：143-170.

法益也不能在私益与公益之间作非此即彼的绝对理解。就《民法典》规定的无效民事法律行为而言，第153条规定的违反强制性规定与违背公序良俗，主要是为了保护公共秩序公共利益，而第146条规定的虚假意思表示则根本不考虑该意思表示是损害了公共利益还是私人利益，其主要是为了维护意思与表示一致性或意思表示的真实性。从比较法上看，同样是暴利行为（显失公平），《德国民法典》第138条第2款将其规定为无效，而《瑞士债务法》第21条、我国台湾地区所谓"民法典"第74条以及我国《民法典》第151条却将其规定为可撤销。由此可见，公益与私益之区分并非决定效力形态的唯一的、绝对的标准，在公共利益与私人利益之间或者在管制与自治之间寻求妥当的平衡才是决定性标准。①

《民法通则》第58条规定恶意串通行为的法律后果为"无效"，其他涉及恶意串通的规定都遵循了这一立法思路，对恶意串通行为的法律评价无一例外都是"无效"。就无效法律行为，德国学者耶林曾言，"所谓契约无效者，仅指不发生履行效力，非谓不发生任何效力"。须注意的是，此处的效力，是依据法律的规定而发生，并非基于当事人的意思。恰如我妻荣先生所言，"民法总则中的无效或撤销，指的是意思表示或者法律行为上的效果完全地不发生；而在此之外，有一些效果发生，则属另外的问题。"我国也有学者指出，无效并不妨害发生其他法律行为外的效果。

具体而言，恶意串通导致法律行为无效时发生追缴财产、收归国有或返还第三人的法律效果。《民法通则》第61条第2款规定"双方恶意串通，实施民事行为损害国家的、集体的或者第三人的利益的，应当追缴双方取得的财产，收归国家、集体所有或者返还第三人"，强调首先应当追缴双方取得的财产，如果财产属于第三人的，应当将追缴的财产返还第三人。《合同法》第59条规定"当事人恶意串通，损害国家、集体或者第三人利益的，因此取得的财产收归国家所有或者返还集体、第三人"，此处只规定当事人对因恶意串通损害利益取得的财产进行返还，没有强调追缴财产环节，立法规定在文字上略显差异。

《民法通则》之所以规定追缴财产很大程度上是受《苏俄民法典》的影响。在苏联民法中，无效法律行为的后果分为三种：一是不许返还，当事人任何一方都无权要求返还已作履行的法律行为；二是双方返还，双方当事人都应当把依照无效的法律行为所得到的一切返还对方的法律行为；三是单方

---

① 朱广新. 恶意串通行为无效规定的体系地位与规范构造 [J]. 法学, 2018, 63 (7): 131-142.

返还，只有受害的当事人才能要求返还已作履行的法律行为。苏联最高法院曾屡次指出，法院在判决中不能仅限于宣告法律行为无效，而应当规定出其无效的后果（追缴作为国家收入，双方返还或单方返还）。1964 年《苏俄民法典》第 147 条规定："如果法律行为由于违反法律、规避法律或对国家有明显损害而无效，就根本不发生返还情形，任何一方都无权要求他方返还已作的履行，双方的不当得利都应当追缴作为国家收入。"

五、推定规则的引入

由于个体认识能力及调查方法的限制，在民事诉讼中，无法收集或难以收集合法证据的情况时有发生，导致难以完整、直接地证明案件事实而使案件无法及时审结。为了及时查明待证事实、公正裁判案件，司法实践通过适用推定的方式来解决难题。

学说认为，推定是间接证明的一种特殊方式，适用推定规则必须符合如下条件：第一，要存在基础事实——用来推定结论的前提性事实；第二，基础事实与推定事实之间具有比较高的盖然性；第三，应当以无相反证据推翻推定的适用，即无论是当事人还是法官都未发现或找不到可以推翻推定事实的证据。[①] 具体到恶意串通行为的认定，首先，应推定确定合理的基础事实。对基础事实的确定，既要考虑善意一方利益的保护，又要考虑当事人之间举证责任的合理分配；既要考虑当事人举证困难的克服，又要考虑基础事实与推定事实之间的盖然性关系。由于恶意串通行为大多比较隐蔽，认定第三人是否恶意在取证上往往十分困难。在此类纠纷中适用推定，虽然法律尚无明文规定，但从学理上讲，应属于一种"意图的推定"或"意思的推定"，即根据一个正常人的一系列行为，推定其知道某一情形或知道自己行为的必然后果，其行为的必然后果也是其行为的目的，通过对其行为中不合常理情况的分析，可推定其在行为当时是否存在主观恶意。其次，应赋予被推定人充分的反驳机会。被推定一方当事人可以直接举证反驳推定另一方的主张，即主张他们对其所实施的法律行为会产生损害他人的后果并不知情，或者其行为根本不会损害他人利益；被推定人也可以举证证明他们主观上没有加害他人的故意，损害后果的发生完全是无心之作；被推定人还可以证明他们之间没有通谋行为从而主张他们实施的法律行为不构成恶意串通。应该说，作为法律行为实施者的被推定人对这些事实的证明是相对容易的。

---

① 陈朝阳. 论民事推定证据制度的完善 [J]. 现代法学，1999，21（6）：109.

诚然，推定规则的适用也存在局限性，推定在反映客观真实的程度上只能达到盖然性标准，而不能达到排除合理怀疑和绝对确信的程度。而且，这种盖然性的大小并不恒定，它与案情的复杂程度、法官的素质、基础事实的真实程度、特定事物间的常态联系等密切相关。因此，在司法实践中，推定规则的推广适用仍需谨慎，尤其是在建立恶意串通的推定事实时必须结合根据日常生活经验法则形成的内心确信。①

相关法律法规及司法解释

《民法典》

第 153 条第 2 款　违背公序良俗的民事法律行为无效。

《民法通则》

第 58 条　下列民事行为无效：

（一）无民事行为能力人实施的；

（二）限制民事行为能力人依法不能独立实施的；

（三）一方以欺诈、胁迫的手段或者乘人之危，使对方在违背真实意思的情况下所为的；

（四）恶意串通，损害国家、集体或者第三人利益的；

（五）违反法律或者社会公共利益的；

（六）以合法形式掩盖非法目的的。

无效的民事行为，从行为开始起就没有法律约束力。

第 61 条　民事行为被确认为无效或者被撤销后，当事人因该行为取得的财产，应当返还给受损失的一方。有过错的一方应当赔偿对方因此所受的损失，双方都有过错的，应当各自承担相应的责任。

双方恶意串通，实施民事行为损害国家的、集体的或者第三人的利益的，应当追缴双方取得的财产，收归国家、集体所有或者返还第三人。

---

① 韩圣超. 论我国民法上恶意串通之规定 [D]. 杭州：浙江大学，2011.

 《合同法》

第 52 条　有下列情形之一的，合同无效：

（一）一方以欺诈、胁迫的手段订立合同，损害国家利益；

（二）恶意串通，损害国家、集体或者第三人利益；

（三）以合法形式掩盖非法目的；

（四）损害社会公共利益；

（五）违反法律、行政法规的强制性规定。

第 59 条　当事人恶意串通，损害国家、集体或者第三人利益的，因此取得的财产收归国家所有或者返还集体、第三人。

 《招标投标法》

第 32 条　投标人不得相互串通投标报价，不得排挤其他投标人的公平竞争，损害招标人或者其他投标人的合法权益。投标人不得与招标人串通投标，损害国家利益、社会公共利益或者他人的合法权益。禁止投标人以向招标人或者评标委员会成员行贿的手段谋取中标。

案　例

案情简介

窦某和周某合伙经营板材厂，二人于 2007 年 11 月达成退伙协议，约定窦某退伙将投资款 40 万元转为借款交给周某使用，周某于 2008 年起分期偿还所借款项。2008 年 10 月 6 日，周某与常某办理了离婚手续，约定房产及网吧等财产归常某，共同债权债务及涉案板材厂归周某所有。同年 10 月 13 日，周某以欠原配偶常某弟弟 50 万元借款为由达成转让板材厂及经营权的协议。经资产评估后，板材厂的房产价值为 32.661 万元，设备价值为 32.60 万元。按照双方转让协议约定，双方未按照评估报告确定的资产价值与原借款本息进行差价补偿，也未按约定对厂内所有材料及产品进行结算转让。因周某未按约履行付款义务，窦某申请强制执行，在执行中查封了周某所有的位于板材厂内的机器设备及产品。受让人常某在法院查封前实际经营板材厂，为此，受让人提出确权异议之诉。

审理及判决

法院经审理认为，受让人常某与周某之间恶意串通，侵害了第三人窦某的利益，认定周某转让板材厂与常某的行为无效。故驳回常某的诉讼请求。

分析

本案争议焦点：能否认定转让人周某与受让人常某间存在恶意串通转移财产的行为？

笔者认为，应当认定周某与其妻子常某间存在有预谋的转移财产的行为，并且，受让人常某主观上存在协助债务人周某恶意转移财产的故意。

周某为达到逃避债务的目的，在窦某退伙协议履行期间，与常某达成将板材厂及经营权抵偿 50 万元的转让协议。从周某离婚及转让财产的全过程可以看出，周某仅仅在离婚后 7 天内通过合法的形式将财产转移到其妻子和亲属名下，而自己负担了全部债务，形成无其他财产可供执行的局面。

从转让合同签订及履行情况看，双方并未按照转让协议约定，对评估报告确定的资产价值与原借款本息进行差价补偿，也未按约定对厂内所有材料及产品进行结算转让，无法印证借款及转让行为的真实性。受让人常某在窦某与周某案件进入执行后才接手经营板材厂，意图以实际经营行为掩盖周某恶意转移财产的行为。因此，从主客观两方面看，受让人与周某间存在恶意串通的故意。

十九　重大误解和错误

«

\>>>

法　理　◆

意思表示由内心真意和外在表示所构成，意思表示的正常状态是内心意思与外部表示相一致。但意思与表示不一致的情形也时常出现，一般有两种情况：第一种是故意的不一致，指表意人明知而有意使其意思表示不一致，如真意保留及虚伪表示；第二种是无意的不一致，是表意人基于某种错误认识或无意识而作出的与其内心意志不一致的意思表示，又称意思表示错误。为衡平交易安全和表意人利益，各国立法通过构建意思表示瑕疵制度加以调整。但我国《民法典》对传统民法中的错误制度却没有加以明确，而是代之以重大误解，因此，有必要对错误与重大误解的关系进行进一步探究。

一、重大误解和错误概述

对于误解的概念，观点不一。有学者认为，误解是指认识与对象的不一致，即行为人对民事行为的内容或其他有关情况产生认识上的错误，以致意思表示与内心意志不一致。也有学者认为，误解是对同一合同词句或其他表示，一方当事人赋予了不同于对方当事人所赋予的含义，其实质是，在同一合同条款之上存在着两个不能并立的意思。[①] 还有学者认为，重大误解的法律行为，是指民事行为的当事人在作出意思表示时，对涉及法律行为的法律效果的重要事项存在认识上的显著缺陷。[②]《最高人民法院关于适用〈中华人民共和国民法典〉总则编若干问题的解释》第 19 条规定，行为人因对行为的性质、对方当事人、标的物的品种、质量、规格和数量等的错误认识，使行为

---

① 魏峰，梁鹏. 重大误解若干问题研究 [J]. 山西财经大学学报，2003，28（4）：109.
② 郭明瑞主编. 民法总论案例教程 [M]. 北京：北京大学出版社，2004：208.

的后果与自己的意思相悖，并造成较大损失的，可以认定为重大误解。《民法典》第 147 条和《最高人民法院关于适用〈中华人民共和国民法典〉总则编若干问题的解释》第 19 条规定，重大误解的民事行为，行为人有权请求人民法院或者仲裁机关予以变更和撤销。

重大误解具有以下特征：第一，当事人对合同的内容等发生认识的错误。即误解的对象是民事行为的内容和与之相关的事实，包括行为的性质、标的的数量、价格、履行期限、地点等。第二，重大误解是一种内心意思缺陷。在重大误解时，表意人所表示出来的意思和其内心意思是相符合的，但其内心意思本身因为发生了误解与事实情况不符。这就区别于内心意思并没有错误的表达错误。第三，重大误解系表意人自身原因造成的。在现实生活中，发生重大误解可能有各种原因，比如当事人缺乏必要的知识和交易能力、生活经验、信息等。但无论哪一种原因，这种误解必须是因为当事人自己的原因，不能是第三人欺诈或传达人的错误传达等导致，这使得重大误解区别于欺诈和传达错误。第四，重大误解使得当事人无法实现合同目的。一方面，由于表意人发生误解使得自己的内心意思和现实情况不符，并基于这种误解进行了民事行为，因此必然会影响当事人原本想实现的合同目的，只有在这种情况下才能认定重大误解。另一方面，只有当重大误解的对象是合同的主要内容时，才会使合同目的无法实现，这就区别于动机错误。

错误，泛指某人对任何事情、过程或联系具有不正确的认识，亦即他所设想的或认为的东西不符合现实。① 还有学者在定义意思表示错误时，将动机错误与内容错误分别进行表述。通常之所谓错误，其情形有二：一是意思与事实不一致，二是意思与表示之不一致。前者通常称为动机错误，后者通常称为法律行为之错误。在大陆法系法典中，错误主要是指内容错误，动机错误一般不影响意思表示的效力，但较严重的动机错误也可以导致意思表示被撤销。

二、重大误解与错误关系的理论争议

（一）重大误解与内容错误完全相同

该观点以朱庆育教授为代表，关于我国重大误解与传统民法错误制度的关系，不管是从内涵上还是从外延上看，其实就是大陆法系中的内容错误。② 其理由如下：

---

① 卡尔·拉伦茨. 德国民法通论：下册 [M]. 王晓晔，等译. 北京：法律出版社，2003：502.
② 朱庆育. 民法总论 [M]. 北京：北京大学出版社，2016：269-272.

在大陆法系，一般没有出现"误解"一词，而是以"错误"代替。大陆法系的传统错误理论将错误划分为四种基本类型，即内容错误、动机错误、表示错误和传达错误。其中，内容错误是错误制度的基本类型之一。所谓内容错误是指，表意人对于民事行为有关的事实产生了错误的认识，包括对该行为性质的认识错误、对标的物的认识错误和对相对人的认识错误。① 从国外立法看，《德国民法典》对错误制度的规定非常具体且具有典型性。德国学者将错误划分为三大类：一是内容错误，即表意人所为的意思表示的内容有错误，或关于人的资格或物的性质的错误，交易上认为重要者，视为关于意思表示内容的错误。二是表示错误，即表意人根本无意为此种内容的意思表示而发生的错误；三是传达错误，即意思表示因传达人或者传达机关传达不实。从我国立法来看，根据《民通意见》第71条的规定，认定"重大误解"的关键在于误解人是否对行为的性质、对方当事人、标的物的品种、质量、规格和数量等存在的错误认识。因此，我国有学者认为，我国现行法上的"误解"与德国法上的错误应作同一解释。只是由于我国现行立法强调通俗易懂，采用了"误解"而没有采用"错误"这一概念，才引起了人们的误解。②

（二）《民法通则》上的误解包括了传统民法的错误和误解，二者不宜严格区分

持该观点的学者认为，《民法通则》上所谓的误解不仅指表意人无过失的表示与意思不符，而且指相对人的了解与意思表示不符，包括了传统民法的错误和误解。二者不宜严格区分。③ 其理由如下：

因为《民通意见》第71条规定，行为人因对行为的性质，对方当事人，标的物的品种、质量、规格和数量等的错误认识，使行为的后果与自己的意思相悖，并造成较大损失的，可以认定为重大误解。而行为性质的重大误解往往属于典型误解的情形，如将借贷误认为赠与，可见，我国司法解释也并不严格区分错误和误解，而是将其均作为重大误解的情况加以认定。此外，在英美契约法上，错误是一方或双方因对订立契约的客观条件有所误解而订立的契约。错误发生后之救济，订约一方之错误，原则上不能影响契约之有效性。唯有该项错误之发生，导致双方间根本无真正合意时，才能使契约无

---

① 张淳. 论能够成为民事行为瑕疵的错误：两大法系有关规定比较以及我国民法相应规定评析 [J]. 浙江社会科学，2004，20（4）：8.

② 马俊驹，余延满. 民法原论 [M]. 3版. 北京：法律出版社，2007：195.

③ 宋江涛. 我国民法重大误解制度的反思与完善 [J]. 法律适用，2016，31（9）：87-88.

效。① 可见英美契约法中错误的概念实际包含了误解的内容，对二者也没有作严格区分。

有学者认为，必须是符合规定的错误，才能成为《民法通则》上重大误解中的错误。主要包括以下二类：

1. 表达错误

意思表达的错误，是指表意人不知道其外在表示背离其内心真意，可分为内容错误、表示行为错误和传达错误。内容错误是指表意人错误理解了用以表达内心真意的表示的客观意义，从而错误地使用了该表示。表意人虽然表达了其内心真意，但错误地理解了该表示的法律含义，使表示内容客观上具有了不同于其内心真意的含义。表示行为错误是指表意人错误表达了其内心不愿表达的内容。表示行为的错误与内容错误的区别，就在于前者表意人使用了内心真意不愿使用的表示符号，而后者是表意人意愿地表示其内容，但错误地理解了表示符号的含义。传达错误是指传达人或传达机关错误传达了表意人的意思表示。传达人是没有自己意思表示的行为人，因此不是表意人的代理人。但传达人是由表意人所选任的，因此传达人的传达错误应当由表意人承担。传达错误必须是传达人无意识造成的，如果传达人故意错误传达表意人之表示，其失实之传达应由自己承担责任，表意人无须适用撤销规则来保护自己。

2. 动机错误

动机错误是在意思形成阶段出现的错误，是表意人在形成内心真意时，由于错误信任某一事实，从而作出意思表示所引起的错误。动机错误原则上应由表意人自己承担风险，但在例外情况之下，法律上视为意思表示内容的错误，而允许表意人撤销。在国外立法上，《德国民法典》规定，交易中认为很重要的有关人的资格或物的性质的错误，视为意思表示内容的错误。人的资格的错误包括年龄、信誉、工作能力、性别等多方面的内容。认为交易双方以外的第三人资格的错误仍可以成立，只要该法律行为直接涉及该第三人。依合同相对性原理，合同只能在特定当事人之间产生法律拘束力，但合同动机却可以是多方面的。在特定合同关系中，一方意思的形成不仅需要考虑相对人的资格，往往还会要求考察与合同履行有关联的第三人。民法既然承认对表意人动机错误的保护，也应当考虑当事人对第三人资格所造成的错误，所以，人的范围不应仅限于当事人，还应包括第三人。物的性质错误不仅包

① 杨桢. 英美契约法论 [M]. 北京：北京大学出版社，2000：226-227.

括物的自然特征，还应包括法律和事实上的特征，但价值和价格的错误不应包括。人资格的错误和物性质的错误必须是交易上重要的，因此这种错误的标准必须是客观的，不能以表意人的主观立场作为评判标准。

（三）　应当严格区分错误和误解

持该观点的学者认为，错误和误解有着严格区分。[①]　其理由如下：

第一，在大陆法系对错误和误解有着严格区分。错误是指当事人不知其意思和表示不一致而为意思表示的情形；误解则是相对人在受领表意人所为之意思表示时所产生的错误认识。从国外立法看，在《德国民法典》中，误解并不是一个法律用语，意思表示从不同的角度来看，可分为表意人的真实意思、受领人实际理解的意思以及表意人的意思表示所具有的客观意义（简称客观意思）三种。如果表意人真实的意思表示与客观意思不一致，那么表意人在意思表示中便存在错误；如果受领人实际理解的意思与客观意思不一致，则存在误解。[②]

第二，误解关乎合同是否成立。错误则涉及已成立合同的效力问题，既不存在因错误而生的误解，也不存在因误解而生的错误。有学者认为，从合同解释和错误的关系出发，认为错误制度与解释制度分配的是性质不同的风险，故既不存在选择适用的可能，也不存在适用顺序上的差别。[③]

第三，误解和错误存在本质区别，不能同时存在于同一个意思表示中。其依据是：就合同订立过程而言，一方当事人应发出内容明确之要约，此要约应包含合同订立所必要内容，使相对人仅需通过简单意思表示即能形成一致并最终订立合同。意思和表示的协力是法律行为发生效力的基础。表意人将自己的内心真意通过外在表示，以实现其所意愿的法律效果。而一旦这一内心意思通过表示到达相对人，表意人即应受到法律约束，承担相应可能存在的法律风险。[④]　但由于文字符号表达的多义性、意思表示本身的不完整和模糊性，造成各方可能就要约表示内容产生不同理解而发生歧义，此时双方发生歧义的对象是表意人通过外在表示所客观反映的表意人真意。但表意人和相对人对双方所产生的歧义往往忽视，形成表面上的合意，这种无意识的意思不一致就是误解。只是双方并没有意识到"合意"实际上存在隐含的瑕疵，

---

①　王天凡. 民法"重大误解"继受之反思：兼以台湾"民法"第88条第1款为例 [J]. 华东政法大学学报，2017，20（2）：102-104；陈华彬. 论意思表示错误及我国民法典对其的借镜 [J]. 法学杂志，2017，38（9）：42.

②　唐莹. 论意思表示错误：中德民法比较研究 [J]. 比较法研究，2004，18（1）：37.

③　徐晓峰. 民事错误制度研究 [J]. 法律科学，2000，18（6）：53.

④　王泽鉴. 民法总则 [M]. 北京：中国政法大学出版社，2001：352-354.

没有形成真正的意思表示一致，需要通过解释查明该误解是否最终影响合同成立。如果通过解释误解仍存在，则合同最终未成立。而在发生错误情形时，表意人由于主客观原因，无意识地将自己内心真意错误表达为另一种外在表示，发生事实和观念上的背离，相对人基于对这种错误表示内容的理解，从而作出一定意思表示，当相对人同意时合同成立。可见，合同订立过程中错误和误解本质区别在于，前者形成了意思表示、合同成立，而后者缺乏意思表示一致、合同不成立。由此可以看出，错误和误解是有本质区别的两种意思表示瑕疵。我国《合同法》所规定的重大误解以合同成立为前提，因此只能将其理解为传统大陆法系中的错误，而不能将误解也包含其中。①

（四）错误与误解态样存在差异

持该观点的学者认为，错误包含的态样与误解不同。② 其依据如下：

学术界对于错误的分类有二种学说：一是要件论或一元论，即通过不特别区分动机错误与表示错误，而是通过设定统一的错误构成要件，对所有符合构成要件的、包括动机在内的错误表示进行保护。二是二元论或种类论，即以错误发生阶段为基础而将意思表示错误划分为动机错误与表示错误。动机错误，是指发生在意思形成阶段，表意人的认识与事实不一致的情形。表示错误又可分为六类：第一，性质错误，性质错误包括当事人的资格和物的性质错误两种。第二，内容错误，包括当事人本身的错误、标的物的错误、法律行为的种类或性质错误。第三，表示行为错误，即表意人误为表示其所意欲者。③ 第四，传达错误，又称误传，即意思表示之误传。第五，受领错误，这种错误仅发生在必须受领的意思表示中。受领错误，即传统民法上所说的误解，指受领人对正确表达和正确传达的意思表示作出了错误理解，这种误解本身在法律上并没有价值，只有在受领人根据错误的意思表示，作出自己的意思表示时，才有法律上的意义。第六，特殊的错误类型，包括计算错误、签名错误等。

根据《民通意见》第71条的规定，在我国立法上，重大误解包括如下五种情形：第一，对合同的性质产生误解。在对合同性质产生误解的情况下，当事人的权利义务将发生重大变化，而且产生此种误解也完全违背了当事人在订约时所追求的目的，因此应视为重大误解。第二，对对方当事人产生的

---

① 李伟，谢雪凯. 论合同法上的重大误解 [J]. 哈尔滨工业大学学报（社会科学版），2010，57（2）：56.

② 黄芬. 重大误解的解释论解析 [J]. 社会科学战线，2019，42（12）：193-194.

③ 王泽鉴. 民法总则 [M]. 北京：中国政法大学出版社，2001：375.

误解。这种情况主要发生在以当事人的人身信任为基础的法律关系（合伙、委托等）、以人身感情为基础的法律关系（赠与、继承等）和以特殊人身要求为基础的法律关系（技术合作、医疗服务等）中。对当事人的误解可能包括两个方面：一方面是对象，即对方当事人是谁；另一方面是个人特征，如当事人的性别、年龄、性格、职业、信用、财产状况、健康状况、文化程度及专业技术水平等。如果对对方当事人上述因素的误解，影响到某项意思表示的作出，则可以成立重大误解。第三，对标的物质量的误解。如果标的物的质量直接涉及当事人的订约目的或重大利益，则构成重大误解。但对质量本身没有产生误解，而只是对标的物的非主要功能或效用产生误解的，不应当作重大误解处理。第四，对标的物品种的误解。这实际上是对当事人权利义务的指向对象即标的本身产生了误解，应属于重大误解。第五，对价金和费用的误解。我国《民通意见》第 77 条规定："意思表示由第三人义务转达，而第三人由于过失转达错误或者没有转达，使他人造成损失的，一般可由意思表示人负赔偿责任。但法律另有规定或者双方另有约定的除外。"学术界普遍认为，该条规定的是传达错误的适用规则，即对因第三人过失造成的误解或合同未成立，由表意人对相对方的损失承担赔偿责任。由此看出，我国重大误解制度的适用类型仅与内容错误内涵相同。对于德国法上的表示错误、动机错误，我国立法完全没有涉及。[①]

三、我国民法上重大误解的构成

《民法典》第 147 条未具体化重大误解的构成要件（此前的民事立法亦存在同类问题），立法机关以此问题"本质上是一个司法问题"为由，不作具体规定；同时认为随着民事法律行为理论及实践类型的不断发展，重大误解制度的涵摄范围会有变化；并认为最高人民法院从法律适用的角度对民法通则中"重大误解"的认定加以规定是可行的。[②] 司法解释虽有具体化的努力及指引，如今看来仍存在有待改进之处。[③] 为明确重大误解的构成要件，须先回应错误一元论与错误二元论之争，因为两派学说有关构成要件的立场有所不同。[④]

---

① 张长健, 刘竑琨. 论意思表示错误：以与重大误解制度比较的视角 [J]. 安徽警官职业学院学报, 2011, 10 (2)：44.
② 李适时. 中华人民共和国民法总则释义 [M]. 北京：法律出版社, 2017：461.
③ 韩世远. 重大误解解释论纲 [J]. 中外法学, 2017, 29 (3)：673-674.
④ 武腾. 民法典编纂背景下重大误解的规范构造 [J]. 当代法学, 2019, 33 (1)：18.

(一) "错误二元论"

当前, 主流学者大多基于"错误二元论"构建重大误解的构成要件, 将"意思与表示不一致"或"对民事法律行为的内容等发生了重大误解"或"表示行为与效果意思不一致"作为重大误解的构成要件之一, 进而将重大误解规定的适用范围基本上局限于意思表示错误。在此基础上, 再对动机错误予以例外关注。①

其一, 误解的主体。传统民法上, 误解被认为是相对人对表意人意思表示受领的错误, 因而误解的主体仅限于相对人。比较法上亦有贯彻该观点的立法例。如《奥地利普通民法典》第 871 条第 1 款规定, 仅在重大误解系由相对人造成, 或依情势显为相对人明知, 或相对人应及时说明而未说明时, 合同中重大误解人才享有撤销权。② 此外, 《欧洲合同法原则》第 4: 103 条、《欧洲示范民法典草案》第Ⅱ-7: 201 条、《国际商事合同通则》第 3.2.2 条也都作了类似规定。③ 然而, 在现代民法中, 一些发生误解的场合, 往往不只有一方当事人的误解, 有时误解的主体是双方。因此, 误解可分为: 一是单方面误解, 即一方认识上有错误, 但另一方却完全了解真实情况。例如, 买受人对出卖物的价格发生误解, 但出卖人并未误解。二是相互性误解, 即双方所想的根本不是一回事。例如, 当事人双方所指并非同一标的物。在此情形下, 由于双方实际尚未达成真正的合意, 合同并没有成立。三是共同性误解, 即双方共同对某一事实发生误解。例如, 合同双方均将本是复制品的标的物误认为真品。此时, 双方均发生重大误解, 都享有请求变更、撤销合同的权利。

其二, 误解的程度。根据我国立法, 误解必须重大才能构成重大误解。所谓重大, 指这种误解足以影响合同的目的及双方当事人的权利义务, 民事行为内容在客观上给误解人造成较大损失, 即行为内容履行的结果对误解人显失公平, 一般人如果处于表意人的地位, 那么不是由于错误, 就不会作出那样的意思表示。误解之"重大"是民法对误解者利益实施法律保护的限制性条件。④ 在立法意义上, 关于何种错误认识可以认定为"重大", 《民法典》总则编司法解释第 19 条采用"按照通常理解如果不发生该错误认识行为人就

---

① 梁慧星. 民法总论: 第五版 [M]. 北京: 法律出版社, 2017: 183; 王利明, 杨立新, 王轶, 程啸: 民法学 [M]. 北京: 法律出版社, 2017: 185-186; 崔建远: 合同法 [M]. 北京: 北京大学出版社, 2016: 8; 赵毅. 民法总则错误制度构造论 [J]. 法商研究, 2016, 33 (4): 152.

② 奥地利普通民法典 [M]. 戴永盛, 译. 北京: 中国政法大学出版社, 2016: 166.

③ 翟远见. 重大误解的制度体系与规范适用 [J]. 比较法研究, 2022 (4): 156-170.

④ 雷雯. 析重大误解之内涵 [J]. 松辽学刊 (人文社会科学版), 2001, 29 (1): 53.

不会作出相应意思表示"的标准来判断。由于表意人已作出意思表示，故只有通过事后假设，来认定错误认识与意思表示之间是否存在因果关系。此外，重大误解的表意人被假定为理性人，因此，单纯的主观情绪或迷信等超出了"通常理解"的范畴，不具有《民法典》第147条规定的重大性，不属于法律应予以保护的合理利益。《民法典》总则编司法解释第19条相对于《民通意见》第71条增加"通常理解"字眼，明确了理性人标准，是一项不小的进步。①

判断构成误解的重大性客观标准，学术界有以下四种标准：一是只要有错误发生，预期利益落空，就可以撤销意思表示并享有要求赔偿的请求权，而不论其是否受到实际损害。二是对民事交往中公认为是重要事项的误解。三是虽非针对重要事项，但足以造成误解方重大损失的误解。四是足以导致行为结果重大不公平的误解。

从主观方面看，重大的确定，还要分别误解者所误解的不同情况，考虑当事人的状况、活动性质、交易习惯等各方面的因素。在我国的司法实践中，对误解是否重大，主要从两个方面来考察：一是对什么产生误解，如对标的物本质或性质的误解可以构成重大误解，对合同无关紧要的细节就不构成重大误解。二是误解是否造成了对当事人的重大不利后果。如果当事人对合同的某种要素产生误解，但并不因此而产生对当事人不利的履行后果，那是当事人缺乏必要的知识、技能、信息或经验而造成。对标的物的数量、包装、履行方式、履行地点、履行期限等内容的误解，如果并未影响当事人的权利义务或影响订约目的的实现，一般不应认作重大误解。由此可见，只有在对合同的主要内容产生误解的情况下，才可能影响当事人的权利和义务，并可能使误解一方的订约目的不能达到。若仅仅是对合同的非主要条款产生误解且不影响当事人的权利义务，就不应作为重大误解。

其三，当事人的主观状态。大多数学者认为，误解是由误解的一方当事人的过失，而不是他方的欺骗或不正当影响造成的。也有学者认为，当事人之所以对交易中重大事项造成误解，是因为其在主观上存在一定的过错。这就说明在重大误解成立问题上，要同时考察双方当事人的主观状态。

第一，表意人的主观过错。在比较法意义上，《德国民法典》第119条及以下各条文完全未提及表意人的过错。学者认为，即使表意人有重大过失，

---

① 迪特尔·梅迪库斯. 德国民法总论［M］. 邵建东，译. 北京：法律出版社，2001：585；维尔纳·弗卢梅. 法律行为论［M］. 迟颖，译. 北京：法律出版社，2013：499.

也可以撤销意思表示。① 而《日本民法典》第 95 条但书规定，有重大过失的表意人不得主张无效果。我国台湾地区"民法典"第 88 条第 1 款但书规定，有过失的表意人不得撤销。②

关于表意人的主观过错，我国学者有以下四种观点：第一种观点是避而不谈，仅说表意人对行为内容的理解有错误。第二种观点认为，误解一般是因受害方当事人自己的过失产生的，有过错的误解人要承担相对方因其变更、撤销合同所受损害的赔偿责任。同时，表意人应当尽到必要的注意义务。如果表意人故意或因重大过失隐藏真实的意思表示，并作出与其真意不一致的意思表示，该表意人不可主张撤销其意思表示。否则善意相对方所受损害不甚合理。第三种观点认为错误是因错误者自己的故意或重大过失，不能赋予错误者撤销权。因为这种人本身就对利益漠不关心，法律没有必要保护其利益。故而，尽管立法未将表意人无重大过失列为重大误解的消极要件，法官在裁判案件时亦应考虑这一因素。第四种观点认为错误是一种事实状态，其成立不因表意人或受领人的过失而有影响。因此，即使是表意人单方面的重大过失而导致的错误，只要符合错误的条件，其也成为民事行为可变更、可撤销的依据。

对于误解结果的发生，表意人应该是一般意义上的疏忽大意，即由其不注意、不谨慎造成的，而不应是主动追求或希望这种误解的发生。如果表意人在订约时故意保留其真实的意志，或者明知自己已对合同产生误解而仍然与对方订立合同，均表明表意人希望追求其意思表示所产生的效果。在此情况下并不存在意思表示不真实的问题，因此不能按重大误解处理。

第二，相对人的主观状态。关于相对人的主观故意，有学者认为相对人的主观状态不影响重大误解的成立，只要求表意人未尽到必要的注意义务。也有学者认为，重大误解的成立还要求相对人不存在故意或重大过失而导致表意人产生误解的行为。如果相对人有故意或重大过失的行为，因而引起表意人的误解，则不能再适用重大误解规则，而是应当适用欺诈规则来调整，此时已经变成相对人对表意人的欺诈，而不再是重大误解了。相对人的这种行为包括作为与不作为两种形式，其中作为主要表现为相对人故意或有重大过失情形下的错误陈述，不作为则主要表现为对告知义务的违反而形成的沉默欺诈行为。除此之外，相对人对表意人的误解的产生只有轻微过失或无过失时，均不妨碍重大误解的成立。对于一方已发生重大误解，而相对方恶意

① 迪特尔·梅迪库斯. 德国民法总论 [M]. 邵建东，译. 北京：法律出版社，2001：565.
② 翟远见. 重大误解的制度体系与规范适用 [J]. 比较法研究，2022（4）：156-170.

的情形，仍应按重大误解论。此时，对方当事人的善意或恶意并不会改变表意人实施这一行为的效力，因为对方当事人的善意或恶意与行为人实施这一行为并无必然的因果联系。而且，相对人虽然对表意人重大误解的发生并无过错，但放任了重大误解行为的继续，以致促成了存在重大误解的民事行为最终成立，在此层面上相对人还是有过错的。因此，相对人的恶意在合同被撤销后将影响双方责任的分担。

其四，表意人遭受较大损失。《民通意见》第 71 条曾规定，只有行为人的错误认识使意思与表示发生不一致，"并造成较大损失"时，才构成重大误解。根据该规定，即使表意人对法律行为中的关键事项产生了错误认识，只要法律行为的效果不会对其"造成较大损失"，表意人也不能主张撤销。[①] 在《民法典》总则编司法解释出台后，尽管该解释的第 19 条并未提及"造成较大损失"的要件，有学者认为此条第 1 款规定的"按照通常理解"容纳了包括《民通意见》第 71 条规定的表意人所遭受损失大小等多种"合理因素"。[②]

（二）"错误一元论"

近年来有不少学者质疑将意思表示错误与动机错误相区分的意义，认为对动机错误原则上不予关注的立场在逻辑性、实践意义等方面不尽如人意，故倡导所谓"一元论"或"一体把握"，认为应对意思表示错误和动机错误构建统一的要件。[③] 该说有发展为有力说之势。

一元论者主张，所有动机错误都是非重大错误的观点不具有法律上的合理性。例如，作为特殊动机错误的性质错误，在影响动机的同时也影响意思表示的内容，因而其具备重大性，某些情况下也应被救济。当下，对动机错误的厘清、界定和作出一般规定，有助于解决对动机错误的模糊态度和司法裁判界限不明等问题。从德、日民法典关于该风险的具体处理情况来看，可以通过立法使特定情形下的动机错误以一般化的规则得到救济。通过研究德、日相关法律的沿袭变革经验并结合我国发展形势可知，在动机错误不应由意思表示人独自承担责任或交易安全和相对人的信赖不值得保护的情况下，应当产生意思表示被撤销的效果。具体而言，当出现协议约定的动机发生错误、接受人诱发的动机错误抑或接受人知情并利用动机错误这三种情形时，动机

---

① 翟远见. 重大误解的制度体系与规范适用 [J]. 比较法研究, 2022 (4)：156-170.

② 申卫星. 民法典总则编司法解释对法律行为制度的发展 [N]. 人民法院报, 2022-03-01.

③ 梅伟. 民法中意思表示错误的构造 [J]. 环球法律评论, 2015, 37 (3)：75-78；冉克平. 民法典总则视野下意思表示错误制度的构建 [J]. 法学, 2016, 61 (2)：119-120；韩世远. 重大误解解释论纲 [J]. 中外法学, 2017, 29 (3)：671-673；黄芬. 重大误解的解释论解析 [J]. 社会科学战线, 2019, 42 (12)：196-200.

错误应当被撤销。①

错误一元论者基本上不采用"意思与表示不一致"之类的要件，大多将相对人的可归责事由、共同错误等作为重大误解的构成要件。其一，民事法律行为业已成立。错误有时会妨碍合意的达成。比如，当事人约定货物由一艘名为 Peerless 的船运输，但双方各有所指，是两艘均名为 Peerless 的船。这样的误解妨碍合同成立。其二，须有一方或者双方对于情况的重大误解（误解的重大性）。误解须是重大的，细小的误解不足以作为影响合同效力的理由。对于误解的重大性，宜采取主客观结合的标准加以评判：一位理性人处在误解方同样的场合，如果了解真实情况，会怎么做？如果该理性人根本不会签订合同，或者只会以显著不同的条款签订合同，如此，且仅当如此，误解（错误）才能被认定为是重大的。其三，因重大误解而成立民事法律行为（因果关系）。《合同法》第 54 条第 1 款第 1 项明确使用了"因"字，即表明重大误解与订立合同之间存在因果关系。《民通意见》第 71 条也出现了"因"字。《民法典》第 147 条"基于重大误解实施的民事法律行为"中虽未再出现"因"字，解释时也应作同样的理解。其四，相对人参与。考虑相对人对于误解人重大误解的参与因素，与其说是对于我国 20 世纪 80 年代以来民法理论的一种"突破"，毋宁说是对于更早理论的某种回归，以及对于现代比较法共识的接续。其五，消极要件。第一，对于因自己重大过失而陷于错误的情形，排除因重大误解而撤销合同；第二，对于既已承担错误风险的情形，不允许该方当事人因该错误而撤销合同。②

（三）"折中说"

也有学者认为，错误二元论与错误一元论都赞成动机错误可以在一定范围内获得救济，其分歧主要在于原则上是否有必要区分动机错误与意思表示错误，对两者是否应采用统一的构成要件，而在今天区分动机错误与意思表示错误还是非常必要的。③ 还有学者认为，我国可以借鉴一元论和二元论的优点，尝试采用第三条路径，即"统分结合模式"："分"就是坚持动机错误与表示错误的区分；"统"就是在司法解释中，将主观行为基础错误、性质错误以及纯使他人受益的法律行为中，成为行为人发出意思表示唯一原因或主要

---

① 高一寒. 作为意思表示撤销原因的动机错误 [J]. 华东政法大学学报, 2022, 25 (3): 139-151.

② 韩世远. 重大误解解释论纲 [J]. 中外法学, 2017, 29 (3): 673-682.

③ 武腾. 民法典编纂背景下重大误解的规范构造 [J]. 当代法学, 2019, 33 (1): 18-20.

原因的动机错误和表示错误一体纳入《民法典》第 148 条予以救济。[①]

所以在解释《民法典》第 147 条时，一方面应承认"错误二元论"意思表示错误与动机错误相区分的实际意义，另一方面也应承认"一元论"所强调的在民法典未对动机错误予以另行规定。在此前提下，《民法典》第 147 条有关重大误解的规定既可以适用于意思表示错误，也可以适用于动机错误。重大误解的构成要件应包括以下内容：其一，民事法律行为已成立。如果民事法律行为尚未成立，则无撤销民事法律行为的余地。如有撤销意思表示的必要（如撤销要约），通常亦无须根据重大误解规定予以撤销。其二，在民事法律行为成立时无意地与既存情况产生不一致。无论是表示的客观意义，还是作为交易基础的事实或法律，都必须在民事法律行为成立时即已存在；对于尚未产生之事项的失准预测不属于错误。对于错误的类型，《民通意见》第 71 条的规定仍具一定参考意义，即典型的错误是指有关行为的性质、对方当事人、标的物的品种、质量、规格和数量等方面的错误。不过，还应注重总结近 30 年来司法裁判的经验，补充其他有关交易基础的错误类型，作为限制可撤销错误范围的重要工具。其三，错误具有重大性。无论是意思表示错误还是动机错误，只有具备"重大性"才可谓"重大误解"。重大性要件是确保重大误解撤销权之产生具有正当性，兼顾意思自治与诚实信用之要求，区分重大误解与欺诈的关键性构造。[②]

相关法律法规及司法解释

《民法典》

第 147 条　基于重大误解实施的民事法律行为，行为人有权请求人民法院或者仲裁机构予以撤销。

第 152 条第一款第一项　有下列情形之一的，撤销权消灭：

（一）当事人自知道或者应当知道撤销事由之日起一年内、重大误解的当事人自知道或者应当知道撤销事由之日起九十日内没有行使撤销权；

---

① 李俊青. 《民法总则》重大误解视野下动机错误的救济路径分析：以错误"二元论"与"一元论"之争为切入点 [J]. 法学论坛，2017，32（6）：126-128.

② 武腾. 民法典编纂背景下重大误解的规范构造 [J]. 当代法学，2019，33（1）：20.

《最高人民法院关于适用〈中华人民共和国民法典〉总则编若干问题的解释》

第 19 条　行为人对行为的性质、对方当事人或者标的物的品种、质量、规格、价格、数量等产生错误认识，按照通常理解如果不发生该错误认识行为人就不会作出相应意思表示的，人民法院可以认定为民法典第一百四十七条规定的重大误解。

行为人能够证明自己实施民事法律行为时存在重大误解，并请求撤销该民事法律行为的，人民法院依法予以支持；但是，根据交易习惯等认定行为人无权请求撤销的除外。

 《民法通则》

第 59 条　下列民事行为，一方有权请求人民法院或者仲裁机关予以变更或者撤销：

（一）行为人对行为内容有重大误解的；

（二）显失公平的。

被撤销的民事行为从行为开始起无效。

《最高人民法院关于贯彻执行〈中华人民共和国民法通则〉若干问题的意见（试行）》

第 71 条　行为人因对行为的性质、对方当事人、标的物的品种、质量、规格和数量等的错误认识，使行为的后果与自己的意思相悖，并造成较大损失的，可以认定为重大误解。

第 77 条　意思表示由第三人义务转达，而第三人由于过失转达错误或者没有转达，使他人造成损失的，一般可由意思表示人负赔偿责任。但法律另有规定或者双方另有约定的除外。

《合同法》

第 54 条　下列合同，当事人一方有权请求人民法院或者仲裁机构变更或者撤销：

（一）因重大误解订立的；

（二）在订立合同时显失公平的。

一方以欺诈、胁迫的手段或者乘人之危，使对方在违背真实意思的情况下订立的合同，受损害方有权请求人民法院或者仲裁机构变更或者撤销。

当事人请求变更的，人民法院或者仲裁机构不得撤销。

案例

案例一

案情简介

2006 年 8 月 27 日，某房地产公司在《上海楼市周刊》刊登广告，载明：某某小区二室一厅（阁楼 55.04 平方米），建筑面积 74.73 平方米，售价 57.3 万元。2006 年 9 月 13 日，金某实地查看了该小区的商品房。同日，金某与某房地产公司签订《房屋定购协议书》，该协议载明：金某向某房地产公司购买本市某某小区某套房屋，建筑面积 74.73 平方米，每平方米 7673 元，总价款 573403 元，定金 10000 元等内容。同日，金某交付定金。2006 年 9 月 23 日，双方当事人签订了《上海市商品房出售合同》，合同载明的房屋、建筑面积、价款与前述定购协议书一致。合同内未涉及有关阁楼面积的内容。同日，金某向某房地产公司支付了房款 104703 元、办证及贷款服务费 1000 元。至 2006 年 10 月 8 日，金某认为，某房地产公司在售房过程中只提到阁楼的面积，对阁楼的性质和形状没有说明，且阁楼仅是六楼的屋面部分，不能纳入使用范围，某房地产公司承诺送阁楼却未在合同中反映出来，当事人存在重大误解。故诉至法院，请求判令撤销 2006 年 9 月 23 日签订的《上海市商品房出售合同》，返还金某房款 114703 元及服务费 1000 元。某房地产公司则表示双方当事人对阁楼是六楼的屋面部分没有误解，对方是现场看了五楼、六楼房屋后才决定购房的，且在买卖合同及售房宣传资料中也未将阁楼面积纳入房屋建筑面积中。对方请求撤销合同实际是悔约行为，请求法院驳回对方的诉请。

审理及判决

一审法院经审理，认为金某对双方签订合同所涉及的标的物构成了重大误解，判决：撤销金某与某房地产公司签订的《上海市商品房出售合同》，某房地产公司返还金某房款 114703 元及服务费 1000 元。某房地产公司不服一审判决，上诉到中级人民法院。二审法院审理认为不构成重大误解，故判决撤销一审法院民事判决；对金某的诉讼请求不予支持。

本案中双方当事人争执的核心是阁楼是否应在房地产产权证中作为产权面积计算。要正确认定本案标的物的权属性质，应结合标的物的种类、行业惯例等进行综合考虑。本案中，双方当事人对所送阁楼的权属性质未作明确约定。但在开发商所发的宣传资料中明确，系争房屋的建筑面积并不包括阁楼面积；同时金某所支付房款中亦不包括阁楼的面积款。根据房地产行业惯例，由于阁楼的层高不够，依规定不能列入产权证，仅由房屋产权人独家使用，这在房地产行业是公认规则。但也应看到，阁楼面积虽不列入产权证，但其所有权隐含在房屋产权中，是房屋产权的一部分。因此，在本案中，阁楼面积虽未列入产权证，但应认定它属于该房屋整体的一部分，房屋业主拥有其所有权。

本案中，金某是否构成重大误解，关键是看金某是否因误解导致其利益受到较大影响，并且导致其没有达到订立合同的目的。在学理上，所谓重大误解，是指误解者作出意思表示时，对涉及合同法律效果的重要事项存在着认识上的显著缺陷，其后果是使误解者利益受到较大的损失或达不到订立合同的目的。其核心是：必须对合同的内容构成重大误解，且合同的履行会使误解者的利益受到损害。但从本案中合同的签订过程看，金某在购房前实地查看了涉案房屋，并了解了该房屋与其他楼层的区别，签约时亦对房屋的建筑面积及所支付房款总价不包括阁楼有清晰的了解，故不存在对合同内容存在重大误解的事实。

同时，该阁楼虽未列入合同内容，但客观上由金某独家使用，并未给金某利益造成任何损害，相反给其生活带来了便利。故本案合同非因重大误解而订立，金某要求撤销合同的诉请不符合重大误解法定构成要件，不应获得支持。二审法院的判决结果是正确的。

 案例二

案 情 介 绍

原告沈某淼于2022年5月29日至某家具博览中心购买家具用品，总货款为20598元。沈某淼将上述货款支付给被告名居家居店，由某家具博览中心开具No.2107869《商品销售单》确认上述交易情况，定于2022年6月20日送货。该商品销售单并盖有被告广州市某家具有限公司收银专用章，备注：定制尺寸不退不换。沈某淼后发现所购买的床垫品牌并非其认为的"SIM-MONS席梦思"品牌床垫，故于当晚即联系微信昵称为"席梦思郭家铭"要求退款退货，并于 2022 年 5 月 30 日向 12345 市场热线反映上述要求，但均未能与红湾公司协商达成一致意见。故沈某淼诉至法院。

审 理 及 判 决

法院认为，本案的争议焦点在于原告沈某淼是否存在对合同的重大误解，进而可以行使合同撤销权的情形。本案中涉案床垫品牌与其想购买的床垫品牌除带有"席梦思"字样外，生产厂家完全不同。沈某淼是因对想购买的床垫品牌存在错误认识，导致购买了涉案床垫并支付相应货款，该后果与其真实意思相悖，与其支付货款的行为有因果关系，造成沈某淼经济损失。故沈某淼购买涉案床垫的行为符合重大误解的要件。沈某淼在法定期限内主张撤销涉案买卖合同，符合法律规定。本院对沈某淼主张撤销 No.2107869《商品销售单》所涉买卖合同予以支持。

分 析

在因重大误解而签订的合同中，这种误解必须是重大的。判断当事人是否构成重大误解，应根据误解者所误解的不同情况，考虑当事人的状况、行为性质、交易习惯等因素确定。在我国的司法实践中，对误解是否重大，主要从两个方面来考察：其一，对什么产生误解，如对标的物本质或性质的误解可以构成重大误解，对合同无关紧要的细节就不构成重大误解。其二，误解是否造成了对当事人的重大不利后果。如果当事人对合同的某种要素产生误解，并不因此而产生对当事人不利的履行后果，则这种误解也不构成重大误解的合同。根据我国已有的司法实践，重大误解一般包括以下几种情况：①对合同的性质发生误解。②对对方当事人发生误解。③对标的物种类发生误解。④对标的物的质量发生误解，且直接涉及当事人订约的目的或者重大利益的。除此之外，对标的物的数量、履行地点或履行期限、履行方式发生误解，足以给当事人的利益造成重大损害的，也可认定为重大误解的合同。本案即属于对标的物的品牌和质量发生了误解，且这一误解是原告签订买卖合同的直接原因，造成了对原告的重大不利后果，因此符合重大误解的构成要件，原告享有对合同的撤销权。

二十　显失公平

　　显失公平规则滥觞于罗马法的非常损失规则，后发展为法国的合同损害规则、德国的暴利条款和英美的显失公平制度，其目的都在于矫正因契约自由造成的合同不公，保障交易过程和结果的公正。在一个有序的社会秩序中，有必要采取各种措施保障各种制度在一个公正的水平状态，并维持这种状态。在我国，显失公平已成为《民法典》上的一项重要制度。是否应保留显失公平制度、如何对显失公平作出界定和规制等问题长期困扰着民法学界，至今仍存在分歧。

一、显失公平的存废争议

　　根据我国《民通意见》第 72 条，一方当事人利用优势或利用对方没有经验，致使双方的权利与义务明显违反公平、等价有偿原则的为显失公平。在司法实践中一般包括实质性显失公平和程序性显失公平。实质性显失公平是指买卖双方的价格或利益过分悬殊，或合同价和市场价差距过大、约定的违约责任畸形的失衡、卖方在合同中明确排除自己的违约责任，尤其是推脱排除产品质量保障的责任。程序性显失公平是指合同当事人一方在订立合同时没作出有意义的选择。

　　由于显失公平制度在立法上规定得比较模糊，在实践中不便操作，与《民法典》中其他制度不易区别，因此学术界对显失公平制度存在的必要性提出了质疑。

（一）"废除论"

持废除论的学者认为，显失公平制度没有存在的意义应当废除。[①] 其理由如下：

第一，显失公平制度与民法上的相关制度如欺诈、胁迫、乘人之危等难以区分，尤其是判断显失公平的主观要件需要证明利用优势或者利用对方没有经验。要想证明当事人利用对方的危难、轻率或无经验与证明同意的瑕疵二者相区别，是极其困难的。比如对乘人之危的界定，其前提条件是乘对方当事人处于危难之际。而此种情形恰恰是一方当事人利用优势的一种具体表现。其中的"危难"二字，是伦理、道德性评价，无法摆脱优劣势区分的束缚。并且乘人之危的结果势必违反了民事交易中所贯彻的公平原则、等价有偿原则，从而导致双方的权利义务处于失衡状态。而《民法通则》对这两种民事行为规定了不同的法律效力，所以这两种民事行为的法律后果差别甚大。根据《民法通则》，乘人之危的民事行为是无效的民事行为，而显失公平的民事行为是可撤销、可变更的民事行为。前者的效力是绝对无效，而后者的效力可由当事人行使选择权来决定。同样是一方当事人利用优势，对方在危难之际，就变成了另一种性质的民事行为。以此推论，一方当事人利用优势而显失公平的民事行为就会因为乘人之危等民事行为存在而被架空。[②] 因此，将乘人之危等民事行为与显失公平的民事行为分别进行规定，实有不妥之处。所以，显失公平制度可以废除。

第二，显失公平制度的适用可能会影响交易安全，破坏合同自由原则。因为显失公平制度是依据公平原则而定，而公平原则对合同自由原则构成了一定的限制。显失公平制度的自由裁量空间比较大，如果适用得不适当，势必会破坏合同自由这一根本原则。

第三，显失公平制度的具体标准难以衡量。有学者认为，客观上，显失公平的合同是一个价格明显高于或低于公平市场价格的合同，虽然许多主观因素以及各种风险和意外因素都会影响公平性的认定，但最后几乎总是由价格最终决定是否公平。但事实上，显失公平的判断不完全是依据客观条件，除价格之外还有其他因素需要考虑。从国外立法看，在美国显失公平制度来自衡平法，是法官自由心证的产物，可见，显失公平很大程度上是依赖主观判断的。因此，其具体标准很难把握，在司法实践中难以适用。

① 尹田. 《民法总则（草案）》中法律行为制度的创新点之评价 [J]. 法学杂志，2016，37 (11)：14.

② 黄彤. 论显失公平的民事行为 [J]. 广西政法管理干部学院学报，2002，17 (3)：105.

（二）"存续论"

持"存续论"观点的学者认为，显失公平的存在有其正当性和必要性。其理由如下：

第一，虽然显失公平制度确实在一定程度上限制了契约自由，但契约自由不是绝对的，其自身就包含了对正义的要求。人们崇尚契约自由就是为了契约正义，人们限制契约自由也是为了实现真正的契约正义。当合同出现非正义的时候，对合同自由进行限制是必要的，同时也是必须的。任何一个有秩序的社会，必须保障各种制度的公正才能维持。合同虽然具有相对性，是私人的领域，但如果法律赋予不公平的合同以强制力，就会破坏法律的价值，进而危及社会。所以，法律有必要对不公平的合同予以规制。因此，显失公平制度有其存在的理论依据。

第二，民法上的其他相关制度并不能完全取代显失公平制度。虽然不公平的结果很大程度上是欺诈、胁迫、重大误解等造成的，在证明构成显失公平的同时，也就证明了其同时构成欺诈、胁迫等，但这一结论不是必然的。有的情况下，没有构成欺诈、胁迫、重大误解，但结果可能仍然是不公平的。显失公平中当事人可能并没有产生任何误解或被欺诈胁迫，只是由于其无知、没有经验或自己的劣势地位而处于被动状态，接受了不公平的条件。所以，显失公平与其他相关制度存在差别，它们之间有交叉的地方但并不完全相同。法律应该提供足够的救济手段，充分考虑实践中的可能性。因此，显失公平制度有其存在的现实必要性。

第三，关于废除论提出的判断标准模糊不清问题，可以通过明确显失公平的构成要件加以解决。如果对显失公平的适用条件进行明确规定，在其法律效力上也与欺诈、胁迫等制度相区别，使显失公平制度真正成为特殊情况下对重大利益失衡予以矫正的工具，则既可以有效地实现交易公平，也不会破坏交易安全、自由、效率等法律价值。①

二、显失公平的构成要件

显失公平构成要件的争议长期存在于学术界与司法实务之中。虽然《民法典》与《民法总则》第 151 条均采纳了"双重要件说"，但是争议仍然存在。

---

① 覃开莹. 论显失公平的构成要件 [J]. 经济与社会发展，2010，8（3）：138.

（一）"单一要件说"

"单一要件说"也称"客观要件说"。该说认为，显失公平的认定只需一个客观要件便可成立，即只要求当事人在合同约定的相互对待给付中的客观利益明显不对等（或称重大失衡），或行为结果在客观上显失公平，不考虑当事人的主观状态。

学术上关于对价关系存在两种观点：一种是"同价说"。该说认为，要成立对价关系，必须在给付与对待给付之间具有同等价格。关于"同价说"，还有"客观同价说"和"主观同价说"两种观点。"客观同价说"认为同价是否存在于交易一方的给付与对方的对待给付之间，是以市场价格来判断，并在确切的市价或固定的价值基础上，结合客观的衡量标准判断。如果不构成代价，则认为代价很低廉不同于市价。"主观同价说"认为同价是否存在于给付和对待给付之间，是以当事人双方的内心主观判断为依据的。只要当事人双方均认可交易是在合理公平的范围内完成的，物有所值，则不管交易价格是否低于市价，都可以认为交易双方之间的权利义务是平衡的，双方之间存在同价。另一种是"比较高价说"。该说认为，自己给付的价格应当在评价上低于他方的对待给付。合同的当事人支付给相对人的给付，如果较高的评价在主观上不是给自己的给付内容的，则对价关系是不存在的。因此，在没有欺诈、胁迫等其他影响因素的情况下，交易只要达成，则必然会给双方带来合理的利益，只是在主观预期上会与实际的获利大小存在差别。

对于当事人双方的利益失衡到什么程度，才属于造成了显失公平的后果，学术界主要有以下观点：

1. 定性确定

该确定方法在立法上不对显失公平利益失衡的具体程度作明确规定，只作一些抽象性的原则规定。其判断显失公平的基本标准是，鉴于总的商业上的背景和对特定行业的商业上的需要，或根据合同订立的情况，所涉及的条款倾向于一方，该条款就是显失公平的。在国外立法中，《德国民法典》采此种抽象标准，将因法律行为所得的利益比之于所为的给付显然不相称，作为衡量暴利行为的客观要件。定性确定对显失公平利益失衡的程度作一般性规定，涵盖面广，法院可根据具体情况确定个案中显失公平的适用，但其弹性大，具体操作上随意性强。

2. 定量确定

该确定方法在立法或判例上将显失公平利益失衡的程度作量化处理，予以明确规定。在国外立法中，法国为这一方面立法的典型。《法国民法典》规定，共同继承人之一受到损害，能证明其所得的分配份额较之其应得的继承份额少 1/4 以上时，得请求取消分割；如出卖人因出卖价格过低，因此受到的损失超过不动产价款的 7/12 时，有取消该不动产买卖的请求权，即使其在合同中声明抛弃此项请求权及公开声明其赠与超过部分的价值。美国法院在决定一个买卖合同的定价是否过高时，首要考虑的因素是合同约定价格和与公平的零售价格背离的程度。许多案例表明，当合同的约定价格为公平零售价格的 215 倍以上时，法院就会宣布该合同显失公平的可能性大大增加了。在我国，民间借贷的利率最高不得超过同类贷款利率的四倍，否则即属于显失公平的合同。定量确定对利益失衡的程度作量化处理，方便操作，利于执法统一。但往往挂一漏万，也难免失之于僵化。①

有学者认为，"单一要件说"的优势在于突出了法律的灵活性，使法官可以根据具体的交易情形作出判断，避免了"二元说"由于构成过于严苛而导致的不能为一般社会伦理观念所容忍的结果。但其优点同时也是其缺陷，即可能由于强调法律的灵活性而导致不确定性的恶果，给法官的恣意裁判大开方便之门。而在我国法治环境不容乐观的今天，"单一要件说"的弊端暴露无遗。②

也有学者认为，"单一要件说"存在以下漏洞：

第一，"单一要件说"认为显失公平制度旨在保护消费者的利益，往往以偏概全。因为显失公平制度之保护对象，既可能是消费者，也可能是经营者。另外，即使采取"二重要件说"认定显失公平，也未必就会削弱对消费者之保护。在论证逻辑上，依据保护消费者利益这一点，既不能证成"单一要件说"，也不能驳倒"二重要件说"。

第二，"单一要件说"认为显失公平制度旨在规制违反公序良俗的行为，这是对显失公平制度的正当性的误解。合同法理论虽然追求合同自由，但契约自由不是绝对的，其本身也包含了对公平正义的要求，过度的自由有可能会戕害公平正义。显失公平制度的适用，是合同法寻求实质意义上公平的具体体现。显失公平制度在一定程度上限制了契约自由，却是契约自由与社会公平之间冲突与协调的产物，它主要是公平原则的派生物，而非公序良俗原则的直接产物。

第三，如果不考虑显失公平的主观因素，那么导致显失公平发生的特定

---

① 高晓莹，杨明刚. 论显失公平 [J]. 福建师范大学学报（哲学社会科学版），2011，56（3）：30.
② 张良. 论显失公平的构成要件 [J]. 河南财经政法大学学报，2014，29（6）：46-52.

因素就将被掩盖。因为显失公平的发生是利用己身优势、对方没有经验、过于轻率或其他原因而发生的双方权益倾斜现象，并不是欺诈、重大误解等，这些情况的发生也有着与显失公平原则不同的法律机制。

第四，单单从结果上考察显失公平，对经济交易的安全和稳定不利，会导致社会和经济秩序的紊乱。因为如果一方因商事交易失败而借口合同显失公平毁约，就会造成频繁地、不合理地要求变更或撤销已订立的或正在履行的合同的情况。这样实际上是一方在规避自身的交易风险，从而导致社会和经济秩序的紊乱。

第五，把双方的权利义务分配明显违反公平、等价有偿原则作为实体不公平的表现，并不能适用于所有物品的交易。实际上，物品价值的高低往往取决于购买者的主观判断。在物品稀缺而求购者甚多的情况下，如果购买者对物品价值的主观评价很高，往往会用高价表达对物品价值的评价，例如拍卖会上的竞价行为。此时，无论购买者出价高到什么程度，都不会发生不公平的问题。因此，对于交易是否公平，不宜由立法来规定其交易的等价性，而应充分尊重当事人在订立合约时的意思自由。所以，在认定显失公平时，没有必要强求双方交易的等价有偿，法律应该相信当事人是自身损益的最佳判断者，订立合同时往往会作出最有利于自己的选择，立法应尊重当事人的意愿而不必代其决策。从这个角度来说，在适用显失公平制度时，当事人双方实体权利义务分配是否存在不公平，应根据交易情况进行综合判断，而不宜简单以是否等价有偿为标准，否则将造成新的不公平。①

（二）修正的"单一要件说"

持该观点的学者认为，显失公平在总体上不要求主观要件，但个别类型得以当事人急迫、轻率、无经验为构成要件。其理由如下：

第一，从立法本意看，《民通意见》第72条的规定是对显失公平类型的列举，而非定义。换言之，从整体上对显失公平的构成不要求主观因素，但不妨碍具体的显失公平案件存在着主观因素。《合同法》就是为了避免在个案中难以适用明显违反公平、等价有偿原则的严苛条件，特意将乘他人之窘境、无经验、缺乏判断力或严重的意志薄弱等主观要件剥离，另成立乘人之危作为合同可变更或可撤销的原因。

第二，为了保证法律体系的统一，显失公平从结果公正着眼，而没有考

---

① 朱颖俐. 论我国显失公平制度的缺陷及其重构［J］. 南昌大学学报（人文社会科学版），2011，49（6）：77.

虑造成不公的原因。在《民法通则》和《合同法》中，包括显失公平在内的意思表示瑕疵的原因都被单独列出。作为合同可变更或可撤销的原因，显失公平的主观要件与这些原因界限不明，多有重合。作为独立的合同可撤销原因，显失公平应当是这些原因以外的类型。①

（三）"双重要件说"

"双重要件说"又称"二重要件说""主客观统一说"。② 该说观点与"单一要件说"针锋相对，认为显失公平的构成要件包括两个方面：一是客观要件，即客观上当事人之间的利益严重失衡；二是主观要件，即一方具有利用优势或另一方的轻率、无经验之故意。只有符合上述主客观两方面的要件，才能构成显失公平。其理由如下：

第一，强调显失公平的主观要件，有利于维护交易安全和经济秩序的稳定。倘若当事人只符合客观要件即可以主张变更或撤销合同，而不考虑主观原因如何，则大量已经成立、正在履行甚至履行完毕的合同将会被推翻，引起经济运行链条的中断。而这更是为当事人的投机性行为制造了便利，容易诱使当事人借口显失公平而终止履行合同。

第二，强调显失公平的主观要件，符合比较法的发展趋势。显失公平在《德国民法典》表现为其第138条第2款的"暴利行为"规则。该规则的主观要件分成两部分：一是受害人处于急迫情势、无经验、欠缺判断力或意志显著薄弱的状态，二是获利方对此状态的利用。我国台湾地区"民法典"第74条"暴利行为"的主观要件为"法律行为乘他人之急迫、轻率或无经验"，其构成要素与《德国民法典》如出一辙。我国澳门地区"民法典"第275条"暴利行为"的主观要件为获利方"有意识地利用他人之困厄状况、无技能、无经验、轻率、信赖关系、精神状况或性格软弱"，主观要素的范围比《德国民法典》更广。根据《瑞士债务法》第21条的规定，因一方占有押扣物、缺乏经验或者不顾对方的需要等，致使合同双方当事人之对待交付明显不公平的才能构成显失公平。《意大利民法典》第1448条在主观方面要求显失公平是在一方利用对方需要乘机牟取利益的情况下发生。《奥地利民法典》第879

① 崔建远. 合同法 [M]. 北京：法律出版社，2007：20.
② 王利明. 合同法研究：第1卷 [M]. 北京：中国人民大学出版社，2002：691-693；崔建远主编. 合同法 [M]. 北京：法律出版社，2003：79；张初霞. 我国显失公平的立法瑕疵及重构 [J]. 中国社会科学院研究生院学报，2017，39（2）：120-122；赵永巍，梁茜.《民法总则》显失公平条款的类型化适用前瞻：从中国裁判文书网显失公平案例大数据分析出发 [J]. 法律适用，2018，33（1）：74；武腾. 显失公平规定的解释论构造：基于相关裁判经验的实证考察 [J]. 法学，2018，63（1）：126-130.

条规定的"暴利行为"的主观要件为"一方当事人利用相对人的轻率、强制状态、理解力薄弱、无经验及情绪不稳定"。根据《荷兰民法典》第3.2.10条第4款，一方当事人，以与他方当事人缔结对他方有害的行为为目的，滥用了相对人的必需状态、从属、轻率、异常的精神状态、无经验，则可认定为存在状况滥用。存在显著不均衡的损害时，若必需状态、从属、轻率、异常的精神状态、无经验得到证明，则推定为状况滥用。①

第三，强调显失公平的主观要件，符合我国立法及司法的本意。《民通意见》第72条规定，一方当事人利用优势或者利用对方没有经验，致使双方的权利义务明显违反公平、等价有偿原则的，可以认定为显失公平，明确要求主观要件，并为各级法院所遵从。《合同法》第54条虽未明示显失公平的主观要件，但我国法院在司法实践中采取二重要件说的做法已得到最高立法机关认可，且明确指出："在考察是否构成显失公平制度时，就必须把主观要件和客观要件结合起来考虑。"②

有学者认为，根据实际当中可能出现的情况的不同，主观要件可以进一步具体化为三类主要的情形③：

1. 一方利用自身优势行为

该情形是指在某种行业的交易过程中，一方利用其在市场上的某种优势地位，使交易对方对其提出的合同条款之要求不能自由行使选择权。例如垄断性的企业与消费者之间订立的格式合同。因为一方当事人对合同条款只有接受与不接受两种选择，所以其在为意思表示上并不完全自由，如果合同的履行会对对方造成明显不利的结果，应构成显失公平。但有学者认为，从现实来看，供求关系的紧张必然使得其中一方处于优势地位，在买方不得不从事这笔交易的情况下，法律允许这种优势存在，除非合同内容所表现的权利义务严重失衡。对处于劣势的一方如果要以显失公平为由撤销合同，除证明自己的意思表示不真实以外，要有证据证明合同内容所致的重大损失是必然的，或者证明对方应知或已知合同内容所致的重大损失是必然的而故意利用合同使自己蒙受了重大不利。④

2. 一方利用对方缺乏经验或轻率

当事人在订立合同时，有权利获知与合同标的的交易有关的各类基本知

① 张良. 论显失公平的构成要件 [J]. 河南财经政法大学学报，2014，29 (6)：46-52.
② 胡康生. 中华人民共和国合同法释义 [M]. 北京：法律出版社，2009：98.
③ 王利明，房绍坤，王轶. 合同法 [M]. 北京：中国人民大学出版社，2005：161-163.
④ 崔承耀. 论显失公平的法律适用 [J]. 甘肃广播电视大学学报，2007，21 (4)：48.

识，以便全面地判断标的物的性质，明确合同条款的准确内容，在此基础上全面考虑，作出全面体现合同意思自治原则精神要求的意思表示。如果一方当事人对所进行的交易行为缺乏经验，对方应将基本的交易知识善意告知，以便对方在订立合同过程中作出真实的内心表示。

所谓轻率，是指一方当事人在订约时马虎或不细心。该当事人自身实存在一定的过错。但如果另一方当事人有利用这种过错的故意，造成合同最终履行结果之显失公平，是明显有违诚实信用原则精神的。如果一方当事人能够证明对方有利用行为，比如制造混乱的价格信息，夸大标的物的销路等，影响其在为意思表示时作出正确的判断，可以认定为满足显失公平合同的主观构成要件。

3. 一方有意隐瞒与交易相关信息

合同一方有时会有意隐瞒对对方不利的交易信息，目的是使对方仅以标的物很难作出正确的判断。比如隐瞒自身的经营状况，隐瞒自身的经济实力与行业地位；或者没有尽告知标的物性质、质量方面的义务，以及有意不告知对方合同中对对方不利而对自己有利的重要条款；等等。

根据在主观要件上的侧重点不同，有学者将二重要件说又分为两种观点：一种观点认为在主观要件上，主要考虑受损一方当事人是否出于内心真意的自愿，如果是因为过于轻率、地位劣势、缺乏经验等原因而接受不平等条件的，则不属真实自愿。另一种观点认为在主观要件上，既要考虑受损方是否具备充分的内心真意和意志自由、有无重大的错误，还应当考虑获利方是否有恶意利用自己优势、利用对方没有经验、利用对方过于草率的主观故意。行为人的轻微过失行为和已尽善意提醒行为不构成显失公平。

有学者认为，"二重要件说"符合以德国法、美国法以及 PICC、PECL 为代表的国际主流观点。这种观点在我国实在法的基础是《民通意见》第 72 条关于显失公平认定的规定。"二重要件说"对显失公平的构成要求更高，其优点在于不会仅仅因为有交易结果上的失衡就认为合同显失公平从而予以撤销，如此可更有效地避免法官裁判权的恣意，更大程度地保证了交易的安全。①

（四）修正的"双重要件说"

该说认为，应以主客观要件同时具备作为认定显失公平合同的一般规则，而以只具备客观要件作为认定显失公平的例外，即在特定情形下，因法律有明确规定或按照诚实信用原则和公序良俗等基本原则的要求，只满足客观要

---

① 张良. 论显失公平的构成要件 [J]. 河南财经政法大学学报，2014，29（6）：46-52.

件，也可构成显失公平。因为对显失公平构成要件的判断，如果不加以区分，一律要求主观和客观要件都须具备，可能会不适当地妨害交易公正的实现。在一些特殊情况下，法律为保护处于劣势的当事人的利益，受损失一方当事人无须证明相对方有主观过错，只需有利益失衡的客观事实存在，即可以显失公平为由要求变更或撤销合同，有利于实现实质公平。

但也有学者认为，修正的"二重要件说"存在一定的缺陷。因为我国立法中完整的显失公平制度是由三个层级的法条构成，首先表现为不完全法条的公平原则，如《民法典》第 6 条；其次具体化为显失公平的效力规则，如《民法典》第 151 条；再次具体化为其他完全法条，如《民法典》第 585 条。其中《民法典》第 151 条针对典型的显失公平情形，重点规定了客观要件中的具体数量标准，借此也推定其中存在主观要件。由此看来，该说认为在特定情形下，只需满足客观要件也可构成显失公平，其见解并不妥当，因为在特定情形下立法上已采取了过错推定的技术，蕴含了显失公平的主观要件。

三、显失公平的法律效果

《民法总则》与《民法典》在民事法律行为领域着墨颇多，被认为"在彰显意思自治原则问题上迈出了关键性的一步"①。新法对"显失公平"的民事法律行为的法律效果，废弃了《民法通则》中"可变更"的规定，仅允许当事人请求撤销。这一改动尽管得到部分学者的赞许，但不论在立法过程中还是在法律生效之后，均有不同意见出现。

（一）显失公平民事行为仅允许当事人请求撤销

我们知道，当事人就相对无效行为所享有的撤销权是一种通过司法裁判而必然实现的权利（只要当事人依法享有撤销权且未超过法定行使期间，其撤销法律行为的诉讼请求就依法当然获得司法判决支持），与撤销权性质相同的"变更权"亦当如此，而变更权行使的法律效果肯定是法院根据一方当事人的请求而对法律行为内容的强行改变。但是，根据合同司法变更的法理，除当事人基于"情势变更"事由而提出有关合同司法变更的请求之外，在其他任何情况下，一方当事人所主张的法律行为内容的变更如不经过双方的一致同意，都将违背意思自治原则。毫无疑问，对于可撤销的法律行为，一方当事人享有的所谓"变更权"所指向的一般均为合同价格，或者与价格有关

---

① 柳经纬. 迈向意思自治的民事法律行为制度：评《中华人民共和国民法总则》第六章"民事法律行为"[J]. 贵州省党校学报，2017，24（3）：18.

的事项。在当事人因相对方的欺诈、胁迫而以低价出售其财产的情况下，当事人固然有权以"受欺诈"或"受胁迫"为由请求撤销合同使之归于无效以避免遭受不法损害。但如允许当事人对该行为享有"变更权"，即有权请求法院强行增加合同价格以使合同继续有效，则即使该变更后的价格为合理价格，在实施欺诈或胁迫行为的相对方拒绝接受交易时，此举也当然构成对契约自由原则的公然背离。换言之，欺诈、胁迫方以低价购买财产，虽然违背受欺诈、胁迫一方的真实意思，但强迫欺诈、胁迫方以合理价格购买财产，同样违背该方当事人的真实意思。此外，欺诈、胁迫方当事人应因其违法行为而承担损害赔偿等责任，但赋予受害人以变更权，即以强迫欺诈、胁迫方当事人接受所谓的"正当交易"的方式对之予以惩罚，实属荒唐。前述分析结论当然也适用于显失公平的行为。据此，《民法总则（草案）》剔除了《民法通则》有关当事人就相对无效行为享有变更权的规定，实实在在是纠正了我国民法理论上的一个重大失误。①

也有学者认为，民法原理和立法例于法律行为的意思表示存在瑕疵情形，赋予受损害一方撤销权。通过撤销权之行使，消灭有瑕疵法律行为的效力，使当事人双方恢复到成立该法律行为之前的状态，以纠正当事人之间的不公正。但《民法通则》和《合同法》在撤销权之外更赋予变更的效力。此项"变更"效力，亦可解释为附着于撤销权的另一项形成权，即"变更权"。此项变更权之行使，将依权利人单方的意思而变更双方之间的权利义务，使权利人单方的意思具有拘束对方当事人的效力，有悖于本法明文宣示的"平等原则"（第3条）、"意思自治原则"（第4条），有悖于民事法律行为非依合意不得变更的基本原理。显然属于矫枉过正，且于法院公正裁判案件、保护当事人合法权益，并非有利。有人认为从鼓励交易的角度考虑，应保留变更权。但是，鼓励交易仅仅是《合同法》的一项立法政策，不能以此破坏私法自治和合同自由原则；且所谓鼓励交易，指的是鼓励自愿的交易，对于依一方当事人的意思强加于对方的交易，法律绝无鼓励之理。立法机关从重大误解、欺诈、胁迫、显失公平法律行为的规定中，删除"变更"效力，值得赞同。②

---

① 尹田.《民法总则（草案）》中法律行为制度的创新点之评价 [J]. 法学杂志，2016，37（11）：16.

② 梁慧星.《中华人民共和国民法总则（草案）》：解读、评论和修改建议 [J]. 华东政法大学学报，2016，19（5）：20-21.

（二）显失公平民事行为的效力一律规定为无效

该理论认为，对于显失公平行为的法律后果，应予撤销。其理由在于：显失公平的民事法律行为显然有悖于民法的公序良俗原则，由于违反善良风俗的行为无论如何也不能转换为符合善良风俗的行为，该行为一旦实施便不能被挽救，该类民事法律行为违背了法律的效力性强制性规定，当自始无效。

（三）显失公平民事行为的法律效果为可变更或可撤销

持该观点的学者认为，将显失公平合同的效力一律规定为无效，过于僵化，还可能违背当事人的意思，且不符合效率价值的要求。将显失公平规定为可变更、可撤销的法律行为，由撤销权人根据实际情况予以选择适用，处理上更为灵活，也更符合社会现实和当事人意思自治要求，同时也基本可避免显失公平带来的负面影响。从我国立法看，《民通意见》第73条第1款规定，显失公平的民事行为，当事人请求变更的，人民法院应当予以变更；当事人请求撤销的，人民法院可以酌情予以变更或撤销。《合同法》规定亦同。由此可见，对显失公平的合同，如权利人只主张变更的，法院只能作出是否允许变更的裁决，而不能依职权予以撤销。如权利人主张撤销的，法院可自由裁量是予以变更还是予以撤销。但往往只有在采用变更的方式不能消除显失公平的后果，或者合同的变更有悖于订约的目的，或者因显失公平而获利的一方当事人明确不同意变更等情形下，法院才应撤销此项合同。①

（四）对于多数显失公平民事行为只能予以变更

持该观点的学者认为，对于大多数显失公平的民事行为，人民法院只能予以变更。其理由如下：

第一，显失公平与欺诈、胁迫、乘人之危等在主观恶性上是有所区别的。欺诈、胁迫、乘人之危的当事人，在主观状态上具有明显的道德非难性和法律否定性。对欺诈、胁迫等合同予以撤销，可以对欺诈人、胁迫人产生很好的惩戒作用。而在显失公平合同的情形，利用优势或他方无经验的当事人的主观过错相对较小，其在法律后果上不应与欺诈、胁迫等相同对待，应予区别处理。从显失公平中当事人的主观过错程度考量，以变更为一般原则，以撤销为例外，更为妥当。

---

① 高晓莹，杨明刚. 论显失公平 [J]. 福建师范大学学报（哲学社会科学版），2011，56（3）：33；朱广新. 论可撤销法律行为的变更问题 [J]. 法学，2017，62（2）：79；武腾. 显失公平规定的解释论构造：基于相关裁判经验的实证考察 [J]. 法学，2018，63（1）：138-139.

第二，对显失公平的合同，要求全部履行合同显然是不公平的，但一律撤销此类合同也是无效率的，往往还会造成新的不公平。因为合同被撤销后，会发生原物返还、恢复原状的法律效果，这一方面使得合同当事人最终仍保有对自己并不重要的利益，交易目的落空；另一方面也产生了物的返还所需要的各种额外费用。其结果不仅可能使双方当事人可得利益丧失殆尽，还可能给被撤销人乃至双方当事人造成新的不公平。

相关法律法规及司法解释

 **《民法典》**

第 6 条 民事主体从事民事活动，应当遵循公平原则，合理确定各方的权利和义务。

第 151 条 一方利用对方处于危困状态、缺乏判断能力等情形，致使民事法律行为成立时显失公平的，受损害方有权请求人民法院或者仲裁机构予以撤销。

《最高人民法院关于贯彻执行〈中华人民共和国民法通则〉若干问题的意见（试行）》

第 72 条 一方当事人利用优势或者利用对方没有经验，致使双方的权利与义务明显违反公平、等价有偿原则的，可以认定为显失公平。

第 73 条 对于重大误解或者显失公平的民事行为，当事人请求变更的，人民法院应当予以变更；当事人请求撤销的，人民法院可以酌情予以变更或者撤销。

第 585 条 当事人可以约定一方违约时应当根据违约情况向对方支付一定数额的违约金，也可以约定因违约产生的损失赔偿额的计算方法。

约定的违约金低于造成的损失的，人民法院或者仲裁机构可以根据当事人的请求予以增加；约定的违约金过分高于造成的损失的，人民法院或者仲裁机构可以根据当事人的请求予以适当减少。

当事人就迟延履行约定违约金的，违约方支付违约金后，还应当履行债务。

案例一

案 情 简 介

2018 年 10 月，蔡某与焦某达成协议，表示愿意将其所有的位于昌平区某小区十号别墅卖给焦某。看房过程中蔡某故意夸大了房屋面积和价值。焦某看房后遂同意购买该房，双方于 2018 年 10 月 16 日签订了《房屋买卖合同》，约定房屋总价值为 20709472.67 元。焦某在签订合同后与蔡某一同办理了房产过户手续，在拿到房产证时才发现，她购买的房屋面积与约定不一致，并且地下室也是开发商在出售该房屋时赠送，并不计入购房面积。焦某认为，蔡某利用其对北京房地产价格、市场不了解，故意夸大房屋面积和价值，是欺诈行为，以高于市场价值三四倍的价格将涉诉房屋出卖，使自己利益受到严重侵害，合同显失公平。故提起诉讼，请求撤销双方签订的《房屋买卖合同》。

审 理 及 判 决

法院经审理认为，被告在最初购买房屋后不久，即在庭院内未经有权部门审批搭建了凉亭一间、房屋一间，后经法院认定违法而判令拆除，就此被告应当明确其私自搭建行为的后果。但其在与原告订立出卖合同前，仍私自在庭院两侧各建一处房屋共两室一卫一厨。且将该违法建筑作为诉争房屋不可分割的一部分卖给原告，而被告对违法建设的后果是足可预期的。该情节必然成为实质性影响原告缔约时考虑房屋面积、总价是否符合经济原则，并作出是否缔约选择的重要因素。该情节对原告的意思表示有实质性影响，致使原告作出了不真实的意思表示。因此，本案中原告、被告签订的房屋买卖合同存在显失公平和欺瞒的情形，使原告意思表示不真实，经济利益严重失衡，违反了公平合理的原则。故法院判决：撤销原告焦某与被告蔡某签订的《房屋买卖合同》。

分 析

本案中，法院的判决是正确的。司法实践中，认定合同显失公平，一般应具备以下条件：一是客观上订立的合同造成了当事人之间的利益严重不平衡，二是主观上一方当事人故意利用其优势，或者另一方当事人的草率、无经验等订立合同。在本案中，由于蔡某出售给焦某的房屋交易价格畸高，远高于同时期该类房屋的市场价值，造成过于悬殊的状况，违背了涉诉房屋作为商品应遵循的一般市场价值规律，造成购买方承担了过多的义务，在经济利益上遭受重大损失。而蔡某则以较少的代价获得了极大的利益，双方在利益上严重失衡。这种不平衡违反了《民法通则》中的等价、公平原则，也违反了当事人的自愿原则。另外，从合同签订的当事人身份、磋商过程及合同签订的形式、条款来看，双方签订的合同条款简单、价款不明确，也因此可认定本案中焦某签订该买卖合同确实过于草率。以上两点均符合显失公平的"二重要件说"，应当认定为显失公平。

但从本案也看出，原告焦某是以欺诈和显失公平为由提起的诉讼，请求撤销该《房屋买卖合同》。而法院在审理中，认为原告、被告房屋买卖交易价格远高于同时期该房屋的市场价值，使原告遭受重大经济损失，被告以较少的代价获得了极大的利益，造成合同显失公平。另外，被告在涉诉房屋内私建房屋，但在与原告订立合同时又未如实告知这一重要事实，诱使原告对房屋面积和价值作出不真实的意思表示，确实构成了欺诈。虽然本案中法官以显失公平为由判决支持了原告的诉讼请求，但合同双方达成协议时并无经验、智识、能力、地位上的不平等，造成结果不公平的最主要原因还是出卖方的欺诈，导致买方作出的意思表示不真实。因此，从法官的判决理由看，是糅合了欺诈和显失公平，或者说显失公平只是法官用以证明其判决合法性、合理性的辅助理由。由此可见，显失公平的主观要件与欺诈等原因界限并不明确，多有重合。因此，在立法中应进一步明确显失公平的具体情形，这将有助于显失公平制度的适用，也将有利于明晰显失公平与欺诈等其他相关制度的区别。

 案例二

案 情 简 介

原告黄某华在被告刘某明的广汉市某胶合板加工厂工作期间受伤，后原告与广汉市某胶合板加工厂就工伤事故赔偿达成协议，约定"乙方自愿放弃工伤认定和伤残等级鉴定"，"双方于本协议签订日自愿解除劳动关系"，"甲、乙双方就此事项签订本协议作一次性了断，乙方保证今后不得以任何理由以此事项再向甲方提出任何经济赔偿"等内容，原告当即收到了厂方支付的一次性伤残补助金、一次性伤残就业补助金和医疗补助金和一次性护理费共计 4000元。但根据后续劳动能力鉴定委员会的鉴定，黄某华为十级伤残。2010 年 5月 11 日，黄某华申请劳动争议仲裁委员会仲裁赔偿协议无效，劳动争议仲裁委员会作出不予受理的决定，并向黄某华送达不予受理通知书。

审理及判决

一审法院认为，原告与广汉市某胶合板加工厂就赔偿问题达成协议，该协议并不存在《中华人民共和国合同法》第 54 条中规定的重大误解、显失公平等法定可撤销合同的行为。故对原告的诉讼请求不予支持。

二审法院认为，本案的争议焦点之一在于双方签订的协议是否构成显失公平的问题。本案中上诉人黄某华伤残等级为十级，其应获得的一次性伤残补助金为 7 个月本人工资，一次性工伤医疗补助金和一次性伤残就业补助金（为 10 个月统筹地区上年度平均工资）。被上诉人刘某明支付给上诉人的各项赔偿费用合计 6927.92 元（含医疗费），显著低于上诉人应取得的工伤保险待遇。另外，一般的合同关系仅涉及双方当事人的财产权纠纷，而本案中，双方就工伤损害达成的赔偿协议虽具有一般合同的属性，但本案的处理并非针对简单的债权债务关系，而是涉及劳动者的生存权益。故综合以上因素考虑，法院认为，双方签订的赔偿协议导致双方权利义务不对等，使黄某华遭受重大利益损失，构成显失公平。据此，撤销了一审判决和赔偿协议。

分析

本案的争议焦点之一就是原被告双方之间签订的赔偿协议是否构成显失公平而存在可撤销的事由。构成显失公平，要求不对等的条件为法律所不允许。在法律允许的范围内，一方当事人自愿接受不利条件，则不构成显失公平。显失公平一般有两种情况：一种是乘人之危而显失公平；另一种是因条件苛刻而显失公平。无论是属于何种情况，显失公平的合同都是在一方当事人有重大不利情况下签订的合同。此种重大不利不是出于一方当事人的真正自愿，而是由于急需或缺乏经验等原因而接受不平等的合同条件。

本案中，原被告双方之间系劳动关系，相较而言用工单位本就存在地位上的不平等，劳动者是较为弱势的一方。一审法院仅是看到了"原告系完全民事行为能力人，对自己所作出的决定应当承担法律责任。应当认定本案当事人是在充分协商，自觉自愿的情况下签订了协议"，但忽视了潜在的原被告之间地位不平等的因素。而二审法院注意到了这一点：原被告之间所签订的赔偿协议相对于原告方而言，条件苛刻，很可能是其地位不平等所致。故尽管用人单位与劳动者就工伤事故达成赔偿协议，但约定的赔偿金额明显低于劳动者应当享受的工伤保险待遇的，应当认定为显失公平。

二十一　代理体系的整合

大陆法与英美法的代理规则存在天壤之别，即使在大陆法内部，就代理权等问题的认识也差异甚大。尤其是《民法通则》和《合同法》总则就代理的制度继受了德国法相关规定，而《民法典》第925条、第926条又借鉴了国际公约的做法，间接吸收了英美法的相关制度，《民法典》与《民法总则》又继承与发展了《民法通则》《民通意见》《合同法》等既有代理制度，对我国现行代理制度作了较为系统的整理与拓展。但是，学者之间在代理体系的界定上仍然存在争议。

一、代理行为的性质

关于代理行为的性质，学术界主要存在三种不同的学说。

（一）"被代理人行为说"

持该观点的学者认为，对于代理行为，不仅代理人发出的意思表示的法律效果由被代理人承受，而且只有被代理人才是真正有意愿在法律上从事该行为的主体，所以代理的效果应当由被代理人承担。该说又分为两种观点，一是"意思表示拟制说"，即法律拟制代理人发出的意思表示是被代理人发出的；二是"表示媒介说"，认为代理人只是被代理人私法自治意思的载体。被代理人正是借助于代理人才发出或者接受意思表示。代理人表达的意思实际上是被代理人的意思，代理人实际上也是在替代被代理人发出或者接受意思表示。

有学者认为，"被代理人行为说"的优势在于：该说契合了当时占据法律行为理论统治地位的意思主义。根据该说观点，代理行为引起法律关系的变动，仍然是被代理人自己意思的结果，故与意思主义之下个人依其自由意处理其社会生活关系的理想相一致。

有学者认为，"被代理人行为说"的缺陷在于：按照该说观点，代理行为中并无代理人意思存在的余地，代理人只是被代理人的手足，因此难以区分代理与传达。① 而且，根据该说，当在代理行为中出现意思表示瑕疵、主观的善恶意等时，需要考察被代理人而非实际表意人的代理人，这与司法实践不符。

（二）"代理人行为说"

该学说认为，既然代理与否以及代理的意思表示完全由代理人决定，自然代理是代理人自己的行为。虽然代理行为的效果应当归属于被代理人，但并不意味着就应当将代理人与被代理人混同。该行为之所以对被代理人发生法律效果直接归属的效力，并非因为代理行为是被代理人的行为，而是因为代理人以代理权为基础，以及代理人进行代理行为时表明了代理意思。换言之，即法律为尊重代理人的效力意思，所以使其对被代理人发生效力。② 其依据在于：

从国外立法看，《德国民法典》采取了"代理人行为说"，《德国民法典》通过对代理构成的规定，使代理人行为的效果直接归属于被代理人。而且，这种归属并非意思的归属，而是法律效果的归属。我国《民法通则》第63条明确规定，代理人在代理权限内，以被代理人的名义实施民事法律行为，显然代理行为是代理人的行为。所以，"代理人行为说"具有一定的合理性。

（三）"共同行为说"

该说又称为"折中说"。持该说观点的学者认为，代理行为中的意思可分割为两个部分，一部分是本人的，另一部分是代理人的，代理行为就是通过本人和代理人的共同协力而产生的。此即"共同行为说"或"共同意思说"（Vermittelungstheroie）。③

也有学者认为代理行为是一个统合的法律行为。④ 如果认为法律行为的效果只能是法律行为的各组成部分的效果的简单相加，那么确实只有要约、承诺这样的意思表示才能统合为一个法律行为。并且要约、承诺也只能是法律行为的组成部分，而无法成为独立的法律行为。毕竟要约本身并无特定的法

① 梁慧星. 民法总论 [M]. 北京：法律出版社，2007：226.
② 黄立. 民法总则 [M]. 北京：中国政法大学出版社，2002：408.
③ 王利明. 民法总则研究 [M]. 北京：中国人民大学出版社，2012：666.
④ 王浩. 论代理的本质以代理权授予时的意思瑕疵问题为契机 [J]. 中外法学，2018，30（3）：623.

律效果，其目标是且只是最终的契约效果；所谓的"拘束效力"，也更多是基于法律的规定，而非要约人的意思。法律行为的效果也可以是像代理权授予行为与代理行为那样的各自效果的"化学结合"。况且指向代理权的代理权授予行为必然也指向最终的代理效果。代理权授予行为完全可以既是一种法律行为，也是另一种法律行为的组成部分。此外，如果代理效果的发生仍属于私法的范畴，那么代理效果的发生就应基于法律行为这一要件。同时鉴于法律行为的特征是当事人在自己主导与形成之下，自由规制"自己"的法律关系，那么应当说，旨在决定他人事务的代理行为本身尚不属于法律行为，代理行为只有被置于本人的意思决定即代理权授予的框架内，才能为私法所接受。从这个意义上来说，将代理权授予行为与代理行为统合为一个法律行为，不仅可能而且必要。

二、代理类型的争议

（一）代理体系应包括三种代理类型

持该理论的学者认为，依公开程度由强到弱，我国《民法典》中应当包括显名代理、隐名代理和不披露本人的代理。其理由如下：

1. 显名代理

显名代理是代理人明确以被代理人名义行为。其公开的内容包括行为人自己的代理人身份、被代理人的姓名等具体身份。作为最典型的代理形态，其普遍适用代理权授予、表见代理、无权代理等代理一般规则，可以适用于各种法律行为。因此，代理体系中首先应包含显名代理，并且应当规定于《民法典》总则编对代理概念的界定当中。

2. 隐名代理

依据公开程度，隐名代理又可具体区分为三种类型：

第一，一般的隐名代理。其公开方式是代理人既未以被代理人名义行为，也未以自己代理人的名义行为。但相对人知道或根据相关情势应当知道其系代理人及被代理人的具体身份。换言之，其公开的内容为行为人自己的代理人身份和被代理人的姓名等具体身份。此种隐名代理与显名代理并无实质性区别，故其应当与显名代理处于同一体系地位，也可以普遍适用于各种法律行为。

第二，英美法中不公开本人姓名的代理。此种情形与一般的隐名代理的唯一区别在于相对人知道，或者根据相关情势应当知道其系代理人，但不知道且不应知道被代理人的具体身份。其公开程度虽然较一般的隐名代理弱，但二者并无本质区别。无非此种情况下相对人对被代理人的具体身份不关心。因此，在体系地位、适用范围方面也与一般的隐名代理及显名代理相同。

第三，《民法典》第 925 条规定的隐名代理。其特点在于行为人使用了自己的名义进行行为，但相对人知悉其为代理人。此种情况下行为人明示的行为效果归属的意思与代理意思相悖，因此，该种隐名代理虽然亦可纳入《民法典》总则编，普遍使用代理的一般规则，但对其适用范围宜作进一步限制。

3. 不披露本人的代理

不披露本人的代理即不公开本人身份的代理，是指第三人在与代理人缔结法律关系时不知道存在被代理人及其与代理人间的委托关系。在这种代理中，第三人认为与自己签订合同的代理人就是自己的合同对方当事人，是合同权利义务关系的承担者。对被代理人身份不公开的代理，英美法认为，代理人毫无疑问要就其行为向第三人负责，因为他在交易时根本就没有披露代理关系的存在，而是实际上把自己置于当事人的地位，所以他应就代理行为承担法律责任。但与行纪不同的是，代理行为是为被代理人的利益而为的，因此，英美法确认被代理人享有介入合同关系的权利，第三人相应享有对代理人和被代理人的选择权。由此观之，不披露本人的代理与隐名代理有本质的区别，是一种独立的代理制度。但从公开性来看，其对公开原则的弱化已到极致，不宜纳入《民法典》总则编对代理的一般规定当中，而宜作为委托合同效力或说委托合同违约责任的一种特别规定，规定在债法或者合同法分则当中。[①]

（二）代理体系应包括二种代理类型

持该理论的学者认为，以代理人是否以本人名义与第三人进行活动为标准，将代理分为直接代理和间接代理。直接代理是代理人以本人之名义为代理行为，是我国典型的代理类型。间接代理是指代理人以自己的名义但是为被代理人的利益与第三人为法律行为的代理[②]，是与直接代理相对应的一种类型。间接代理制度是一种独立的代理类型。其理由如下：

第一，我国《民法典》第 925 条系对间接代理制度的规定，我国学者大都认可。亦即如果代理人以自己的名义与第三人签订合同，只要被代理人继续不露面，代理人应当对其与第三人所订立的合同负责，代理人就该合同享有起诉和应诉的权利。我国《民法典》第 926 条规定，在受托人因第三人的

---

① 尹飞. 论我国民法典中代理制度的类型与体系地位 [J]. 法学杂志，2015，36（9）：20.
② 王利明. 民法学 [M]. 北京：法律出版社，2006：138.

原因对委托人不履行义务时或者受托人因委托人的原因对第三人不履行义务且受托人履行了披露义务时，被代理人与第三人方可行使介入权与选择权。显然该规定与直接代理不同。所以间接代理制度是独立的一种代理类型。

第二，从国外立法看，英美法系的显名代理与隐名代理与大陆法系的直接代理完全相同，而英美法系中的不公开本人身份的代理则属于间接代理。① 有学者认为隐名代理与不公开本人身份的代理所具有的功能与间接代理大致相同。因此，应将隐名代理划归间接代理的范畴。② 甚至直接将间接代理与隐名代理等同，认为代理人虽享有代理权，并为被代理人的利益着想，但不表明自己是代理人，而以自己的名义与相对人进行民事法律行为，行为的效果依法应移转于被代理人的法律行为，就称为隐名代理或间接代理。③ 因此，可以将隐名代理归入或称为间接代理。所以代理体系中应该只包括间接代理和直接代理。

但也有学者认为，隐名代理与间接代理有显著区别，属于独立的代理类型。因为，英美法中的所谓"隐名代理"，是对那种没有指出被代理人本人名称的代理的称谓，它是代理人在订立合同时，只公开被代理人存在的事实，但不公开本人之姓名的代理。其与间接代理有一定之相似，如代理人没有以本人的名义而是以代理人自己的名义对外实施法律行为。但两者也有明显的区别。首先，间接代理与隐名代理虽然都是代理人在实施代理行为，都没有以本人之名义，而是以自己的名义来进行，但在隐名代理的情形下，代理人有为他人代理之意思，且为相对人明知或依其情形可得知；而在间接代理下，相对人不知代理人是为本人代理，或者说相对人根本不知有本人存在的事实。其次，在间接代理中，代理人与第三人所订立的合同，不能直接约束本人和第三人。也就是说，本人和第三人之间不存在直接的权利义务关系，但本人在一定情形下可以行使介入权。而在隐名代理，代理人虽以自己的名义与第三人订立合同，但该合同直接约束本人和第三人，无须本人行使介入权。再次，在直接代理中，如果代理人无代理权则被代理人可以行使追认权。隐名代理是最接近直接代理的代理类型，除了代理人是以自己之名义且隐蔽被代理人之姓名外，其与直接代理几无差别，隐名被代理人和显名被代理人的法律地位没有严格区别。所以，如果代理人签订的合同未获得被代理人的授权，

① 王利明. 民商法研究：第5辑 [M]. 北京：法律出版社，2000：87.
② 王艳，王龙海. 关于间接代理制度的立法思考 [J]. 当代法学，2002，16（7）：72.
③ 吴真. 隐名代理的法律地位研究 [J]. 当代法学，2002，16（5）：35.

隐名被代理人也有权行使追认权，而在间接代理中，被代理人无此权利。① 因此，隐名代理和间接代理分属不同的代理类型。

第三，间接代理不能为行纪制度所取代。行纪制度是专门调整那些为本人利益计算但以自己名义与第三人进行法律行为而产生的权利义务关系的制度，与间接代理存在重大区别：从法律效果上看，在间接代理制度下，虽然代理人是以自己的名义订立合同，但被代理人有权介入其所订立的合同，从而享有权利和承担义务，第三人也有权选择被代理人作为合同相对人，而在行纪中，由于行纪关系是由两个独立的法律关系构成的，因此，合同应当分别履行，委托人只能向行纪人提出合同请求，第三人也只能向行纪人提出请求。行纪合同都是有偿的，而且通常行纪人都是专门从事行纪业务的经纪人。而间接代理中委托人与受托人之间的合同并不一定都是有偿的，作为代表性的间接代理的外贸代理无疑是有偿的，但我国《民法典》第 925 条与第 926 条并没限定间接代理仅适用于外贸代理。由此可见，间接代理是有别于行纪制度的一种独立的代理制度，二者不能混淆。

但也有学者认为，隐名代理也是直接代理，间接代理并非真正的代理。② 将代理类型划分为直接代理和间接代理不够科学，应当仅规定直接代理。③ 其理由如下：

第一，直接代理与间接代理是大陆法学说中的概念。学说上区分直接代理与间接代理，目的主要是辨析代理行为法律效果的归属问题。就其本质而言，代理的"直接"与"间接"，强调的是对代理行为效果归属的认识，即代理行为的效果是直接归属于被代理人，还是首先在行为人那里产生，再通过其他行为转移给被代理人。大陆法系民法中虽然对代理权的发生依据存在争议，但其所称的代理，均是指直接代理，间接代理并非真正的代理。是否"以被代理人名义"，严格地讲是对代理行为构成的描述，而"直接"则是对代理后果的描述。既然我国现行法律承认了隐名代理，隐名代理人行为的后果直接归属于被代理人，其当然属于直接代理。甚至《民法典》第 926 条规定的不披露本人的代理，虽然原则上为间接代理，但在被代理人或者相对人依据第 926 条行使介入权或者选择权时，实际上也是直接代理。

---

① 张平华，刘耀东. 间接代理制度研究：以《民法典》第 925 条与第 926 条为中心 [J]. 北方法学，2009，3（4）：31.

② 尹飞. 代理：体系整合与概念梳理：以公开原则为中心 [J]. 法学家，2011，23（20）：74；武亦文，潘重阳. 民法典编纂中代理制度的体系整合 [J]. 浙江社会科学，2016，32（10）：61-62.

③ 耿林，崔建远. 未来民法总则如何对待间接代理 [J]. 吉林大学社会科学学报，2016，56（3）：29.

第二，英美法对代理制度的规定也是以直接代理为基础的。英美法学者认为，代理是两人之间的信用关系，一方明示或默示表示其同意另一方代表他行为以影响其与第三人之间的关系，另一方相应表示其同意这样行为或进行了这样的行为。在被代理人同意的事项范围内，代理人有进行行为的代理权限。该代理权限产生影响被代理人与第三人法律关系的权力。代理是两个人之间的关系，其中一个人（代理人）在法律上能够代表另一个人（被代理人）通过缔结合同或处置财产的方式，影响被代理人与第三人之间关系中的法律地位。同时，代理是一个合意关系，其中一个人（代理人）在另一个人（被代理人）的制约下，受托享有影响被代理人法律关系的权力。由此可见，英美法并非不强调代理是以代理人名义还是被代理人的名义，构成代理的要件在于代理人与被代理人之间是否存在特定的法律关系，或者说是代理人的行为是否具有代理权限。代理人在代理权限内进行行为，应当视为被代理人的行为。故而代理行为的效果仍然是直接影响被代理人与相对人之间的法律关系。即代理行为直接对被代理人发生效力。《代理法第三次重述》更是明确将代理的效果界定为"被代理人与第三人成为合同的第三人，且除非代理人与第三人另有约定，代理人不是合同的当事人"。之所以如此界定，就在于代理作为归属性规范，解决的是某人的行为效果为何对他人直接发生法律效力。至于所谓的间接代理，完全可以通过意思表示归属规则以及合同相对性规则加以解决，没有必要通过法律特别加以规范。

第三，在《德国民法典》中遵循显名主义，但即使显名主义出现缓和，间接代理还是被排除在代理制度之外。在德国，间接代理中的内部法律关系和外部法律关系，分别交由委托合同等相关法律进行解决。在商法典上，行纪制度是商事领域间接代理的代表，其一般仍然遵循合同相对性理论，但是行纪并不适用显名缓和规则。由于考虑到间接代理的法律效果最终由委托人予以承担，所以赋予委托人对行纪人对于第三人享有的债权在特定范围内的排他效力，对合同的相对性有所突破。在日本，从立法体例上看，其民法典中不单独规定间接代理，而仅在商法典中规定了间接代理的典型方式——行纪。由此可见，间接代理只在日本商法典中设计了特殊的法律制度。

第四，从各大陆法系国家立法看，民法所称代理，以直接代理为限，所谓间接代理乃代理的类似制度而非真正的代理。① 因此，大陆法系国家在立法上将代理仅限于直接代理，而没有关于间接代理的明文规定。其原因是大陆

---

① 王泽鉴. 民法总则 [M]. 北京：中国政法大学出版社，2001：446.

法系民法上的一个重要原则，即任何人不得擅自为他人设定权利和义务。而代理的独特性恰恰就在于法律行为人与法律后果承受人不一致。出于交易安全的考虑，大陆法规定代理人必须以被代理人名义进行法律行为，其法律后果才直接归属于被代理人。但在民事交往中，代理人由于各种原因不愿表明自己的代理人身份情况经常出现，如有时代理人担心揭示被代理人的姓名后，第三人直接与被代理人接触洽谈，从而使其遭受损失或失业。法律关于直接代理的规定并不能对这些情况作出调整，于是有学者主张代理不必以揭示被代理人的名义为必要，因为代理的实质在于为被代理人计算，如果拘泥于代理必须以被代理人名义，往往会损害善意第三人的利益。为弥补这一缺陷，大陆法系经过长期实践，设计了行纪制度。由此可见，大陆法系国家的行纪制度取代了间接代理制度。因此，在代理体系中只规定直接代理即可，而没有必要再规定间接代理制度。

三、代理制度的体系构成

（一）"一元结构说"

实行民商合一的大陆法系国家，对民事与商事代理不加区分，认为民事代理是私法的普通规范，商事代理只不过是一般代理制度在商事领域和营业行为中的具体运用。因此，在立法体例的选择和布局上，采用在民法的总则部分规定民事代理制度，于分则的债编中规定代理商、行纪营业等。例如，《瑞士债法典》第 2 编 "各种合同" 中第 13 章题为 "委任合同"，其下第 4 节规定了 "代理合同"。其中第 418 条（A）规定，代理人系指为一个或数个委托人在持续的基础上进行商事交易协商，或者代表委托人由委托人承担后果缔结合同，但并非委托人雇员的人。第 15 章规定了 "行纪合同"。第 17 章规定了 "经理与其他商业代理"。其中第 458 条规定："经理是指一人自一商业、生产或者其他具有商业形式的实体处，获得明示或默示的授权，管理其事务，并经授权单位授权出具其签字。授权单位的负责人应当在商业登记机关处提供其授权登记；其应当对授权以前其代表的行为负责。"一元结构说"主张民事代理与商事代理应归为一体。我国民法学者大都持这一观点。该说从民商合一的立法思路出发，以商事代理是民事代理在营业领域的特殊表现形式为依据，认为应当采统一立法模式，在民法典的代理章或节中对其一般规则予以规定，无须对商事代理再另行立法。我国民法学者大都持这一观点。①

---

① 郭富青. 论我国民法典编纂对代理立法例及体系的重构 [J]. 学术论坛，2020，43（2）：8-9.

（二）"二元结构说"

实行民商分立的大陆法系国家，其代理制度的体系由民法、商法和一些单行法中的相关规范共同构成。例如，《法国民法典》第 3 卷第 13 编规定了以委托人名义实施的显名代理。《法国商法典》则明确规定，商业代理人系指不受雇佣合同的约束，以制造商、工业者、商人或其他商业代理人名义，为他们的利益谈判，并通常签订购买、销售、租赁或提供服务的合同，且将其作为独立的经常性职业代理人。显然，该法典认为商事代理应为代理商的代理业务行为。该法还在第 5 编 "证券经纪人和居间商"、第 6 编 "行纪商""水陆运输行纪商""承运人"的规定中，对不以商人本人名义实施的间接代理行为作出了特别规定。此外，法国在 1958 年所颁布的《关于商业代理人的法令》及 1991 年所颁布的《有关商业代理人与其委托人之间关系的法律》中也对商业代理人作出了专门规定。这两个法律文件在《法国商法典》再法典化中已被新的商法典第 1 卷第 3 编第 4 章 "商事代理人"吸纳。《德国民法典》以专节的形式规定了民事代理制度，1897 年颁布的新《德国商法典》，除了规定商事直接代理，还将代理的外延扩大至间接代理。《德国商法典》开现代商事代理立法之先河，其关于代理商的规定成为其他民商分立国家效仿的典范。其第 1 编第 5 章规定了 "经理和代办权"，第 7 章规定了 "代理商"，第 4 编第 3 章规定了 "行纪营业"。此外，德国 1953 年颁布的《商业代理法》等单行法又作了补充性规定。"二元结构说"较早提出的模式是 "基本法+单行法"。有学者曾主张，未来应当制定一部统一的代理法，以之作为规范显名代理、隐名代理及调整代理关系的 "基本法"，消弭各单行法之间的冲突和重叠，但特殊行业代理人法仍可以保留。至于居间或经纪，由于它不属于法律行为的范畴，主体立法可以达到规范目的。①

（三）民法典+商法典（或商事通则或其他商事单行法）模式

该说从民商分立的体例切入，强调商事代理的特殊性，认为民法典只规定民事代理的一般规则，民事与商事代理应分别立法。主要论据是，商事代理不可替代的制度价值、功能，以及本身的营业性、职业性、复杂性特质，一般民事代理难以全面涵盖，采取统一的立法模式不仅难以体现商事代理之特殊性，而且会产生立法空缺与不周延的问题，不方便商事代理活动之开展。② 因此，主张有必要采取二元的代理结构模式，在民法典之外另行对商事

---

① 高富平. 代理概念及其立法的比较研究 [J]. 比较法研究，1997，11 (2)：161-167..
② 郭富青. 论我国民法典编纂对代理立法例及体系的重构 [J]. 学术论坛，2020，43 (2)：8.

代理之一般规则或特殊规则予以规定。① 在《民法典》出台之后，有学者认为，商法体系化及其规范实现适当的立法表达，已成为学术界共识。《民法总则》所包含的直接或间接商法规范即为民法商法化之最新例证。但总体来看，包括职务代理规则在内的有关规范群缺失，表明《民法总则》的商法品格明显不足。在《民法典》之外制定《商事通则》，是接续职务代理等商事立法安排相对合理的选择。② 我国的民法典可全面规定各类民商事代理共同适用的一般性法律框架，而在商法通则或单行法律中，规定区别于民事代理并通用于商事领域的规范，构建系统的商事代理制度。③ 还有学者主张，对于商事代理制度，采用"商法通则中独立成章"模式更具有科学性、务实性。其理由是：第一，"商法通则中独立成章"模式更符合商事代理制度自身体系性、逻辑性的要求。第二，"商法通则中独立成章"模式可以实现相关商事法律制度涉及的商事代理规则之间的协调，消除彼此间的矛盾与冲突。第三，"商法通则中独立成章"模式可以根据"特别法优于一般法"的法律适用原则去修正某些民事代理规则对商主体适用的不合理性。④

相关法律法规及司法解释

《民法典》

第 163 条　代理包括委托代理和法定代理。

委托代理人按照被代理人的委托行使代理权。法定代理人依照法律的规定行使代理权。

第 503 条　无权代理人以被代理人的名义订立合同，被代理人已经开始履行合同义务或者接受相对人履行的，视为对合同的追认。

第 504 条　法人的法定代表人或者非法人组织的负责人超越权限订立的合同，除相对人知道或者应当知道其超越权限外，该代表行为有效，订立的合同对法人或者非法人组织发生效力。

第 505 条　当事人超越经营范围订立的合同的效力，应当依照本法第一编第

---

①　肖海军. 商事代理立法模式的比较与选择［J］. 比较法研究，2006，20（1）：67.

②　郑泰安，钟凯. 民法总则与商事立法：共识、问题及选项：以商事代理为例［J］. 现代法学，2018，40（2）：75-89.

③　刘琨. 商事代理制度的系统构建［J］. 山东青年政治学院学报，2014，30（1）：133.

④　徐深澄. 商事代理制度的合理性与立法路径选择：以"职务行为"的司法困境为分析起点［J］. 浙江学刊，2017（5）：108-116.

六章第三节和本编的有关规定确定，不得仅以超越经营范围确认合同无效。

第 925 条　受托人以自己的名义，在委托人的授权范围内与第三人订立的合同，第三人在订立合同时知道受托人与委托人之间的代理关系的，该合同直接约束委托人和第三人，但是，有确切证据证明该合同只约束受托人和第三人的除外。

第 926 条　受托人以自己的名义与第三人订立合同时，第三人不知道受托人与委托人之间的代理关系的，受托人因第三人的原因对委托人不履行义务，受托人应当向委托人披露第三人，委托人因此可以行使受托人对第三人的权利。但是，第三人与受托人订立合同时如果知道该委托人就不会订立合同的除外。

受托人因委托人的原因对第三人不履行义务，受托人应当向第三人披露委托人，第三人因此可以选择受托人或者委托人作为相对人主张其权利，但第三人不得变更选定的相对人。

委托人行使受托人对第三人的权利的，第三人可以向委托人主张其对受托人的抗辩。第三人选定委托人作为其相对人的，委托人可以向第三人主张其对受托人的抗辩以及受托人对第三人的抗辩。

《民法通则》

第 63 条　公民、法人可以通过代理人实施民事法律行为。

代理人在代理权限内，以被代理人的名义实施民事法律行为。被代理人对代理人的代理行为，承担民事责任。

依照法律规定或者按照双方当事人约定，应当由本人实施的民事法律行为，不得代理。

案 例

案例一

案 情 简 介

2017 年 1 月 6 日，孟某与某煤炭经销公司签订《经销煤炭联营协议书》，约定由孟某使用某煤炭经销公司之公司名称、公章、法人代表签字等向某发电厂供应煤炭。某发电厂经结算后汇入某煤炭经销公司账户的货款，再由某煤炭经销公司及时转汇给孟某。孟某依约按销项发票的数量，以每吨 1 元的价格给付某煤炭经销公司服务费及由孟某承担各项税费等。至2018年末，孟某累计向某发电厂供应煤炭数量220050吨。某发电厂依其与某煤炭经销公司签订的《煤炭买卖合同》，分次将上述煤款经结算后汇入某煤炭经销公司账户。某煤炭经销公司与孟某经过16次的结算，按每吨4元的价格留置了节能款合计880200元。后孟某得知某煤炭经销公司所称的某发电厂收取"节能款"事实根本不存在。故孟某认为该煤炭经销公司收取该项目费用无法律依据，属于不当得利。因此孟某向法院起诉，请求判令某煤炭经销公司返还不当得利款880200元及利息。被告某煤炭经销公司认为，收取"节能款"是行业惯例，不违反法律规定，与某发电厂无关，该款项是某煤炭经销公司签订《煤炭买卖合同》过程中各项支出的回报。且某煤炭经销公司与孟某合作长达三年之久，结算次数达16次，每次都有详细的结算单，每次都有孟某亲自认可，故不属于不当得利。

审理及判决

一审法院经审理，认为本案为挂靠经营合同纠纷。孟某与某煤炭经销公司签订的《经销煤炭联营协议书》合法有效。双方虽未约定孟某在使用某煤炭经销公司的公司名称、公章等经销煤炭时某煤炭经销公司应收取原告节能款，但在每次结算时均将"节能款"列为应支出的费用，孟某对此予以认可。该意思表示不违反法律行政法规的强制性规定。故判决：驳回孟某的诉讼请求。孟某不服提起上诉。

二审法院经审理，认为某煤炭经销公司构成了不当得利，故撤销了原一审判决，支持了孟某的诉讼请求。后本案经某区检察院抗诉，再审法院认为，孟某与某煤炭经销公司双方在实际合作过程中对《经销煤炭联营协议书》进行了实质性变更。体现在合同内容上，某煤炭经销公司不仅仅是提供公章、法人代表签字等简单服务，而是以自己的名义为委托人孟某与某发电厂进行煤炭贸易活动提供条件，全面负责计量、化验、协调等多重工作，并由委托人孟某向某煤炭经销公司支付报酬。因此双方的结算单实际上是对原《经销煤炭协议》的变更，从最初的挂靠经营变更为行纪合同关系。结算单表现的行纪合同关系明确了包括"节能款"在内的各项费用的收取，因此依据双方签字的结算单收取每吨4元节能款有合法依据，某煤炭经销公司不构成不当得利。故再审法院认为，原一审判决认定事实清楚，认定法律关系虽有错误，但判决结果正确。因此撤销了原二审判决，维持了原一审判决。

分析

本案中，原被告双方争议的焦点问题有两个：一是结算单与双方签订的《经销煤炭联营协议书》的关系问题，原被告双方是挂靠经营关系还是行纪合同关系；二是某煤炭经销公司对"节能款"的收取是否有合法依据。从双方签字并履行完毕的结算单看，节能款的收取均在结算单中列明。根据双方的实际履行情况，在合作三年的过程中，某煤炭经销公司不仅提供公章、法人签字等简单服务，而且以自己的名义为委托人孟某与某发电厂进行煤炭贸易活动提供条件，全面负责计量、化验、协调等多重工作，并由委托人孟某向某煤炭经销公司支付报酬。因此双方结算单实际上是对原《经销煤炭协议》的变更，结算单记载的内容表明合作双方已从最初的挂靠经营变更为行纪合同关系。结算单表现的行纪合同关系明确了包括"节能款"在内的各项费用的收取。因此依据双方签字的结算单，收取每吨4元节能款有合法依据。孟某认为签署结算单是因为某煤炭经销公司诈称是某发电厂收取而为，但其没有在法定的除斥期间对其认为的欺诈或重大误解行为提出撤销之诉，因此其辩解理由不能成立。且从合同的相对性原理考虑，行纪合同的双方是孟某与某煤炭经销公司，费用的收取是合同双方的约定，与某发电厂是否收取节能费无关。所以再审法院维持一审判决结果是正确的。

本案中，孟某借用某煤炭经销公司的名义从事煤炭经销活动。对于某发电厂而言，其与某煤炭经销公司签订的《煤炭买卖合同》只约束某发电厂和某煤炭经销公司，与孟某无关。但本案实质上的法律行为是由孟某向某发电厂销售煤炭，只是在《煤炭买卖合同》中没有披露孟某。这种情形符合《民法典》第925条规定。该条规定，受托人以自己的名义，在委托人的授权范围内与第三人订立的合同，第三人在订立合同时知道受托人与委托人之间的代理关系的，该合同直接约束委托人和第三人，但有确切证据证明该合同只约束受托人和第三人的除外。从《民法典》第925条所确立的代理情形看，存在两种情况。第一种情况，代理人在订立合同之时向第三人披露为谁订立合同。此时，让第三人知道合同的真正缔约方的具体情况。第二种情况，一般是被代理人与第三人之间已经存在着商业伙伴关系，但由于被代理人没有经营权，只好请代理人以本公司的名义与第三人订立合同。在第二种情况下，代理人不用披露本人和代理人身份，是理论上对间接代理的认定。本案所述情形恰是属于第925条的第二种情况。所以，本案中出现了行纪合同与间接代理法律上的重合。从本案判决结果看，适用行纪合同的法律规定就可以完成本案的定性和判决。所以间接代理的这种情况可以被行纪合同所取代。《民法典》第 925 条规定的第一种情形实际上属于直接代理，适用直接代理的法律规范即可。从直接代理与间接代理的区分看，间接代理从本质上强调的是对代理行为效果归属的认识，即代理行为的法律效果首先归属于代理人，再通过其他行为转移给被代理人。

由此可见，在代理体系中只规定直接代理即可，没有必要再规定间接代理制度。同时赋予"行纪合同"的独立地位及称谓，从而避免大陆法系传统的代理和行纪的概念发生冲突。

 案例二 ────────────────────────

案情简介

2021 年 4 月 27 日，被告峰坚久达公司派其员工宋某伟与原告协商购买混凝土事宜，并与原告签订了《陕西庆安建设集团神木大保当商砼有限公司商品混凝土购销合同》，且盖有被告公司印章。合同履行完毕后，被告员工宋某伟与原告方就所使用混凝土进行了结算，2021 年 7 月 5 日结算金额为 1538793.09 元，2021 年 8 月 26 日结算金额为 850714 元，共计 2389507.09 元，双方在结算单上签字确认。原告自认收到被告支付款项 495000 元，请求被告支付剩余 1894507.09 元货款。被告峰坚久达公司称，并未与原告签订书面的买卖合同，使用混凝土后原告从未到被告公司与被告结算，因此对于原告所述的混凝土使用结算金额不认可，对原告所述合同内容也不认可，使用混凝土的款项在结算清楚后被告愿意支付，但被告并不存在违约行为。

审理及判决

法院经审理认为，被告主张宋某伟虽系其公司员工，但公司未授权其签订合同和结算货款的权利，对原告提交的合同及借款单不予认可。被告既然认可其公司派员工宋某伟与原告协商混凝土购销事宜，且其实际使用了原告提供的混凝土，依据《民法典》之规定，原告提交的合同无违反法律及强制性法律规定的内容，故本院依法确认原被告之间存在买卖关系，该购销合同对双方具有法律约束力。

分析

本案的争议焦点之一就在于被告峰坚久达公司是否构成以默示方式追认的无权代理，其核心的判断在于是否构成"接受相对人履行"。"接受相对人履行"是《民法典》新增的默示追认的情形，目前它的内涵和外延并不清晰。但基于社会的交易习惯来看，被告峰坚久达公司认可其公司派员工宋某伟与原告协商混凝土购销事宜，并签订了《陕西庆安建设集团神木大保当商砼有限公司商品混凝土购销合同》且实际使用了原告提供的混凝土，上述行为皆在被告的行为能力范围之内，被告完全有能力、有条件判断是否要接受相对人合同义务的履行。而被告峰坚久达公司没有明确拒绝原告的义务履行，应当认为其作出了支持合同履行的意思表示，故应当受到宋某伟所为的代理行为的约束。

在《合同法》时代，《最高人民法院关于适用〈中华人民共和国合同法〉若干问题的解释（二）》第 12 条规定，被代理人已经开始履行合同义务则视为对合同的追认。而应当注意的是，在《合同法》中存在众多双务合同，双方当事人互相承担义务和享有权利，那么不仅要考虑一方当事人开始履行，还要考虑对方接受履行的问题。对此，《民法典》第 503 条在前述规定的基础上，增加了被代理人接受相对人履行的追认规则，在逻辑上更加周延，充分体现了当事人在合同履行过程中对自己履行行为的认可，以及对对方当事人的履行行为的认可，保障双方当事人的自由意志和平等地位，是立法对社会现实问题的积极回应。

二十二　表见代理构成中的本人归责性要件

‹‹‹ ››› ^

法　理 ◆

　　表见代理是维护交易安全、保护信赖合理的重要制度，它充分体现了现代民法价值取向的根本变化，在现代经济社会具有重要的制度价值。《合同法》第 49 条规定，行为人没有代理权、超越代理权或者代理权终止后以被代理人名义订立合同，相对人有理由相信行为人有代理权的，该代理行为有效。该条文中没有出现本人过错、过失、归责性之类的字样，那么作为保护相对人合理信赖的制度，表见代理是否仅考察相对人信赖之合理性而可以完全忽视本人的安全利益即可得出结论？学术界关于相对人是否存在过失及本人可归责性的具体判断标准仍存在争议。①《民法典》第 172 条与《民法总则》第 172 条沿用了《合同法》第 49 条的表述，并修改了无权代理责任的承担方式，但就成立表见代理是否需要本人具有可归责性上仍未有定论，学术界争论至今。②

一、本人可归责性概述

　　归责，系指确定责任之归属，即确定应由何人承担不利的法律后果。归责原则是指进行归责活动的准则，即根据什么来确定责任的归属。而可归责性是指主体已具备承担责任之基础与理由的状态，是否具有归责性，需要根据归责原则来确定。归责事由则是指可确定责任归属的事由，系在一定的归责原则之下，使责任归属成立的原因。归责事由、归责性成为承担不利益的正当化基础。

---

　　① 石必胜. 表见代理的经济分析［J］. 河北法学，2009，27（5）：109；韩康麒，丁俊峰. 表见代理中被代理人可归责性的实证研究［J］. 法律适用，2018，33（17）：114.
　　② 张弛. 表见代理体系构造探究［J］. 政治与法律，2018，37（12）：133.

所谓本人的可归责性，是指确定应由本人承担表见代理之不利法律后果的依据，包括但不限于故意和过失。从本意上看，归责性应与归责原则相对应。具有归责性时，责任即可归责于该当事人。有学者认为，可归责性的大多情形是指故意或过失，但也必须视具体情形，就个案进行认定。① 另有学者认为，可归责仍以过失为中心向上向下移动而规定或酌定。② 侵权行为法中，人们倾向于将可归责性问题等同于过错的认定。对于被告来说，如果认识到和避免不当行为都是不可能的，他对其不当行为就不具有可归责性。③ 所以，依传统的侵权行为理论，过失即等于归责，在此意义下，过失责任主义与归责原理，犹如同义词。

有学者认为，传统民法中对归责性的理解，多以过错责任为语境，却过度忽视了无过错责任之下的归责性问题。而实际上，无过错责任之下，特定事由的存在，也可以确立归责性，并且，责任的分配也必然是以归责基础的存在为前提。从广义上来看，所有具备归责基础的当事人，均可被认为是具有可归责性。许多场合下责任的成立，并非以单一归责原则为准据，需要形成连续的归责性序列领域，无须以过失为界人为地切割归责性。在表见代理领域，属于此种需要数归责原则并存的领域。表见代理中的责任属于信赖责任范畴。④

表见代理中本人的归责性，包括但并不限于过错。在表见代理的构成要件中，可归责性是指行为人违背了对自己的保护义务，其结果并不是对他人承担损害赔偿责任，而仅仅是自己蒙受不利益。由此可见，在这里可归责性所指向的义务系属一种不真正义务，相对而言，其过失程度较轻。⑤

二、是否应以本人的可归责性作为表见代理构成要件的理论争议

（一）"单一要件说"

"单一要件说"也称"否定说"。持该观点的学者主张，表见代理的成立，不以本人具有可归责性为必要条件，只要客观上存在足以使第三人信赖代理权存在的客观情形，善意相对人基于此权利外观而作出民事行为即可主

① 黄茂荣. 债法总论 [M]. 北京：中国政法大学出版社，2003：172-174.
② 曾世雄. 损害赔偿法原理 [M]. 北京：中国政法大学出版社，2001：73.
③ 克雷斯蒂安·冯·巴尔. 欧洲比较侵权行为法 [M]. 焦美华，译. 北京：法律出版社，2001：302-303.
④ 叶金强. 表见代理构成中的本人归责性要件：方法论角度的再思考 [J]. 法律科学，2010，28（5）：39.
⑤ 吴国喆. 表见代理中本人可归责性的认定及其行为样态 [J]. 法学杂志，2009，30（4）：65.

张表见代理，从而维护其信赖利益。该说认为应该把本人的主观心态和客观行为都排斥在外。① 其理由如下：

首先，意思自治和交易安全具有同等价值。两种价值没有高低贵贱之别，理应获得法律的平等和均衡保护。表见代理的五大构成要件已充分体现对被代理人和相对人的均衡保护，提取了意思自治原则和交易安全原则之间的最大公约数。其次，强调被代理人过错要件会导致表见代理制度的名存实亡。再次，实践中的授权表见型、权限逾越型和权限延续型代理权外观背后往往蕴含着被代理人过错。被代理人过错作为主观思想状态主要通过自身或相对人的客观行为展示出来，而导致善意相对人合理信赖的行为人代理权外观就是被代理人可归责性的最佳证据。把可归责性列为表见代理构成要件，善意相对人既然能证明存在其合理信赖的代理权外观且与被代理人存在因果关系，也就不必另行重复举证，以证明被代理人过错。最后，引入被代理人过错要件会滋生案件裁判的不确定性。②

也有学者认为，该学说观点符合国际上表见代理适用范围扩大趋势，能全面概括表见代理的情形，因其不以本人可归责性为要件，可减轻相对人在主张表见代理时的举证责任，适用范围广泛。其优势在于：

第一，表见代理不以本人具有可归责性为要件，有利于提高交易安全的保护程度。该说认为，表见代理的制度目标在于保护交易安全。故当本人与善意相对人的利益发生冲突时，在表见代理制度目标的指引下，应选择保护相对人的利益，并且当本人无过错时，其因承受表见代理的法律效果而产生的损失可以向无权代理人追偿，故本人的利益也是可以得到保护的。③ 该说只需善意无过失的相对人基于对权利外观的信赖作出民事行为即可主张表见代理。不考虑本人可归责性，优位保护交易安全，使得交易安全的保护程度大幅提高，交易快速方便完成，促进现代社会市场经济高速发展。④

第二，表见代理不以本人具有可归责性为要件，可以减轻相对人在主张表见代理时的举证责任。相对人只需举证证明自己是善意无过失，且有正当理由相信行为人有代理权即可主张表见代理，而对本人过错不负举证责任，

---

① 崔北军. 试论表见代理的构成要件、类型及效力 [J]. 沈阳工程学院学报（社会科学版），2011，7（1）：72；李适时. 中华人民共和国民法总则释义 [M]. 北京：法律出版社，2017：538；李鑫，崔大阳. 表见代理中本人可归责性的法律解释 [J]. 江汉论坛，2019，62（11）：103-109.

② 徐海燕. 表见代理构成要件的再思考：兼顾交易安全和意思自治的平衡视角 [J]. 法学论坛，2022，37（3）：45-59.

③ 林诺馨. 表见代理中本人可归责性研究 [J]. 广西政法管理干部学院学报，2020，35（1）：33.

④ 杨会欣. 表见代理的认定及其效力 [J]. 公民与法，2010，1（7）：11-13.

相对人举证负担减轻。如果在对表见代理进行认定时需要考虑本人可归责性的有无，那么不仅加大了司法机关处理相关案件的难度，而且加重了善意相对人的举证责任，其须举证证明本人具有可归责性，这样就有可能会缩小表见代理制度的适用范围，不利于该制度应有功能的发挥。①

第三，表见代理不以本人具有可归责性为要件，在司法审判中，有利于法院简化审查程序，实现高效审判。法官只需要审查权利外观的表象与理由是否正当充分就能判定表见代理，便于司法操作，提高审判效率。

也有学者认为，该说在实践中也存在弊端。主要表现为：

1. 对本人利益保护不力

表见代理不以本人具有可归责性为要件的观点，极易放纵善意相对人放松警惕，不积极查明代理人权限，易扩大表见代理的适用范围，导致本人在经济活动中利益受损。本人利益在交易安全中不能得到充分保护，甚至严重威胁企业的生存。有学者甚至认为，表见代理责任已经使许多企业陷入债务泥潭，成为吞噬企业资产的黑洞和威胁企业生存的隐形杀手。因此，不能通过证明利益冲突的一方值得保护，就理所当然地使另一方作出牺牲。

2. 陷入效率优于公平的观念误区

该说置本人可归责性于不顾，依据善意相对人信赖利益和交易安全优先保护的优位理念，就推导出本人承担责任正当性的结论，于理不合，陷入了效率优于公平的观念误区。效率只是社会的经济运行目标，而公平正义则是社会的伦理目标，经济主体追求效率的前提就是符合社会的公平正义理念，一个社会不能背离公平正义的总原则一味去追求经济效率。该说以牺牲公平为代价换取效率，以牺牲本人利益为代价换取交易安全的优位保护，确使社会交易效率在一定时期内得到提高。但脱离公平正义的效率是不可能长久的，无序状态的效率发展到一定阶段必然崩裂，阻碍整个社会经济的发展。适用该说的观点，虽便于司法操作，并不当然证明该理论的合理性，也难以适应纷繁复杂的社会交易现状。因此，表见代理制度以保护交易安全为目的，但对交易安全的保护不应背离民法公平正义原则，在保护善意相对人的同时要兼顾无可归责性本人利益的维护，实现本人与相对人利益的弹性制衡。②

3. 易引发不良社会效应

在本人毫无可归责性的情况下，还要求本人承担责任，实际上是凭空设

---

① 林诺馨. 表见代理中本人可归责性研究 [J]. 广西政法管理干部学院学报，2020，35（1）：33.
② 侯巍，杨培连. 论表见代理中本人的可归责性 [J]. 广西大学学报（哲学社会科学版），2008，30（3）：79.

定责任主体，这样的制度设计会鼓励私刻公章、伪造介绍信等不法行为，容易造成交易秩序混乱的后果，最终影响社会市场经济的有序发展。

（二）"双重要件说"

"双重要件说"也称"肯定说"。持该观点的学者认为，表见代理的成立不仅需要客观上有足以使交易相对人信赖代理权存在的权利外观，而且要求本人对此权利外观的存在具有可归责性。[①] 并将本人可归责性界定为本人对于权利外观的形成在主观上具有过失。其理由如下：

1. "本人可归责性必要说"符合无可归责者不承担不利益的原则[②]

责任的成立必须有归责基础的存在，没有归责基础就不应该承担不利益。过错责任之中，归责基础为行为人的过错；无过错责任中，虽不以过错作为责任成立的必要条件，但必须存在其他的归责基础。从逻辑层面来看，责任成立的前提，必须已具备特定的归责事由；从价值层面来看，法律根据一定的价值判断，将某些因素确立为分配不利益的依据，进而表达为不同的归责原则，并以此分配责任，使归责性也因此成为价值实现的当然要求。由此可见，责任的承担，必然以归责性的存在为前提。任何否定责任成立之归责性要求的主张，均是反逻辑和反价值的。[③]

表见代理的构成，对本人而言，是一种不利益的附加，当然需要归责性的支持。只是，确定归责性的归责原理并不是单一的，是多数归责原则的并存，并能形成连续的归责性序列的领域。在表见代理领域中，过错可以成为本人归责的基础，但在没有过错的情况下，还可以有其他的归责基础，只是基于其他归责原则而确定。因此，如果说本人有无过错已无关紧要，那么，仍然必要的是，本人造成了引起表见代理产生的表象，或该表象是在他的控制领域和风险范围内产生的，本人必须与表见代理有关。[④]

2. 确立本人归责性要件，有重大的方法论意义

信赖合理性有程度之维度，而该程度又非常适宜拿来和本人归责性程度

① 叶金强. 表见代理构成中的本人归责性要件：方法论角度的再思考 [J]. 法律科学，2010，28（5）：40-42；杨代雄. 表见代理的特别构成要件 [J]. 法学，2013，58（3）：59；朱虎. 表见代理中的被代理人可归责性 [J]. 法学研究，2017，39（2）：63-65；陈锦阳. 浅析民事表见代理中本人可归责性要件 [J]. 东南大学学报（哲学社会科学版），2019，21（S1）：43-45.

② 叶金强. 表见代理构成中的本人归责性要件：方法论角度的再思考 [J]. 法律科学，2010，28（5）：40-42.

③ 季秀平. 关于表见代理理解与适用的几个疑难问题 [J]. 学习论坛，2011，26（12）：72-76.

④ 海因·克茨. 欧洲合同法 [M]. 周忠海，李居迁，宫立云，译. 北京：法律出版社，2001：341.

进行比较权衡。归责性要件的确立，使得比较权衡框架的建立成为可能。在具体的表见代理案件中，需要决定的就是在本人和相对人之间到底要保护谁的问题，比较的是本人归责性程度与相对人信赖合理性程度。通过这样的比较权衡而得出的结论，显然要比仅仅考察相对人信赖合理性而得出的结论妥当许多。在比较权衡之下，法官分别对本人归责性程度和相对人信赖合理性程度作出判断，然后进行综合考量，在综合考量的基础上得出结论。法官的价值判断也获得了妥适的作用空间。①

3. 从解释论角度看，"本人可归责性必要说"具有合理性

从解释论上，日本学者认为，表见代理系由三个要素构成：外观的存在、对外观的正当信赖及外观作出的归责性。从德国法条上看，虽然并没有提及本人归责性要件，但学者认为，被代理人的未通知代理权之消灭、授权表示，以及未收回授权书或未宣告授权书无效之行为之中，显然已包含了归责性。本人的责任基础在于，以可归责的方式制造了代理权表象。因此认为是肯定了表见代理构成中本人归责性的要件地位。我国立法列举的授权表示型、权限逾越型和权限延续型的三种表见代理类型，本人均具有典型的归责性，至少是制造或未及时消除代理权外观。因此，在透过语义、历史解释确定表见代理类型之后，表见代理构成中归责性的要件地位也将得到肯定。王利明教授也认为，在确定表见代理的构成要件时应当考虑权利外观的形成是否与本人具有一定的关系，如果不符合该要件，则本人不应当承担表见代理的责任。②

也有学者认为，表见代理涉及外观主义，但何时运用外观主义，何时不得运用外观主义，应区别情况分析。如果有关人员私刻、伪造他人的印章，只要以该他人的名义签订合同且使用该章数次，就形成利用伪造、私刻印章成立合同构成代理的外观，就不能认定构成表见代理。理由有二：其一，文本显示的被代理人本无成立合同的效果意思和表示行为，加盖于该文本上的该"被代理人"印章亦非该"被代理人"的真章，而是有关人员伪造、私刻的，文本上显示的所谓被代理人及其印章全是虚假的，这怎能构成被代理人所谓意思表示的外观？构成被代理人成立合同的外观者，应为真实的，虚假者仅为无代理权的授予。其二，把有关人员伪造、私刻他人印章以该他人的名义成立合同认定为表见代理，就等于认可甚至怂恿作恶之人伪造、私刻他

---

① 吴国喆. 权利表象及其私法处置规则：以善意取得和表见代理制度为中心考察 [M]. 北京：商务印书馆，2007：288.

② 王利明. 民法总论 [M]. 北京：中国人民大学出版社，2009：294-295.

人印章并假冒他人名义从事诈骗行为，每个人都会面临着祸从天降的巨大危险，惶惶不可终日，毫无安全可言。①

4. 从比较法的角度看，"本人可归责性必要说"具有妥当性

在英美法系国家和地区，表见代理的判断过程是个涉及三方当事人的反复衡量过程，对于委托人因素及表见外观的责任的判断，经常出现在判决理由书和与此相关的法律论证中，可见英美法系对于本人可归责性的认可是十分明确的。大陆法系多数国家都认可表见代理中本人的可归责性，如德国、日本对于本人可归责均认可。法国法虽未直接承认本人可归责性，但实质上无法避免对本人可归责性进行相应评价。可见，英美法系和大陆法系都以不同方式确认了本人可归责性要件。②

也有学者认为，本人可归责性必要说存在一定缺陷。该说虽然兼顾交易动态安全和静态安全，但在适用表见代理时，需由相对人举证证明本人具有过失，增加相对人的举证负担。相对人在主张表见代理时，一要举证证明自己善意且无过失，二要举证证明本人有过失，这将使表见代理制度对于交易安全的保护功能受到消解。因为处于相对不利地位且不完全了解情况的相对人很难举证证明本人的过失，所以实践中，即使在客观上已存在因权利外观形成的合理信赖也难以得到保护。在这种制度设计下，本人也会想方设法证明自己没过失而逃避法律责任，很难形成表见代理。因此，该说实质上是限缩表见代理的适用范围，使表见代理制度悬在空中，不利于保护善意相对人利益和维护交易动态安全。

（三）将本人的可归责性限定为本人对权利外观的客观与因行为

持该观点的学者认为，应该重构双重要件，将本人的可归责性限定为本人对权利外观的客观与因行为。理由如下：

第一，因本人主观过失不易认定，把本人主观过失纳入法定要件不当限缩了表见代理的适用范围，使得表见代理保护交易安全的功能丧失殆尽。因本人主观因素的变化极难把握操作，本人心理因素的变化不会留下任何证据，相对人无法举证证明，所以重构后的双重要件不应包括本人主观过失。

第二，从当事人防控成本来看，本人可归责性认定应有所松动。本人的可归责性在于被代理人行为与权利外观的牵连性、被代理人过错的存在或在

---

①　崔建远. 论外观主义的运用边界 [J]. 清华法学，2019，13（5）：11-12.

②　王建文，李磊. 表见代理判断标准重构：民商区分模式及其制度构造 [J]. 法学评论，2011，35（5）：45.

被代理人的风险控制能力范围内。① 依民法的意思自治原则的严格要求认定表见代理，则相对人征信成本过高。如果相对人要使交易得以安全进行，则在与代理人进行交易时负有高度的注意义务，相对人必先花费巨额征信成本，投入大量财力、物力、精力去调查、辨别行为人的代理权有无和代理权限范围，否则不可能清晰交易事项的真实情况。这样必将不利于民事交易顺畅进行，交易安全得不到优位保护，最终限制整个社会经济的繁荣发展。而本人利益在社会交易安全、社会整体利益面前并不具有可比性。因此，设立优先保护相对人利益的表见代理制度，使意思自治效力止于交易安全，给交易安全以应有的法律地位是必要的。

但在强调优位保护交易安全时也不能以牺牲无可归责性的本人利益为代价。随着现代社会经济快速发展，各种利用现代高科技手段犯罪和仿冒、造假行为日益蔓延，行为人伪造本人授权委托书、印鉴、盖有合格印鉴的空白合同书、包含授权内容的介绍信等形成外观授权极为容易，本人可能要花费巨额控制成本却难以避免。相反，相对人利用现代各种发达的通信技术核实、调查行为人有无代理权和代理权限范围变得相对容易。因此，对本人的可归责性要求应该有所松动。

第三，优先保护交易安全、维护善意相对人的利益并非漫无边际，而应有所限制，从本人立场出发，要求本人具有客观可归责与因行为，且该行为促成了权利外观并使善意相对人合理信赖利益受损。这是本人承担责任的法律依据和事实依据所在。因此，表见代理制度不仅以交易相对人的善意无过失为要件，还要求本人具有客观可归责的与因行为，从而实现静态安全与动态安全的良性制衡，实现实质正义。因此，要真正实现相对人、本人、代理人三方利益的合理均衡，兼顾交易安全和私法自治，必须从客观联系的基础上考虑表见代理中本人的可归责性问题，即表见代理应以权利外观的形成与本人的行为之间存在确定客观关联为认定标准。所以，成立表见代理，本人对权利外观的发生、存续给与原因，或者说该行为与基于权利外观而失权、赔偿的危险之间应存在因果关系，而不应把本人主观过失纳入本人可归责性要件。②

（四）"新单一要件说"

该说是学者对于传统单一要件说的改良与重构。学者认为，传统的"单

① 钟淑健. 被代理人可归责性的定位及考量 [J]. 法律适用，2020，35（9）：70-71.
② 侯巍，杨培连. 论表见代理中本人的可归责性 [J]. 广西大学学报（哲学社会科学版），2008，30（3）：80.

一要件说"之所以被"双重要件说"诟病，在于其单纯地、绝对地强调保护代理活动中第三人的利益，而对本人的利益全然不顾。按照这种理论，即使本人与无权代理人之间毫无关系，也须为之承担责任，此举令纯然无辜之本人为他人不法行为负责，于情于理皆有不合。应当将本人关联性内置于相对人"合理信赖"，即以表见法理构造表见代理制度，同时重视本人关联性，并将其视为相对人合理信赖因素的认识依据，可以称为"新单一要件说"。①"单一要件说"仅以相对人无过失地信赖代理人享有代理权为表见代理的构成要件，而"双重要件说"另以本人归责性作为表见代理的独立要件。相比之下，"新单一要件说"以表见理论为基础，虽然以相对人无过失地信赖代理人享有代理权为要件，但在构造上，相对人的合理信赖包含了本人的关联性因素。这不仅克服了前者忽略被代理人的利益的弊端，也避免了后者以民事责任为基础构造表见代理制度所造成的矛盾。尤其重要的是，"新单一要件说"符合我国《民法典》第 172 条、相关司法解释的文义以及司法审判实践的做法，在方法论上仍属于法律解释，显然比"双重要件说"填补漏洞的方法更为妥当。

还有学者认为，应当在过去单一要件的基础上，将本人的可归责性纳入客观要件（权利外观）之中，即将本人的可归责性作为评价权利外观的一个要素。②权利外观作为一种权利表象，本身具有程度维度，其程度的高低体现在对相对人的说服力上，换言之，即相对人产生的信赖程度。这种信赖的程度是由多种因素所决定的，包括形式因素和实质因素。形式因素包括授权委托书的格式、印章或签字是否符合通常的要求，与被代理人过去出具的文书相比有无重大变化等。实质因素则是指客观上对相对人产生影响的因素，包括双方的交易惯例、被代理人经营范围及被代理人的其他行为，包括作为或者不作为。所以，从要件意义上看，虽然本人的可归责性可以限缩表见代理，但不宜作为构成要件，可以在过去单一要件的基础上，将本人的可归责性纳入客观要件（权利外观）之中，即将本人的可归责性作为评价权利外观的一个要素。

（五）"折中说"

该说认为，"单一要件说"与"双重要件说"各有利弊，信赖责任不应

---

①　冉克平. 表见代理本人归责性要件的反思与重构［J］. 法律科学（西北政法大学学报），2016，34（1）：78-80.

②　李鑫，崔大阳. 表见代理中本人可归责性的法律解释［J］. 江汉论坛，2019，62（11）：103-109.

普遍采过错归责，过错归责通常只适用于"基于伦理必要性而发生的信赖责任"，其他信赖责任尤其是权利表象责任不应以此归责，而应采有利于交易安全且符合权利表象责任特殊目的的风险原则。将风险远原则纳入对人善意且无过失要件中加以考察。换言之，主观要件仍采一要件即相对人善意且无过失，而对相对人善意且无过失认定和判断的重点在于相对人无过失。即从举证责任的分配来说，相对人关键在于举证自己无过失，而非善意与否，如相对人无法举证自己无过失，不仅可认定其存在过错，而且可认定其不构成善意。本人若要否定表见代理，应举证其不属于善意，即重点是举证否定相对人无过失。如此构造，不仅避免了将风险因素引入表见代理构成要件带来的不确定性，而且也符合现代民法对主观过错认定以客观要素作为判断依据的做法，同时，这不仅解决了有关善意与否举证责任分配保持各个制度一致性的问题，而且也符合现代举证责任的分配与转换规则和理念。这样，不仅巧妙地规避了立法难点，而且也为统一司法从解释学上找到了一条出路。[①]

三、本人可归责性的认定

现有学说中，就本人可归责性要件的认定上，进行具体论述的以"诱因说""过错说"和"风险归责说"相对较为有影响力。"过错说"强调只有在本人具有过错的情形下才成立表见代理，即以本人存在过错为归责原则。"诱因说"以德国"诱因原则"为归责基础，主张在表见代理中本人行为与行为人所具有的权利外观的形成是否具有牵连性，即仅考虑该权利外观的产生于本人是否基于本人行为而形成，只要具有牵连性，本人就应当承担有权代理的法律后果，而行为人是否具有过错，在所不问。[②] "风险归责说"源于德国学者卡纳里斯"风险原则"所提出的归责理论，即权利外观的产生能否归结于本人风险范围内，在风险分配基准上对于本人可归责性问题进行考量，以本人是否制造不必要的风险、与相对人相比本人是否易于控制权利外观形成的风险、由哪一方承担风险更符合公平原则三个方面进行考量[③]，一是客观上权利外观形成能否归因于本人行为，二是本人对产生权利外观的行为是否具有过错，三是相对人信赖产生能否归因于本人行为。[④] 但有学者认为，直接将

---

① 张弛. 表见代理体系构造探究 [J]. 政治与法律, 2018, 37 (12)：132-136.

② 王利明，等. 民法学 [M]. 北京：法律出版社, 2017：185-186.

③ 杨代雄. 表见代理的特别构成要件 [J]. 法学, 2013, 58 (2)：62；朱虎. 表见代理中的被代理人可归责性 [J]. 法学研究, 2017, 39 (2)：65-67.

④ 陈锦阳. 浅析民事表见代理中本人可归责性要件 [J]. 东南大学学报（哲学社会科学版）, 2019, 21 (S1)：46.

被代理人可归责性作为构成要件，或者在解释权利外观要件时将与被代理人的牵连性解读为被代理人的可归责性，并进一步将可归责性限缩理解为被代理人的过失或被代理人可控制的风险范围，从而间接将之作为表见代理的构成要件，限制了表见代理制度立法目的实现。在《合同法》《民法总则》，以及最高法院指导意见均未明确被代理人的可归责性为表见代理构成要件的情况下，第一种观点实际上对表见代理制度作了限缩式解释，造成了法律适用上的误区。①

还有学者认为，对于本人的可归责性，不能仅从本人主观上是否有过错来判断，而应当从本人的行为在客观上是否违反了其应尽的注意义务来判断。本人应尽的注意义务包括：明确授权的义务，及时通知或公告与代理权有关的事项的义务，及时答复相对人查询、核实代理人的身份、权限等事项的义务，以及及时收回代理证明的义务。如果本人未尽到上述注意义务，从而导致了表见代理的发生，则本人具有可归责性，应承担于其不利的法律后果。②

但由于是否具有可归责性属于法律判断，同一生活事实在不同的判断者眼中可能会呈现出差异。所以，关于代理权表象的形成与存续，或多或少总是跟本人有关，那何种范围、何种距离的行为才会导致代理权表象的产生具有可归责性？应该看到，本人原本享有授予代理权的自由，出现与本人意志无关的代理权表象，无非本人自己或他人的原因。前者跟本人有关自不待言，后者虽然表面上似与本人无关，对于代理权表象的形成，本人并无任何过错，但该情形存在弹性化处理的空间。因为该表象之所以得以出现并延续，是跟本人未能采取积极的行动防止或消除该表象不无关系，如果本人时刻高度谨慎，代理权表象原则上是可以杜绝的。但并不是只要出现代理权表象，本人就当然具有可归责性，否则只要判断代理权表象是否存在就足以解决问题。而且，这样对可归责性的扩大会导致由本人承担不利益的正当依据丧失，对本人构成不公平。

由此可见，对可归责性要件应该弹性化处理。因为可归责性认定本身具有非唯一性与非固定性。可以参酌第三人的信赖合理性程度相应变动其认定结论，从而使认定结果呈现出一定程度的灵活性，但并不意味着对其进行随意认定。如果其行为性质非常明显，尽管存在着进行相反认定的强大理由，也不得作出相反的认定。弹性化并不表明法官享有无限程度的自由裁量权，而只能是一定原则约束下的某种灵活性。

① 钟淑健. 被代理人可归责性的定位及考量 [J]. 法律适用，2020, 35（9）：72.
② 季秀平. 关于表见代理理解与适用的几个疑难问题 [J]. 学习论坛，2011, 26（12）：75.

四、本人可归责性的行为样态

由于可归责性的认定具有一定的灵活性，因此，有必要对具体情形进行归纳，以便于针对个案予以具体化认定。

第一，做成与真实权利不符的授权委托书，如本人原以授权委托书的形式授予他人代理权，事后以其他形式撤销之，但未能收回该授权委托书；本人实际授予他人代理权的范围小于授权委托书的记载，即由于自己的原因在授权委托书中将授权范围扩大；将授权委托书中的权限部分空缺，或者纯粹是空白授权委托书，而代理人所填超过授权范围的代理权限；代理权终止后，本人未能收回授权委托书，被自称的代理人持有该授权委托书。

第二，向第三人所为的表示授予他人以代理权的口头或书面通知，即以自己的行为向第三人表示以代理权授予他人，而其实这种授权行为并未发生，或者事后撤销或对其权限予以限缩，却未能以适当的方式通知第三人。

第三，在被代理人未向相对人发出授权表示、通知或公告且被代理人明知无权代理而不予以阻止的情形中，被代理人具有可归责性。① 本人明知他人表示为其代理人而不作否认表示，或者不进行其他的干预行为，而他原本是可以进行这种干预的，从而默许该代理人为代理行为，足使人相信其有代理权。

第四，赋予特定的职务或特定身份。在公司中，董事、经理人及其他有权代表公司的代表人，如监事等，在其职责及法律规定的范围内，享有法定的对公司的代理权。当这些人表面上拥有该职责，而实际上并不具有相应的职位时，或者他的职位原本不存在问题，只是公司内部对其法定代理权予以剥夺或限缩，而对此又未经过特定方式公示时，该职位就成为公司代理权的表象。此外，雇员在其职责范围内，享有对雇主的代理权，当雇主实际上未赋予其代理权或对其代理权予以限缩时，雇员地位就成为代理权表象。

第五，允许他人以自己的名义行事。如出租车行、会计师、律师等将执业证借给他人，或公司允许他人以其支店名义营业、允许他人以公司名义经营同一业务、同意他人印制公司的名衔使用等。② 另外，还有把盖有印章的空白合同用纸借与他人使用而收取使用费、使用他人的介绍信等。③

---

① 朱虎. 表见代理中的被代理人可归责性 [J]. 法学研究, 2017, 39 (2): 69-70.

② 王泽鉴. 债法原理: 第一册 [M]. 北京: 中国政法大学出版社, 2001: 20.

③ 吴国喆. 表见代理中本人可归责性的认定及其行为样态 [J]. 法学杂志, 2009, 30 (4): 67.

第六，如果被代理人未向相对人发出授权表示、通知或公告且被代理人不知行为人无权代理，要区分行为人是否基于被代理人意思而占有代理权外观证明：如果行为人基于被代理人意思而占有代理权外观证明或类似情形，被代理人具有可归责性，即使基础关系无效或事后被撤销；如果行为人非基于被代理人意思而占有代理权外观证明或类似情形，被代理人一般不具有可归责性。但在商事交易等更注重安全和效率的情形中存在例外，该例外在民商合一的整体背景下应予以顾及。①

第七，行为人使用假公章。在《民法总则》的制定过程中，其草案曾经在表见代理制度中设置一但书条款，即"行为人伪造他人的公章、假冒他人的名义实施民事法律行为的，不构成表见代理；被代理人的公章遗失、被盗并且已经以合理方式公告或者通知，相对人应当知悉的，也不构成表见代理"。在《民法总则》通过时，该但书条款已经被删除。② 可见，依现行法之立法理念，行为人以代理人身份行为并使用假公章，亦得构成表见代理。③ 但在合同订立过程中，代理人使用假公章能否构成表见代理应区分情况。代理人使用假公章的有关文件既可能是授权书，也可能是合同书，由此形成不同的情形组合。其一，若是授权书加盖假公章，合同书上也加盖假公章。于此情形，该行为人并无代理权，其所订立合同对被代理人即名义人不生表见代理效力。其二，若是授权书加盖真公章，而合同书上加盖假公章。于此情形，可按"九民纪要"第 41 条第 3 款的规定处理，判断是否构成表见代理。④ 但更为严格而言，在授权书授权范围内的合同对被代理人发生效力，因为代理人虽然使用了假公章，但所签合同内容符合被代理人的授权意思；然而，超越授权范围的合同对被代理人不生效力。其三，若是代理人没有书面授权，只在书面合同上加盖假公章。于此情形，该合同通常对被代理人不生效力，除非行为人的行为在排除公章因素后仍能构成表见代理。⑤

---

① 朱虎. 表见代理中的被代理人可归责性 [J]. 法学研究, 2017, 39 (2): 73.
② 陈甦. 民法总则评注 [M]. 北京: 法律出版社, 2017: 1225.
③ 陈甦. 公章抗辩的类型与处理 [J]. 法学研究, 2020, 42 (3): 58.
④ 最高人民法院关于印发《全国法院民商事审判工作会议纪要》的通知 (法 〔2019〕254 号) (简称"九民纪要") 第 41 条第 3 款, 代理人以被代理人名义签订合同, 要取得合法授权。代理人取得合法授权后, 以被代理人名义签订的合同, 应当由被代理人承担责任。被代理人以代理人事后已无代理权、加盖的是假章、所盖之章与备案公章不一致等为由否定合同效力的, 人民法院不予支持。
⑤ 陈甦. 公章抗辩的类型与处理 [J]. 法学研究, 2020, 42 (3): 58.

相关法律法规及司法解释

《民法典》

第172条 行为人没有代理权、超越代理权或者代理权终止后，仍然实施代理行为，相对人有理由相信行为人有代理权的，代理行为有效。

案 例

案例一

案情简介

某电子公司与某精电公司分别于2018年2月21日、22日和2018年3月26日签订三份买卖合同。合同约定由某电子公司向某精电公司提供集成电路等产品，产品总价款分别为955463.99元、981543.84元、999221.46元，货到三个工作日内付款。卖方联系人为杨某，买方联系人为柴某。合同签订后，某电子公司按照约定将相关货物按期交付某精电公司。某精电公司按照某电子公司销售总监杨某的指令将三笔货款打入北京某科技公司账户。某电子公司认为自己已经交付货物，但某精电公司未向其支付货款，属于严重违约，应该承担相应违约责任。故某电子公司向法院提起诉讼，请求法院判令某精电公司支付三笔合同货款共计2936229.29元及利息234191.18元。

审理及判决

一审法院经审理认为，某精电公司与某电子公司签订的三份销售合同合法有效。双方当事人的主要争议是杨某收到的货款2936229.29元能否代表某电子公司收到的货款。由于某电子公司与某精电公司长期有业务往来，且杨某主要负责与某精电公司的业务。在以往的经济合同中，某精电公司也曾按照杨某指令付款。因此，在本案中，杨某为某电子公司的联系人，要求某精电公司将货款打入北京某科技公司账户，某精电公司有理由相信杨某的行为代表某电子公司。故法院认为杨某的行为构成表见代理。因某精电公司已经证明支付了货款2936229.29元，某电子公司再要求某精电公司给付货款并支付违约金，缺乏法律依据，因此，法院依法驳回了某电子公司的诉讼请求。

某电子公司不服一审法院判决，提起上诉，其主要理由：杨某指示某精电公司将货款转移给案外人的行为不构成表见代理，某精电公司向案件人付款，不能认定为本案的货款。二审法院依法驳回上诉。

分析

本案争议的焦点就是杨某指令某精电公司支付货款2936229.29元到北京某科技公司的行为能否代表某电子公司，某精电公司向案外人北京某科技公司支付的货款能否认定为本案所涉合同项下的货款。在本案中，由于某电子公司与某精电公司长期有业务往来，双方所签订的三份销售合同中已明确约定，某电子公司的业务联系人是杨某，因此，杨某从事本次业务的行为代表某电子公司。且杨某在以往负责与某精电公司的业务往来中，也曾指令过某精电公司向其他公司付款，某电子公司从未提出异议。如果某电子公司取消了对杨某的该项授权，应当通知某精电公司。否则某精电公司有理由相信杨某的行为代表某电子公司，有理由根据以往的付款惯例，按照杨某指令支付货款。因此，法院认为杨某的行为构成表见代理是正确的。

从本案的判决结果看，法院采纳了"本人可归责性必要说"。法院在审理过程中，没有考虑某电子公司是否具有过错，只要求相对人某精电公司证明其有充分理由信赖杨某具有代理权即可。该判决保护了相对人的信赖利益。从我国《合同法》第49条的规定看，也是采纳了该说。由此可见，表见代理的成立不以本人有过失为要件，减轻了相对人的举证责任，也更有利于法院的认定。因此"本人可归责性必要说"在司法实践中对认定构成表见代理，更具有适用性。但不可否认，本案中，作为本人的某电子公司是存在一定过错的。其过错就在于未以合理的方式及时通知某精电公司对杨某授权的变化。否则，就不会有本案发生。因此，由其承担表见代理的风险具有一定的合理性。

同时也应当看到，认定表见代理，应当综合考虑当事人订立合同的目的、合同基础、交易对价、交易规则和交易习惯、相对人的审查义务等多种因素。必须衡量相对人订立合同时的主观状态、有没有过失、是不是善意。同时还要考虑相对人是否知道或应当知道行为人无代理权。表见代理制度的建立，是以牺牲本人的利益为代价而维护交易安全的，所以必须以相对人善意为基础，否则会引发行为人与相对人恶意串通而损害本人利益的道德风险。

案例二

案情简介

大源采矿厂系个人独资企业，投资人为陈某平。2003 年 8 月 2 日，王某刚以鑫昇公司名义，袁某乐（陈某平的丈夫）以大源采矿厂名义，共同签订了《采矿厂转让协议》，约定将大源采矿厂的露天采矿厂、四个采矿洞和有磁选厂转让给王某刚，转让费 2700 万元，袁某乐、王某刚在该协议上签字。后因转让资金问题导致利益相关方产生矛盾，引发诉讼。

审理及判决

一审法院认为，本案的争议焦点之一就是袁某乐是否有权代理陈某平与王某刚签订《采矿厂转让协议》。关于袁某乐是否有权代理陈某平与王某刚签订《采矿厂转让协议》，大源采矿厂 2001 年 4 月在山西省岚县工商局初始登记的投资人虽为陈某平，但从大源采矿厂初始登记的 2001 年起至 2003 年 8 月 2 日袁某乐与王某刚签订《采矿厂转让协议》时止，当地村民只知道"袁八则矿"，并不知道陈某平其人，大源采矿厂一直由袁某乐实际控制和经营管理，且袁某乐与陈某平为夫妻关系。故在 2003 年 8 月 2 日王某刚与袁某乐签订《采矿厂转让协议》时，有足够理由相信袁某乐是大源采矿厂的实际控制人和经营管理者，有权代理陈某平处分其在大源采矿厂的财产权利。

在二审中，最高人民法院认为，第一，2001 年 4 月大源采矿厂在工商部门初始登记的投资人虽为陈某平，但 1999 年陈某平就办理了国外移民的手续，袁某乐从 2001 年至 2003 年 7 月签订《采矿厂转让协议》之前，一直实际控制和经营管理大源采矿厂，当地村民只知道"袁八则矿"（即大源采矿厂），因此将该矿称为"袁八则矿"，并不知道陈某平其人，且袁某乐与陈某平为夫妻关系，故王某刚有理由相信袁某乐有权处分大源采矿厂，袁某乐的转让行为构成表见代理。第二，从转让协议的履行情况看，《采矿厂转让协议》签订后至 2006 年 9 月 15 日与王某安签订《大源采矿厂整体转让协议》的三年期间，陈某平并未提出过异议并主张自己的权利，应当视为对袁某乐的转让行为予以默认。第三，按照《个人独资企业法》第 15 条规定，个人独资企业存续期间登记事项发生变更的，应当在作出变更决定之日起的十五日内依法向登记机关申请办理变更登记。王某刚与袁某乐签订《采矿厂转让协议》后，虽未对大源采矿厂变更投资人向工商登记机关申请办理变更登记，但变更登记不属于转让行为有效的前提条件，未办理变更登记，依照法律规

定应当受到相应的行政处罚，但并不影响转让的效力。《个人独资企业法》第
15条应视为管理性规范而非强制性规范。综上所述，王某刚与袁某乐签订的
《采矿厂转让协议》依法应认定有效。

分析

本案的争议焦点关键在于表见代理中可归责性要件的判断，即夫妻一方
转让个人独资企业，即使未经另一方同意，相对人有理由相信行为人有代理
权的，能否构成表见代理。在本案中，首先，袁某乐为大源采矿场的实际控
制人和经营者，且已经为当地的社会公众所认可，已经形成了表见代理的外
观；其次，袁某乐与陈某平为夫妻关系，一般情况下，夫妻关系之间的财产
具有高度的同一性，王某刚有理由相信该采矿厂是由夫妻二人共同经营的。
故王某刚有理由相信袁某乐有权处分大源采矿厂，袁某乐的转让行为构成表
见代理。

需要注意的是，最高人民法院在对本案进行说理时，说明了"第二，从
转让协议的履行情况看，《采矿厂转让协议》签订后至2006年9月15日与王
某安签订《大源采矿厂整体转让协议》的三年期间，陈某平并未提出过异议
并主张自己的权利，应当视为对袁某乐的转让行为予以默认"，与上一案例似
乎相同，仍是采用了"本人可归责性必要说"。我国《民法典》第172条延续
了《合同法》第49条的规定，可见"本人可归责性必要说"仍是当前司法实
践中所坚持的观点。

二十三　诉讼时效的强制性

　　诉讼时效期间，按照我国《民法典》第 188 条的规定，是指民法诉讼时效制度规定的法院保护民事权利的时间长度，是民法为请求权或实体诉权之行使规定的一种期间，具有区别于民法为其他民事问题规定的其他期间的质的规定性。我国民法通说认为诉讼时效期间具有法定性、强制性和可变性。诉讼时效期间的法定性和可变性均可在我国的法律条文中找到解释，唯独诉讼时效期间的强制性只存在于我国民法理论上。关于诉讼时效的强制性，目前世界上大致有三种立法例。第一，绝对禁止协议变更时效，典型者如意大利、瑞士、葡萄牙、希腊、俄罗斯、巴西等。第二，允许协议减轻时效，典型者如奥地利、荷兰、丹麦等。第三，允许协议减轻或加重时效，典型者如法国、德国等。① 而从我国立法上来看，《民法通则》以及 1988 年最高人民法院发布的《民通意见》均未作规定，2008 年最高人民法院《最高人民法院关于审理民事案件适用诉讼时效制度若干问题的规定》（以下简称《适用诉讼时效制度规定》）② 第 2 条则规定："当事人违反法律规定，约定延长或者缩短诉讼时效期间、预先放弃诉讼时效利益的，人民法院不予认可。"2020 年最高人民法院在修改该规定时，将此条删除。而《民法总则》吸收了司法解释的意见，于第 197 条规定"诉讼时效的期间、计算方法以及中止、中断的事由由法律规定，当事人约定无效。当事人对诉讼时效利益的预先放弃无效"，确认了诉讼时效规范的强制性。《民法典》对此作出了同样规定。然而，对于诉讼时效的强制性特征却在目前理论界和司法实务中仍有一定争议。

---

① 霍海红. 诉讼时效根据的逻辑体系［J］. 法学，2020（6）：34-46.
② 已于 2020 年修改。

一、诉讼时效是否应当具有强制性的分歧

（一）"肯定说"

该说认为，诉讼时效具有强制性，并且这一特性体现在我国现有的诉讼时效法律条文当中。对于诉讼时效期间，我国民法学界普遍性的看法是：这一期间为法定期间、不变期间；关于诉讼时效期间的法律规定，也为强制性规定。如梁慧星教授认为，民法关于时效的规定，属于强制性规定，不得由当事人依自由意思予以排除，时效期间不得由当事人协议予以加长或缩短，时效利益，不得由当事人预先予以抛弃，当事人关于排除时效适用、变更时效期间或预先抛弃时效利益的约定，依法当然无效。① 史尚宽教授认为：时效制度，基于维持社会秩序之公益上之理由而设，故关于时效之规定为强制法。② 还有学者进一步指出：民法上的时效规范，原则上属于强制性规范，当事人不得任意变更，时效规范应当设计为强制性规范，这是因为时效制度的目的，在于对一定状态的期间经过，赋予权利产生、变更或消灭的效果，稳定已经存在的某种事实关系，以维护法律安定性和社会秩序等公共利益。③ 谢怀栻先生亦持有相同的见解："诉讼时效制度是从社会法律关系的确定，从社会公共利益出发的，所以是一种强制性规定，而不是任意性规定。"④ 并且，我国立法也采取了这种观点，为学术界通说，认为诉讼时效具有强制性。其理由如下：

1. 时效制度关系到法律秩序的清晰稳定，涉及公共利益保护⑤

制定诉讼时效制度的目的是降低因事实的模糊化所可能导致的诸多社会成本。该制度目的统合了诉讼时效的正当化理由，主要有四点：督促权利人行使权利、保护义务人、降低审判成本和保护与义务人交易的不特定第三人利益。诉讼时效的督促权利人行使权利的作用，本质上是避免事实的模糊化，从而便利审判，保护义务人利益和与义务人交易的不特定第三人利益，降低社会成本。⑥

---

① 梁慧星. 民法总论 [M]. 北京：法律出版社，2001：
② 史尚宽. 民法总论 [M]. 北京：中国政法大学出版社，2000：624.
③ 龙卫球. 民法总论 [M]. 北京：中国法制出版社，2002.
④ 谢怀栻. 民法总则讲要 [M]. 北京：北京大学出版社，2007：201.
⑤ 石宏. 中华人民共和国民法总则条文说明、立法理由及相关规定 [M]. 北京：北京大学出版社，2017：477-478.
⑥ 朱虎. 诉讼时效制度的现代更新：政治决断与规范技术 [J]. 中国高校社会科学，2017，30（5）：97.

2. 督促权利人及时行使权利的功能

此论认为，诉讼时效的适用具有督促权利人及时行使权利的功能，惩罚权利上的睡眠者，从而使得财产的效用得以充分发挥。[①] 据此，诉讼时效的存在依效率价值而与公益取得联系。

3. 减轻法院审判负担，提高诉讼效率

持此论者认为，诉讼时效期间届满的案件往往因时间久远，证据难以查找，致使案件的是非真假难以明断，故实行诉讼时效制度，有利于法院对案件的审理。即法院可不必再耗费大量精力查究已模糊的事实，而仅以时间的经过直接作出裁判，从而提高诉讼效率。

4. 维持社会秩序稳定

这一观点以郑玉波先生为代表，认为一事实状态，如能继续达到一定期间，社会上则信以为真，有可能以此为基础建立多层法律关系。此时如将该事实状态推翻，以维持早已破坏的旧有秩序，则已建立的新秩序势必悉遭覆灭无遗，如此反而牵累多人，扰乱社会，与法律的本旨不合。所以，法律为了安定社会，转而维持新秩序，对于已达到一定期间的事实状态，照样加以承认，使之成为正当的法律关系，这就是时效制度存在的根本理由。

（二）"否定说"

随着理论发展，也有不少学者对诉讼时效是否应当具有强制性持否定态度。[②] 郑永宽教授认为，现实生活不应期望诉讼时效背负过重的价值使命。诉讼时效的主要作用应仅在于对当事人间时间利益的分配与衡平，系作为影响当事人利益的一种制度工具而存在。[③] 因为，诉讼时效制度主要适用于因债的法律关系产生的请求权，而债权是相对权。关于诉讼时效制度，国内学术界较一致的看法认为其适用于请求权，但在债权请求权之外，物权请求权与身份法上的请求权是否也受到诉讼时效制度约束，向有争议。但无论如何，在各请求权均仅具有对人性效力上，则无差异，是请求义务人为特定行为的权利。所以说，债是一把法锁，其对义务人是一种拘束，且是一种积极的拘束，

① 史尚宽. 民法总论 [M]. 北京：中国政法大学出版社，2000：623.
② 赵德勇，李永锋. 诉讼时效期间可约定性问题研究：兼评最高院《诉讼时效解释》第2条 [J]. 西南民族大学学报（人文社科版），2015，36（6）：98-99；高圣平. 诉讼时效立法中的几个问题 [J]. 法学论坛，2015，30（2）：30-32；金印. 诉讼时效强制性之反思：兼论时效利益自由处分的边界 [J]. 法学，2016，61（7）：136；胡安琪. 诉讼时效的自治进路及规范配置：基于利益衡量 [J]. 学术交流，2018，34（1）：96-98.
③ 郑永宽. 诉讼时效强制性的反思 [J]. 厦门大学学报（哲学社会科学版），2010，85（4）：47.

而非一般不作为或尊重的要求。因此，权利人是否及何时行使权利确实事关相对人的利益，而诉讼时效在其中才有衡平调整双方当事人利益的可能与必要。他认为：

首先，在原则上，不仅时效期间可为约定，诉讼时效协议还可涉及期间的开始、中止中断事由、诉讼时效的放弃等。德国立法与学理也认同该点，体现了对诉讼时效任意性的基本坚持。只是在交易实践中，协议将更多体现为对于期间的约定，因此，对此须特别加以关注。

其次，在原则上允许当事人对诉讼时效为约定的同时，出于对当事人滥用强势地位等违背真实意思情形的防范，或基于其他政策目标的考量，诉讼时效的约定仍须受一定的限制。如《德国民法典》规定，在使用格式合同变更时效期间或对涉及保护消费者的时效期间为变更时，合意调整空间应受限制或须接受严格的内容控制。此外，《德国民法典》第 202 条第 1 款规定：在因故意而发生的责任的情况下，不得预先以法律行为减轻消灭时效。

最后，至于诉讼时效期间是否应有约定的上下界限，对此，考虑到诉讼时效的价值基础在于使已履行义务的义务人或非义务人免予长期备证以抗御干扰，且出于对现实生活中作为私法自治基础的自由平等可能实质缺失的隐忧，仍不妨借鉴德国立法例，规定诉讼时效期间的上限，只是这个上限仍不宜过短，以免束缚当事人的合意空间。

二、关于时效完成后之给付在客观上是否以实际履行为要件的两种态度

在时效制度的理论与立法例上，义务人于时效期间届满后仍为履行债务之给付，谓之时效完成后之给付。义务人为时效完成后之给付，主观上对于时效之已经完成可能有所认识，也可能未有认识，但其主观认识如何，并不影响其行为的后果。包括我国在内的绝大多数国家立法上一致规定准许时效完成后之给付，且规定义务人履行已罹时效之义务后，不得以不知时效已过为理由要求返还。但对于时效完成后义务人以契约或其他方式作出的承认债务并同意履行的意思表示，在实际履行前有无法律约束力（或谓时效完成后之给付在客观上是否以实际履行为要件）的问题，立法上及理论上则有两种不同的态度。

在以德国为代表的多数大陆法系国家的时效制度上，明确规定时效完成后义务人以契约等方式作出的承认债务之意思表示与时效完成后之给付具有同等效力。如《德国民法典》第 222 条第 2 款规定："为履行已经时效消灭的请求权而为的给付，虽不知时效消灭而为给付者，也不得请求返还。义务人

以契约承认或提出担保者，亦同。"《瑞士债务法》（第63条第2款）、我国台湾地区"民法典"（第144条第2款）中的规定与此相同。在解释上，通常认为此规定后项中的"以契约承认"与引起时效中断之承认不同，该契约承认为双方法律行为，须以负担义务之意思为之。依《德国民法典》第812条第2款"以契约所为债务关系之存在或不存在之承认，视为给付"之规定，该契约承认视同给付之一种，虽不知时效之完成，亦生同样之效力。至于该契约承认之方式是否应以书面为之，在德国民法上甚有争议，但通说认为须以书面为之，不过，未具书面形式之契约承认也不必完全无效力，其中得有抗辩权抛弃之存在。在我国台湾地区"民法典"上，则多将其理解为不要式行为，以契约承认债务之表现，可有多种，如债务人请求展期而债权人许之，债务人与债权人约定另一给付期、缓期或分期给付，或将原买卖价金改为消费借贷等，均属之。时效完成后，债务人除以契约承认债务之外，还可能以非契约的方式抛弃时效利益与时效抗辩权。时效利益之抛弃，系指债务人于时效完成后仍为履行债务之给付或作出不受时效利益之意思表示，该行为或意思表示同时意味着拒绝履行抗辩权的抛弃。通说认为，抛弃须以债务人主观上知有时效之完成为前提，如非对于时效之完成有所认识，则不得谓为抛弃。抛弃时效利益及时效抗辩权，为单方行为，然亦不妨依契约为之（此种情况下即可能发生与"以契约承认债务"行为的竞合）。债务人抛弃时效利益及时效抗辩权之意思表示的方法，得为明示的或默示的，债务人于时效完成后仍为履行之给付或为债务之承认、为一部清偿、支付所欠利息、请求延期或主张抵销、为和解商谈等，如系知时效已完成而为，均属时效利益及时效抗辩权之抛弃，其后果将导致时效恢复到完成前之状态，债务人不得再以时效完成为由拒绝给付；如债务人不知时效之完成而为，虽不得谓之抛弃，然依其情形，仍可适用前述关于时效完成后之给付及"以契约承认债务"行为之效力规定。在审判实务中，鉴于查明债务人主观上是否知道时效之完成至为困难，而债务人对此也往往难以提出确切的证据。故法官对于债务人在时效已完成情况下作出承认债务之意思表示后又以不知时效为由反悔的，通常不予支持，而是推定其知道或应当知道时效已完成，或者认为其承认债务之表示含有债务纵罹时效仍予承认或为无因的债务承认之意思，并因而判定债务人败诉。

从法律行为的角度分析，上述法例及其理论实质上是将时效完成后之给付及时效利益之抛弃视作"诺成法律行为"，债务人对已罹时效之债务一经以契约或其他方式作出承认或愿为履行之意思表示，纵尚未履行，亦生效力。

而从时效制度之整体性上看，对此一问题的这种处理方法，与这些法例中对时效的效力问题多采"抗辩权发生说"、对时效的援用问题通取"非当事人主张，法官不得主动援用"制度是密切相关且一脉相承的。

在以前以《苏俄民法典》为代表的不少社会主义国家民事立法上，对此问题则持另一种态度。其立法上一般只规定时效期间届满后义务人实际履行了义务的，不得请求返还，但对义务人作出的承认债务之意思表示在实际履行前是否有法律约束力问题，并不予以肯定。如《苏俄民法典》第89条规定："如果债务人在诉讼时效过期后履行了义务，则他无权请求返还，尽管在履行义务时他不知道时效已经过期。"1952年的《蒙古民法典》（第28条）的规定，与此基本相同。《德国民法典》第214条、《葡萄牙民法典》第304条亦有类似规定。这些法例中有关规定之精神及其时效理论上，对于时效完成后给付及时效利益的放弃问题，实质上是作为"实践法律行为"来对待的，而这一做法与其诉讼时效制度中对时效的效力采取"诉权或胜诉权消灭说"、对时效的援用采取法院应依职权主动适用而不论当事人申请与否的规则亦保持了整体上的一致性。

在我国，诉讼时效届满后，义务人取得可拒绝履行义务的时效利益，依据意思自治原则，对于时效利益，义务人既可接受也可放弃，义务人在时效期间届满后同意履行或主动履行义务都是对时效利益的放弃，法律均应予以尊重。《民法通则》第138条只是规定诉讼时效期间届满后当事人自愿履行的不受诉讼时效限制，未规定当事人同意履行的也不受时效限制。据此，如果义务人只是表示愿意履行义务而未实际履行，仍受诉讼时效限制，而不发生时效利益放弃的效果。《民法通则》第138条的不足之处首先在司法中得到纠正。1997年，《最高人民法院关于超过诉讼时效期间当事人达成还款协议是否应当受法律保护问题的批复》明确指出"对超过诉讼时效期间，当事人双方就原债务达成还款协议的，应当依法予以保护"。1999年，《最高人民法院关于超过诉讼时效期间借款人在催款通知单上签字或者盖章的法律效力问题的批复》（法释〔1999〕7号）也指出"对于超过诉讼时效期间，信用社向借款人发出催收到期贷款通知单，债务人在该通知单上签字或者盖章的，应当视为对原债务的重新确认，该债权债务关系应受法律保护"。在此基础上，《民法总则》第192条第2款规定："诉讼时效期间届满后，义务人同意履行的，不得以诉讼时效期间届满为由抗辩；义务人已自愿履行的，不得请求返还。"这弥补了《民法通则》第138条的不足，体现了在时效利益问题上对义务人意愿的尊重。①

三、当事人可否延长或缩短诉讼时效期间的学说与实践

当事人可否延长或缩短诉讼时效期间，学说及各法域并不一致。主要有以下主张：一是认为诉讼时效期间的加长有害公益，而缩短则无碍时效制度的宗旨，所以不允许当事人以法律行为加长但可以缩短诉讼时效期间。二是认为诉讼时效期间虽然属于强制法范畴，但在具体案件上体现为当事人之间的私益，只要当事人的协议不危及道德与公益，则允许当事人协议加长或缩短诉讼时效期间。② 三是对于普通时效期间可以约定延长，但不能超过长期时效期间，对于长期的时效期间就不可以再延长了；时效期间缩短也可以允许，而且也不用规定最短期限，交给当事人的意志，如果确实存在欺诈，可以采取其他途径。③ 四是无论加长还是缩短诉讼时效期间均有害公益，故规定诉讼时效期间不得以法律行为加长或缩短。五是规定时效约定不得不利于某些特殊的主体，例如消费者或格式条款的接受者，以保护这些主体的基本利益。④ 在《适用诉讼时效制度规定》施行之前，我国《民法通则》及其他民事立法对当事人是否可以法律行为加长或缩短诉讼时效期间没有作出规定。我国学者在解释诉讼时效期间的性质时，均认为其具有强制性，当事人不得依协议限定其效力，否则协议无效。在司法实践上，也从未发生过允许当事人依协议加长或缩短诉讼时效期间的判例。

当事人可否预先抛弃时效利益的学说与实践？在大陆法系法域，多数国家规定时效利益不得预先抛弃。在属于英美法系的澳大利亚，双方当事人在有对价的前提下可以协商不援引时效作抗辩，这样的协议与合同一样具有约束力，从而原告可以在诉讼时效期间届满后进行诉讼，只要这样的协商条款不违背社会公共利益。在《适用诉讼时效制度规定》施行之前，我国对当事人是否可以预先抛弃时效利益没有明文规定，但在民法理论上多认可时效利益不可预先抛弃。司法实践也采用时效利益不得预先抛弃主张。⑤

---

① 柳经纬，郭亮.《民法总则》诉讼时效制度的得与失 [J]. 东南学术，2018，31（2）：167.
② 胡安琪. 诉讼时效的自治进程及规范配置：基于利益衡量 [J]. 学术交流，2018，34（1）：96.
③ 赵德勇，李永锋. 诉讼时效期间可约定性问题研究：兼评最高院《诉讼时效解释》第 2 条 [J]. 西南民族大学学报（人文社科版），2015，36（6）：96-97；高圣平. 诉讼时效立法中的几个问题 [J]. 法学论坛，2015，30（2）：32；朱晓喆. 诉讼时效制度的立法评论 [J]. 东方法学，2016，9（5）：141.
④ 金印. 诉讼时效强制性之反思：兼论时效利益自由处分的边界 [J]. 法学，2016，61（7）：136.
⑤ 叶永宏. 浅析民法诉讼时效期间的强制性 [J]. 知识经济，2012，14（2）：43；李开国. 民法总则研究 [M]. 北京：法律出版社，2003.

四、司法实践中的几种观点

（一）人民法院在立案或审理过程中，可否依职权主动审查诉讼时效

诉讼时效期间届满后，权利人丧失的是依诉讼程序强制义务人履行义务的权利，即丧失了胜诉权，而不是起诉权，即程序意义上的诉权，更不丧失权利人所享有实体权利。所以，当事人向人民法院起诉的，只要符合《民事诉讼法》第108条关于起诉的规定，人民法院就应当立案受理。如果人民法院在立案时，就主动审查诉讼时效，并以超过诉讼期间为由裁定不予受理或者驳回起诉，这显然是剥夺了债权人的起诉权。而且，人民法院也只有在受理案件后，才能查明事实，看是否存在能够引起诉讼时效中止、中断及延长的法定事由。所以说，人民法院在立案时，不应依职权主动审查诉讼时效。既然人民法院在立案时不能审查诉讼时效，那么，在审理过程中，可不可以主动审查诉讼时效呢？有一种意见认为，诉讼时效制度的基本含义就是权利人在诉讼时效期间内不行使权利，即丧失请求法院依诉讼程序强制债务人履行债务的权利。《民法通则》关于诉讼时效的规定，属于强制性法律规定，只要超过了诉讼时效期间，且没有法定中止、中断及延长的事由，则必然产生债权人丧失胜诉权的后果。法律既然设定了这种制度，人民法院就应当予以遵守。所以，人民法院在案件审理过程中，无论债务人是否提出超过诉讼时效，法院都应依职权主动查明时效期间是否届满，如果认定原告的诉讼请求已超过诉讼时效期间，又没有中止、中断或延长的事由，则应判决驳回原告的诉讼请求。诉讼时效届满后产生的法律后果体现在两个方面：对债权人来说，丧失了胜诉权，对债务人而言，则因此取得了不合法地不履行债务的权利即时效利益。若债权人依法起诉，则债务人可据此对抗债权人，请求人民法院对债权人的请求不予支持，这种请求权是法律赋予债务人对抗债权人的一种抗辩权。而时效利益作为一种具体的民事权利，义务人是有权处分、有权放弃的。在诉讼中，义务人放弃时效利益，不主动行使这种抗辩权，若人民法院主动审查诉讼时效，对查明已过诉讼时效期间的，判决驳回权利人诉讼请求，这种判决从某种意义上虽维护了义务人的利益，但也侵犯了当事人自由处分民事权利的权利。在法律上一方面又赋予义务人时效利益，设立了对抗权利人抗辩权；另一方面以强制代替诉讼人行使这种权利。这不仅不利于保护当事人的合法权益，而且在立法上也是矛盾的。所以说，人民法院在审理案件过程中，若当事人不提出审查诉讼时效，人民法院就不应依职权主动审查诉讼时效，司法层面对此也进行了肯定。《适用诉讼时效制度规定》第

3 条、《民事诉讼法解释》第 219 条，以及《民法总则》第 193 条、《民法典》第 193 条均规定由当事人决定是否提出诉讼时效抗辩权，人民法院不得主动援用。既然诉讼时效抗辩权由义务人行使，就是将诉讼时效的关键效果授予义务人的意思自治，那么只要义务人不提起诉讼时效抗辩权，所谓的诉讼时效强制性便达不到预期的效果。

（二）超过诉讼时效期间的案件，人民法院可否进行调解，能不能以调解方式结案

《民事诉讼法》第 9 条规定，"人民法院审理民事案件，应当根据自愿和合法的原则进行调解"。《民法通则》第 138 条又规定："超过诉讼时效期间，当事人自愿履行的，不受诉讼时效限制。"但在诉讼中如果查明权利人主张自己的权利已过诉讼时效期间，法院不应主持双方当事人进行调解，若当事人自愿达成调解协议，人民法院也不应制作调解书，以调解方式结案。这是因为：诉讼时效的规定属于强制性的法律规定，不具有任意性，不以当事人的意志而改变。权利人的胜诉权主要是通过人民法院审理后制作的判决书、裁定书、调解书的形式予以确认，用国家强制力保证其实现权利的。对已逾诉讼时效期间，人民法院为当事人主持调解，并制作调解书，因调解书所确认的权利义务是通过国家强制力保证实现的。因此，这就意味着人民法院确认权利人超过诉讼时效行使其权利并没有丧失胜诉权，是以当事人的意志否定诉讼时效的强制性，这显然是不合法的。当然，对诉讼时效期间已超的案件，且又没有中止、中断或延长的法定事由的，可能以判决的方式结案，也可以撤诉的方式结案，对于权利人已超过诉讼时效起诉，主张其权利的义务人同意履行义务，双方之间达成调解协议的可作为诉讼外达成调解协议，不受诉讼时效限制。

（三）诉讼时效期间届满后，达成的还款协议是否具有法律效力

超过诉讼时效期间，权利人与义务人自愿订立的同意履行和承认债务的还款协议是具有法律效力的，是受国家法律保护的。前文说过，诉讼时效期间届满后，作为债权人丧失的只是胜诉权，并未丧失向法院起诉的权利，更未丧失对债务人所享有的实体权利。我国《民法通则》第 138 条规定："超过诉讼时效期间，当事人自愿履行的，不受诉讼时效限制。"《民通意见》第 171 条又规定："过了诉讼时效期间，义务人履行义务后，又超过诉讼时效为由反悔的，不予支持。"《民法典》第 192 条第 2 款规定："诉讼时效期间届满后，义务人同意履行的，不得以诉讼时效期间届满为由抗辩；义务人已经自愿履行的，不得请求返还。"这就弥补了《民法通则》第 138 条的不足，体现

了在时效利益问题上对义务人意愿的尊重。这些规定中的"履行"除包括即时履行外,其立法本意并未排斥当事人自愿同意履行或承认债务等情况。因此,当事人自愿达成的还款协议,其实质意味着债务人对时效利益的抛弃,这一点又分为两种情况:一是义务人在明了法律规定的前提下,自愿放弃时效利益的,一是义务人是在不知道自己享有时效利益的前提下自愿放弃时效利益的。这种还款协议,是基于原债务关系而形成了一种新的债权债务的法律关系。诉讼时效届满后,义务人取得可拒绝履行义务的时效利益,依据意思自治原则,对于时效利益,义务人既可接受也可放弃,义务人在时效期间届满后同意履行或主动履行义务都是对时效利益的放弃,法律均应予以尊重。①

(四)撤诉能否引起诉讼时效的中断债权人起诉后又撤诉,能否引起诉讼的中断

我国现行法律对此没有作出明文规定。有一种意见认为,撤诉能引起诉讼时效的中断。理由:《民法通则》第 140 条规定:"诉讼时效因提起诉讼,当事人一方提出要求或者同意履行义务而中断,从中断时起,诉讼时效期间重新计算。"根据这一规定,起诉是权利人以强有力的方式在行使自己的权利,是主张权利最有效的方法和最迫切的表现,当然发生诉讼时效中断的法律后果。权利人起诉后又撤诉,说明当事人已经提起诉讼,所以撤诉能引起诉讼时效中断。同时,在实务中已经有法院直接以"优先保护权利人"诉讼时效理念来论证"中断"方案:当事人起诉后又撤诉,导致诉讼时效中断,对此作有利于权利人的理解,符合诚实信用原则的基本要求,该表述甚至被其他案件的上诉人一字不差地"引用"。②

也有学者认为,诉权是指公民、法人或其他组织向人民法院起诉和应诉,请求人民法院以国家强制力保护其合法权益的权利,《民事诉讼法》第 13 条第 2 款规定:"当事人有权在法律规定的范围内处分自己的民事权利和诉讼权利。"因此说,当事人有起诉的权利,也有撤诉的权利。权利人撤诉系表明不再要求人民法院对案件进行审理和裁判,是权利人处分自己诉讼权利的一种行为。权利人起诉后又撤诉,表明其否认已经行使的请求权利,不能发生起诉的法律后果,可视为权利人没有起诉,因而,起诉又撤诉,不发生诉讼时

---

① 柳经纬,郭亮.《民法总则》诉讼时效制度的得与失 [J]. 东南学术,2018,31 (2):167.
② 霍海红."优先保护权利人"诉讼时效理念的困境 [J]. 法制与社会发展,2019,25 (4):123.

效中断的法律后果。①

相关法律法规及司法解释

《民法典》

第 192 条 诉讼时效期间届满的，义务人可以提出不履行义务的抗辩。

诉讼时效期间届满后，义务人同意履行的，不得以诉讼时效期间届满为由抗辩；义务人已经自愿履行的，不得请求返还。

第 193 条 人民法院不得主动适用诉讼时效的规定。

第 197 条 诉讼时效的期间、计算方法以及中止、中断的事由由法律规定，当事人约定无效。

当事人对诉讼时效利益的预先放弃无效。

《民法通则》

第 135 条 向人民法院请求保护民事权利的诉讼时效期间为二年，法律另有规定的除外。

第 138 条 超过诉讼时效期间，当事人自愿履行的，不受诉讼时效限制。

第 140 条 诉讼时效因提起诉讼、当事人一方提出要求或者同意履行义务而中断。从中断时起，诉讼时效期间重新计算。

《最高人民法院关于贯彻执行〈中华人民共和国民法通则〉若干问题的意见（试行)》

第 171 条 过了诉讼时效期间，义务人履行义务后，又以超过诉讼时效为由反悔的，不予支持。

《最高人民法院关于审理民事案件适用诉讼时效制度若干问题的规定》

第 2 条 当事人违反法律规定，约定延长或者缩短诉讼时效期间、预先放弃诉讼时效利益的，人民法院不予认可。

第 3 条 当事人未提出诉讼时效抗辩，人民法院不应对诉讼时效问题进

---

① 赵保华：在审判实践中如何正确适用诉讼时效制度［EB/OL］.（2012-05-16）［2020-07-26］. https://www.doc88.com/p-3465551858969.html.

行释明及主动适用诉讼时效的规定进行裁判。

第 4 条　当事人在一审期间未提出诉讼时效抗辩，在二审期间提出的，人民法院不予支持，但其基于新的证据能够证明对方当事人的请求权已过诉讼时效期间的情形除外。

当事人未按照前款规定提出诉讼时效抗辩，以诉讼时效期间届满为由申请再审或者提出再审抗辩的，人民法院不予支持。

 《民事诉讼法》

第 9 条　人民法院审理民事案件，应当根据自愿和合法的原则进行调解；调解不成的，应当及时判决。

第 13 条　民事诉讼应当遵循诚信原则。

当事人有权在法律规定的范围内处分自己的民事权利和诉讼权利。

《最高人民法院关于适用〈中华人民共和国民事诉讼法〉的解释》

第 219 条　当事人超过诉讼时效期间起诉的，人民法院应予受理。受理后对方当事人提出诉讼时效抗辩，人民法院经审理认为抗辩事由成立的，判决驳回原告的诉讼请求。

案例一

案情简介

正源公司的法定代表人为毛××，股东为毛某和刘某。2012 年 3 月 16 日，正源公司给曾某出具借条，向曾某借款 80 万元，约定借款期限 1 年，月息 2%。同日，曾某将 80 万元汇入远安县非税收入管理局账户。2014 年 12 月 26 日，正源公司法定代表人变更为黄某某，股东变更为罗某某、黄某某。之后，该公司因不能清偿到期债务，远安县人民法院于 2019 年 11 月 21 日裁定宣告正源公司破产。

原告曾某在债权申报期届满后向正源公司破产管理人申报债权，破产管理人经审核后于 2020 年 5 月 11 日向曾某发出不予确认债权通知书，曾某对此提出异议，向远安县人民法院提起诉讼。在二审期间，曾某提交一份《证明》，拟证明其出具的借条 80 万元还款日期不受时效限制。曾某主张正源公

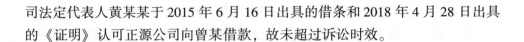

司法定代表人黄某某于 2015 年 6 月 16 日出具的借条和 2018 年 4 月 28 日出具的《证明》认可正源公司向曾某借款，故未超过诉讼时效。

审理及判决

一审法院认为，曾某的 80 万元借款发生在 2012 年 3 月 16 日，借款期限 1 年，诉讼时效期间为 2 年。黄某某于 2018 年 4 月 28 日出具的《证明》证明其知晓并认可该借款，但是正源公司于 2016 年 11 月 9 日进入破产清算程序，正源公司破产管理人依法行使公司代表人职权，法定代表人黄某某实施与正源公司有关的职务行为应当取得破产管理人追认后才具有法律效力。特别是涉及公司债权，需要通过破产管理人和债权人大会审核后才能确认。现管理人并不追认黄某某的该证明，故黄某某的认可不能证明正源公司的认可。原告对 80 万元的借款自 2015 年 6 月 16 日起，应当在 2 年诉讼时效期间内向正源公司主张权利，其没有提供证据证明诉讼时效存在中止、中断的情形。综上，依据相关法律规定，曾某的诉讼请求已经超过诉讼时效，法院驳回其诉讼请求。

二审法院与一审法院认定事实基本一致，同时指出，曾某自 2015 年 6 月 16 日起，未在诉讼时效期间内主张权利，本案已经超过诉讼时效。根据《民法典》第 197 条第二款之规定，当事人不得预先放弃时效利益，故上诉人曾某在二审提交关于双方约定"借条还款日期不受时效限制"的《证明》，二审法院不予采信。（该案二审期间《民法典》已经颁布并施行）

分析

在我国，诉讼时效期间是法定期间，法律关于诉讼时效期间的规定属于强行性规定，当事人不能通过自由约定来变更诉讼时效的期间或者事先放弃时效利益等，否则，相关变更诉讼时效期限的协议为无效条款，不会得到法院的支持。

 案例二

案情简介

2004 年 3 月 11 日，被告徐某因投资造纸厂需要资金向原告贵溪市某金融机构借款 30 万元，借期 1 年，借款月利率 8.85‰。同日，王某、黄某、徐某等六位担保人与原告贵溪市某金融机构签订《保证担保借款合同书》，为被告徐某的借款提供连带责任担保，约定保证期限 10 年。借款到期后，被告徐某未偿还借款，原告也未向被告徐某及六保证人主张债权。2010 年 4 月，原告向被告徐某送达书面催收还款通知书，被告徐某的妻子签收确认。2012 年 1 月，原告再次向被告徐某送达书面催收还款通知书，被告徐某签收确认。2012 年 4 月 28 日，原告向贵溪市人民法院起诉，要求被告徐某偿还借款及王某等六位保证人承担连带保证责任。

审 判 及 判 决

法院经审理认为，王某等六位保证人与原告签订的《保证担保借款合同书》约定保证期间为 10 年，在主债务偿还期限为 1 年的情况下，该约定损害了担保人的权益，违反了公平诚信原则，将导致债权人向保证人主张权利的有效期间长于诉讼时效，实质是以约定排除诉讼时效的适用，因此，此种约定无效。在主债务超过诉讼时效后，主债务人徐某重新确认债务的行为对王某等六位保证人不产生法律效力，王某等六位保证人不承担保证责任。

分 析

保证期间旨在维护保证人利益，即在保障债权实现的同时，以促使债权人及时积极行使对保证人的权利，平衡债权人与保证人的利益。最高人民法院《关于适用〈中华人民共和国担保法〉若干问题的解释》第 32 条第 2 款规定，"保证合同约定保证人承担保证责任直至主债务本息还清时为止等类似内容的，视为约定不明，保证期间为主债务履行届满之日起二年"。由此可知：当事人约定的保证期间不能超过主债务诉讼时效届满后期限。本案中，原告与王某等六位保证人签订的《保证担保借款合同书》约定保证期间为 10 年，超过了主债务的诉讼时效，有违诉讼时效的强制性。因此，王某等六位保证人与原告约定 10 年保证期间无效，在主债务超过诉讼时效后，王某等六位担保人不需要承担担保责任。

案例三

案 情 简 介

上诉人（原审被告）：罗某、吴某某。

被上诉人（原审原告）：某物业管理公司。

2004 年罗某、吴某某购买某花园×号楼×房产。在 2003 年 8 月，该小区的房地产开发公司委托某物业管理公司对该花园业主提供物业服务，收费标准为2.9元每平方米。2004年3月8日，罗某、吴某某办理入住手续，但从2004年10月起拒绝交纳物业管理费等费用，截至2006年9月，共拖欠物业管理公司费用总计人民币5562.56元。物业管理公司遂向法院起诉，要求罗某、吴某某支付拖欠的物业管理费等相关费用。

针对物业管理公司的起诉请求，罗某、吴某某称，该物业管理公司无物业管理资格，其有权拒绝交纳物业管理费等费用。但并未提出物业管理费等费用的请求已经超过诉讼时效期间的抗辩。

法院经审理认定，某物业管理公司具有物业管理资质，且对涉案物业进行了物业管理，判令罗某、吴某某应当向物业管理公司支付物业管理费等相关费用。罗某、吴某某不服一审判决，以某物业管理公司向其主张物业管理费等费用的时间已超过法律规定的二年诉讼时效期间为由，提起上诉，请求撤销原判，驳回某物业管理公司的诉讼请求。

罗某、吴某某认为，一审判决适用法律错误，本案无任何证据证明某物业管理公司在诉讼时效期间内主张过权利，其主张物业管理费的时间已超过法律规定的诉讼时效，应依法驳回其请求。某物业管理公司认为，罗某、吴某某的上诉理由不能成立，请求二审法院驳回上诉，维持原判。

争议焦点：罗某、吴某某在二审期间提出的诉讼时效抗辩是否成立？

审 理 及 判 决

二审法院经审理认为，虽然罗某、吴某某在本案二审期间提出了某物业管理公司起诉请求物业管理费等费用的时间已超过了诉讼时效的主张，但根据《适用诉讼时效制度规定》，由于罗某、吴某某在本案一审过程中并未提出过任何关于诉讼时效的抗辩，且在二审中未提供新的证据证明某物业管理公司对于物业管理费等费用的请求权已经超过了诉讼时效期间，故法院对于罗某、吴某某二审期间提出的上述抗辩理由依法不予支持。

分 析

诉讼时效是指民事权利受到侵害的权利人在法定的时效期间内不行使权利，当时效期间届满时，人民法院对权利人的权利不再进行保护的制度。也就是说，在法律规定的诉讼时效期间内，权利人提出的请求合法成立的，人民法院可根据权利人的申请强制义务人履行其所应承担的义务。而在法定的诉讼时效期间届满之后，权利人才行使请求权的，人民法院就不再支持权利人的请求权。

我国民事诉讼的一般诉讼时效期间为二年，凡有特殊时效规定的适用特殊时效。

诉讼时效依据时间的长短和适用范围分为一般诉讼时效和特殊诉讼时效。前者是指在一般情况下普遍适用的时效，这类时效不是针对某一特殊情况规定的，而是普遍适用的，如我国《民法通则》第135条规定："向人民法院请求保护民事权利的诉讼时效期间为二年，法律另有规定的除外。"这表明，我国民事诉讼的一般诉讼时效期间为二年。特殊诉讼时效是针对某些特定的民事法律关系而制定的诉讼时效。特殊时效优于普通时效，就是说，凡有特殊时效规定的，适用特殊时效，对此我国《民法通则》第141条规定："法律对诉讼时效另有规定的，依照法律规定。"它可分为：（1）短期诉讼时效，指诉讼时效不满二年的时效；（2）长期诉讼时效，指诉讼时效在二年以上二十年以下的诉讼时效；（3）最长诉讼时效，最长诉讼时效为二十年。时效具有强制性，任何时效都由法律、法规强制规定，任何单位或个人对时效的延长、缩短、放弃等约定都是无效的。

当事人未提出诉讼时效抗辩，人民法院不应对诉讼时效问题进行释明及主动适用诉讼时效的规定进行裁判。

诉讼时效抗辩是当事人的抗辩权，不属于法院主动审查的范围，法院不应主动适用诉讼时效规定进行裁判。在义务人没有主张诉讼时效抗辩权的意思表示的情形下，如果人民法院主动对诉讼时效问题进行释明，则有违诚实信用的基本原则，也有违法院居中裁判的中立地位。因此，《适用诉讼时效制度规定》第3条规定："当事人未提出诉讼时效抗辩，人民法院不应对诉讼时效问题进行释明及主动适用诉讼时效的规定进行裁判。"也就是说，遵循意思自治原则和处分原则，在义务人不提出诉讼时效抗辩的情形下，人民法院不应主动援引诉讼时效的规定进行裁判。当事人在一审期间未提出诉讼时效抗辩，在二审期间提出的，人民法院不予支持。

同时，为避免不当地扩大适用诉讼时效制度，从而损害权利人的合法权利，司法解释对诉讼时效的适用范围进行了限缩解释，对诉讼时效抗辩权的行使阶段进行了限定。《适用诉讼时效制度规定》第4条第1款规定："当事人在一审期间未提出诉讼时效抗辩，在二审期间提出的，人民法院不予支持，但其基于新的证据能够证明对方当事人的请求权已过诉讼时效期间的情形除外。"该规定的原理在于，如果任由义务人在任何审理阶段均可行使诉讼时效抗辩权，则将出现法院无法在一审审理阶段固定诉争焦点，无法有效发挥一审事实审的功能，使审级制度的功能性设计流于形式，产生损害司法程序的安定性、司法裁决的权威性、社会秩序的稳定性等问题。因此，司法解释结合我国《民事诉讼法》的相关规定对诉讼时效抗辩权的行使阶段进行了限制，原则上，义务人关于诉讼时效的抗辩应当在一审中提出，二审提出的，除非有新证据，否则不予支持。

本案中，深圳市某物业管理公司向人民法院请求保护其收取物业管理费的诉讼时效期间为一般诉讼时效，即二年。但由于罗某、吴某某在一审阶段未提出时效抗辩，人民法院也不得主动适用诉讼时效规定进行裁判，应当视为其放弃该抗辩权利和放弃该时效利益，最终导致罗某、吴某某一审败诉。二审期间，罗某、吴某某虽然提出了深圳市某物业管理公司向其收取物业管理费的请求权超出诉讼时效的抗辩理由，但罗某、吴某某并未提供新的证据证明深圳市某物业管理公司的请求权已过诉讼时效期间。因此，深圳市中级人民法院依据司法解释的相关规定，最终驳回罗某、吴某某的上诉请求。

参考文献

一、期刊类

[1] 陈伯礼，许秀姿. 论民事习惯在我国民法典中的角色定位 [J]. 学术论坛，2005，28（4）.

[2] 姜大伟. 论民事习惯在民事立法中的合理定位 [J]. 学术交流，2013，29（1）.

[3] 李建伟. 法源意义上的习惯与习惯法合一论：以商事习惯与商事习惯法为视角的研究 [J]. 政治与法律，2021，318（11）.

[4] 彭诚信. 论《民法总则》中习惯的司法适用 [J]. 法学论坛，2017，32（4）.

[5] 谢晖. "可以适用习惯"的法教义学解释 [J]. 现代法学，2018，40（2）.

[6] 梁慧星.《民法总则》重要条文的理解与适用 [J]. 四川大学学报（哲学社会科学版），2017，63（4）.

[7] 张志坡. 民法法源与法学方法：《民法总则》第 10 条的法教义学分析 [J]. 法治研究，2019，13（2）.

[8] 孟强. 民法总则中习惯法源的概念厘清与适用原则 [J]. 广东社会科学，2018，35（1）.

[9] 谢娴婧. 论民法渊源之民事习惯 [J]. 前沿，2011，33（19）.

[10] 于飞. 民法总则法源条款的缺失与补充 [J]. 法学研究，2018，40（1）.

[11] 王利明. 论习惯作为民法渊源 [J]. 法学杂志，2016，37（11）.

[12] 刘成安. 民法典时代民事习惯的司法适用：以援引《民法典》第 10 条的裁判文书为分析对象 [J]. 法学论坛，2022，37（3）.

[13] 石佳友. 民法典的法律渊源体系：以《民法总则》第 10 条为例 [J]. 中国人民大学学报，2017，31（4）.

[14] 王洪平，房绍坤. 民事习惯的动态法典化：民事习惯之司法导入机制研究 [J]. 法制与社会发展，2007，13（1）.

[15] 尹凤桐. 论民事习惯法与民法典的关系 [J]. 山东社会科学，2009，23（9）.

[16] 李建华，许中缘. 论民事习惯与我国民法典 [J]. 河南省政法管理干部学院学报，2004，18（2）.

[17] 王利明. 论公序良俗原则与诚实信用原则的界分 [J]. 江汉论坛, 2019, 62 (3).

[18] 梁慧星. 市场经济与公序良俗原则 [J]. 中国社会科学院研究生院学报, 1993 (6).

[19] 杨德群, 欧福永. "公序良俗" 概念解析 [J]. 求索, 2013, 254 (11).

[20] 蔡唱. 公序良俗在我国的司法适用研究 [J]. 中国法学, 2016, 33 (6).

[21] 戴孟勇. 法律行为与公序良俗 [J]. 法学家, 2020, 35 (1).

[22] 孙梦娇. 公序良俗司法应用之法理分析：功能、理据与实证机制 [J]. 法制与社会发展, 2020, 26 (2).

[23] 李涛, 郑远民. "公序良俗原则" 在司法适用中的问题及建议 [J]. 长春理工大学学报 (社会科学版), 2019, 32 (2).

[24] 刘练军. 公序良俗的地方性与谦抑性及其司法适用 [J]. 求索, 2019, 39 (3).

[25] 赵宏. 作为客观价值的基本权利及其问题 [J]. 政法论坛, 2011, 29 (2).

[26] 张翔. 基本权利的体系思维 [J]. 清华法学, 2012, 6 (4).

[27] 谢鸿飞. 公序良俗原则的功能及其展开 [J]. 探索与争鸣, 2020, 35 (5).

[28] 张燕, 仲伟珩. 论民法总则宣告死亡制度的规则冲突与解释适用 [J]. 中国应用法学, 2018, 2 (4).

[29] 龚兵. 论宣告死亡的构成要件 [J]. 法学杂志, 2010, 31 (2).

[30] 张淳, 吴强军.《关于贯彻执行〈中华人民共和国民法通则〉若干问题的意见 (试行)》中的若干瑕疵及其补救 [J]. 南京大学法律评论, 1998, 5 (2).

[31] 薛军. 论被宣告死亡者死亡日期的确定：以中国民法典编纂为背景的论述 [J]. 政治与法律, 2016, 35 (6).

[32] 刘黎. 民法总则对宣告死亡制度的发展与完善 [J]. 人民司法 (应用), 2018 (34).

[33] 杨来运. 关于宣告死亡的几个问题 [J]. 重庆邮电学院学报 (社会科学版), 2006, 21 (3).

[34] 邓瑞平, 邓凡. 死亡宣告的申请人范围、顺位及效力研究 [J]. 长春师范大学学报, 2018, 37 (3).

[35] 史金旺. 宣告死亡制度反思 [J]. 江苏警官学院学报, 2011, 26 (3).

[36] 杨泽皖. 论宣告死亡申请人的顺序 [J]. 淮南师范学院学报, 2011, 13 (4).

[37] 雷群安. 宣告死亡制度中的若干争议问题探析 [J]. 韶关学院学报, 2010, 31 (4).

[38] 金龙鑫. 论撤销死亡宣告后婚姻关系存续时间的界定标准 [J]. 西安电子科技大学学报 (社会科学版), 2016, 26 (3).

[39] 翟远见. 论宣告死亡及其撤销在婚姻上的效力 [J]. 中国法学, 2021, 220 (2).

[40] 尚铮铮. 论宣告死亡制度对被宣告死亡人配偶权益的影响 [J]. 辽宁公安司法管理干部学院学报, 2011, 13 (1).

[41] 何丽新. 论《海商法》第248条 "船舶失踪" 与《民法总则》第46条 "宣告死

亡"〔J〕. 政法论丛, 2018, 25 (6).

〔42〕陈素娟. 论与宣告死亡制度的相关法律问题〔J〕. 大观周刊, 2010 (37).

〔43〕杨来运. 关于宣告死亡的几个问题〔J〕. 重庆邮电学院学报 (社会科学版), 2006, 21 (3).

〔44〕汪志刚. 论失踪损害赔偿之诉的法律适用: 以马航客机失踪事件切入〔J〕. 法律科学 (西北政法大学学报), 2014, 32 (5).

〔45〕胡晓静. 个体工商户的法律地位辨析〔J〕. 中国商法年刊, 2015, 14 (00).

〔46〕李永军. 我国未来民法典中主体制度的设计思考〔J〕. 法学论坛, 2016, 31 (2).

〔47〕杨震. 民法总则"自然人"立法研究〔J〕. 法学家, 2016, 31 (5).

〔48〕王刚. 个体工商户之主体性质与责任承担问题研究: 以民事诉讼法司法解释第 59 条为中心展开〔J〕. 河北法学, 2020, 38 (4).

〔49〕郭明瑞. 民法总则中非法人组织的制度设计〔J〕. 法学家, 2016, 31 (5).

〔50〕李友根. 论个体工商户制度的存与废: 兼及中国特色制度的理论解读〔J〕. 法律科学 (西北政法大学学报), 2010, 28 (4).

〔51〕徐勇. 中国家户制传统与农村发展道路: 以俄国、印度的村社传统为参照〔J〕. 中国社会科学, 2013 (8).

〔52〕张龑. 何为我们看重的生活意义: 家作为法学的一个基本范畴〔J〕. 清华法学, 2016, 10 (1).

〔53〕鲁晓明. 从家户并立到家庭统摄: 我国民事法上家户制度的问题与出路〔J〕. 法商研究, 2018, 35 (5).

〔54〕李伟. 当代"两户"民事主体地位的历史解释与未来因应〔J〕. 政法论丛, 2022 (5).

〔55〕曹兴权. 民法典如何对待个体工商户〔J〕. 环球法律评论, 2016, 38 (6).

〔56〕申惠文. 农村村民一户一宅的法律困境〔J〕. 理论月刊, 2015 (8).

〔57〕王妍. 个体工商户: 中国市民社会的重要力量及价值〔J〕. 河南省政法管理干部学院学报, 2010, 25 (1).

〔58〕张永健. 资产分割理论下的法人与非法人组织《民法总则》欠缺的视角〔J〕. 中外法学, 2018, 30 (1).

〔59〕罗猛. 村民委员会与集体经济组织的性质定位与职能重构〔J〕. 学术交流, 2005, 21 (5).

〔60〕谭贵华. 农村集体经济组织的研究回顾与前瞻〔J〕. 重庆大学学报 (社会科学版), 2013, 19 (1).

〔61〕杜国明. 农村集体经济组织的法律地位辨析〔J〕. 生态经济, 2011, 27 (3).

〔62〕孔祥智. 产权制度改革与农村集体经济发展: 基于"产权清晰+制度激励"理论

框架的研究 [J]. 经济纵横, 2020 (7): 32.

[63] 郭洁. 论农村集体经济组织的营利法人地位及立法路径 [J]. 当代法学, 2019, 33 (5).

[64] 谭启平, 应建均. "特别法人"问题追问: 以《民法总则（草案）》（三次审议稿）为研究对象 [J]. 社会科学, 2017 (3).

[65] 张荣顺. 具有鲜明中国特色的民法总则 [J]. 中国人大, 2017, 24 (19).

[66] 郭锋. 《民法总则》的时代精神和特色 [J]. 财经法学, 2017, 3 (3).

[67] 董红, 王有强. 村民委员会与农村集体经济组织关系的思考 [J]. 调研世界, 2009, 22 (1).

[68] 李俊英. 农村集体经济组织的主要形式与发展趋势 [J]. 农村经营管理, 2010, 26 (2).

[69] 丁丽丽. 论法人型农村集体经济组织的决策机制 [J]. 才智, 2012, 12 (31).

[70] 温世扬. 农村集体经济组织法人特殊构造论 [J]. 政治与法律, 2022 (10).

[71] 许中缘, 崔雪炜. "三权分置"视域下的农村集体经济组织法人 [J]. 当代法学, 2018, 32 (1).

[72] 郑景元. 合作社商人化的共生结构 [J]. 政法论坛, 2016, 34 (2).

[73] 孔祥智. 农村社区股份合作社的股权设置及权能研究 [J]. 理论探索, 2017, 34 (3).

[74] 郑有贵. 农村社区集体经济组织法人地位研究 [J]. 农业经济问题, 2012, 33 (5).

[75] 郑景元. 论我国农村信用社的法律属性: 功能异化及其限度 [J]. 中国政法大学学报, 2013, 7 (2).

[76] 彭惠梅, 张运书. 农村社区股份合作组织法人属性探析 [J]. 北京化工大学学报（社会科学版）, 2019, 26 (4).

[77] 彭惠梅, 张运书. 农村社区股份合作组织本质属性: 现实迷失与理论评析 [J]. 苏州科技大学学报（社会科学版）, 2020, 37 (1).

[78] 张力. 法人功能性分类与结构性分类的兼容解释 [J]. 中国法学, 2019, 36 (2).

[79] 王洪平. 农民集体与集体经济组织的法律地位和主体性关系 [J]. 法学论坛, 2021, 36 (5).

[80] 屈茂辉. 农村集体经济组织法人制度研究 [J]. 政法论坛, 2018, 36 (2).

[81] 张潜伟. 发展集体经济的民法学思考 [J]. 新乡学院学报（社会科学版）, 2010, 24 (6).

[82] 陈美球, 廖彩荣. 农村集体经济组织: "共同体"还是"共有体"? [J]. 中国土地科学, 2017, 31 (6).

[83] 管洪彦. 农村集体经济组织法人立法的现实基础与未来进路 [J]. 甘肃政法学院学报, 2018, 33 (1).

［84］戴威. 农村集体经济组织成员资格制度研究［J］. 法商研究, 2016, 33（6）.

［85］史际春, 胡丽文. 论法人［J］. 法学家, 2018, 33（3）.

［86］方流芳. 从法律视角看中国事业单位改革: 事业单位"法人化"批判［J］. 比较法研究, 2007, 21（3）.

［87］蔡立东. 法人分类模式的立法选择［J］. 法律科学（西北政法大学学报）, 2012, 30（1）.

［88］王玫黎. 法人分类比较研究［J］. 西南师范大学学报（人文社会科学版）, 2003, 47（2）.

［89］邵薇薇. 论法人的分类模式: 兼评民法典草案的有关规定［J］. 厦门大学法律评论, 2004, 4（2）.

［90］周玉超, 蔡文灏. 我国法人分类制度的重新思考［J］. 东华大学学报（社会科学版）, 2010, 10（3）.

［91］张新宝. 从《民法通则》到《民法总则》: 基于功能主义的法人分类［J］. 比较法研究, 2017, 31（4）.

［92］罗昆. 我国民法典法人基本类型模式选择［J］. 法学研究, 2016, 38（4）.

［93］解德渤. 从《民法通则》到《民法总则》: 我国公立大学法人分类的可能及其证成［J］ 现代教育管理, 2019, 38（6）.

［94］赵旭东. 民法总则草案中法人分类体系的突破与创新［J］. 中国人大, 2016, 23（14）.

［95］谢鸿飞. 《民法总则》法人分类的层次与标准［J］. 交大法学, 2016, 7（4）.

［96］李永军. 以"社团法人与财团法人"的基本分类构建法人制度［J］. 华东政法大学学报, 2016, 19（5）.

［97］黎桦. 《民法总则》法人类型体系的反思与改进: 以国有企业分类改革为视角［J］. 社会科学, 2019, 41（4）.

［98］龙卫球. 民法典法人制度专题［J］. 北京航空航天大学学报（社会科学版）, 2020, 33（1）.

［99］姜淞源. 个体主义方法论与法人制度的骨骼: 我国法人分类模式的重构［J］. 中国商界（下半月）, 2010（4）.

［100］傅穹. 法人概念的固守与法人分类的传承［J］. 交大法学, 2016, 7（4）.

［101］柳经纬, 亓琳. 比较法视野下的非法人组织主体地位问题［J］. 暨南学报（哲学社会科学版）, 2017, 39（4）.

［102］谭启平. 论民事主体意义上"非法人组织"与"其他组织"的同质关系［J］. 四川大学学报（哲学社会科学版）, 2017（4）.

［103］张卫. 我国民事诉讼法理论的体系建构［J］. 法商研究, 2018, 35（5）.

［104］谭启平. 中国民法典法人分类和非法人组织的立法构建［J］. 现代法学, 2017,

39（1）.

[105] 谭启平. 非法人组织与其他组织的关系困局及其破解 [J]. 法学研究, 2020, 42（6）.

[106] 谭启平. 民事主体与民事诉讼主体有限分离论之反思 [J]. 现代法学, 2007（5）.

[107] 严仁群. 非法人组织与当事人能力 [J]. 江苏行政学院学报, 2018（6）.

[108] 张新宝, 汪榆森.《民法总则》规定的"非法人组织"基本问题研讨 [J]. 比较法研究, 2018（3）.

[109] 柳经纬."其他组织"及其主体地位问题: 以民法总则的制定为视角 [J]. 法制与社会发展, 2016, 22（4）.

[110] 杨立新. 民法总则新规则对编修民法分则各编的影响 [J]. 河南财经政法大学学报, 2017, 32（5）.

[111] 陈卓锋. 浅析非法人组织的特征与源流: 以中西民事主体立法史为视角 [J]. 重庆广播电视大学学报, 2017, 29（4）.

[112] 赵群. 非法人团体作为第三民事主体问题的研究 [J]. 中国法学, 1999（1）.

[113] 田野. 民事法律关系客体的抽象性探讨 [J]. 北方工业大学学报, 2008, 22（2）.

[114] 曹相见. 权利客体的概念构造与理论统一 [J]. 法学论坛, 2017, 32（5）.

[115] 张玉洁. 民事法律关系客体新探 [J]. 天水行政学院学报, 2011, 12（3）.

[116] 高健. 法律关系客体再探讨 [J]. 法学论坛, 2008, 23（5）.

[117] 王明锁. 民事法律行为类型化的创新与完善 [J]. 北方法学, 2016, 10（4）.

[118] 宋振杰, 黎桦. 脱离人体的器官或组织的法律属性研究 [J]. 湖北经济学院学报（人文社会科学版）, 2017, 14（10）.

[119] 王树华, 王薇. 法哲学视域下的活体器官悔捐问题研究 [J]. 医学与哲学, 2019, 40（11）.

[120] 张良. 浅谈对尸体的法律保护 [J]. 中外法学, 1994, 17（3）.

[121] 李安刚. 也论尸体的民法保护: 与杨立新先生商榷 [J]. 当代法学, 2001, 14（8）.

[122] 葛云松. 死者生前人格利益的民法保护 [J]. 比较法研究, 2002, 16（4）.

[123] 李富成. 遗体安葬权的法律分析 [J]. 法学杂志, 2005, 26（6）.

[124] 税兵. 身后损害的法律拟制: 穿越生死线的民法机理 [J]. 中国社会科学, 2011, 32（6）.

[125] 申卫星. 论遗体在民法教义学体系中的地位: 兼谈民法总则相关条文的立法建议 [J]. 法学家, 2016（6）.

[126] 熊天威, 等. 拟制血亲在公民逝世后器官捐献法律关系中的地位探讨 [J]. 器官移植, 2017, 8（1）.

[127] 杨立新. 论公民身体权及其民法保护 [J]. 法律科学. 西北政法学院学报,

1994，12（6）．

[128] 杨立新，王海英，孙博．人身权的延伸法律保护［J］．法学研究，1995，42（2）．

[129] 杨立新，曹艳春．论尸体的法律属性及其处置规则［J］．法学家，2005，17（4）．

[130] 梁九业．器官移植中胎儿组织的法律属性及利用规则探究［J］．武汉理工大学学报（社会科学版），2018，31（3）．

[131] 余能斌，涂文．论人体器官移植的现代民法理论基础［J］．中国法学，2003，20（6）．

[132] 刘建利．人体器官移植法律规制的问题及完善［J］．东南大学学报（哲学社会科学版），2019，21（6）．

[133] 崔拴林．动物法律地位刍议：私法视野下的分析［J］．河北法学，2008，26（3）．

[134] 丁晓东．论个人信息概念的不确定性及其法律应对［J］．比较法研究，2022（5）．

[135] 宋亚辉．个人信息的私法保护模式研究：《民法总则》第111条的解释论［J］．比较法研究，2019，33（2）．

[136] 丁晓东．数据到底属于谁？：从网络爬虫看平台数据权属与数据保护［J］．华东政法大学学报，2019，22（5）．

[137] 梅绍祖．个人信息保护的基础性问题研究［J］．苏州大学学报，2005，100（2）．

[138] 李爱君．数据权利属性与法律特征［J］．东方法学，2018（3）．

[139] 刘韵．权利义务关系视角下运动员个人数据的处理及其基本原则：基于《中华人民共和国民法典》《通用数据保护条例》的分析［J］．体育科学，2021，41（1）．

[140] 郑飞，李思言．大数据时代的权利演进与竞合：从隐私权、个人信息权到个人数据权［J］．上海政法学院学报（法治论丛），2021（5）．

[141] 武长海，常铮．论我国数据权法律制度的构建与完善［J］．河北法学，2018，36（2）．

[142] 程啸．论大数据时代的个人数据权利［J］．中国社会科学，2018，39（3）．

[143] 郝思洋．知识产权视角下数据财产的制度选项［J］．知识产权，2019，33（9）．

[144] 纪海龙．数据的私法定位与保护［J］．法学研究，2018，40（6）．

[145] 龙卫球．再论企业数据保护的财产权化路径［J］．东方法学，2018，11（3）．

[146] 韩旭至．数据确权的困境及破解之道［J］．东方法学，2020，13（1）．

[147] 刘新宇．大数据时代数据权属分析及其体系构建［J］．上海大学学报（社会科学版），2019，36（6）．

[148] 闫立东．以"权利束"视角探究数据权利［J］．东方法学，2019，12（2）．

[149] 刘德良．个人信息的财产权保护［J］．法学研究，2007，54（3）．

[150] 龙卫球．数据新型财产权构建及其体系研究［J］．政法论坛，2017，35（4）．

[151] 郑维炜．个人信息权的权利属性、法理基础与保护路径［J］．法制与社会发展，2020，26（6）．

[152] 刘召成. 人格商业化利用权的教义学构造 [J]. 清华法学, 2014, 8 (3).

[153] 吴伟光. 大数据技术下个人数据信息私权保护论批判 [J]. 政治与法律, 2016 (7).

[154] 丁晓东. 什么是数据权利？：从欧洲《一般数据保护条例》看数据隐私的保护 [J]. 华东政法大学学报, 2018, 21 (4).

[155] 王泽鉴. 人格权的具体化及其保护范围·隐私权篇（中）[J]. 比较法研究, 2009, 23 (1).

[156] 王利明. 隐私权概念的再界定 [J]. 法学家, 2012, 24 (1).

[157] 彭诚信. 论个人信息的双重法律属性 [J]. 清华法学, 2021, 15 (6).

[158] 张素华. 个人信息商业运用的法律保护 [J]. 苏州大学学报, 2005, 100 (2).

[159] 吕炳斌. 个人信息权作为民事权利之证成：以知识产权为参照 [J]. 中国法学, 2019 (4).

[160] 吕炳斌. 论《民法典》个人信息保护规则蕴含的权利：以分析法学的权利理论为视角 [J]. 比较法研究, 2021 (3).

[161] 张里安, 韩旭至. 大数据时代下个人信息权的私法属性 [J]. 法学论坛, 2016, 31 (3).

[162] 王利明. 论个人信息权在人格权法中的地位 [J]. 苏州大学学报（哲学社会科学版）, 2012, 33 (6).

[163] 杨立新. 个人信息：法益抑或民事权利：对《民法总则》第 111 条规定的"个人信息"之解读 [J]. 法学论坛, 2018, 33 (1).

[164] 王利明. 论个人信息权的法律保护：以个人信息权与隐私权的界分为中心 [J]. 现代法学, 2013, 35 (4).

[165] 马一德. 网络虚拟财产继承问题探析 [J]. 法商研究, 2013, 30 (5).

[166] 杨立新. 民法总则规定网络虚拟财产的含义及重要价值 [J]. 东方法学, 2017, 10 (3).

[167] 杨立新, 王中合. 论网络虚拟财产的物权属性及其基本规则 [J]. 国家检察官学院学报, 2004, 12 (6).

[168] 王凤訸. 日本和我国台湾地区有关虚拟财产保护的法律规定 [J]. 中国公证, 2019, 19 (11).

[169] 房秋实. 浅析网络虚拟财产 [J]. 法学评论, 2006, 27 (2).

[170] 高郦梅. 网络虚拟财产保护的解释路径 [J]. 清华法学, 2021, 15 (3).

[171] 王雷. 网络虚拟财产权债权说之坚持：兼论网络虚拟财产在我国民法中的体系位置 [J]. 江汉论坛, 2017, 60 (1).

[172] 王竹. 《物权法》视野下的虚拟财产二分法及其法律规则 [J]. 福建师范大学学报（哲学社会科学版）, 2008 (5).

[173] 石杰，吴双全. 论网络虚拟财产的法律属性 [J]. 政法论坛，2005，27（4）.

[174] 陈兵. 网络虚拟财产的法律属性及保护进路 [J]. 人民论坛，2020（27）.

[175] 刘德良. 论虚拟物品财产权 [J]. 内蒙古社会科学（汉文版），2004，25（6）.

[176] 谢潇. 网络虚拟财产的物债利益属性及其保护规则构造 [J]. 南京社会科学，2022（9）.

[177] 刘惠荣，尚志龙. 虚拟财产权的法律性质探析 [J]. 法学论坛，2006，21（1）.

[178] 李岩. 民事法益研究必要性探析 [J]. 辽宁公安司法管理干部学院学报，2011，13（2）.

[179] 张力. 权利、法益区分保护及其在民法总则中的体现：评《民法总则（草案）》第五章 [J]. 河南社会科学，2016，24（11）.

[180] 孙山. 民法上"法益"概念的探源与本土化 [J]. 河北法学，2020，38（4）.

[181] 吕英民. 论民法法益的本体及其救济途径 [J]. 工会论坛，2010，16（5）.

[182] 叶铭芬. 论侵权责任法对法益的保护 [J]. 研究生法学，2010，25（3）.

[183] 宗志翔. 论未上升民事权利的法益 [J]. 江西社会科学，2012，33（6）.

[184] 梅夏英. 虚拟财产的范畴界定和民法保护模式 [J]. 华东政法大学学报，2017，20（5）.

[185] 李岩. 民事法益与权利、利益的转化关系 [J]. 社科纵横，2008，24（3）.

[186] 孙山. 从新兴权利到新兴法益：新兴权利研究的理论原点变换 [J]. 学习与探索，2019，41（6）.

[187] 梅夏英. 民法权利思维的局限与社会公共维度的解释展开 [J]. 法学家，2019，34（1）.

[188] 许中缘，王崇敏. 论民法典中民事权益受法律保护原则的立法设计 [J]. 河南财经政法大学学报，2012，27（3）.

[189] 孙山. 民法上"法益"概念的探源与本土化 [J]. 河北法学，2020，38（4）.

[190] 张家勇. 中国法民事责任竞合的解释论 [J]. 交大法学，2018，9（1）.

[191] 孙华璞. 法律责任竞合理论初探 [J]. 人民司法（应用），2017，60（4）.

[192] 李磊. 请求权竞合解决新论：以客观预备合并之诉为解决途径 [J]. 烟台大学学报（哲学社会科学版），2016，29（4）.

[193] 段厚省. 请求权竞合研究 [J]. 法学评论，2005，26（2）.

[194] 叶名怡.《合同法》第 122 条（责任竞合）评注 [J]. 法学家，2019，34（2）.

[195] 叶名怡. 再谈违约与侵权的区分与竞合 [J]. 交大法学，2018，9（1）.

[196] 刘士国. 论民法总则之民事责任规定 [J]. 法学家，2016，31（5）.

[197] 谢鸿飞. 违约责任与侵权责任竞合理论的再构成 [J]. 环球法律评论，2014，36（6）.

[198] 陶俊峰，王政. 论侵权责任与违约责任的竞合 [J]. 黄河科技大学学报，2011，

13 (4).

[199] 段文波. 请求权竞合论：以诉之选择性合并为归宿 [J]. 现代法学, 2010, 32 (9).

[200] 宋赟, 刘志杰. 违约与侵权责任竞合情形下请求权的析取：以对合同法第 122 条的理解为视角 [J]. 公民与法, 2012, 19 (12).

[201] 孟庆吉. 法国民法上的形成权之历史考察 [J]. 广西社会科学, 2019, 35 (8).

[202] 房绍坤. 导致物权变动之法院判决类型 [J]. 法学研究, 2015, 37 (1).

[203] 季境. 回购权的性质与法律适用 [J]. 江汉论坛, 2019, 62 (6).

[204] 陆俊先. 形成权若干基础理论问题探析 [J]. 怀化学院学报, 2011, 30 (7).

[205] 孟庆吉. 法国民法上的形成权之历史考察 [J]. 广西社会科学, 2019, 35 (8).

[206] 汪渊智. 形成权理论初探 [J]. 中国法学, 2003, 20 (3).

[207] 陈桂明, 李仕春. 形成之诉独立存在吗?：对诉讼类型传统理论的质疑 [J]. 法学家, 2007, 22 (4).

[208] 李辉. 形成权诉讼与形成之诉关系辨析 [J]. 法学论坛, 2016, 31 (1).

[209] 曹相见. 民法上客体与对象的区分及意义 [J]. 法治研究, 2019, 13 (3).

[210] 胡骁, 王雪羽. 私法形成权之涉讼形态研究 [J]. 南京社会科学, 2020, 31 (3).

[211] 张志坡. 论形成权的性质 [J]. 山西省政法管理干部学院学报, 2010, 23 (2).

[212] 申卫星. 对民事法律关系内容构成的反思 [J]. 比较法研究, 2004, 18 (1).

[213] 马骏驹, 申海恩. 关于私权类型体系的思考：从形成权的发现出发 [J]. 2007, 28 (3).

[214] 陈华彬, 陈军勇. 形成权论 [J]. 广西社会科学, 2006, 22 (4).

[215] 沃耘. 让权利得到实现：民法典民事自助行为制度的立法设计 [J]. 政法论丛, 2011, 27 (6).

[216] 陈华彬. 论民事权利的内容与行使的限制：兼议我国《民法总则（草案）》相关规定的完善 [J]. 法学杂志, 2016, 37 (11).

[217] 尹伟民. 民事自助行为的认定：以司法判决实证分析为视角 [J]. 社会科学, 2016, 38 (9).

[218] 苏贺新. 论民法上的自助行为 [J]. 黑河学刊, 2008, 28 (3).

[219] 柳经纬. 民法总则制定中的若干问题 [J]. 中国政法大学学报, 2016, 10 (5).

[220] 宋歌, 尹伟民. 论我国民事自助行为的制度化 [J]. 东北大学学报（社会科学版）, 2018, 20 (3).

[221] 孟继超, 刘鹏崇. 自助行为浅探 [J]. 南阳师范学院学报, 2003, 2 (7).

[222] 陈龙业. 论《民法典》侵权责任编关于免责事由的创新发展与司法适用 [J]. 法律适用, 2020, 454 (13).

[223] 肖玉超. 比较法视野下的自助行为制度研究 [J]. 哈尔滨学院学报, 2012, 33 (6).

[224] 尹伟民. 民事自助行为的认定：以司法判决实证分析为视角 [J]. 社会科学,

2016, 38 (9).

[225] 周友军. 民法典中的违法阻却事由立法研究 [J]. 四川大学学报（哲学社会科学版），2018, 64 (5).

[226] 孙文红，王玲. 论我国民事自助行为制度的构建：以节约司法资源为视角 [J]. 沈阳工业大学学报（社会科学版），2011, 4 (3).

[227] 宋歌. 民事自助行为的界定及法律后果 [J]. 法律适用，2020, 449 (8).

[228] 田鹏辉. 论自救行为 [J]. 东北大学学报（社会科学版），2004, 6 (3).

[229] 李莹. 私力救济之民事自助行为 [J]. 大庆师范学院学报，2011, 31 (4).

[230] 杨立新. 民法分则侵权责任编修订的主要问题及对策 [J]. 现代法学，2017, 39 (1).

[231] 张新宝. 民法分则侵权责任编立法研究 [J]. 中国法学，2017, 34 (3).

[232] 王竹.《民法典·侵权责任编》编纂背景与结构调整 [J]. 国家检察官学院学报，2017, 25 (4).

[233] 刘仁山.《民法总则》对《法律适用法》的回应与启示 [J]. 政法论坛，2019, 37 (1).

[234] 曹克奇. 试论民法的自助行为 [J]. 山西煤炭管理干部学院学报，2006, 19 (4).

[235] 蒋拯. 我国法律行为制度的价值与建议 [J]. 贵州社会科学，2012, 33 (1)：135.

[236] 瞿灵敏. 民法典编纂中的决议：法律属性、类型归属与立法评析 [J]. 法学论坛，2017, 32 (4).

[237] 王雷.《民法总则》中决议行为法律制度的力量与弱点 [J]. 当代法学，2018, 32 (5).

[238] 叶林. 股东会会议决议形成制度 [J]. 法学杂志，2011, 32 (10).

[239] 贾文卿. 论私法决议行为的性质 [J]. 河南财经政法大学学报，2018, 33 (3).

[240] 殷秋实. 论法律行为的效力评价体系 [J]. 比较法研究，2017, 31 (6).

[241] 韩长印. 共同法律行为理论的初步构建：以公司设立为分析对象 [J]. 中国法学，2009, 26 (3).

[242] 许中缘. 论意思表示瑕疵的共同法律行为：以社团决议撤销为研究视角 [J]. 中国法学，2013, 30 (6).

[243] 王雷. 论民法中的决议行为：从农民集体决议、业主管理规约到公司决议 [J]. 中外法学，2015, 27 (1).

[244] 王雷. 论我国民法典中决议行为与合同行为的区分 [J]. 法商研究，2018, 35 (5).

[245] 薛波. 我国未来《民法总则》决议行为的立法安排 [J]. 湖北社会科学，2016, 30 (2).

[246] 吴飞飞. 决议行为归属与团体法"私法评价体系"构建研究 [J]. 政治与法律, 2016, 35 (6).

[247] 徐银波. 《民法总则》决议行为规则之解释适用 [J]. 私法研究, 2017, 22 (2).

[248] 吴高臣. 论股东大会决议的性质 [J]. 首都师范大学学报 (社会科学版), 2014, 41 (6).

[249] 叶林. 商行为的性质 [J]. 清华法学, 2008, 2 (4).

[250] 马建兵. 民法典背景下法律行为制度在商事行为中的除外适用 [J]. 甘肃社会科学, 2017, 39 (2).

[251] 步兵, 孟星宇. 股东会决议不存在探析: 以《公司法》第 22 条为中心 [J]. 东南大学学报 (哲学社会科学版), 2014, 16 (2).

[252] 陈醇. 意思形成与意思表示的区别: 决议的独立性初探 [J]. 比较法研究, 2008, 22 (6).

[253] 陈雪萍. 程序正义视阈下公司决议规则优化之路径 [J]. 法商研究, 2019, 36 (1).

[254] 徐银波. 决议行为效力规则之构造 [J]. 法学研究, 2015, 37 (4).

[255] 马更新. 公司担保中决议形成程序与合同效力认定间牵连关系探析 [J]. 法学杂志, 2020, 41 (6).

[256] 吴飞飞. 决议行为"意思形成说"反思: 兼论决议行为作为法律行为之实益 [J]. 比较法研究, 2022 (2).

[257] 叶林. 股东会会议决议形成制度 [J]. 法学杂志, 2011, 32 (10).

[258] 贾文卿. 论私法决议行为的性质 [J]. 河南财经政法大学学报, 2018, 33 (3).

[259] 李建伟. 决议的法律行为属性论争与证成: 民法典第 134 条第 2 款的法教义学分析 [J]. 政法论坛, 2022, 40 (2).

[260] 钱玉林. 股东大会决议的法理分析 [J]. 法学, 2005, 50 (3).

[261] 丁勇. 公司决议瑕疵诉讼担保制度检讨及立法完善 [J]. 法学, 2014, 59 (5).

[262] 毛快. 对股东大会决议可撤销之诉效力规则的检讨 [J]. 中国政法大学学报, 2019, 13 (2).

[263] 邹海林. 关于公司法修改的几点思考 [J]. 法律适用, 2020, 63 (1).

[264] 陈醇. 论决议的民事责任: 超越传统二元责任体系 [J]. 学术论坛, 2010, 33 (3).

[265] 张旭荣. 法律行为视角下公司会议决议效力形态分析 [J]. 比较法研究, 2013, 7 (6).

[266] 甘培忠, 赵文冰. 对公司决议效力的一些思考: 析《最高人民法院关于适用〈中华人民共和国公司法〉若干问题的规定 (四)》(征求意见稿) 中的相关

规定［J］. 法律适用, 2016, 31（8）.

［267］王雷. 公司决议行为瑕疵制度的解释与完善: 兼评公司法司法解释四（征求意见稿）第 4~9 条规定［J］. 清华法学, 2016, 10（5）.

［268］冯兆蕙, 李霞.《民法总则》第 134 条第 2 款"决议行为"之探析［J］. 河北法学, 2019, 37（1）.

［269］王保树. 从法条的公司法到实践的公司法［J］. 法学研究, 2006, 53（6）.

［270］钱玉林. 公司法第 16 条的规范意义［J］. 法学研究, 2011, 33（6）.

［271］高圣平. 公司担保相关法律问题研究［J］. 中国法学, 2013（2）.

［272］黄铭杰. 股份有限公司董事长之权限及未经股东会决议所为代表行为之效力: 九十七年度台上字第二二一六号判决评析［J］. 月旦法学杂志, 2009, 169（6）.

［273］徐银波. 法人依瑕疵决议所为行为之效力［J］. 法学研究, 2020, 42（2）.

［274］杨立新.《民法总则》规定的虚假民事法律行为的法律适用［J］. 法律科学（西北政法大学学报）, 2018, 36（1）.

［275］李永军. 虚假意思表示之法律行为刍议: 对于《民法总则》第 146 条及第 154 条的讨论［J］. 中国政法大学学报, 2017（4）.

［276］田韶华. 论通谋虚伪行为规则的司法适用［J］. 北方法学, 2019, 13（4）.

［277］冉克平. 论《民法总则》上的通谋虚伪表示［J］. 烟台大学学报（哲学社会科学版）, 2018, 31（4）.

［278］梁慧星. 民法总则立法的若干理论问题［J］. 暨南学报（哲学社会科学版）, 2016, 38（1）.

［279］杨立新.《民法总则》规定的虚假民事法律行为的法律适用［J］. 法律科学（西北政法大学学报）, 2018, 36（1）.

［280］董惠江. 票据行为实质要件之否定［J］. 环球法律评论, 2012, 34（1）.

［281］陈芳. 票据行为意思表示探究［J］. 法学评论, 2009, 27（5）.

［282］刘耀东. 虚假离婚若干法律问题研究［J］. 云南大学学报（法学版）, 2011, 24（2）.

［283］吴国平. 我国登记离婚程序的缺陷与立法完善［J］. 上海政法学院学报（法治论丛）, 2011, 26（5）.

［284］冉克平. "恶意串通"与"合法形式掩盖非法目的"在民法典总则中的构造: 兼评《民法总则》之规定［J］. 现代法学, 2017, 39（4）.

［285］崔吉子. 恶意串通规则存废研究: 兼评《民法总则》第 154 条与第 146 条［J］. 中国社会科学院研究生院学报, 2019, 41（6）.

［286］李永军. 法律行为无效原因之规范适用［J］. 华东政法大学学报, 2017, 20（6）.

［287］朱广新. 恶意串通行为无效规定的体系地位与规范构造［J］. 法学, 2018, 41（7）.

[288] 韩世远. 虚假表示与恶意串通问题研究 [J]. 法律适用, 2017, 32 (17).

[289] 施鸿鹏. 通谋虚伪表示基础上对抗规则的教义学展开 [J]. 东方法学, 2022 (1).

[290] 曾大鹏. 《民法总则》"通谋虚伪表示"第一案的法理研判 [J]. 法学, 2018, 41 (9).

[291] 张平华. 恶意串通法律规范的合理性 [J]. 中国法学, 2017, 34 (4).

[292] 朱建农. 论民法上恶意串通行为之效力 [J]. 当代法学, 2007, 21 (6).

[293] 茅少伟. 论恶意串通 [J]. 中外法学, 2017, 29 (1).

[294] 陈朝阳. 论民事推定证据制度的完善 [J]. 现代法学, 1999, 21 (6).

[295] 魏峰, 梁鹏. 重大误解若干问题研究 [J]. 山西财经大学学报, 2003, 28 (4).

[296] 张淳. 论能够成为民事行为瑕疵的错误: 两大法系有关规定比较以及我国民法相应规定评析 [J]. 浙江社会科学, 2004, 20 (4).

[297] 宋江涛. 我国民法重大误解制度的反思与完善 [J]. 法律适用, 2016, 31 (9).

[298] 王天凡. 民法"重大误解"继受之反思: 兼以台湾"民法"第 88 条第 1 款为例 [J]. 华东政法大学学报, 2017, 20 (2).

[299] 陈华彬. 论意思表示错误及我国民法典对其的借镜 [J]. 法学杂志, 2017, 38 (9).

[300] 唐莹. 论意思表示错误: 中德民法比较研究 [J]. 比较法研究, 2004, 18 (1).

[301] 徐晓峰. 民事错误制度研究 [J]. 法律科学, 2000, 18 (6).

[302] 李伟, 谢雪凯. 论合同法上的重大误解 [J]. 哈尔滨工业大学学报 (社会科学版), 2010, 57 (2).

[303] 黄芬. 重大误解的解释论解析 [J]. 社会科学战线, 2019, 42 (12).

[304] 张长健, 刘竑琨. 论意思表示错误: 以与重大误解制度比较的视角 [J]. 安徽警官职业学院学报, 2011, 10 (2).

[305] 韩世远. 重大误解解释论纲 [J]. 中外法学, 2017, 29 (3).

[306] 武腾. 民法典编纂背景下重大误解的规范构造 [J]. 当代法学, 2019, 33 (1).

[307] 赵毅. 民法总则错误制度构造论 [J]. 法商研究, 2016, 33 (4).

[308] 翟远见. 重大误解的制度体系与规范适用 [J]. 比较法研究, 2022 (4).

[309] 雷雯. 析重大误解之内涵 [J]. 松辽学刊 (人文社会科学版), 2001, 29 (1).

[310] 梅伟. 民法中意思表示错误的构造 [J]. 环球法律评论, 2015, 37 (3).

[311] 冉克平. 民法典总则视野下意思表示错误制度的构建 [J]. 法学, 2016, 61 (2).

[312] 黄芬. 重大误解的解释论解析 [J]. 社会科学战线, 2019, 42 (12).

[313] 高一寒. 作为意思表示撤销原因的动机错误 [J]. 华东政法大学学报, 2022, 25 (3).

[314] 李俊青. 《民法总则》重大误解视野下动机错误的救济路径分析: 以错误"二元论"与"一元论"之争为切入点 [J]. 法学论坛, 2017, 32 (6).

［315］尹田.《民法总则（草案）》中法律行为制度的创新点之评价［J］. 法学杂志，2016，37（11）.

［316］黄彤. 论显失公平的民事行为［J］. 广西政法管理干部学院学报，2002，17（3）.

［317］覃开莹. 论显失公平的构成要件［J］. 经济与社会发展，2010，8（3）.

［318］高晓莹，杨明刚. 论显失公平［J］. 福建师范大学学报（哲学社会科学版），2011，56（3）.

［319］张良. 论显失公平的构成要件［J］. 河南财经政法大学学报，2014，29（6）.

［320］朱颖俐. 论我国显失公平制度的缺陷及其重构［J］. 南昌大学学报（人文社会科学版），2011，49（6）.

［321］张初霞. 我国显失公平的立法瑕疵及重构［J］. 中国社会科学院研究生院学报，2017，39（2）.

［322］赵永巍，梁茜.《民法总则》显失公平条款的类型化适用前瞻：从中国裁判文书网显失公平案例大数据分析出发［J］. 法律适用，2018，33（1）.

［323］武腾. 显失公平规定的解释论构造：基于相关裁判经验的实证考察［J］. 法学，2018，63（1）.

［324］崔承耀. 论显失公平的法律适用［J］. 甘肃广播电视大学学报，2007，21（4）.

［325］柳经纬. 迈向意思自治的民事法律行为制度：评《中华人民共和国民法总则》第六章"民事法律行为"［J］. 贵州省党校学报，2017，24（3）.

［326］梁慧星.《中华人民共和国民法总则（草案）》：解读、评论和修改建议［J］. 华东政法大学学报，2016，19（5）.

［327］朱广新. 论可撤销法律行为的变更问题［J］. 法学，2017，62（2）.

［328］王浩. 论代理的本质以代理权授予时的意思瑕疵问题为契机［J］. 中外法学，2018，30（3）.

［329］尹飞. 论我国民法典中代理制度的类型与体系地位［J］. 法学杂志，2015，36（9）.

［330］王艳，王龙海. 关于间接代理制度的立法思考［J］. 当代法学，2002，16（7）.

［331］吴真. 隐名代理的法律地位研究［J］. 当代法学，2002，16（5）.

［332］张平华，刘耀东. 间接代理制度研究：以《合同法》第 402 条与第 403 条为中心［J］. 北方法学，2009，3（4）.

［333］尹飞. 代理：体系整合与概念梳理：以公开原则为中心［J］. 法学家，2011，23（20）：74.

［334］武亦文，潘重阳. 民法典编纂中代理制度的体系整合［J］. 浙江社会科学，2016，32（10）.

［335］耿林，崔建远. 未来民法总则如何对待间接代理［J］. 吉林大学社会科学学报，2016，56（3）.

［336］郭富青. 论我国民法典编纂对代理立法例及体系的重构［J］. 学术论坛，2020，43（2）.

［337］高富平. 代理概念及其立法的比较研究［J］. 比较法研究，1997，11（2）.

［338］肖海军. 商事代理立法模式的比较与选择［J］. 比较法研究，2006，20（1）.

［339］郑泰安，钟凯. 民法总则与商事立法：共识、问题及选项：以商事代理为例［J］. 现代法学，2018，40（2）.

［340］刘琨. 商事代理制度的系统构建［J］. 山东青年政治学院学报，2014，30（1）.

［341］徐深澄. 商事代理制度的合理性与立法路径选择：以"职务行为"的司法困境为分析起点［J］. 浙江学刊，2017，（5）.

［342］冉克平. 民法典视野下"本人沉默视为同意"规则的再造［J］. 当代法学，2019，33（4）.

［343］谢鸿飞. 代理部分立法的基本理念和重要制度［J］. 华东政法大学学报，2016，19（5）.

［344］朱虎. 表见代理中的被代理人可归责性［J］. 法学研究，2017，39（2）.

［345］石一峰. 沉默在民商事交往中的意义：私人自治的多层次平衡［J］. 法学家，2017，32（6）.

［346］迟颖.《民法总则》表见代理的类型化分析［J］. 比较法研究，2018，32（2）.

［347］周清林. 合理类型化下的无权型表见代理确定［J］. 政法论坛，2018，36（1）.

［348］石必胜. 表见代理的经济分析［J］. 河北法学，2009，27（5）.

［349］韩康麒，丁俊峰. 表见代理中被代理人可归责性的实证研究［J］. 法律适用，2018，33（17）.

［350］张弛. 表见代理体系构造探究［J］. 政治与法律，2018，37（12）.

［351］叶金强. 表见代理构成中的本人归责性要件：方法论角度的再思考［J］. 法律科学，2010，28（5）.

［352］吴国喆. 表见代理中本人可归责性的认定及其行为样态［J］. 法学杂志，2009，30（4）.

［353］崔北军. 试论表见代理的构成要件、类型及效力［J］. 沈阳工程学院学报（社会科学版），2011，7（1）.

［354］李鑫，崔大阳. 表见代理中本人可归责性的法律解释［J］. 江汉论坛，2019，62（11）.

［355］徐海燕. 表见代理构成要件的再思考：兼顾交易安全和意思自治的平衡视角［J］. 法学论坛，2022，37（3）.

［356］林诺馨. 表见代理中本人可归责性研究［J］. 广西政法管理干部学院学报，2020，35（1）.

［357］杨会欣. 表见代理的认定及其效力［J］. 公民与法，2010，1（7）.

[358] 侯巍，杨培连. 论表见代理中本人的可归责性 [J]. 广西大学学报（哲学社会科学版），2008，30（3）.

[359] 杨代雄. 表见代理的特别构成要件 [J]. 法学，2013，58（3）.

[360] 陈锦阳. 浅析民事表见代理中本人可归责性要件 [J]. 东南大学学报（哲学社会科学版），2019，21（S1）.

[361] 季秀平. 关于表见代理理解与适用的几个疑难问题 [J]. 学习论坛，2011，26（12）.

[362] 崔建远. 论外观主义的运用边界 [J]. 清华法学，2019，13（5）.

[363] 王建文，李磊. 表见代理判断标准重构：民商区分模式及其制度构造 [J]. 法学评论，2011，35（5）.

[364] 钟淑健. 被代理人可归责性的定位及考量 [J]. 法律适用，2020，35（9）.

[365] 冉克平. 表见代理本人归责性要件的反思与重构 [J]. 法律科学（西北政法大学学报），2016，34（1）.

[366] 陈甦. 公章抗辩的类型与处理 [J]. 法学研究，2020，42（3）.

[367] 霍海红. 诉讼时效根据的逻辑体系 [J]. 法学，2020（6）.

[368] 朱虎. 诉讼时效制度的现代更新：政治决断与规范技术 [J]. 中国高校社会科学，2017，30（5）.

[369] 赵德勇，李永锋. 诉讼时效期间可约定性问题研究：兼评最高院《诉讼时效解释》第2条 [J]. 西南民族大学学报（人文社科版），2015，36（6）.

[370] 高圣平. 诉讼时效立法中的几个问题 [J]. 法学论坛，2015，30（2）.

[371] 金印. 诉讼时效强制性之反思：兼论时效利益自由处分的边界 [J]. 法学，2016，61（7）.

[372] 胡安琪. 诉讼时效的自治进路及规范配置：基于利益衡量 [J]. 学术交流，2018，34（1）.

[373] 郑永宽. 诉讼时效强制性的反思 [J]. 厦门大学学报（哲学社会科学版），2010，85（4）.

[374] 柳经纬，郭亮. 《民法总则》诉讼时效制度的得与失 [J]. 东南学术，2018，31（2）.

[375] 朱晓喆. 诉讼时效制度的立法评论 [J]. 东方法学，2016，9（5）.

[376] 叶永宏. 浅析民法诉讼时效期间的强制性 [J]. 知识经济，2012，14（2）.

[377] 霍海红. "优先保护权利人"诉讼时效理念的困境 [J]. 法制与社会发展，2019，25（4）.

二、专著类

[1] 王利明. 中华人民共和国民法总则详解（上册）[M]. 北京：中国法制出版

社，2017.

[2] 杨立新. 中华人民共和国民法总则要义与案例解读 [M]. 北京：中国法制出版社，2017.

[3] 龙卫球，刘保玉. 中华人民共和国民法总则释义与适用指导 [M]. 北京：中国法制出版社，2017.

[4] 杜万华. 中华人民共和国民法总则实务指南 [M]. 北京：中国法制出版社，2017.

[5] 公丕祥. 民俗习惯司法运用的理论与实践 [M]. 北京：法律出版社，2011.

[6] 韩忠谟. 法学绪论 [M]. 北京：北京大学出版社，2009.

[7] 王泽鉴. 民法总则 [M]. 北京：北京大学出版社，2009.

[8] 梁慧星. 民法总论 [M]. 北京：法律出版社，2001.

[9] 石宏. 中华人民共和国民法总则条文说明、立法理由及相关规定 [M]. 北京：北京大学出版社，2017.

[10] 尹田. 法国现代合同法 [M]. 北京：法律出版社，1995.

[11] 于飞. 公序良俗原则研究：以基本原则的具体化为中心 [M]. 北京：北京大学出版社，2006.

[12] 郑玉波. 民法总则 [M]. 北京：中国政法大学出版社，2003.

[13] 史尚宽. 民法总论 [M]. 北京：中国政法大学出版社，2000.

[14] 王泽鉴. 民法总则 [M]. 北京：北京大学出版社，2011.

[15] 崔文星. 民法总则专论 [M]. 北京：法律出版社，2012.

[16] 胡长清. 中国民法总论 [M]. 北京：中国政法大学出版社，1997.

[17] 梁慧星. 民法总论：第五版 [M]. 北京：法律出版社，2017.

[18] 张俊浩. 民法学原理 [M]. 北京：中国政法大学出版社，2000.

[19] 马原. 中国民法教程 [M]. 北京：人民法院出版社，1989.

[20] 梁慧星. 民法总论 [M]. 北京：法律出版社，2011.

[21] 余能斌，马俊俱. 现代民法学 [M]. 武汉：武汉大学出版社，1997.

[22] 王利明. 中国民法典学者建议稿及立法理由 [M]. 北京：法律出版社，2005.

[23] 魏振瀛. 民法 [M]. 北京：北京大学出版社，2000.

[24] 龙卫球. 民法总论（第二版）[M]. 北京：中国法律出版社，2002.

[25] 王利明，等：民法学 [M]. 5 版. 北京：法律出版社，2017.

[26] 梁慧星. 中国民法典草案建议稿附理由：总则编 [M]. 北京：法律出版社，2004.

[27] 朱庆育. 民法总论 [M]. 北京：北京大学出版社，2016.

[28] 戴炎辉，戴东雄. 中国亲属法 [M]. 台北：三民书局，1988.

[29] 史际春，温烨，邓峰. 企业和公司法 [M]. 2 版. 北京：中国人民大学出版

社，2008.

[30] 张新宝. 《中华人民共和国民法典·总则》释义［M］. 北京：中国人民大学出版社，2020.

[31] 魏振瀛. 民法［M］. 北京：北京大学出版社，高等大学出版社，2010.

[32] 王利明. 中国民法典学者建议稿及立法理由（总则编）［M］. 北京：法律出版社，2005.

[33] 佟柔. 《中国民法学·民法总则》（修订版）［M］. 北京：人民法院出版社，2008.

[34] 俄罗斯联邦民法典［M］. 黄道秀，译. 北京：中国大百科全书出版社，1999.

[35] 王利明. 民法［M］. 北京：中国人民大学出版社，2010.

[36] 列宁全集. 第36卷［M］. 北京：人民出版社，1959.

[37] 梁治平. 寻求自然秩序中的和谐［M］. 北京：中国政法大学出版社，1998.

[38] 中国政法大学民法教研室. 中华人民共和国民法通则讲话［M］. 北京：中国政法大学出版社，1986.

[39] 李适时. 民法总则立法背景与观点全集［M］. 北京：法律出版社，2016.

[40] 梁慧星. 中国民法典草案建议稿附理由：总则编［M］. 北京：法律出版社，2013.

[41] 房绍坤，王洪平. 民事立法理念与制度构建［M］. 北京：法律出版社，2016.

[42] 江平，赵旭东. 法人制度论［M］. 北京：中国政法大学出版社，1998.

[43] 徐国栋. 绿色民法典草案［M］. 北京：社会科学文献出版社，2004.

[44] 中国民法典立法研究课题组. 中国民法典草案建议稿附理由：总则编［M］. 北京：法律出版社，2004.

[45] 李适时. 张荣顺. 中华人民共和国民法总则释义［M］. 北京：法律出版社，2017.

[46] 杜万华. 最高人民法院民事诉讼法司法解释实务指南［M］. 北京：法制出版社，2015.

[47] 王利明. 法律解释学导论：以民法为视角［M］. 北京：法律出版社，2017.

[48] 梁慧星. 裁判的方法［M］. 北京：法律出版社，2003.

[49] 何勤华，魏琼. 西方民法史［M］. 北京：人民出版社，1958.

[50] 龙卫球. 民法总论［M］. 北京：中国法制出版社，2001.

[51] 刘士国. 民法总论［M］. 上海：上海人民出版社，2001.

[52] 王利明，郭明瑞，方流芳. 民法新论［M］. 北京：中国政法大学出版社，2002.

[53] 沈宗灵，张文显. 法理学［M］. 北京：高等教育出版社，2004.

[54] 王利明. 民法总则研究［M］. 北京：中国人民大学出版社，2003.

[55] 王利明. 民法总论［M］. 北京：中国法制出版社，2006.

[56] 王利明. 中国民法典草案建议稿及说明 [M]. 北京：中国法制出版社，2004.

[57] 黄丁全. 医疗、法律与生命伦理 [M]. 北京：法律出版社，2015.

[58] 王利明. 人格权法研究 [M]. 北京：中国人民大学出版社，2012.

[59] 江平. 民法学 [M]. 北京：中国政法大学出版社，2000.

[60] 郑立军. 器官移植民法基本问题研究：以捐献者自己决定权为视角 [M]. 北京：法律出版社，2012.

[61] 江波. 虚拟财产司法保护研究 [M]. 北京：北京大学出版社，2015.

[62] 杨立新. 天下·民法总则：条文背后的故事与难题 [M]. 北京：法律出版社，2017.

[63] 程合红. 商事人格权论：人格权的经济利益内涵及其实现与维护 [M]. 北京：中国人民大学出版社，2002.

[64] 石宏.《中华人民共和国民法总则》条文说明、立法理由及相关规定 [M]. 北京：北京大学出版社，2017.

[65] 段厚省. 请求权竞合与诉讼标的研究 [M]. 长春：吉林人民出版社，2004.

[66] 王利明. 民法总则研究 [M]. 北京：中国人民大学出版社，2013.

[67] 郑玉波. 民法总则 [M]. 北京：三民书局，1979.

[68] 梁慧星. 民法总论 [M]. 北京：法律出版社，2007.

[69] 韩忠谟. 法学绪论 [M]. 北京：中国政法大学出版社，2002.

[70] 龙卫球. 民法的基础与超越 [M]. 北京：北京大学出版社，2010.

[71] 王泽鉴. 民法总则 [M]. 北京：中国政法大学出版社，2001.

[72] 杨立新. 侵权法论 [M]. 北京：人民法院出版社，2004.

[73] 黄立. 民法总则 [M]. 北京：中国政法大学出版社，2002.

[74] 王利明. 侵权行为法研究 [M]. 北京：中国人民大学出版社，2004.

[75] 徐昕. 论私力救济 [M]. 北京：中国政法大学出版社，2005.

[76] 王利明. 中国民法典学者建议稿及立法理由·总则编 [M]. 北京：法律出版社，2005.

[77] 王利明. 民法总则研究 [M]. 北京：中国人民大学出版社，2012.

[78] 马俊驹，余延满. 民法原论 [M]. 4版. 北京：法律出版社，2010.

[79] 朱庆育. 民法总论 [M]. 北京：北京大学出版社，2013.

[80] 龙卫球. 民法总论 [M]. 2版. 北京：中国法制出版社，2002.

[81] 李志刚. 公司股东大会决议问题研究——团体法的视角 [M]. 北京：中国法制出版社，2012.

[82] 黄清溪. 公司法基础理论：股东会篇 [M]. 台北：台北五南图书出版股份有限公司，2017.

[83] 钱玉林. 股东大会决议瑕疵研究 [M]. 北京：法律出版社，2003.

[84] 李建伟. 公司法学 [M]. 北京：中国人民大学出版社，2014.

［85］ 杜万华. 最高人民法院公司法司法解释（四）理解与适用［M］. 北京：人民法院出版社，2017.

［86］ 陈自强. 契约之成立与生效［M］. 北京：法律出版社，2002.

［87］ 傅静坤. 民法总论：基于制度规范的跨学科研究［M］. 广州：中山大学出版社，2002：89.

［88］ 史尚宽. 民法总论［M］. 北京：中国政法大学出版社，2002.

［89］ 李宜琛. 民法总则［M］. 北京：中国方正出版社，2004.

［90］ 姚瑞光. 民法总则论［M］. 北京：中国政法大学出版社，2011.

［91］ 刘得宽. 民法总则［M］. 北京：中国政法大学出版社，2006.

［92］ 吴京辉. 票据行为论［M］. 北京：中国财政经济出版社，2006.

［93］ 赵新华. 票据法问题研究［M］. 北京：法律出版社，2002.

［94］ 汪世虎. 票据法律制度比较研究［M］. 北京：法律出版社，2003.

［95］ 王礼仁. 婚姻诉讼前沿理论与审判实务［M］. 北京：人民法院出版社，2009.

［96］ 林诚二. 民法总则（下册）［M］. 北京：法律出版社，2008.

［97］ 韩世远. 合同法总论［M］. 北京：法律出版社，2011.

［98］ 朱广新. 合同法总则［M］. 北京：中国人民大学出版社，2012.

［99］ 尹田. 法国现代合同法：契约自由与社会公正的冲突与平衡［M］. 北京：法律出版社，2009.

［100］ 魏振瀛. 民法［M］. 5版. 北京：北京大学出版社，2013.

［101］ 许中缘，屈茂辉. 民法总则原理［M］. 北京：中国人民大学出版社，2012.

［102］ 吴汉东，陈小君. 民法学［M］. 北京：法律出版社，2013.

［103］ 李宇. 民法总则要义：规范释论与判解集注［M］. 北京：法律出版社，2017.

［104］ 佟柔，王利明，马俊驹. 中国民法［M］. 北京：法律出版社，1990.

［105］ 王利明，郭明瑞，方流芳. 民法新论：上册［M］. 北京：中国政法大学出版社，1988.

［106］ 崔建远. 合同法总论（上卷）［M］. 北京：中国人民大学出版社，2011.

［107］ 郭明瑞主编. 民法总论案例教程［M］. 北京：北京大学出版社，2004.

［108］ 杨桢. 英美契约法论［M］. 北京：北京大学出版社，2000.

［109］ 王利明，等. 民法学［M］. 北京：法律出版社，2017.

［110］ 王利明. 合同法研究：第1卷［M］. 北京：中国人民大学出版社，2002.

［111］ 崔建远. 合同法［M］. 北京：法律出版社，2003.

［112］ 胡康生. 中华人民共和国合同法释义［M］. 北京：法律出版社，2009.

［113］ 王利明，房绍坤，王轶. 合同法［M］. 北京：中国人民大学出版社，2005.

［114］ 王利明. 民法学［M］. 北京：法律出版社，2006.

［115］ 王利明. 民商法研究：第5辑［M］. 北京：法律出版社，2000.

[116] 黄茂荣. 债法总论 [M]. 北京：中国政法大学出版社，2003.

[117] 曾世雄. 损害赔偿法原理 [M]. 北京：中国政法大学出版社，2001.

[118] 吴国喆. 权利表象及其私法处置规则：以善意取得和表见代理制度为中心考察 [M]. 北京：商务印书馆，2007.

[119] 王利明. 民法总论 [M]. 北京：中国人民大学出版社，2009.

[120] 王泽鉴. 债法原理：第一册 [M]. 北京：中国政法大学出版社，2001.

[121] 陈甦，谢鸿飞，朱广新. 民法总则评注 [M]. 北京：法律出版社，2017.

[122] 史尚宽. 民法总论 [M]. 北京：中国政法大学出版社，2000.

[123] 谢怀栻. 民法总则讲要 [M]. 北京：北京大学出版社，2007.

[124] 刘保玉. 中国民法原理与实务 [M]. 济南：山东大学出版社，1994.

[125] 李开国. 民法总则研究 [M]. 北京：法律出版社，2003.

三、论文集

[1] 岳兵，姚狄英. 两户民事主体地位的再思考 [C] //中国民事诉讼法学研究会 2015 年年会论文集（上册），2015.

[2] 顾昂然. 《民法通则》的制定和立法精神 [C] //顾昂然，王家福，江平主编：《中华人民共和国民法通则讲座》. 北京：中国法制出版社，2000.

[3] 佟柔. 我国民法科学在新时期的历史任务 [C] //陶希晋主编《民法文集》. 太原：山西人民出版社，1985.

四、翻译作品

[1] 迪特尔·梅迪库斯. 德国民法总论 [M]. 邵建东，译. 北京：法律出版社，2000.

[2] 卡尔·拉伦茨. 法学方法论 [M]. 陈爱娥，译. 北京：商务印书馆，2003.

[3] 彼得罗·彭梵得. 罗马法教科书 [M]. 黄风，译. 北京：中国政法大学出版社，1992.

[4] 卡尔·拉伦茨. 德国民法通论：上册 [M]. 王晓晔，等译. 北京：法律出版社，2003.

[5] 欧盟《一般数据保护条例》GDPR（汉英对照）[M]. 瑞栢律师事务所，译. 北京：法律出版社，2018.

[6] 伯纳德·利奥托德，马克·哈蒙德. 大数据与商业模式变革：从信息到知识，再到利润 [M] 郑晓舟，胡睿，胡云超，译. 北京：电子工业出版社，2015.

[7] Joshua Glazer Sanjay Madhav. 网络多人游戏架构与编程 [M]. 王晓慧，张国鑫，译. 北京：人民邮电出版社，2017.

[8] Jessica Mulligan，Bridgette Patrovsky. 网络游戏开发 [M]. 姚晓光，恽爽，王鑫.

译. 北京：机械工业出版社：2004.

[9] 中嶋谦互. 网络游戏核心技术与实战［M］. 毛姝雯，田剑，译. 北京：人民邮电出版社：2014.

[10] 卡尔·拉伦茨，曼弗瑞德·沃尔夫. 德国民法中的形成权［J］. 孙宪忠，译. 环球法律评论，2006，28（4）：491.

[11] 克雷斯蒂安·冯·巴尔. 欧洲比较侵权行为法（下）［M］. 张新宝，译. 北京：法律出版社，2001.

[12] 卡尔·拉伦兹. 德国民法通论［M］. 王小晔，等译. 北京：法律出版社，2000.

[13] 汉斯·布鲁克斯，沃尔夫·迪特里希·瓦尔克. 德国民法总论［M］. 张艳，译. 北京：中国人民大学出版社，2012.

[14] 李哲松. 韩国公司法［M］. 吴日焕，译. 北京：中国政法大学出版社，2000.

[15] 英国2006年公司法［M］. 葛伟军，译. 北京：法律出版社，2017.

[16] 近藤光男. 最新日本公司法［M］. 梁爽，译. 北京：法律出版社，2016：257.

[17] 加美和照. 新订会社法［M］. 日本：劲草书房，2011.

[18] 维尔纳·弗卢梅. 法律行为论［M］. 迟颖，译. 北京：法律出版社，2013.

[19] 卡尔·拉伦茨. 德国民法通论［M］. 张晓晔，等译. 北京：法律出版社，2002.

[20] 山本敬三. 民法讲义Ⅰ：总则［M］. 解亘，译. 北京：北京大学出版社，2012.

[21] 我妻荣. 我妻荣民法讲义Ⅰ：新订民法总则［M］. 于敏，译. 北京：中国法制出版社，2008.

[22] 卡尔·拉伦茨. 德国民法通论（下册）［M］. 王晓晔，等译. 北京：法律出版社，2004.

[23] 我妻荣. 新订民法总则［M］. 于敏，译. 北京：法律出版社，2008.

[24] 栗生武夫. 婚姻法之近代化［M］. 胡长清，译. 北京：中国政法大学出版社，2003.

[25] 近江幸治. 民法讲义Ⅰ：民法总则［M］. 渠涛，等译. 北京：北京大学出版社，2015.

[26] 奥地利普通民法典［M］. 戴永盛，译. 北京：中国政法大学出版社，2016.

[27] 克雷斯蒂安·冯·巴尔. 欧洲比较侵权行为法［M］. 焦美华，译. 北京：法律出版社，2001.

[28] 海因·克茨. 欧洲合同法［M］. 周忠海，李居迁，宫立云，译. 北京：法律出版社，2001.

五、报刊

[1] 肖明明. 民法总则中"习惯"的体系性解释与适用［N］. 人民法院报，2017-12-13（007）.

［2］楚仑. 从毛泽东评理中看公序良俗［N］. 人民法院报，2022-05-13（6）.

［3］张璁. 全国人大常委会审议民法总则草案法人一章增加特别法人类别［N］. 人民日报，2016-12-20（4）.

［4］谢鸿飞.《民法总则》法人制度的革新和影响［N］. 经济参考报，2017-04-11（8）.

［5］杨立新.《民法总则》规定网络虚拟财产的意义［N］. 经济参考报，2017-08-15（8）.

［6］赵丽君. 我国台湾、香港地区对虚拟财产的法律实践［N］. 世界报，2008-04-16（18）.

［7］沃耘. 我国未来民法典民事自助行为的制度化［N］. 光明日报，2012-08-27（014）.

［8］申卫星. 民法典总则编司法解释对法律行为制度的发展［N］. 人民法院报，2022-03-01.

六、学位论文

［1］都威. 网络虚拟财产的善意取得研究［D］. 北京：外交学院，2020.

［2］董敏. 民事自助行为［D］. 济南：山东大学，2007.

［3］李军. 法律行为理论研究［D］. 济南：山东大学，2005.

［4］韩圣超. 论我国民法上恶意串通之规定［D］. 杭州：浙江大学，2011.

七、电子文献

［1］周文俊. 初探公序良俗原则的适用［EB/OL］.（2013-07-16）［2020-07-25］. http://cdzy.hunancourt.gov.cn/article/detail/2013/07/id/2128500.shtml.

［2］中国民法学研究会简报第四期［EB/OL］.（2019-10-09）［2020-07-25］. https://civillaw.com.cn/gg/t/?id=36095.

［3］王利云. 论个体工商户取消之必要性［EB/OL］.（2009-10-13）［2020-07-23］. http://hunanfy.chinacourt.gov.cn/article/detail/2009/10/id/1383414.shtml.

［4］马俊驹：对我国民法典制定中几个焦点问题的粗浅看法（注：根据马俊驹教授2003年2月17日、20日、27日在清华大学法学院所作民法专题讲座整理）［EB/OL］.（2020-06-19）［2020-07-25］. https://wenku.baidu.com/view/fc74c7a52ec58bd63186bceb19e8b8f67c1cef2f.html.

［5］赵保华：在审判实践中如何正确适用诉讼时效制度［EB/OL］.（2012-05-16）［2020-07-26］. https://www.doc88.com/p-532791921880.html.

八、外文文献

［1］Jerry Kang. Information Privacy in Cyberspace Transactions ［J］. Stanford Law Review, 1998, 50 (4): 1193.

［2］Vgl. Assink, Compendium Ondernemingsrecht, 2013, S. 291 ff.

［3］Vgl. Dominik Skauradszun, Der Beschluss als Rechtsgeschä, 2020, S. 36.

附 录

全称	简称
一、草案	
《中华人民共和国民法总则（草案）》	《民法总则（草案）》
《中华人民共和国农村集体经济组织法（草案）》	《农村集体经济组织法（草案）》
二、法律	
《中华人民共和国宪法》	《宪法》
《中华人民共和国刑法》	《刑法》
《中华人民共和国民法典》	《民法典》
《中华人民共和国民法总则》	《民法总则》
《中华人民共和国民法通则》	《民法通则》
《中华人民共和国合同法》	《合同法》
《中华人民共和国物权法》	《物权法》
《中华人民共和国公司法》	《公司法》
《中华人民共和国合伙企业法》	《合伙企业法》
《中华人民共和国侵权责任法》	《侵权责任法》
《中华人民共和国民事诉讼法》	《民事诉讼法》
《中华人民共和国行政诉讼法》	《行政诉讼法》
《中华人民共和国行政处罚法》	《行政处罚法》
《中华人民共和国土地管理法》	《土地管理法》
《中华人民共和国网络安全法》	《网络安全法》
《中华人民共和国农村土地承包法》	《农村土地承包法》
《中华人民共和国农民专业合作社法》	《农民专业合作社法》
《中华人民共和国合伙企业法》	《合伙企业法》
《中华人民共和国个人独资企业法》	《个人独资企业法》
《中华人民共和国商业银行法》	《商业银行法》

续表

全称	简称
《中华人民共和国村民委员会组织法》	《村民委员会组织法》
《中华人民共和国农业法》	《农业法》
《中华人民共和国网络安全法》	《网络安全法》
《中华人民共和国消费者权益保护法》	《消费者权益保护法》
《中华人民共和国生物安全法》	《生物安全法》
《中华人民共和国数据安全法》	《数据安全法》
《中华人民共和国个人信息保护法》	《个人信息保护法》
《中华人民共和国著作权法》	《著作权法》
《中华人民共和国反不正当竞争法》	《反不正当竞争法》
三、司法解释与法规	
《最高人民法院关于贯彻执行〈中华人民共和国民法通则〉若干问题的意见（试行）》	《民通意见》
《最高人民法院关于适用〈中华人民共和国民法典〉总则编若干问题的解释》	《民法典》总则编司法解释
最高人民法院关于适用《中华人民共和国民法典》合同编通则若干问题的解释	《民法典》合同编司法解释
《最高人民法院关于适用〈中华人民共和国民事诉讼法〉若干问题的意见》	《民事诉讼法意见》
《最高人民法院关于适用〈中华人民共和国民事诉讼法〉的解释》	《民事诉讼法解释》
《最高人民法院关于适用〈中华人民共和国公司法〉若干问题的规定（四）》	《公司法解释（四）》
《最高人民法院关于审理人身损害赔偿案件适用法律若干问题的解释》	《人身损害赔偿解释》
《最高人民法院关于执行〈中华人民共和国行政诉讼法〉若干问题的解释》	《行政诉讼法解释》
《最高人民法院关于审理民事案件适用诉讼时效制度若干问题的规定》	《适用诉讼时效制度规定》
《最高人民法院关于审理民间借贷案件适用法律若干问题的规定》	
《最高人民法院关于依法妥善审理民间借贷纠纷案件促进经济发展维护社会稳定的通知》	

全称	简称
《最高人民法院关于审理劳动争议案件适用法律若干问题的解释（二）》	
《个体工商户条例》	
《事业单位登记管理暂行条例》	
《社会团体登记管理条例》	
《民办非企业单位登记管理暂行条例》	
《基金会管理条例》	
《广东省农村集体经济组织管理规定》	
《北京市乡村集体经济组织登记办法》	
《浙江省村经济合作社组织条例》	
《人体器官移植条例》	
《征信业管理条例》	
《社会救助暂行办法》	
《电信和互联网用户个人信息保护规定》	
《网络预约出租汽车经营服务管理暂行办法》	
《儿童个人信息网络保护规定》